⊤35
L.188

L. L.126ħ.
B.p.28.

HISTOIRE
DES FRANÇAIS.
TOME XXVIII.

Ouvrages du même Auteur, publiés par la Librairie TREUTTEL *et* WÜRTZ.

HISTOIRE DES FRANÇAIS. In-8°. Tom. I à XXVII. *Paris*, 1821 à 1842.......................... 216 fr.
   Du même ouvrage, il a été tiré un petit nombre d'exemplaires sur papier vélin superfin satiné.
PRÉCIS DE L'HISTOIRE DES FRANÇAIS, 2 forts vol. in-8°. *Paris*, 1839......................... 16 fr.
JULIA SEVERA, ou l'An quatre cent quatre-vingt-douze (Tableau des Mœurs et des Usages dans les Gaules, du temps de Clovis). 3 vol. in-12. *Paris*, 1822.. 7 fr. 50 c.
HISTOIRE DES RÉPUBLIQUES ITALIENNES DU MOYEN AGE; nouv. édit., 10 vol. in-8°., *fig. Paris*, 1840-1841. 50 fr.
HISTOIRE DE LA RENAISSANCE DE LA LIBERTÉ EN ITALIE, de ses Progrès, de sa Décadence et de sa Chute. 2 vol. in-8°. *Paris*, 1832......................... 12 fr.
DES ESPÉRANCES ET DES BESOINS DE L'ITALIE, in-8°.... 60 c.
DE LA LITTÉRATURE DU MIDI DE L'EUROPE; nouvelle édition, revue et corrigée. 4 vol. in-8°. *Paris*, 1829. 28 fr.
HISTOIRE DE LA CHUTE DE L'EMPIRE ROMAIN ET DU DÉCLIN DE LA CIVILISATION, de l'an 250 à l'an 1000. 2 vol. in-8°. *Paris*, 1835......................... 15 fr.
ÉTUDES SUR LES SCIENCES SOCIALES, 3 vol. in-8°. 22 fr. 50 c.
   On vend séparément:
— Tome I. *Études sur les Constitutions des peuples libres.* In-8. *Paris*, 1836..................... 7 fr. 50 c.
— Tomes II et III. *Études sur l'Économie politique*, 2 vol. in-8°. *Paris*, 1837-1838.................. 15 fr.

DE L'IMPRIMERIE DE CRAPELET,
RUE DE VAUGIRARD, N° 9.

HISTOIRE
DES FRANÇAIS,

PAR

J. C. L. SIMONDE DE SISMONDI,

Chevalier de la Légion-d'Honneur; Associé étranger de l'Institut de France, de l'Académie impériale de Saint-Pétersbourg, de l'Académie royale des Sciences de Prusse, de l'Académie royale des sciences de Turin; Membre honoraire de l'Université de Wilna, de l'Académie et de la Société des Arts de Genève, de l'Académie Italienne, de celles des Georgofili, de Cagliari, de Pistoia, de Palerme, de Chiavari, de San Miniato, de Val d'Arno, de Cortona, de l'Académie Romaine d'Archéologie, et de la Société Pontaniana de Naples.

TOME VINGT-HUITIÈME.

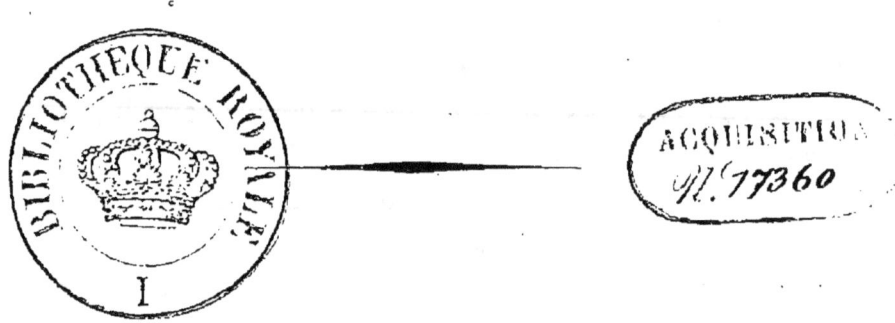

A PARIS,

Chez TREUTTEL et WÜRTZ, Libraires,
RUE DE LILLE, N° 17.

A Strasbourg, même Raison de Commerce, Grand'Rue, n° 15.

1842.

HISTOIRE DES FRANÇAIS.

SUITE DE LA HUITIÈME PARTIE,

OU

LA FRANCE SOUS LES BOURBONS.

CHAPITRE XLVI.

Sept ans d'un gouvernement pacifique sous le cardinal de Fleury. — Il recommence à persécuter le jansénisme. — Miracles au tombeau du diacre Páris. — Union avec l'Angleterre. — Négociations sur le sort de l'Italie. — Stanislas rappelé au trône de Pologne, 1726-1733.

C'est un phénomène vraiment étrange que celui que nous offre l'histoire des Français dans le XVIIIe siècle. A mesure que nous avançons, les événemens nous paroissent plus vagues et plus indistincts, les personnages plus insignifians, la nation plus étrangère à ce qui se passe. Nos

1726.

ressources historiques diminuent jusqu'à un point de stérilité que nous n'avions point rencontré dans aucun des siècles précédens. Nous ne connoissons que deux historiens français qui aient entrepris de raconter cette époque, Voltaire et Lacretelle; mais leur récit est d'une extrême brièveté, et cependant tous deux, de même que Duclos, dans le fragment de ses Mémoires secrets qui embrasse une petite partie de ce règne, semblent empressés de sortir de l'histoire des faits et des personnages politiques, ou pour faire des excursions dans l'histoire des pays étrangers, ou pour se jeter dans celle de l'esprit humain, de la littérature, des arts et des sciences. La période est plus pauvre encore en auteurs de Mémoires. Pour les six premières des huit années comprises dans ce chapitre, nous avons il est vrai huit gros volumes de l'abbé de Montgon; mais dans sa fatigante prolixité, uniquement occupé de lui-même, il ne met sous nos yeux qu'une très petite partie des négociations, ou plutôt des intrigues dont il s'étoit volontairement chargé (1). On a aussi pour cette époque la fin des Mémoires de Villars, mais rédigés par Anquetil; celle des Mémoires de Noailles, mais rédigés par l'abbé

---

(1) Mém. de M. l'abbé de Montgon, publiés par lui-même, sur les négociations dont il a été chargé dans les cours de France, d'Espagne et de Portugal. Lausanne, 1748, 8 vol. in-12.

Millot, quelques notes du maréchal de Berwick, et une compilation qui porte le nom de Richelieu, quoique rédigée par Soulavie, sur laquelle nous reviendrons dans une autre occasion. Quant aux autres de ces prétendus Mémoires, ils sont plus faits pour tromper que pour éclairer : l'homme de lettres qui s'est chargé de les écrire croit avoir des devoirs plus étroits à remplir envers la famille qui lui confie des papiers qu'envers le public; ses récits ne sont pas moins partiaux que si le même homme avoit été en même temps son héros et son historien, tandis qu'on n'y trouve point ces touches originales qui feroient reconnoître la vérité au travers des déceptions de l'amour-propre. Enfin il reste dans les archives du Gouvernement un grand nombre de documens officiels, une correspondance diplomatique très étendue, dont Lémontey avoit pris connoissance pour son histoire de la Régence, et dont un historien spécial du règne de Louis XV devroit faire une étude approfondie. Nous ne pouvons cependant nous empêcher de faire observer que l'histoire politique d'une nation ne se trouve point dans ces écrits ignorés du public. Pour la comprendre, pour la juger, c'est sa vie ostensible, et non les ressorts cachés de la diplomatie et de la police qu'il nous importe de connoître ; ce sont les faits patents auxquels elle s'est associée par ses émotions, par ses sentimens, tandis que le plus souvent elle a été trompée elle-même sur les mystères de la politique; et que plus souvent encore les documens qui nous en restent étoient destinés à tromper les autres.

Après l'administration déhontée du cardinal Dubois, après les violences de Duverney, les scandales de Mme de Prie, et la stupidité de M. le duc, l'arrivée au pouvoir de l'évêque de Fréjus, bientôt cardinal de Fleury, fut saluée avec plaisir par le peuple français, comme un retour vers la moralité, l'ordre et la décence (1). Le roi, né le 15 février 1710,

(1) On ne trouve point l'expression de ces sentimens dans Voltaire; il s'accommodoit assez bien des vices et de la sottise des gens en place quand ils le protégeoient. « La reine, « écrivoit-il le 13 novembre, vient de me donner sur sa « cassette une pension de 1500 livres que je ne demandois « pas. Je suis très bien avec le second premier ministre, « M. Duverney. Je compte sur l'amitié de Mme de Prie; je « ne me plains plus de la vie de la cour. » Correspond. gén., T. LXII, lett. 87, p. 149; mais presque au moment de la révolution ministérielle, un événement fatal vint troubler sa vie. « Il avoit répondu par des paroles piquantes au mé- « pris que lui avoit témoigné un homme de la cour, le che- « valier de Rohan, qui s'en vengea en le faisant insulter par « ses gens, sans compromettre sa sûreté personnelle. Ce fut « à la porte de l'hôtel de Sully où il dînoit, qu'il reçut cet « outrage dont le duc de Sully ne daigna témoigner aucun « ressentiment; les lois furent muettes; le parlement de Paris « qui a puni ou fait punir de moindres outrages, lorsqu'ils « ont eu pour objet quelqu'un de ses subalternes, crut ne

n'avoit que seize ans et quatre mois, le jour (11 juin 1726) où M. le Duc fut disgracié et exilé. Retardé dans son développement physique et moral; timide, quoique hautain, silencieux, ignorant, étranger à toutes les affaires, et presque à toutes les personnes qui étoient admises à le voir, il paroissoit incapable d'affection. Il avoit traité sa femme avec une dureté blessante, sans autre motif que parce qu'elle conservoit de la reconnoissance pour deux personnes qui l'avoient mise sur le trône. Louis XV étoit plus incapable qu'aucun enfant de son âge, et pour long-temps encore, de commencer réellement à régner. Fleury, évêque de Fréjus, son précepteur, étoit le seul homme qui pût obtenir de l'enfant royal des réponses, qui pût lui suggérer les mots qu'il devoit dire, mots reçus ensuite par toute la France comme l'expression d'une volonté souveraine. Aussi Fleury étoit

« rien devoir à un simple citoyen qui n'étoit que le premier « homme de lettres de la nation, et garda le silence. » Condorcet, Vie de Voltaire, p. 18. Voltaire voulut prendre les moyens de venger son honneur outragé; la Bastille, et, au bout de six mois, l'ordre de quitter Paris, furent la punition de ses premières démarches. Il y revint en secret. « Mais, « dit-il, je ne cherchois qu'un seul homme, que l'instinct de « sa poltronnerie a caché de moi, comme s'il avoit deviné que « je fusse à sa piste. » Lettre du 12 août 1726, n° 88, T. LXII, p. 151. Dès lors il passa plusieurs années en Angleterre, et sa correspondance ne jette plus de lumière sur les événemens.

déjà, et sans qu'il fût besoin d'une révolution ministérielle, le vrai monarque, du moment où il voudroit l'être. Mais ce prêtre, né à Lodève le 22 juin 1653, étoit déjà âgé de soixante-treize ans. Même dans la vigueur de l'âge, il avoit eu peu d'ambition et moins encore d'activité; il avoit repoussé toutes les fonctions fatigantes; il n'avoit aucune idée des finances, aucune des affaires d'état ou de la diplomatie. Ses qualités étoient celles de l'homme du monde, et ses goûts étoient purement mondains. Doué d'une belle figure, bienveillante et spirituelle, ses manières étoient nobles, son esprit cultivé, sa conversation facile, et celle des femmes lui plaisoit plus qu'aucune autre. Aussi avoit-il eu une répugnance réelle à se charger du fardeau du gouvernement, qui lui paroissoit trop fatigant pour ses habitudes et pour son âge. Quand il l'eut accepté une fois, il ne voulut plus s'en décharger; il suppléa aux connoissances qui lui manquoient, par une sévère économie dans les finances, par un esprit de douceur, de conciliation et de concessions, pour toutes les affaires étrangères, par une attention constante à éviter tout ce qui pourroit éveiller l'attention publique ou exciter les passions à l'intérieur. Cette politique de ménagemens, de silence et de paix, qui a fort contribué à rendre l'histoire de son temps absolument stérile, étoit probablement celle qui convenoit le mieux pour fermer les plaies de la France. (1)

Fleury ne prit point le titre de premier ministre ; il engagea même Louis XV à déclarer, comme l'avoit fait Louis XIV à la mort de Mazarin, qu'il alloit désormais régner par lui-même, phrase assez ridicule dans la bouche d'un enfant de seize ans, timide et indolent. Malgré la douceur et la modération qu'on attendoit de Fleury, il se plut à humilier tout ce qui avoit partagé la faveur du duc de Bourbon, et il fit éprouver long-temps à la reine le ressentiment qu'il gardoit contre elle pour avoir permis qu'un conseil se tînt sans lui dans son appartement. Il combla d'honneurs le marquis de Belle-Isle, petit-fils de Fouquet ; il laissa à d'Armenonville les sceaux, et à Maurepas la marine, et jusqu'au mois d'août 1727 il ne rappela pas le chancelier D'Aguesseau de son exil.

Fleury étoit aisément dupe des hommages, des avances, des louanges et des fausses protestations des étrangers et des souverains. C'est de cette manière qu'il fut captivé par Horace Walpole, ambassadeur anglais à Paris ; et la liaison intime qu'il contracta avec lui eut une grande influence pour décider de la politique de la France.

---

(1) Mém. secrets de Duclos, T. LXVII de la collection, p. 83.—Soulavie, Mém. de Richelieu, T. IV ch. 4, p. 193.

« Quand je le pressois, dit Saint-Simon, sur ce
« que les plus envenimés ennemis de la France,
« qui régnoient en Angleterre, gouvernoient la
« France à leur plaisir : Vous n'y êtes pas, me
« répondoit-il avec un sourire de complaisance :
« Horace Walpole est mon ami personnel ; il est
« le seul qui ait osé me venir voir à Issy, lors-
« que j'y étois prêt à partir pour me retirer dans
« mes abbayes ; il a toute confiance en moi ;
« croiriez-vous qu'il me montre les lettres qu'il
« reçoit d'Angleterre et toutes celles qu'il y écrit,
« que je les corrige, et que souvent je les dicte.
« Je sais bien ce que je fais. Son frère a la même
« confiance. Il faut laisser dire que je m'aban-
« donne à eux, et moi je vous dis que je les
« gouverne, et que je fais de l'Angleterre tout ce
« que je veux. — Jamais il n'a pu se mettre dans
« l'esprit qu'un ministre d'Angleterre ne risquoit
« rien de l'aller voir à Issy. S'il étoit chassé,
« c'étoit un coup d'épée dans l'eau qui ne met-
« toit Walpole en nulle prise de M. le Duc, sous
« la coupe duquel il ne pouvoit être en aucune
« sorte ; et si le cardinal étoit rappelé, comme il
« arriva, c'étoit s'être fait un mérite auprès de
« lui, sans le moindre risque, et à très grand
« marché. » (1)

L'amitié de l'Angleterre étoit, au reste, une

(1) Saint-Simon, T. XVI, p. 404.

garantie importante de la tranquillité publique dans le moment critique où Fleury prenoit les rênes du gouvernement. Nous avons vu que l'Europe s'étoit partagée en deux ligues, celle de l'alliance de Vienne, et celle de l'alliance de Hanovre, et qu'à la fin du ministère de M. le Duc, on ne croyoit plus possible d'éviter la guerre entre elles. Mais dans les mois qui venoient de s'écouler, l'aventurier qui avoit réussi à changer tout le système de l'Europe, le baron de Riperda, venoit de briller sur le grand théâtre le plus propre aux aventuriers, la cour de Madrid, avec un éclat rapide et fugitif; il y étoit arrivé le 11 décembre, et dès le 14 mai il étoit déjà tombé dans la disgrâce.

Riperda avoit eu la tête absolument tournée par ses succès, et jamais vanité n'avoit éclaté d'une manière plus ridicule que la sienne. En débarquant à Barcelone, où il prit pour la première fois le titre de duc que lui avoit accordé sa cour, il fut complimenté par les officiers de la garnison, et il se hâta de leur rendre compte de sa mission et de son heureux résultat. L'empereur, leur dit-il, avoit une armée de cent cinquante mille hommes prête à entrer en campagne, et avant six mois, s'il étoit nécessaire, il mettroit encore autant de troupes au service de l'Espagne. Si les alliés de Hanovre, disoit-il, osoient s'opposer aux desseins de l'empereur et de l'Espagne, et refuser la restitution de Gibraltar, *le grand grenadier* (le roi de Prusse) seroit détrôné, George Ier perdroit ses États dans une seule campagne, et le trône d'Angleterre seroit occupé par Jacques III. De Barcelone, Riperda se rendit à Madrid en courrier; jugeant que l'étiquette de la cour n'étoit pas faite pour un homme comme lui, il entra au château en habit de voyage; il jeta sur Grimaldo, le premier ministre, un regard méprisant, et en effet, dès le lendemain, il se fit élever à sa place : les affaires étrangères, la guerre, la marine, les finances, les Indes, tout lui fut également soumis, et même la révision et la surintendance des cours de justice. (1)

L'arrogance et la présomption de Riperda s'accrurent outre mesure avec ces nouveaux honneurs; on ne reconnoissoit plus en lui l'homme qui avoit montré des talens si distingués, lorsqu'il agissoit sous la direction d'Albéroni, et qui donnoit alors de l'activité au commerce et aux manufactures de l'Espagne; ses rodomontades le décrioient, ses promesses qu'il ne pouvoit réa-

---

(1) W. Coxe, d'après les dépêches de Stanhope, l'Espagne sous les Bourbons, T. III, ch. 36, p. 156. — *Lord Mahon, Hystory of Engl.*, T. II, ch. 14, p. 142. — Mém. de l'abbé de Montgon, T. I, p. 205. — *Don Joseph del Campo Raso, Memorias politicas y militares, para servir de continuacion a los Comentarios de san Felipe*, T. I, p. 7.

liser excitoient la défiance, son insolence aigrissoit toute la cour et réunissoit tous les Espagnols contre lui; les subsides qu'il vouloit envoyer à l'empereur épuisoient le trésor et faisoient manquer tous les autres services, et comme cependant ils n'égaloient pas à beaucoup près ce qu'il avoit promis, il eut plusieurs querelles avec le comte de Konigseck, ministre impérial, et il trouva bientôt en lui un ennemi acharné. Cependant ses imprudentes menaces avoient fait mettre la France et l'Angleterre sur leurs gardes. Il avoit dirigé des troupes en Galice; la France put aisément en rassembler de bien plus considérables, de l'autre côté des Pyrénées. Il négocioit avec les ducs d'Osmond et de Wharton, pour transporter le Prétendant avec une armée espagnole en Angleterre; mais les Anglais ne tardèrent pas à mettre en mer des flottes bien supérieures à celles de l'Espagne. Il lui fallut revenir en arrière de toutes ces démarches hostiles, demander aux rois de France et d'Angleterre un désaveu de tout projet d'attaque contre l'Espagne, désaveu qu'on lui accorda sans difficulté, puisqu'on n'y songeoit pas, et il se hâta de désarmer. Cependant Riperda n'avoit gagné la faveur de la reine que parce qu'il lui avoit donné comme certain le mariage de son fils chéri, don Carlos, avec l'archiduchesse Marie-Thérèse, et par conséquent la succession à toute la monarchie autrichienne. En même temps, la cour de Vienne ne s'étoit prêtée à nourrir cette espérance que pour tirer de l'argent d'Espagne, et après avoir touché d'énormes subsides, elle n'avoit plus aucun dessein de conclure. Riperda le savoit, il étoit alarmé des passions impétueuses de la reine, qui ne vouloit point renoncer à une espérance qu'il avoit nourrie lui-même, et qui ne lui pardonneroit pas de l'avoir jouée. Il essaya de se rapprocher des ambassadeurs des puissances maritimes, et il leur fit confidence des articles secrets des traités de Vienne. Il essaya aussi de se rapprocher de la France : il croyoit que celle-ci verroit avec plaisir un prince Bourbon succéder à tout l'héritage d'Autriche. Mais son but principal étoit d'exciter la jalousie entre la France et l'Angleterre, et de rompre l'alliance de Hanovre. Un homme si présomptueux, si bavard, si imprudent, n'étoit pas propre à conduire à la fois tant d'intrigues contradictoires. Il vouloit tromper tout le monde, tous les partis se réunirent contre lui, et le 14 mai 1726, en sortant de l'appartement de la reine, il reçut ordre de se démettre de tous ses emplois. (1)

(1) *Don Joseph de Campo Raso, Comentarios*, T. I, p. 14-33. — W. Coxe, l'Espagne sous les Bourbons, ch. 37, p. 178. — *Lord Mahon*, ch. 14, p. 145. — Mém. de l'abbé de Montgon, T. I, p. 282-518.

Riperda, qui dans d'autres occasions s'étoit montré et se montra de nouveau courageux et homme de tête, fut renversé à cette nouvelle; comme un ballon gonflé, qui crève tout à coup, il rampa anéanti sur la terre qu'il avoit couverte de son ombre. Au lieu d'accepter la pension de 3ooo pistoles qui lui étoit offerte par le roi, il s'enfuit chez l'ambassadeur de Hollande, de là chez celui d'Angleterre. Au milieu de ses supplications de le protéger et de le sauver, au milieu de ses pleurs et de toutes les marques de la plus violente terreur, il révéla tous les projets secrets de son cabinet, tous les traités, toutes les intrigues qui pouvoient donner le plus de jalousie à l'Angleterre; il exagéra encore le zèle que Philippe V et Charles VI lui avoient manifesté pour l'extirpation de la religion protestante. Avant même d'être instruite de ses révélations, la cour d'Espagne considéra la retraite de son premier ministre chez un ambassadeur étranger comme un acte de trahison. Elle somma Stanhope de le livrer, et comme il s'y refusoit, elle le fit enlever de l'hôtel de l'ambassade, par un alcade de cour, à la tête d'une compagnie des gardes. Riperda fut enfermé dans la tour de Ségovie : cependant, au bout de quinze mois, cet homme extraordinaire réussit à s'en échapper, à l'aide et en compagnie d'une jeune et belle personne à qui il avoit inspiré de l'amour. Il fit de nouveau profession du protestantisme en Hollande; il eut en Angleterre plusieurs conférences avec les ministres, qui le traitèrent avec distinction; mais un renégat qui s'étoit élevé au service de Muley-Abdallah, empereur de Maroc, lui persuada de passer à cette cour; il y embrassa l'islamisme; il obtint un crédit prodigieux sur l'empereur et surtout sur sa mère. Il fut chargé du commandement de ses armées, auxquelles il assura des succès. Il se maintint avec éclat dans cet empire, même après une révolution qui mit un nouveau souverain sur le trône, et il mourut à Tétuan le 17 octobre 1737, entouré de plus de considération chez les musulmans, que sa carrière aventureuse n'en avoit mérité. (1)

Le duc de Bourbon avoit eu tout juste le temps de recevoir, avant sa propre disgrâce, la nouvelle de la chute de Riperda, et de s'en réjouir, car il croyoit y voir une garantie du maintien de la paix; son renvoi des affaires à lui-même sembloit aussi devoir être une mesure pacifique. C'étoit lui personnellement qui avoit offensé la cour de Madrid, par le renvoi de l'infante, et Fleury se hâta d'annoncer à Philippe V qu'il n'y avoit eu aucune part, que les rois catholiques

---

(1) Note du traducteur de W. Coxe, à la suite du ch. 37, p. 185. — Lémontey, Hist. de la Régence, ch. 19, p. 256.

ne devoient en conserver contre lui aucun ressentiment; mais les intentions les plus pacifiques et l'absence de sujets de querelles ne suffisoient point pour garantir le maintien de la paix. Élisabeth Farnèse, violente, impétueuse, orgueilleuse, ne manquant point d'esprit, mais n'ayant ni instruction, ni éducation, ne se laissoit point facilement détourner des projets qu'elle avoit conçus. Depuis que Riperda avoit éveillé dans son cœur l'espérance de marier son fils à l'héritière de la maison d'Autriche, elle n'avoit plus d'autre pensée; en sacrifiant Riperda, elle s'étoit livrée tout entière à Konigseck, le ministre autrichien; elle avoit exigé du nouveau ministère qu'il redoublât d'efforts pour faire passer des subsides à l'Autriche, elle avoit fait disgracier successivement le marquis de Grimaldo, favori particulier de son mari, et les deux abbés siciliens, Platania et Caraccioli, qui depuis long-temps avoient la plus grande part à sa confidence. Le confesseur du roi avoit aussi été disgracié, pour faire place à un jésuite irlandais, zélé jacobite; les frères Patiño avoient été mis à la tête du ministère, et l'attaque de Gibraltar, la guerre contre les Anglais et contre la France sembloient le but unique des efforts de la reine. (1)

1726.

---

(1) W. Coxe, ch. 38, p. 195, *Comentarios de la guerra de España por Don Joseph de Campo Raso*, T. I, p. 67.

Ce n'étoit pas, au reste, seulement en Espagne que le gouvernement étoit abandonné à des têtes désordonnées. Dans ce dix-huitième siècle qui s'annonçoit comme celui où la philosophie devoit triompher sur les vieux abus et les vieux préjugés, où des pensées de bien public occupoient toutes les meilleures têtes, où les documens officiels respiroient un respect pour l'humanité, pour les droits des hommes, qui devoit faire attendre de meilleures choses, tous les trônes de l'Europe étoient occupés par des êtres bien au-dessous de la médiocrité, si on les juge d'après leurs talens, par des êtres qui faisoient exception au contraire dans l'espèce humaine, si on ne considère que leurs vices et leurs passions brutales. Les libertés politiques du moyen âge avoient succombé presque partout ; le jugement des peuples ne veilloit plus sur les rois, et l'opinion publique ne s'exprimoit plus que dans les cours, où elle déguisoit les vices avec élégance, ou bien où elle se contentoit de rire quand ils se montroient dans leur nudité. Cette crainte, ces ménagemens des courtisans, ce vernis du beau langage qui couvre le mal, n'ont laissé subsister que peu de traces d'un dévergondage qui étoit cependant général et connu de tous. Il n'est point sans importance de le signaler, puisque c'est à cette corruption universelle qu'on doit à bon droit attribuer le bouleversement effroyable de l'ordre social, par lequel ce même siècle se termina.

1726.

Tandis que l'Espagne étoit gouvernée par un roi vaporeux et sujet à des accès de folie, et par une reine ambitieuse, violente, emportée, toujours prête à se précipiter dans les résolutions les plus hasardeuses, le royaume voisin de Portugal obéissoit à Jean V, monté sur le trône à seize ans, en 1705 ; il avoit été ardent ennemi des Bourbons d'Espagne jusqu'en 1715. C'étoit avec lui toutefois que la cour de Madrid se liait étroitement par un double mariage. Ses sujets lui savoient gré d'avoir diminué ses dépenses, en supprimant presqu'absolument son état militaire, d'avoir encouragé les lettres et les arts, et fondé l'Académie royale d'Histoire. Mais il gouvernoit avec une verge de fer, et l'on peut juger de ses autres violences par l'habitude qu'il avoit d'accompagner de coups de canne ses réprimandes à ses ministres. A ce despotisme s'unissoient une vanité extrême, une dévotion pusillanime, et une soif de débauche effrénée. Un couvent d'Olivelas, peuplé de trois cents religieuses, étoit le théâtre de ses plaisirs ; le moine Fray Gaspard son favori, élevoit les enfans qui naissoient dans ce harem catholique. Trois d'entre eux, reconnus par leur père, ont, sous le règne suivant, rempli de leurs intrigues la cour de Portugal. Plus ses désordres étoient grands, plus le superstitieux monarque y mêloit de pieuses compensations. Tremblant également pour son corps et pour son âme, Jean V se rendoit au couvent d'Olivelas, toujours accompagné de son médecin et de son confesseur. Il n'entroit dans la cellule du jour qu'après que le médecin lui avoit tâté le pouls, et il n'en sortoit que pour se jeter avec effroi aux pieds du confesseur qui lui donnoit l'absolution. Cette sacrilége bouffonnerie recommençoit presque tous les jours. Il résolut, dans un accès de remords, de donner à sa chapelle une magnificence inconnue aux autres cours de l'Europe. Il voulut que ses prêtres y eussent les droits des évêques et la couleur des cardinaux, et il fit solliciter à Rome le privilége de ce luxe innocent. Louis XIV mit obstacle à ses poursuites, et Jean V ne pardonna jamais à la France cette puérile contrariété. (1)

Les cours d'Italie n'étoient pas moins désordonnées, mais l'infâme conduite de Jean Gaston de Médicis, ou celle de la duchesse de Modène, fille du duc d'Orléans, se produisoient sur un plus petit théâtre, et étoient unies à moins de pouvoir politique. Les cours d'Allemagne étoient également corrompues; les princesses pas plus que les princes ne songeoient plus à cacher des vices dont tous les officiers de leurs cours ne

---

(1) Lémontey, Hist. de la Régence, T. II, ch. 18, p. 225, d'après les manuscrits du comte de Baschi, ambassadeur à Lisbonne.

parloient qu'avec respect. Entre tous les princes allemands se distinguoit cependant par l'éclat de son libertinage, Frédéric Auguste II, électeur de Saxe, nommé à vingt-sept ans roi de Pologne en 1697. La princesse Wilhelmine de Prusse a compté trois cent cinquante-quatre enfans naturels de ce monarque. On suppose que la politique se mêloit à ses excès, et que ne pouvant introduire dans sa république de Pologne des soldats saxons, il y apportoit des vices, pour amollir au moins ceux qu'il ne lui étoit pas donné d'enchaîner. Ses gardes amenoient de force aux bals de sa cour les personnes des deux sexes qui se récréoient dans les cercles de la ville, et le lendemain des carrosses les reportoient chez elles, accablées de la fatigue des plaisirs et des vapeurs de l'ivresse. (1)

La Prusse trembloit sous le despotisme du *grand grenadier*, comme l'appeloit Riperda, du roi Frédéric-Guillaume, brutal jusqu'à la cruauté, dévot jusqu'au piétisme, intempérant jusqu'à la crapule. « C'étoit, dit Voltaire, un « véritable Vandale, qui, dans tout son règne, « n'avoit songé qu'à amasser de l'argent, et à « entretenir à moins de frais qu'il se pouvoit « les plus belles troupes de l'Europe. Jamais « sujets ne furent plus pauvres que les siens,

---

(1) Lémontey, Hist. de la Régence, T. II, ch. 19, p. 236.

« et jamais roi ne fut plus riche. Il avoit acheté
« à vil prix une grande partie des terres de sa
« noblesse, laquelle avoit mangé bien vite le
« peu d'argent qu'elle en avoit tiré. » Chaque
faute commise par ses sujets lui donnoit occasion de lever sur eux une amende exorbitante.
« C'est par ces moyens qu'il parvint, en vingt-huit
« ans de règne, à entasser dans les caves de son
« palais de Berlin environ vingt millions d'écus,
« bien enfermés dans des tonneaux garnis de
« cercles de fer..... Il sortoit à pied de ce palais,
« vêtu d'un méchant habit de drap bleu, à bou-
« tons de cuivre, qui lui venoit à la moitié des
« cuisses, et, quand il achetoit un habit neuf,
« il faisoit servir ses vieux boutons. C'est dans
« cet équipage que Sa Majesté, armée d'une
« grosse canne de sergent, faisoit tous les jours
« la revue de son régiment de géans. Ce régi-
« ment étoit son goût favori et sa plus grande
« dépense. Le premier rang de sa compagnie
« étoit composé d'hommes dont le plus petit
« avoit sept pieds de haut. Il les faisoit acheter
« aux bouts de l'Europe et de l'Asie. » (1)

Le beau-père de ce prince, George Ier, électeur de Hanovre et roi d'Angleterre, soudard allemand, qui n'apprit jamais l'anglais,

(1) Mém. pour servir à la vie de Voltaire, écrits par lui-même, T. I, p. 221. — Journal du maréchal de Villars, T. LXX, p. 296.

n'étoit guère moins brutal que son gendre. Sa malheureuse femme, accusée de quelque galanterie avec le comte de Konigsmark, étoit depuis trente-deux ans enfermée dans un château fort, tandis que deux maîtresses avouées occupoient l'une après l'autre sa place à la cour; et son fils, qui dès l'année suivante monta sur le trône sous le nom de George II, fut toute sa vie l'objet de la haine et de la défiance du roi, qui ne vouloit pas croire qu'il fût à lui. (1)

Mais la plus désordonnée de toutes ces cours étoit encore celle de Russie. Catherine avoit succédé à son mari Pierre Ier, mort le 28 janvier 1725, et elle régna à peine vingt-sept mois, passant tour à tour dans les bras de plusieurs amans, avec autant d'impudeur que son mari changeoit de maîtresses. L'Europe, encore effrayée des détails qui lui arrivoient successivement sur les atrocités commises par ce barbare, sur le massacre des Strélitz, où il avoit lui-même manié avec toute sa noblesse la hache des bourreaux, sur le supplice de son fils Alexis, qu'il avoit voulu lui-même interroger à la torture, attribua sa mort à un complot de Catherine avec Menzikoff. Puis bientôt après, le 17 mai 1727, la mort de Catherine fut attri-

(1) *Lord Mahon*, T. II, ch. 14, p. 164.

buée à ce même Menzikoff, qui mit sur le trône à sa place, Pierre II, fils du malheureux Alexis, en lui faisant épouser sa fille (1). Les crimes les plus épouvantables continuèrent tellement, pendant long-temps encore, à être les mœurs habituelles de la race impériale en Russie, que la morale publique du reste de l'Europe en fut ébranlée, et qu'on s'y accoutuma presque à croire qu'il n'y avoit point de forfaits que l'éclat d'une couronnene dût faire disparoître.

Tandis que tous les gouvernemens contemporains inspiroient si peu de respect ou d'estime, tandis que le souvenir des dernières années de Louis XIV étoit si empreint de souffrances et d'humiliations, celui de la régence et du ministère de M. le Duc, si odieux par les scandales, l'ineptie et la brutalité des ducs d'Orléans et de Bourbon, de Dubois, de Pâris-Duverney et de Mme de Prie, la France ne sembloit désirer que de s'endormir sous l'administration molle et languissante de Fleury, et de perdre tout souvenir des affaires publiques. La première promotion de cardinaux qui devoit se faire étoit celle des couronnes, et Fleury s'étoit fait donner par le roi sa nomination; mais il étoit pressé de jouir, et cette promotion n'étoit

---

(1) Duclos, Mém. secrets, T. LXXVII, p. 44-77.

pas prochaine. Il falloit donc se faire nommer hors de rang, par anticipation. Pour obtenir l'agrément de l'empereur et du roi d'Espagne, le roi leur déclara qu'il ne demandoit que d'anticiper de peu de temps la nomination de la France, qui se trouveroit remplie lors de la promotion des couronnes. L'ancien évêque de Fréjus fut donc nommé cardinal le 11 septembre 1726, et la promotion des couronnes se fit seulement en novembre 1727 (1). Pour faire participer en quelque sorte le clergé à son contentement, le cardinal de Fleury, par une ordonnance du 8 octobre 1726, rétablit toutes les immunités des biens de l'Église, déclara qu'ils ne devoient point être compris dans l'impôt du cinquantième, que de même aucun des biens du clergé ne devoit être soumis à aucune taxe de confirmation telle qu'avoit été celle de joyeux avénement, affirmant que ce n'avoit jamais été l'intention du roi que l'une ou l'autre fût demandée aux églises. (2)

La haine et la jalousie que les ducs d'Orléans et de Bourbon avoient ressenties contre les princes légitimés ne s'étoient point communiquées au cardinal de Fleury. Il avoit plutôt pour eux une vieille affection; aussi les vit-on revenir

---

(1) Duclos, Mém. secrets, p. 86.
(2) Lois françaises, T. XXI, p. 301.

à la cour. Le duc du Maine, doux et timide par caractère, se tenoit à l'écart; il eut peine à se réconcilier avec sa femme qui l'avoit doublement compromis, en se jetant dans la conspiration de Cellamare, et en déclarant ensuite pour le disculper, « qu'il étoit trop timide pour qu'elle lui « eût jamais confié un dessein dont il auroit été « effrayé, et qu'il auroit sûrement dénoncé. » Il finit toutefois par revenir à Sceaux auprès d'elle; et bientôt elle lui prodigua les soins les plus touchans, lorsqu'il fut atteint d'un cancer au visage, dont il mourut enfin après de cruelles douleurs le 14 mai 1736. Sa femme, qui avoit renoncé aux intrigues politiques, continuoit à réunir à Sceaux une petite cour, composée d'hommes célèbres par leurs connoissances et les agrémens de leur esprit; elle brilloit au milieu d'eux comme une femme vive et spirituelle, mais en même temps elle les fatiguoit souvent par ses caprices et son égoïsme; on retrouvoit toujours en elle le vieil enfant gâté par les louanges de sa petite cour. Louis XV, timide et silencieux, s'impatientoit de l'effort continuel pour briller, pour pétiller d'esprit qu'excitoit la duchesse du Maine, et il évitoit sa société (1).

(1) La duchesse du Maine mourut en 1753, à l'âge de soixante-dix-sept ans; elle avoit eu deux fils, le prince de Dombes et le comte d'Eu. *Biogr. univ.*, T. XXVI, p. 260. Nous ferons pour l'histoire de ce règne un usage assez fréquent

Il recherchoit au contraire celle de la comtesse
de Toulouse, sœur du duc de Noailles, veuve
du marquis de Gondrin, que ce prince légitimé
avoit épousée secrètement le 22 février 1723;
il avoit ensuite déclaré son mariage, avec la
permission du roi, le 4 septembre de la même
année. La petite cour du comte de Toulouse étoit
établie à Rambouillet : une gaîté piquante et de
l'esprit sans affectation en animoient la société.
C'étoit là que Louis XV se plaisoit le plus; son
goût pour la comtesse de Toulouse, alors âgée
de vingt-sept ans, étoit mêlé de quelques nuances
de galanterie, mais ne fut jamais calomnié. Les

de la Biographie universelle des frères Michaud, 1811 et années
suivantes. Parmi les premiers collaborateurs à cet ouvrage et
les plus distingués, il y en avoit plusieurs qui avoient vécu
sous le règne de Louis XV, plusieurs qui se trouvoient en
possession de papiers de famille et de documens relatifs à
cette époque, inconnus jusqu'alors du public; quelques-uns
n'avoient consenti à coopérer à ce grand ouvrage que pour
avoir l'occasion de justifier la mémoire de leurs proches
ou de leurs amis. Ces articles ont alors tout le mérite de
Mémoires originaux; comme eux, il est vrai, ils sont quelquefois partiaux, quelquefois même écrits avec l'intention de
donner des impressions fausses, ou de déguiser la vérité. Mais
c'est ainsi presque toujours que les matériaux de l'histoire
se présentent à l'historien; celui-ci est un juge qui s'estime
heureux quand il peut traduire à son tribunal des témoins
originaux; sa tâche à lui est ensuite de démêler la vérité au
travers du langage des intérêts, des affections, des passions,
et quelquefois à l'aide même des mensonges de ceux qui
rendent témoignage.

deux époux étoient renommés pour leurs vertus et leur bienfaisance. Le comte de Toulouse, taillé pour la seconde fois de la pierre, le 1er décembre 1737, mourut des suites de l'opération; sa veuve lui survécut jusqu'en 1766, et leur fils le duc de Penthièvre, fut l'héritier de l'amour et de l'estime qu'on leur portoit, et qu'il mérita comme eux. (1)

Par des lettres-patentes du 16 avril 1727, le roi rendit aux princes légitimés toutes leurs prérogatives, hormis le droit de succéder au trône. Villeroi revint aussi à la cour, mais il reçut du roi un accueil si glacé qu'il ne tarda guère à retourner dans son gouvernement de Lyon, où il mourut en 1730. De tous les traits du caractère de Louis XV, celui qui le signaloit le plus étoit l'insensibilité.

Le duc de Bourbon, exilé parce qu'on vouloit lui retirer le pouvoir, mais qui n'avoit donné au roi aucun motif de ressentiment personnel, voulut profiter d'une petite maladie qu'eut le roi, pour obtenir de venir lui faire sa cour, à l'occasion de sa convalescence. Il en fit demander la permission par la duchesse de Bourbon, sa mère, femme hautaine, absolue, et qui avoit peu d'amis. Louis XV répondit sèchement *point*.

---

(1) Biogr. universelle, T. XLVI, p. 331. — Soulavie, Mém. de Richelieu, T. IV, p. 161-189.

« Mais sire, répliqua-t-elle, vous m'accablez
« de la plus vive douleur; voulez-vous mettre
« mon fils et moi au désespoir? qu'il ait la conso-
« lation de vous voir un seul moment. » Il répondit encore *non*, et tourna le dos (1). Dans cette même famille, l'un des frères du duc de Bourbon, le comte de Charolais, ne se signaloit que par des mœurs féroces : dès son enfance on racontoit de lui des traits de cruauté qui faisoient frémir. Le troisième frère, l'abbé et comte de Clermont, n'avoit ni ses goûts dépravés, ni son caractère brutal; mais l'on ne parloit à Paris que du sérail qu'il s'étoit formé, jusqu'au temps où appelé à commander une armée, il manifesta son peu de talent. Ses quatre sœurs, qui toutes avoient de la beauté, amusèrent la cour par leurs intrigues galantes; l'aînée, Mlle de Charolais, avoit l'esprit piquant, et caustique; elle ne pouvoit souffrir sa mère, et pour se soustraire à sa tutelle, elle s'étoit attachée à la petite cour de Rambouillet, dont elle faisoit les délices par sa vivacité, sa finesse, les vers et les chansons qu'elle faisoit avec grâce : elle avoit alors vingt-deux ans, et elle adressa au roi beaucoup d'agaceries; mais la timidité de ce jeune prince étoit pour sa femme une garantie de sa fidélité. (2)

(1) Lacretelle, L. VI, T. II, p. 56.
(2) Lacretelle, T. II, L. VI, p. 60. — Soulavie, Mém. de Richelieu, T. IV, p. 188.

Le chevalier et le comte de Belle-Isle, la Jonchère et Séchelles, étoient revenus à la suite de Leblanc auquel Fleury avoit rendu son ministère. Le Pelletier-Desforts, au ministère des finances, commençoit à se trouver plus à l'aise, grâce au bénéfice considérable que le gouvernement avoit obtenu, en renouvelant le bail des fermes et celui des recettes générales : le premier avoit été porté de 55 millions à 80, le second avoit été élevé jusqu'à 60 millions. L'augmentation des produits de ces contributions indirectes sembloit indiquer un progrès dans la prospérité publique. Fleury lui donna le temps de s'affermir, en ne touchant plus aux monnoies, pendant toute la durée de son ministère. En même temps il portoit une sévère et scrupuleuse économie sur toutes les dépenses de l'État; il donnoit lui-même dans sa maison l'exemple d'une modestie, d'une épargne poussée jusqu'à l'excès, et dont il faisoit volontiers l'objet de ses plaisanteries; mais grâce à l'ordre qu'il avoit établi, il put abolir entièrement le droit du cinquantième, accorder une diminution sur les tailles, et décharger les contribuables de 10 millions par année. (1)

Au moment de la liquidation du système, les

---

(1) Lacretelle, L. VI, T. II, p. 65. — Déclaration du 7 juillet 1727. Lois françaises, p. 386.

frères Pâris avoient hypothéqué aux actionnaires de la banque et de la compagnie des Indes, des rentes sur les tailles, à raison de 4 pour 100 du capital; le cardinal Dubois et M. le Duc les avoient ensuite multipliées; elles n'avoient point été payées exactement, aussi s'étoient-elles souvent vendues à vil prix; il étoit dû à cette époque deux années d'arrérages. Le Pelletier-Desforts proposa de les supprimer : C'étoit, disoit-il, un reste du système, et personne ne ressentoit d'intérêt pour des agioteurs déjà réduits si bas, qu'ils ne pourroient faire entendre leur voix. Entre les deux années arriérées et l'année courante il promettoit au trésor un profit de 40 millions. Fleury consentit sans bien se rendre compte de l'opération, qui n'étoit autre chose qu'un vol fait à des gens qu'on croyoit trop malheureux et trop faibles pour se plaindre. On s'étoit trompé, l'alarme au contraire se répandit chez tous les rentiers; tous se regardèrent comme menacés dans ceux qu'ils voyoient atteints, et un coup funeste fut porté au crédit. Fleury fut contraint de revenir en arrière; au commencement de l'année 1728, il rétablit une partie des rentes qu'il avoit supprimées. Ce fut cependant la seule grande faute qu'il laissa commettre dans l'administration des finances. Il continua ses retranchemens, mais en faisant sentir désormais son économie aux courtisans plutôt qu'aux malheureux. (1)

Mais toute l'économie du cardinal de Fleury reposoit sur le système de paix auquel il avoit réduit les flottes et les armées, et le maintien de la paix ne sembloit rien moins qu'assuré. L'Espagne et l'Autriche vouloient toujours la guerre. Tout l'argent qui arrivoit d'Amérique, tout celui que la cour de Madrid pouvoit obtenir par des emprunts contractés à un taux exorbitant, étoit envoyé à Vienne, et employé par la cour impériale à séduire les princes allemands, surtout les catholiques, pour les attacher à son alliance. Les électeurs de Bavière et de Cologne étoient gagnés. L'impératrice de Russie avoit promis son puissant secours. L'électeur de Saxe, roi de Pologne, héritier catholique d'une maison protestante, s'unissoit à une ligue qui s'annonçoit comme voulant allumer de nouveau une guerre de religion pour replacer le prétendant sur le trône d'Angleterre. Il venoit de permettre qu'une atroce persécution commençât dans ses États à l'occasion d'une querelle survenue à Thorn, le 17 juillet 1724, entre les écoliers d'un gymnase luthérien et ceux d'un collége de jésuites. Vingt bourgeois de Thorn, parmi lesquels on comptoit

(1) Lacretelle, L. VI, T. II, p. 68.

les principaux magistrats de la ville, périrent sur l'échafaud, et quelques-uns par des supplices épouvantables, pour s'être, à ce qu'on assuroit, montrés partiaux en faveur des luthériens (1). L'Allemagne protestante parut d'abord soulevée d'indignation à la nouvelle de cette tragédie. La cour d'Angleterre, et même la cour de France, adressèrent des représentations à la république de Pologne. Mais cette intervention se borna à de vaines paroles, le zèle pour l'humanité se refroidit; bientôt le roi de Prusse, qui prétendoit être le protecteur des intérêts protestans en Allemagne, se détacha de la ligue de Hanovre, pour se rapprocher de l'Autriche et de l'Espagne, et il ne fut qu'imparfaitement remplacé par la Hollande, la Suède et le Danemarck, qui acceptèrent l'alliance de la France et de l'Angleterre. (2)

Au milieu de ces négociations, aucune démarche hostile n'avoit encore été faite dans le nord; mais au midi, la bouillante Élisabeth Farnèse était impatiente de commencer la guerre. Elle donna ordre de saisir à la Vera-Cruz le vaisseau de la compagnie de la mer du Sud, *le Prince Frédéric*, à bord duquel se trouvoit une riche cargaison de marchandises; elle menaça les

---

(1) Lémontey, T. II, ch. 19, p. 239. — Rulhières, Hist. de l'anarchie de Pologne, T. I, L. III, p. 163.

(2) Lémontey, T. II, ch. 19, p. 243.

îles britanniques d'une invasion, et elle rassembla une armée de vingt-cinq mille hommes en Andalousie pour faire le siége de Gibraltar. En vain le vieux et habile guerrier marquis de Villa-d'Arias lui représenta l'impossibilité de réussir tant que les Anglais seroient maîtres de la mer, elle le força de donner sa démission, et le remplaça par le marquis de las Torres, qui entreprit le siége le 11 février 1727, et qui promit qu'en six semaines il se rendroit maître de cette redoutable forteresse (1). Il est vrai qu'à cette époque la reine d'Espagne se flattoit encore de détacher la France de l'Angleterre. Bien plus, une maladie de Louis XV avoit renouvelé son espérance de pouvoir s'asseoir avec son mari sur le trône de France, et elle avoit envoyé l'abbé de Montgon à Paris, en apparence pour offrir au cardinal de Fleury une pleine réconciliation s'il vouloit renoncer à l'alliance de Hanovre, en réalité pour rassembler les partisans de l'Espagne et les réunir contre ceux de la maison d'Orléans. Dans l'instruction que Philippe V avoit donnée à Montgon, en date du 24 décembre 1726, il lui disoit « qu'il l'avoit choisi pour « être chargé de la plus importante de toutes les « affaires, du secret de laquelle dépend l'heu- « reuse issue de la négociation. C'est que si, ce

---

(1) W. Coxe, Maison de Bourbon, ch. 38, p. 216.

« qu'à Dieu ne plaise, le roi mon neveu venoit
« à mourir sans héritiers mâles, étant comme je
« le suis le plus proche parent, et mes descen-
« dans après moi, je dois et veux succéder à la
« couronne de mes ancêtres » (1). Ainsi Philippe,
dont la dévotion étoit si extrême, et qui passoit
sa vie tourmenté par les scrupules, et toujours
sur le point d'en perdre la raison, ne tenoit aucun
compte des renonciations qu'il avoit signées, des
engagemens si solennels qu'il avoit pris, et il préparoit la guerre civile en France, la guerre universelle en Europe, pour s'emparer d'une couronne que, par un libre choix, il avoit abandonnée à une autre branche de sa famille, tandis
qu'il reconnoissoit chaque jour qu'il n'étoit pas en
état de porter celle qu'il avoit reçue en échange.
« Je vous donne, disoit-il, dans cette instruction,
« une lettre de créance de ma main, pour le
« parlement, pour la présenter à l'instant de la
« mort du roi mon neveu, dans laquelle j'or-
« donne qu'à l'instant que ce cas arrivera on me
« proclame roi. » Mais le cas n'arriva point; la
santé de Louis XV se fortifioit au contraire, et,
d'autre part, l'abbé de Montgon, homme vain et
présomptueux, étoit trop fier de la mission dont
il étoit chargé pour ne pas la laisser pénétrer aux

(1) Mém. de l'abbé de Montgon, T. III, p. 70. — *Campo Raso*, *Comentarios de la guerra*, T. I, p. 60.

yeux perçans de Fleury ; de là, la défiance qu'il excitoit, et qu'il s'efforce, dans ses interminables bavardages, à représenter comme une cruelle injustice.

De son côté, la cour de Vienne, à laquelle celle de Madrid étoit disposée à faire les plus grands sacrifices, après avoir touché l'argent apporté par les galions, ne se montroit plus si disposée à la guerre. Fleury, accoutumé à gouverner de grands enfans, ne s'étonnoit pas de leurs caprices, ne s'irritoit pas de leurs petites trahisons ; il redoubloit d'efforts pour apaiser le courroux de la reine d'Espagne ; il employoit avec elle le langage le plus humble et le plus affectueux, mais en même temps il persistoit dans sa politique toute pacifique, dans sa confiance dans l'Angleterre, et dans sa résolution de demeurer fidèle au traité de Hanovre. Soupçonnant peut-être l'empereur d'avoir beaucoup moins de fermeté qu'il n'en affichoit, ce fut à lui qu'il fit entendre ses premières menaces. Un projet de conciliation en six articles, qu'il lui avoit présenté, ayant été rejeté, il dit au baron de Fonséca, son ambassadeur : « Que l'esprit d'équité
« et de modération dont sa M. T. C. avoit
« donné l'exemple ne lui feroit point perdre de
« vue ce qu'elle devoit à sa gloire et à ses alliés :
« qu'elle étoit dans la ferme résolution de
« prendre les mesures les plus promptes et les

« plus efficaces pour soutenir les droits et les
« intérêts communs de l'alliance de Hanovre, et
« que l'on pouvoit juger par les préparatifs de
« guerre que l'on avoit déjà faits en France,
« en Angleterre et en Hollande, qu'on ne dif-
« féreroit pas plus long-temps à prendre une réso-
« lution sérieuse. » En effet Fleury avoit fait
former des magasins en Flandre et sur le Rhin ;
il avoit fait filer beaucoup de troupes vers les
places frontières, et les milices avoient reçu
ordre de se rendre dans les places de guerre,
pour relever les régimens destinés à composer
les armées. (1)

L'Autriche qui, en réalité, ne vouloit point
de guerre, se prêta alors, dans des conférences ouvertes à Paris entre le comte de Morville, le chevalier Horace Walpole, le baron de
Fonséca, et Borel, ministre de Hollande, aux arrangemens qu'elle avoit jusqu'alors repoussés.
Le 31 mai, de nouveaux articles préliminaires
furent signés. Un congrès devoit, dans quatre
mois, être assemblé à Aix-la-Chapelle pour préparer un traité définitif, et, en attendant, la compagnie d'Ostende pour le commerce des Pays-
Bas avec les Indes étoit suspendue pendant
sept ans ; toute hostilité étoit interdite pendant
aussi long-temps : en conséquence le siége de

---

(1) Flassan, Hist. de la diplomatie française, T. V, p. 36.

Gibraltar devoit être levé, le vaisseau *le Prince Frédéric* devoit être restitué à la Compagnie de la Mer du Sud, et les marchandises qu'apportoit la flotte espagnole d'Amérique, pour le compte de marchands anglais ou hollandais, devoient être livrées à leurs consignataires. L'Espagne à son tour accepta ces articles par son ambassadeur à Vienne, le 13 juin. (1)

Le cardinal de Fleury croyoit la négociation en bon train. Frappé de la puissance que l'Angleterre avoit développée depuis sa révolution grâce à sa richesse et à son crédit, il étoit résolu à se maintenir dans son alliance pour garantir la paix du monde ; mais il mettoit d'autre part un haut prix à l'amitié de l'Espagne, qui avoit été l'objet de toute la politique de Louis XIV, et qui étoit chère à la nation française. Il ne vouloit pas qu'aucune vanité, aucun orgueil mît obstacle à la réconciliation qu'il désiroit, et il croyoit que le jeune roi, par respect filial pour son oncle, et lui-même comme ministre de paix et homme d'église, pouvoient se permettre de faire de grandes avances. La reine d'Espagne venoit d'avoir un fils, le 25 juillet 1725, l'infant Louis-Antoine, depuis archevêque de Tolède. Comme petit-fils de France, il devoit

---

(1) Flassan, *ibid.*, p. 38. — W. Coxe, ch. 38, p. 217. — *Campo Raso*, T. I, p. 90.

recevoir l'ordre du Saint-Esprit dès sa naissance, et Louis XV ayant adressé les lettres les plus affectueuses à son oncle et à sa tante, pour demander une pleine réconciliation, avoit obtenu leur consentement à ce qu'il envoyât à Madrid le comte de Rottembourg en ambassade extraordinaire pour porter l'ordre, et complimenter la reine. (1)

Mais il n'étoit pas facile de traiter avec cette femme violente, présomptueuse, et qui se soucioit fort peu de ses engagemens ou de sa parole. Le roi George Ier d'Angleterre étoit mort d'apoplexie, le 3 juin 1727, durant un voyage qu'il faisoit en Hanovre (2). La reine Elisabeth se persuada que cet événement amèneroit une révolution en Angleterre en faveur des Jacobites, qui commençoient en effet à se remuer, ou tout au moins un changement de ministère, et un ébranlement de toutes les alliances, et elle se refusa à l'exécution des préliminaires. Le siége de Gibraltar fut levé, mais converti en blocus; le vaisseau *le Prince Frédéric* ne fut point rendu; les marchandises anglaises et hollandaises de la flotte d'Amérique furent mises sous séquestre, et la reine traita le comte de Rottem-

---

(1) Instructions du comte de Rottembourg, du 16 septembre 1727. — Coxe, Maison de Bourbon, T. III, ch. 39, p. 237.

(2) *Lord Mahon*, ch. 14, p. 165.

bourg, à sa présentation, avec la hauteur la plus dédaigneuse. On prétend que celui-ci se jeta à genoux, à son entrée dans la salle d'audience, pour lui demander pardon du renvoi de l'infante, et qu'elle ne daigna pas le regarder. Les yeux fixés sur un métier de broderie, elle ne fit pas semblant de s'apercevoir qu'il étoit là; mais Philippe V, dont l'amour pour la France et les regrets du pays natal se réveillèrent vivement dès qu'il entendit l'accent français, accueillit l'ambassadeur avec bienveillance, le présenta à la reine, et lui demanda pour son neveu et pour son pays l'estime et la considération qui leur étoient dues. La reine hésita un moment, puis comme pour exhaler sa colère, elle s'emporta contre l'Angleterre. « Vous vous êtes livrés vous-mêmes aux « Anglais, dit-elle vingt fois; leur souverain « règne sur vous en maître. » Rottembourg avoit à peine repassé le seuil de la porte, qu'il entendit de l'antichambre une querelle assez vive entre le roi et la reine. Celle-ci disoit. « Votre Majesté « peut-elle se fier encore à sa famille, après en « avoir si souvent été dupe! » (1)

Dans les audiences subséquentes, la reine se familiarisa cependant avec Rottembourg; elle le traita avec plus d'obligeance, mais elle discuta

---

(1) Dépêche de l'ambassadeur anglais M. Veere, *apud* W. Coxe, ch. 39, p. 240.

avec beaucoup de vivacité les divers points des préliminaires dont il demandoit l'accomplissement. Il n'y avoit pas de subterfuge qu'elle n'employât pour en éviter l'exécution, pas de demande offensante pour l'Angleterre qu'elle ne présentât à son tour, avec son impétuosité ordinaire. Le ministre d'Autriche Konigseck étoit son conseiller habituel; on auroit pu dire qu'il avoit remplacé tout le ministère d'Espagne. Aucun Espagnol, en effet, n'osoit exprimer une opinion contraire à la sienne. La reine croyoit déjà l'emporter, et avoir décidé la France à abandonner les intérêts de l'Angleterre. Elle avoit obtenu que le comte de Morville fût renvoyé des affaires étrangères, le 19 août 1727, pour le punir de la part qu'il avoit eue au renvoi de l'infante; son père, le garde des sceaux Armenonville, partagea sa disgrâce. M. de Chauvelin, président au parlement de Paris, les remplaça, et réunit les sceaux aux affaires étrangères. Mais Fleury, qui cédoit volontiers sur tout ce qui ne lui paroissoit n'être que de forme, s'obstinoit sur le fond. Il ne vouloit abandonner aucune des prétentions des Anglais, qui de leur côté faisoient de vigoureux préparatifs de guerre pour les soutenir. L'empereur, qui commençoit à sentir que le poids principal de la guerre tomberoit sur lui, donna ordre à Konigseck de ne plus exciter le ressentiment de la reine, mais de s'unir au contraire avec les autres puissances pour demander l'acceptation immédiate des conditions proposées. Ce changement subit de conduite enflamma le ressentiment de cette princesse : elle tourna son indignation contre l'empereur, et dit publiquement à Konigseck, qu'il étoit devenu l'avocat de l'Angleterre. (1)

A la même époque un autre motif vint toutefois triompher de son opiniâtreté. Philippe V, dont la mélancolie prenoit si souvent le caractère de la démence, retomba dans une de ses noires vapeurs : « Sans aucune incommodité
« apparente, il étoit quelquefois six mois sans
« vouloir quitter le lit, se faire raser, couper
« les ongles ni changer de linge; et lorsque sa
« chemise tomboit de pourriture, il n'en prenoit
« point que la reine n'eût portée, de peur, di-
« soit-il, qu'on ne l'empoisonnât dans une autre...
« avec ses ongles longs, tranchans et durs, il se
« déchiroit en dormant, et prétendoit ensuite
« qu'on avoit profité de son sommeil pour le
« blesser... dans des momens il se croyoit mort,
« et demandoit pourquoi on ne l'enterroit pas.
« Il gardoit pendant plusieurs jours un morne
« silence, et sortoit souvent de cette tristesse
« par des fureurs, frappant, égratignant la reine,

---

(1) W. Coxe, l'Espagne sous les Bourbons, T. III, ch. 39, p. 266.

« son confesseur, son médecin, et ceux qui se
« trouvoient auprès de lui, se mordant les bras
« avec des cris effrayans. On lui demandoit ce
« qu'il sentoit : rien, disoit-il, et un moment
« après il chantoit ou retomboit dans la rêve-
« rie. » (1)

Il fallut soustraire le roi d'Espagne aux regards du public. La reine le conduisit au Pardo; elle admit d'abord le prince des Asturies dans le conseil, et obtint enfin la signature d'un décret qui la nommoit régente du royaume. Mais elle commençoit à craindre sérieusement que la mort de son mari ne fît évanouir son projet favori d'un établissement pour ses fils en Italie, et ne la réduisît à l'état fâcheux qui attend les reines d'Espagne dans leur veuvage : elle employa donc le pouvoir dont elle étoit revêtue à hâter l'accommodement, et le 5 mars 1728, elle fit signer par le marquis de la Paz l'acte du Pardo, par lequel Philippe V acceptoit d'une manière absolue et sans détours les préliminaires modifiés selon les conditions de la Grande-Bretagne, sous la garantie du roi de France. Les plénipo-

---

(1) Duclos, Mém. secrets, T. II, p. 95. — Journal du maréchal de Villars, T. LXX, p. 347. — Le cynique Soulavie donne plus de détails sur les moyens par lesquels Élisabeth avoit excité les fureurs de son mari pour le gouverner; mais il est aisé de voir que tous les autres historiens connoissoient ces scandales. Mém. de Richelieu, T. V, ch. 34, p. 261.

tentiaires de France, d'Angleterre et de Hollande à Madrid, et le comte de Konigseck de la part de l'empereur, acceptèrent cet acte. La réunion projetée d'un congrès fut fixée à Soissons, au lieu d'Aix-la-Chapelle, pour la commodité du cardinal de Fleury, qu'on regardoit comme l'homme qui pourroit mieux qu'un autre diriger cette négociation (1).

Le congrès de Soissons s'ouvrit le 14 juin 1728, mais les mêmes jalousies, les mêmes querelles vaniteuses, la même détermination à n'abandonner aucune prétention une fois énoncée, quelque futile, quelque injuste qu'elle fût, qui avoient déjà rendu stérile le congrès de Cambrai, condamnèrent celui-ci à la même impuissance : on s'y fatigua, on s'y aigrit les uns contre les autres, on s'y donna des preuves de mauvaise foi mutuelle. Les plénipotentiaires se séparèrent à plus d'une reprise, et le congrès demeura suspendu pendant des mois. Il duroit cependant toujours sans avoir rien fait, lorsque le traité de Séville, du 9 novembre 1729, donna une direction nouvelle à la politique.

Pendant ce temps la France s'apercevoit à peine qu'elle avoit un gouvernement; personne ne songeoit aux affaires publiques; il n'y avoit

---

(1) W. Coxe, l'Espagne sous les Bourbons, ch. 39, p. 287. — *Campo Raso, Comentarios*, T. I, p. 119.

point de factions, très peu d'intrigues, et les décisions les plus importantes étoient prises entre Fleury et son vieux confesseur l'abbé Polet, vicaire de paroisse, ou son vieux valet de chambre Barjac, tous deux approchant comme lui de quatre-vingts ans, tous deux honnêtes et intégres, ne voulant point sortir de leur état, ne cherchant point à s'enrichir, mais jouissant toutefois de leur influence avec une importance souvent comique, et parlant de ce qu'avoit fait leur maître comme s'ils l'avoient fait eux-mêmes. (1)

Mais Polet étoit sulpicien, et cet ordre n'étoit pas moins que celui des jésuites opposé aux jansénistes. Le cardinal de Fleury, de son côté, quoique peu susceptible de fanatisme, se regardoit comme lié au triomphe de la bulle *Unigenitus*. Encore que cette bulle eût été arrachée à la cour de Rome par des menaces, elle en avoit fait désormais son affaire. Cette cour a adopté pour principe de sa politique de ne jamais retourner en arrière, pour ne pas compromettre le dogme fondamental de son infaillibilité. Aussi ne se prononce-t-elle en général qu'avec répugnance, mais une fois qu'elle l'a fait elle rassemble invariablement toutes ses forces pour faire respecter sa décision, et elle ne reconnoît

---

(1) Soulavie, Mém. de Richelieu, T. IV, ch. VI, p. 213.

pas de service supérieur à celui qu'on lui rend en donnant force de loi à ce qu'elle a résolu. Ce n'étoit plus la cour de France, ce n'étoient plus les jésuites qui regardoient comme la grande affaire du siècle l'acceptation de la bulle *Unigenitus*, c'étoit désormais le pape et le sacré consistoire. On assure que Fleury, pour obtenir le chapeau, avoit promis de se dévouer à l'œuvre de la destruction du jansénisme. Cette promesse même n'étoit pas nécessaire ; en entrant dans le sacré collége, il avoit dû adopter son esprit (1). Un saint prélat octogénaire, nommé Soanen, évêque de Sénez, avoit fait, en 1726, une instruction pastorale dans laquelle on prétendoit retrouver des opinions analogues à quelques unes des cent et une propositions condamnées; l'intrigant et scandaleux Tencin, archevêque d'Embrun, qui avoit été l'ami et l'agent de Dubois, et qui vouloit comme lui parvenir à la pourpre, assembla un concile provincial de quatorze évêques, au mois d'août 1727, et il y obtint la condamnation du vieux prélat, qui fut interdit de toutes ses fonctions, et exilé dans les montagnes de l'Auvergne, où il ne tarda pas à mourir. Le vieil archevêque de Paris, le cardinal de Noailles, appela de ce jugement à

---

(1) Lacretelle, Hist. du XVIIIe siècle, T. II, L. VI, p. 73.

un futur concile général, et douze évêques se joignirent à lui; mais le roi, à la suggestion du cardinal de Fleury, ayant condamné cette démarche, Noailles se troubla; il rétracta ses opinions, et publia un mandement dans lequel il acceptoit la bulle sans modification. Bientôt le triomphe de ses ennemis avança sa fin; il mourut au mois de mai 1729, humilié de ce qu'il avoit fait, et incertain de ce qu'il devoit faire. (1)

Pour achever la victoire de Rome, ce n'étoit pas tout que de soumettre à la bulle la partie du clergé qui l'avoit rejetée, il falloit encore faire plier les parlemens qui la regardoient comme une atteinte portée à l'autorité royale. Ce fut en partie dans le but d'assurer ce triomphe que Fleury retira les sceaux à d'Armenonville, qu'il regardoit comme trop foible, et qu'il les confia à Chauvelin, homme résolu à ne lui refuser aucun service d'aucun genre. Peu après il rappela de son exil le chancelier D'Aguesseau, à qui l'art de bien dire a procuré une haute réputation, mais qui semble en toute occasion avoir fait fléchir ses principes devant l'autorité. Le parlement de Paris signala son opposition à la cour de Rome en condamnant une légende de Grégoire VII, que le pape Benoît XIII venoit

---

(1) Lacretelle, T. II, L. VI, p. 78. — Journal du maréchal de Villars, T. LXX, p. 391.

de canoniser. La magistrature regardoit comme d'un fâcheux exemple d'accorder de tels honneurs à un pontife qui s'étoit signalé par la plus violente attaque contre le pouvoir séculier. Les parlemens de Metz, de Rennes et de Bordeaux suivirent cet exemple, et quelques évêques défendirent à leurs diocésains de se servir de cette légende.

Le cardinal de Fleury n'insista point sur la canonisation de Grégoire VII, mais il prit sa revanche sur le parlement, en conduisant le roi à un lit de justice, le 3 avril 1730, pour y faire enregistrer sans aucune modification la constitution *Unigenitus*, ainsi que toutes les bulles des papes rendues contre le jansénisme. Comme le parlement avoit coutume de faire des protestations le lendemain de ces enregistremens forcés, le roi lui fit défense de délibérer; le parlement désobéit. Ce corps étoit dirigé par un homme habile et courageux, qui depuis les temps de Louis XIV avoit pris part à toutes les guerres du jansénisme. C'étoit l'abbé Pucelle, neveu du maréchal Catinat, né à Paris, en 1655, et conseiller clerc, ennemi acharné des jésuites, qui dans un âge avancé conservoit tout le feu de la jeunesse, et une éloquence austère et mordante. Les jeunes magistrats des enquêtes se rallioient autour de ce vétéran du jansénisme, les vieillards de la grand'-chambre suivoient les inspirations de l'abbé Mengui, qui réunissoit les artifices des plus subtils molinistes à ceux des plus fins courtisans. D'Aguesseau abandonnoit tous les jours davantage le parti des libertés gallicanes; mais son ami Joly de Fleury, procureur général, s'y montroit encore fidèle, quoique avec moins de vigueur qu'autrefois. Le lendemain du lit de justice, l'abbé Pucelle proposa une noble et judicieuse protestation, pour mettre l'autorité royale à l'abri des atteintes que lui portoit la cour de Rome. Le cardinal fit casser cet arrêté par un arrêt du conseil. Quoique la dispute fût devenue chaque année plus étrangère aux intérêts populaires, il suffisoit que, sur un sujet quelconque, il y eût discussion et résistance à l'autorité pour que le public se rangeât du côté de ceux qui faisoient opposition au ministère. Deux classes puissantes dans la capitale, les avocats et les curés, avoient embrassé avec ardeur les opinions que professoit le parlement.

A la rentrée du parlement, en 1731, le comte de Maurepas fut chargé d'apporter à cette compagnie une lettre close du roi qui lui interdisoit toute délibération sur les matières ecclésiastiques, sous peine d'encourir son indignation. Les chambres, qui prévoyoient à peu près quel en seroit le contenu, refusèrent de l'ouvrir. Des ministres foibles, disoient-elles, sacrifioient l'autorité du roi aux intrigues de la cour de Rome ; c'étoit cette autorité que les magistrats prétendoient défendre. Le ministre intima au parlement l'ordre d'ouvrir les lettres sous peine d'être traité en rebelle. « Allons nous plaindre au roi, répondit l'abbé Pucelle, de la manière dont on exécute ses ordres. — Mais il est à présent à Marly. — Eh bien ! faisons tous le voyage de Marly, s'écrièrent les conseillers des enquêtes. Les cris *à Marly, à Marly* imposèrent silence aux vieux conseillers. Le parlement partit en corps, et arriva, sans être attendu, dans un lieu consacré aux plaisirs et aux fêtes. Le ministre fut confondu d'étonnement de tant de hardiesse. Les magistrats en robe avoient été laissés se morfondre dans les corridors ; les courtisans lançoient sur eux en passant des regards railleurs ; enfin Fleury arriva, les traita comme des étourdis, leur déclara que le roi refusoit de les voir, leur ordonnoit de repartir sur-le-champ, et leur défendoit toute réplique. Ils revinrent à Paris, confus, humiliés, et sentant bien qu'ils n'avoient pas échappé au ridicule. » (1)

Le parlement recourut alors à sa dernière arme ; il menaça de cesser ses fonctions. La suspension de tous les procès soit civils, soit crimi-

---

(1) Lacretelle, T. II, L. VI, p. 87.

nels, jetoit en effet une perturbation dans toute la société qu'un gouvernement foible et ami du silence devoit craindre. Fleury fut alarmé de cette menace, d'autant plus qu'il voyoit déjà la multitude agitée par les prétendus miracles qui s'opéroient au tombeau du diacre Pâris. Il chargea D'Aguesseau de négocier avec le parlement. D'Aguesseau en voulant être conciliateur se montra toujours plus foible. Le roi manda le parlement en corps, en 1732, pour lui réitérer la défense de délibérer sur les affaires ecclésiastiques. Chacun des conseillers avoit été prévenu d'avance que toute réplique seroit punie comme un crime d'État. Quand le roi eut parlé comme un maître qui veut bien pardonner, mais qui attend une soumission absolue, le premier président parut vouloir commencer un discours. *Taisez-vous*, lui dit le roi. L'abbé Pucelle se jeta alors à ses pieds, et y déposa un arrêté du parlement. Le comte de Maurepas prit aussitôt l'arrêté, et le déchira. Dans la nuit qui suivit, l'abbé Pucelle fut arrêté par deux gardes qui le conduisirent à son abbaye de Corbigny; le conseiller Titon fut en même temps exilé. Le parlement les réclama; mais loin de les rendre, le ministère frappa de la même peine quatre de leurs collègues. La plupart des conseillers envoyèrent alors leur démission. Les avocats, les curés, les docteurs de Sorbonne

soutenoient leur résistance, et le peuple couvroit de ses huées ceux qui venoient encore siéger aux audiences. D'Aguesseau fut chargé de nouveau de rétablir la paix; il obtint que les conseillers retirassent leurs démissions, à condition qu'on leur permît de faire de nouvelles remontrances; mais ces remontrances offensèrent plus que jamais le pouvoir. Quarante magistrats furent alors exilés. « L'année 1733, dit
« Voltaire, se passe en mandemens d'évêques,
« en arrêts du parlement et en convulsions.....
« le bruit que fesoient toutes ces sottises fut
« étouffé par la guerre de 1733, et cet objet fit
« disparoître tous les autres. (1) »

A nos yeux, la circonstance la plus remarquable de cette lutte, c'est l'appel aux miracles, par lesquels les jansénistes prétendirent établir que la protection divine leur étoit accordée. Ces miracles, en effet, s'opéroient, disoit-on, au tombeau du diacre Pâris, en plein jour, en face de l'autorité jalouse, sous les yeux de la ville la plus instruite, la plus moqueuse et la plus incrédule de l'Europe. Le diacre Pâris, issu d'une famille assez distinguée dans le parlement, étoit mort le 1er mai 1727, à peine âgé de trente-sept ans. Il avoit toute sa vie été fidèle aux maximes

(1) Voltaire, Histoire du parlement de Paris, T. XXXIV, ch. 64, p. 357-365. — Lacretelle, T. II, L. VI, p. 91. — Mém. du maréchal de Villars, T. LXXI, p. 70.

du Père Quesnel; il étoit plein d'horreur pour les jésuites, il avoit été appelant (au futur concile) et réappelant : mais en même temps il prodiguoit son bien aux pauvres, et il se croyoit doué de ces révélations particulières qui troublent l'esprit d'un sectaire exalté. Il fut enterré dans le cimetière de Saint-Médard, et la foule des pauvres qu'il avoit assistés se portoit sur sa fosse et lui demandoit des miracles qui ne se firent pas long-temps attendre. Les dévots étoient saisis de spasmes convulsifs, auxquels on attribuoit la guérison des maladies, la vision intuitive, le don des prophéties et d'autres effets merveilleux; on voyoit les adeptes convulsionnaires se placer avec empressement sous les coups de barre de fer, d'énormes bûches, de pieux aigus, c'est ce qu'ils nommoient *les secours meurtriers*, et ils en éprouvoient, disoient-ils, *les plus douces consolations*. Tant d'hommes graves et vertueux ont attesté cet état de crise et de convulsions dans lequel on vit tomber jusqu'à sept et huit cents personnes, qui pour la plupart étoient des femmes, aussi bien que leur insensibilité pendant leur syncope, pour les coups et les blessures, et leur vigueur extraordinaire, que le fait lui-même ne peut plus être mis en doute. Après avoir fait la plus large part à la crédulité d'un public passionné, encore sommes-nous obligés de l'expliquer par une déviation des lois ordinaires de la nature, par l'effet de l'imagination et de l'exemple sur le système nerveux des convulsionnaires, par quelque chose d'analogue enfin aux phénomènes qu'on attribue de nos jours au magnétisme animal et au somnambulisme.

Mais ces récits suggèrent à un historien d'autres réflexions encore ; appelé sans cesse à peser des témoignages contradictoires, à rejeter ou admettre des faits qu'il trouve présentés par les contemporains sous des points de vue si différens, il est forcément ramené à examiner les bornes du possible et du probable, à se rendre compte en particulier du degré de foi que méritent les récits d'événemens miraculeux.

Avant d'avoir étudié les lois de la nature, les hommes prennent tous ses phénomènes pour l'action immédiate de la Divinité. Toutes les forces inconnues sont pour eux la force de Dieu. C'est Dieu qui vente et qui tonne, qui pousse les marées et qui soulève les tempêtes, qui fait lever son soleil et qui conduit toute l'armée des cieux. Dans cet ordre d'idées, il n'y a point de miracles, car tout est également miraculeux ; et comme disoit Mme de Sévigné, le canon qui a tué Turenne étoit chargé de toute éternité. Cette croyance en une action de la Providence, immédiate, libre et indépendante de toutes les lois de la matière, règne toujours au fond des cœurs qui se nourrissent de la prière. Quand ils demandent à Dieu de détourner les événemens ou de les leur rendre favorables, ils ne se confessent pas à eux-mêmes que c'est un miracle qu'ils attendent, et cependant aucun de leurs vœux ne pourroit être accompli sans miracle. Seulement l'étude de la nature nous a accoutumés à reconnoître l'une après l'autre les lois par lesquelles la Divinité la régit, et à nous apprendre qu'elle ne les suspend guère. Les exceptions, qui nous frappoient d'abord, s'expliquent l'une après l'autre par ces mêmes lois. Chaque progrès de la science, tout en nous donnant une plus haute idée de la puissance de Dieu, l'éloigne toutefois de nous, et nous montre entre lui et nous une loi qu'il a préordonnée. En même temps chaque lumière nouvelle que nous acquérons restreint nos prières dans un cercle plus étroit; nous ne demandons à la Providence d'agir pour nous qu'aux dépens des lois qui nous sont inconnues. Ainsi, nous ne prions jamais pour que Dieu fasse remonter les rivières vers leur source, mais bien pour qu'il fasse circuler les humeurs dans notre corps contrairement à leur impulsion naturelle, ce qui pourtant est une même chose; nous n'espérons jamais que nos prières ressuscitent un mort, mais bien qu'elles empêchent un vivant de mourir; ce qui n'est pas un moindre acte de la toute-puissance de Dieu, ni une moindre dérogation à ses lois générales.

Lorsque les hommes essaient ensuite de se rendre compte des preuves sur lesquelles les miracles qui leur sont rapportés sont établis, ils confondent toujours ces deux ordres idées. S'ils ont foi en la prière, ils se répètent sans cesse, et avec raison, que tout est possible à Dieu; s'ils se sont habitués aux observations philosophiques, ils ont remarqué que l'action de Dieu est toujours soumise à des règles invariables. Pour les premiers il n'y a point de miracles, car tout événement est l'effet immédiat de la volonté de Dieu, mais aussi il n'y a jamais de difficulté à croire les faits qu'on nomme les plus prodigieux. Il n'y a chez eux aucune résistance de l'esprit, aucune hésitation, s'ils voient dans le fait qui leur est rapporté une manifestation de la Divinité en faveur de leurs opinions et de leurs sentimens. Les seconds seuls apportent de l'incrédulité, du doute et un examen philosophique, aux faits qui leur paroissent s'écarter des lois de la nature, mais ceux-là se rencontrent bien rarement parmi les témoins des miracles, et nous devons nous garder de prêter leur saine critique à la masse du peuple, ou aux témoins qui nous rapportent des faits merveilleux.

Les temps où l'étude des sciences, la logique, la raison, la saine philosophie, brillèrent en

France du plus vif éclat, les temps de Louis XIV et de Louis XV sont remplis du récit de miracles attestés de la manière la plus authentique. Non seulement dans les provinces où dominoit le fanatisme, il y avoit peu d'églises en crédit, peu d'images de la Vierge ou d'un saint populaire qui ne fût enrichie d'*ex-voto*, attestant la croyance et la vive reconnoissance de ceux qui se figuroient avoir échappé à quelque danger par une protection personnelle; mais même à la cour du grand roi, des hommes pieux, les plus éclairés de leur siècle, des hommes parfaitement sincères, attestoient ces actes immédiats de la puissance divine dont ils se disoient les témoins. La vie de Mme Guyon, aux yeux des quiétistes et des mystiques étoit toute composée de miracles; la vie des solitaires de Port-Royal, aux yeux des jansénistes, n'en étoit pas moins remplie. Le grand Arnaud et la mère Angélique leur paroissoient une manifestation continuelle de la puissance de la Divinité, intervertissant les lois de la nature (1). Dans la secte protestante également, les petits

(1) Il seroit impossible de se figurer un miracle attesté par de plus hautes autorités que celui de la sainte épine qui, le 24 mars 1656, guérit subitement d'une fistule lacrymale Mlle Perrier, nièce de Blaise Pascal. Ce miracle est attesté par Pascal, par le grand Arnaud et par Le Maître qui en furent les témoins; le premier, le plus grand génie, le second, l'érudit le plus profond, le troisième, le plus habile avocat du grand siècle.—Histoire de Port-Royal, T. I, L. V, p. 364.

prophètes des camisards passoient pour inspirés, les pasteurs conduits au martyre opéroient et attendoient des miracles ; le sage Basnage raconte l'intervention miraculeuse de la Divinité qui sauva la Hollande par une tempête en écartant la flotte anglaise, et par une inondation en arrêtant les armées de France. Au cimetière de Saint-Médard, des miracles journaliers, faits en présence d'un public nombreux, et en dépit de l'autorité, sont attestés par des hommes du plus grand poids, parmi lesquels on distingue l'abbé Pucelle, Carré de Montgeron, conseiller au parlement, le sage Rollin et le chevalier Folard, le traducteur de Polybe, et le grand maître dans l'art de la guerre. (1)

Les philosophes incrédules de l'école de Voltaire, et aussi les membres de toutes les sectes en faveur desquelles les miracles n'étoient point faits, n'ont pas épargné aux narrateurs de tous ces faits merveilleux les accusations de superstition, de fanatisme, d'ignorance grossière et souvent d'imposture ; leur injustice est extrême.

(1) *La vérité des miracles opérés par l'intercession de M. de Pâris, démontrée par M. de Montgeron, conseiller au parlement.* Utrecht, 1737, un vol. in-4°, avec gravures. Les neuf guérisons miraculeuses rapportées dans ce gros volume sont si prodigieuses, et les pièces justificatives dont chaque miracle est accompagné sont si claires et si authentiques, que, tout en ne pouvant les croire, je ne connois point de faits historiques mieux attestés que ceux-là.

Ces faits attestés sont dans un ordre d'idées parfaitement rationnel, et qui n'est à cette heure ni condamné ni abandonné par le plus grand nombre des chrétiens, celui d'une action constante de la Providence qui suspend chaque jour, en chaque lieu, les lois de la nature, dans l'intérêt ou des sociétés humaines ou des individus. Non seulement un miracle n'étonnoit pas ceux qui nous les rapportent, ne leur répugnoit pas à croire, ils auroient été étonnés au contraire qu'il ne fût pas intervenu, pour la vérité, pour la protection, pour la justification de ceux qu'ils regardoient comme des saints ; ils le croyoient avant de l'avoir vu, ils l'admettoient sur les plus légères apparences ; ils le racontoient de bonne foi, et dans la sincérité de leurs cœurs, ajoutant toutefois à l'illusion qu'ils éprouvoient eux-mêmes, et c'est ce que chacun fait à son tour, quand un récit frappe son imagination. Il faut donc respecter de tels témoins, souvent les admirer, mais ne point prendre leur parole pour une preuve; car l'homme de tous les temps, de tous les pays, a un ardent amour pour le surnaturel, et il croit ce qui est incroyable, sur des données qui ne lui suffiroient pas pour admettre le moindre événement historique. (1)

(1) Les miracles du diacre Pâris sont le sujet d'une dissertation de Mosheim (Helmstadt, 5 juin 1740), dans laquelle, pour réfuter Montgeron, il attaque le caractère même du diacre, et il l'accuse de suicide pour avoir détruit

La lutte pour l'extirpation du jansénisme ne se renfermoit point dans les combats que nous avons indiqués entre le ministère et le parlement, elle envahissoit, elle tourmentoit l'Église tout entière, et le cardinal de Fleury entraîné par des prélats qui vouloient plaire à Rome, s'engageoit dans la persécution beaucoup plus avant que ses inclinations ne l'y auroient porté. Ceux qui lui forçoient la main étoient surtout le cardinal de Rohan, prélat vaniteux, ambitieux, voluptueux, qui, à ce qu'on assuroit, loin de croire à la bulle, ne croyoit pas même en Dieu; le cardinal de Bissy auquel on reconnoissoit des mœurs austères, de la bonne foi, mais une humeur inquiète et turbulente, et l'âpre dureté d'un théologien; l'agent de Dubois, le simoniaque Tencin, archevêque d'Embrun, qui ne cessoit d'intriguer pour obtenir le chapeau; l'abbé de Vauréal, évêque de Rennes, en 1732, et fameux par ses mauvaises mœurs, mais aussi par son zèle pour la bulle; enfin Vintimille, qui avoit succédé au cardinal de Noailles dans l'archevêché de Paris, homme si épais et si corpu-

---

sa santé et enfin sa vie, par une excessive austérité. Ainsi nous voyons que pour le judicieux Mosheim, les miracles ne prouvent pas la doctrine, mais qu'il les admet ou les argue de fausseté d'après l'estime qu'il fait de la doctrine et de son auteur. Mosheim nous apprend de plus que ces miracles commençoient à être crus très-généralement par les protestans de son temps.

lent de tête et de corps, qu'il en étoit presque 1729-1732. monstrueux. Vintimille ne cessoit de faire la guerre aux jansénistes, pour devenir cardinal; tantôt ses curés étoient inquiétés dans leurs fonctions, tantôt de pauvres religieuses. Il alloit négocier chez l'abbesse de Chelles et chez Mme de Bourbon-Condé, abbesse de Saint-Antoine, pour gagner ces deux princesses qui se moquoient de lui ; enfin il faisoit des mandemens, des bréviaires, et il demandoit des lettres de cachet (1). Les commis de Saint-Florentin, ministre chargé d'expédier les lettres de cachet, assuroient que pendant la durée du ministère de Fleury, les jésuites et la cabale d'Issy avoient fait exiler ou emprisonner plus de jansénistes qu'il n'avoit été exilé ou emprisonné de Français sous le règne dur, long et persécuteur de Louis XIV.

Les huguenots furent moins persécutés que les jansénistes par le cardinal de Fleury; il n'y en avoit plus un seul qui approchât de la cour; ils n'avoient plus de part aux intrigues, ils ne formoient aucun parti, ils n'excitoient aucune crainte; aussi Fleury ne demandoit pas mieux que de les oublier : mais il les abandonnoit aux autorités locales, et selon qu'elles étoient bien ou mal disposées, la persécution s'arrêtoit

---

(1) Soulavie, Mém. de Richelieu, T. IV, ch. 10, p. 295-306 et p. 318.

ou se renouveloit avec vivacité. Les efforts du pasteur Antoine Court pour ramener les fidèles à l'exercice public du culte, dans les assemblées du désert, pour les pourvoir de prédicateurs, pour fonder à Lausanne un séminaire d'où sortoient des ministres jeunes et hardis qui venoient parcourir les provinces de France, au risque d'y rencontrer chaque jour le martyre, avoient réveillé le zèle de cette secte persécutée. Plus d'une fois ces assemblées du désert furent assaillies par les troupes; on jeta dans les cachots de la tour de Constance un grand nombre de femmes surprises en 1727 et 1729 dans le diocèse d'Alais, comme elles s'étoient rassemblées pour prier Dieu (1). Les parlemens étoient souvent plus redoutables que les commandans de province : gardiens du dépôt terrible des édits de Louis XIV, ils auroient cru laisser dépérir entre leurs mains le pouvoir des lois, s'ils n'avoient pas sévi contre l'hérésie : d'ailleurs, plus ils montroient un esprit gallican et opposé aux empiétemens ultramontains, plus ils se croyoient obligés à se mettre à l'abri du soupçon de défaut de zèle religieux, en sévissant contre les religionnaires. Le 30 novembre 1728, un jeune pasteur d'Aulas, nommé Alexandre Roussel,

---

(1) Coquerel, Hist. des églises du désert, T. I, ch. 6, p. 272.

ministre d'Uzès, fut pendu à Montpellier; un 1729-1732.
autre, Barthélemi Claris, arrêté à Foissac près
d'Uzès, le 24 août 1732, alloit subir le même
sort, car, dans son interrogatoire qui nous a été
conservé, il avouoit courageusement être ministre et avoir prêché, offense toujours punie de
mort, tandis qu'il ne laissoit pas échapper un
seul mot qui pût compromettre un seul des
fidèles; mais les protestans d'Alais trouvèrent
moyen de lui faire parvenir un ciseau de fer,
de onze pouces de longueur, avec lequel il brisa
les fers qui enchaînoient ses pieds, força les bar-
reaux de sa prison, et réussit à s'enfuir. (1)

Mais les parlemens, si cruels quelquefois
contre les personnes des religionnaires, montroient une conscience beaucoup plus timorée
lorsqu'il s'agissoit de leurs biens. Quand il fallut
déclarer nuls des mariages depuis long-temps
existans et tenus pour valides; quand il fallut,
en les cassant, détruire des possessions d'état évidemment légitimes en équité; bien mieux encore, quand il fallut accueillir l'intervention du
collatéral impitoyable, qui cherchoit à se mettre
à l'abri des lois, dans le but évident de dépouiller une partie adverse de sa légitime, les
parlemens ne voulurent point se rendre com-
plices d'une telle fraude. D'après les édits de

(1) Coquerel, *ibid.*, p. 227 et 237.

Louis XIV et la déclaration de 1724, un collatéral cupide, violant à la fois les règles de l'une et l'autre religion, pouvoit attaquer en justice la validité d'un mariage auquel il avoit lui-même souscrit; il lui étoit loisible de révoquer en doute la légitimité d'un enfant, dont il espéroit prendre l'héritage. Il fallut que les magistrats fussent plus humains et plus sensés que les lois, ou plutôt qu'ils les violassent ouvertement pour ne pas couronner de succès cette conduite vile et captieuse. (1)

Nous avons rassemblé en un petit nombre de pages les traits les plus marquans de l'administration du cardinal de Fleury, pendant les sept premières et plus heureuses années de son ministère, époque durant laquelle il conserva la paix au dehors, et permit à la France de recouvrer sa population et ses richesses. Il régnoit alors bien plus en souverain qu'en ministre. Louis XV qui grandissoit, et qui étoit parvenu de seize à vingt-trois ans, lui prêtoit quelquefois son appui, avec ses formes hautaines, sa volonté sèche et impitoyable; mais les affaires publiques n'excitoient en lui ni curiosité ni intérêt, il se reposoit aveuglément sur son ministre, et, plus encore par paresse que par affection, il se troubloit à la seule idée que Fleury pourroit

---

(1) Coquerel, T. I, ch. 6, p. 217-223.

songer à la retraite, et rejeter sur lui le fardeau d'un gouvernement dont il redoutoit la fatigue. Aussi n'hésita-t-il point à lui sacrifier de jeunes seigneurs à peu près de son âge, qui se permettoient souvent de railler avec lui son vieux précepteur, d'accuser son économie, et de lui représenter son régime comme trop sévère et trop monotone. Les ducs de Gèvres et d'Épernon, enhardis par la manière dont Louis les écoutoit, osèrent enfin lui présenter un Mémoire qui étoit la censure la plus amère de l'administration de Fleury : le ton en étoit vif et pressant, on crut que le cardinal de Polignac le leur avoit envoyé de Rome. Les jeunes ducs, redoutant le ressentiment du ministre, demandèrent au roi sa parole royale qu'il ne les nommeroit point. Ils obtinrent même de lui qu'il leur rendît le manuscrit après l'avoir copié tout entier de sa main. Le cardinal, auquel un secrétaire infidèle fit voir ce Mémoire copié de la main du roi, se crut perdu : le roi, avec sa dissimulation habituelle, lui montroit toujours la même docilité, mais aussi aux ducs de Gèvres et d'Épernon la même confiance. Le vieux précepteur, après avoir fait des plaintes à Louis des diffamations dont il étoit l'objet, déclara qu'il ne pouvoit y échapper qu'en rentrant à Issy dans sa retraite. A cette menace, Louis, oubliant l'amitié, la loyauté, et la parole d'honneur qu'il avoit donnée, alla chercher le

Mémoire dans son bureau pour le remettre au cardinal, en lui en nommant les auteurs, et consentit à ce qu'il les exilât chez leurs parens. On nomma cette intrigue *la Conjuration des marmouzets;* elle avoit éclaté au mois de septembre 1730, et l'exil des deux jeunes gens ne dura pas plus de deux ans. (1)

Il convient à présent de reprendre l'histoire de la politique étrangère et des négociations par lesquelles Fleury et Walpole s'efforçoient de maintenir la paix de l'Europe. Ils étoient et vouloient rester unis; l'alliance inattendue de l'Autriche et de l'Espagne les avoit surpris et alarmés tous deux. Ils vouloient la rompre; mais Fleury se proposoit de renouer une alliance intime entre la France et l'Espagne, Walpole de retrouver dans l'Autriche l'ancienne alliée de l'Angleterre, en sorte que, quoique agissant de concert, ils sembloient se préparer d'avance pour le jour où ils seroient ennemis.

Tous les mouvemens qui pouvoient troubler l'Europe prenoient toujours leur origine en Es-

---

(1) Lacretelle, T. II, L. VI, p. 100. — Mém. secrets de Duclos, T. II, p. 87. — Journal du maréchal de Villars, T. LXX, p. 421. — Soulavie, Mém. de Richelieu, T. V, ch. 30, p. 199. Les fragments de ce Mémoire, et les autres écrits anonymes contre Fleury que rapporte Soulavie, sont d'une extrême platitude.

pagne. C'étoit Élisabeth Farnèse qui, avec sa tête bouillante et impétueuse, son orgueil, sa confiance dans la grandeur de l'Espagne, vouloit arriver à son but, sans se soucier du sang qu'elle pouvoit faire couler. Or, ce but avoit toujours été d'assurer à ses propres fils une souveraineté, soit pour les établir d'une manière indépendante des rois d'Espagne, soit pour pouvoir, à la mort de son mari, se retirer auprès d'eux, et éviter la désolante captivité à laquelle sont condamnées les reines veuves en Espagne. Tout récemment encore elle s'étoit flattée que la mort de Louis XV ouvriroit à son mari la route du trône de France, que l'Espagne resteroit alors à Ferdinand, fils de la Savoyarde, et que Don Carlos régneroit sur les Français. Mais après la naisssance de trois filles de France, dont deux jumelles, Marie Leczinska venoit enfin de donner un fils à Louis XV, le dauphin Louis, né le 4 septembre 1729, en sorte que la succession étoit assurée, et que les espérances des prétendans au trône s'évanouissoient (1). Élisabeth, en conséquence, dirigeoit de nouveau toute son ambition sur l'Italie, et elle insistoit avec plus de vivacité que jamais pour que le grand-duché de Florence et les duchés de Parme et de Plaisance fussent assurés à ses enfans par des garni-

---

(1) Journal du maréchal de Villars, T. LXX, p. 408.

sons espagnoles qui seroient mises en possession de leurs forteresses.

La France, sous Fleury, ne demandoit rien pour elle-même ; l'Angleterre ne songeoit qu'à son commerce, et toutes deux s'accordèrent, sans difficultés, à sacrifier l'Italie pour satisfaire en même temps l'ambition de la reine d'Espagne et de l'empereur, sans égards aux droits des Italiens ou à l'indépendance de leur pays.

Le duc de Parme Antonio Farnèse que son embonpoint étouffoit, le grand-duc de Toscane, Gian Gastone de Médicis, qui cherchoit à s'étourdir, par de honteux plaisirs, sur l'extinction inévitable de sa race, protestoient contre la violence qu'on leur faisoit en leur donnant un héritier étranger, contre l'injustice qu'on commettoit envers leurs peuples en les soumettant aux liens d'une féodalité qui détruiroit leur ancienne indépendance, et ils refusoient les garnisons qu'on vouloit mettre dans leurs forteresses. Le pape protestoit contre la spoliation dont on menaçoit l'Église. Celle-ci se disoit souveraine de Parme et Plaisance, mais n'avoit jamais rien fait pour aggraver son joug sur ces provinces. L'Italie entière s'affligeoit et s'indignoit de voir river ses chaînes ; elle sentoit bien qu'elle alloit être sacrifiée sans retour à la maison d'Autriche. Mais Walpole n'écoutoit rien, il ne redoutoit point d'accroître la puissance de l'Autriche, et les offenses mêmes qu'il avoit reçues de la cour d'Espagne ne le détournoient point de ses projets. (1)

Toutefois l'union entre l'Espagne et l'Autriche étoit ébranlée. Élisabeth Farnèse qui s'étoit livrée avec tant d'ardeur à l'espérance de marier ses deux fils, nés en 1716 et 1720, aux deux filles de l'empereur Charles VI, nées en 1717 et 1718, commençoit à s'apercevoir qu'elle avoit été jouée, que Charles VI, après avoir tiré d'elle immensément d'argent, revenoit à son ancien projet de marier ses deux filles aux deux princes de la maison de Lorraine, et que loin de favoriser l'acceptation des garnisons espagnoles en Italie, il y mettoit secrètement obstacle, et qu'il encourageoit Jean Gaston, et Antoine Farnèse dans leur résistance. Ce fut en conséquence de cette mauvaise foi qu'Élisabeth, qui avoit transporté la cour à Séville pour mieux dérober aux yeux des Espagnols l'état déplorable où étoit tombé son mari, invita les ambassadeurs de France, d'Angleterre et des Provinces-Unies à se réunir chez son ministre des affaires étrangères le marquis de la Paz. Pendant que le comte de Konigseck, ministre impérial, attendoit encore des instructions, elle donna ordre

---

(1) *Carlo Botta, Storia d'Italia*, T. VIII, L. XXXVIII, p. 94.

1729.

à son ministre de signer le traité de Séville, du 9 novembre 1729, qui terminoit les négociations commencées à Soissons, et remettoit toutes choses, entre les puissances contractantes, sur le pied où elles se trouvoient avant l'année 1725. L'article 9 de ce traité portoit que six mille hommes de troupes espagnoles seroient reçues en garnison dans les places de Livourne, Porto Ferraio, Parme et Plaisance, pour les assurer à l'infant Don Carlos, fils de Philippe V (1). Par ce traité la bonne intelligence fut rétablie entre les deux branches d'Espagne et de France de la maison de Bourbon. La cour de Vienne fit au contraire retentir ses plaintes dans toute l'Europe contre le traité de Séville, qui substituoit des troupes espagnoles à des troupes neutres, pour les garnisons des places d'Italie.

1730.

Avant que cette convention pût être exécutée, un événement inattendu, dans cette même Italie, frappa le monde d'étonnement. Victor-Amédée II, le plus habile, le plus belliqueux, le plus ambitieux des rois qui occupoient alors un trône en Europe, annonça, le 3 septembre

(1) Flassan, Diplomatie française, T. V, p. 60. — Lacretelle, T. II, L. VI, p. 112. — Coxe, l'Espagne sous les Bourbons, T. III, ch. 40, p. 290. — Botta, *Storia d'Italia*, L. XXXVIII, p. 95. — Lord Mahon, *Hist. of Engl.*, T. II, ch. 15, p. 203. — Campo Raso, *Comentarios de la guerra de España*, T. I, p. 154.

1730, à sa famille, à ses ministres et à sa cour, qu'il avoit assemblés dans son château de Rivoli, sa détermination de renoncer à la couronne. Il la transmettoit à son fils Charles-Emmanuel III, alors âgé de vingt-neuf ans, prince dont la figure étoit peu avantageuse, et qui n'avoit attiré les regards de son père qu'après la mort de son aîné, doué de qualités bien plus brillantes. Quoiqu'il le fît travailler avec lui, et qu'il prît grand soin de l'exercer aux affaires, il le traitoit toujours assez durement. Le vieux roi, qui avoit soixante-cinq ans, avoit pris goût pour l'esprit et les manières de la marquise de Saint-Sébastien, qui en avoit quarante-cinq, qui n'avoit jamais été sa maîtresse, et qui étoit alors dame d'honneur de la princesse de Piémont, sa belle-fille. Il l'avoit épousée en secret le 12 août sans la prévenir de son projet d'abdication, qu'il déclara le 3 septembre en même temps que son mariage. Il se réservoit seulement une pension de cinquante mille écus, avec laquelle il se figuroit qu'il alloit jouir du bonheur dans la retraite. Il dotoit sa nouvelle épouse du marquisat de Spigna, qu'il acheta au prix de cent mille écus, et le lendemain 4 septembre il partit pour Chambéry.

On a prétendu que Victor-Amédée, prévoyant une prochaine brouillerie entre la France et l'Autriche, se retiroit de la scène du monde pour échapper aux engagemens contradictoires qu'il avoit pris avec l'une et avec l'autre. Mais Victor-Amédée ne s'alarmoit pas de ce genre de difficulté ; il se soucioit peu de la réputation de mauvaise foi qu'on lui avoit faite, et qu'il regardoit comme une preuve de son habileté. Il semble plutôt que, succombant à la fatigue, aux inquiétudes, il se fît illusion sur le bonheur qu'il trouveroit dans le repos ; mais il ne tarda pas à éprouver que pour un caractère aussi actif que le sien, l'ennui étoit plus redoutable que la fatigue.

Il avoit mis son fils en quelque sorte sous la direction de ses anciens ministres, le marquis de Saint-Thomas, le maréchal Rébender, et le marquis d'Orméa ; on lui envoyoit tous les jours un bulletin qui renfermoit la note de tout ce que les différens bureaux avoient fait, et dans les affaires importantes son fils ne paroissoit se décider que d'après lui. Mais dans l'hiver qui suivit son abdication, le roi Victor eut une attaque d'apoplexie dont il resta défiguré. Il est probable qu'elle augmenta en même temps son inquiétude et l'irritabilité de son humeur. Pendant sa maladie le bulletin fut interrompu, et on ne le lui envoya plus depuis sa convalescence. Le marquis d'Orméa, homme ambitieux qui sentoit s'accroître son crédit sur Charles-Emmanuel, ne voulut pas avoir plus long-temps à ménager deux maîtres, et il fit éclater une rupture entre eux; la chose n'étoit pas difficile avec l'impatience de Victor-Amédée, accoutumé à traiter son fils aussi rudement. Les deux rois se virent à Chambéry, dans l'été de 1731, lorsque le jeune roi vint en Savoie prendre les eaux d'Évian. Charles-Emmanuel pria son père de revenir en Piémont pour y trouver un climat plus doux. Mais le roi Victor, dans des audiences qu'il avoit données au marquis d'Orméa, avoit laissé éclater son dépit et sa haine contre le nouveau ministère. Tout à coup, au commencement de septembre, Victor-Amédée repassa le Mont-Cenis avec sa femme, et vint descendre au château de Rivoli, d'où il passa à celui de Montcalieri. Aussitôt Charles-Emmanuel partit à cheval par le petit Saint-Bernard, et rentra à Turin, comme son père arrivoit en Piémont. La première entrevue entre le père et le fils fut très-violente, et les menaces du père contre les ministres redoublèrent. Orméa vit qu'il n'avoit plus à choisir qu'entre sa perte et celle du roi Victor. D'après quelques mots qui lui étoient échappés il conclut qu'il avoit dessein de reprendre le sceptre, mais le jeune roi ne pouvoit se résoudre à s'en dessaisir. On dit même que Victor demanda au ministre Del Borgo, de lui rapporter l'acte de son abdication. Dans la nuit du 25 septembre, Charles-Emmanuel assembla son conseil au château de

Turin; outre ses trois ministres il y appela Gattinara, archevêque de Turin, le grand chancelier, le président du sénat et de la chambre-des-comptes, et quelques grands de son royaume. Aucun conseiller laïque n'osoit prendre sur lui d'encourager un fils à résister à son père; l'archevêque de Turin s'arrogea ce rôle comme directeur de la conscience du roi. Il prétendit que Victor-Amédée n'agissoit point de son propre mouvement, mais par les suggestions de sa femme; qu'en remontant sur le trône il jetteroit le gouvernement dans l'anarchie, alarmeroit les autres souverains de l'Europe, et entraîneroit le Piémont dans la guerre. Il obtint ainsi de lui qu'il signât, dans la nuit du 27 au 28 septembre, un ordre pour l'arrestation de son père.

Cet ordre fut exécuté avec la dernière brutalité. Des grenadiers, les uns armés de baïonnettes, les autres portant des flambeaux, forcèrent l'entrée de la chambre où étoit couché Victor-Amédée auprès de sa femme. Celle-ci, éveillée par le bruit, poussa un cri, et s'élança du lit à moitié nue; mais, saisie à l'instant par les grenadiers, elle fut entraînée dans un carrosse qui la transporta dans un couvent de religieuses à Carignan. Le roi, dont le sommeil étoit presque léthargique, ne s'étoit point encore réveillé; secoué par le comte de la Pérosa, qui commandoit les grenadiers, il put à peine croire l'ordre de son arrestation qu'on lui signifioit au nom de son fils; il fit de vains efforts pour se défendre, il refusa de s'habiller, et fut enfin enlevé dans les couvertures de son lit. Transporté avec menaces à travers des soldats qui lui étoient attachés, et qui frémissoient de rage, il fut enfermé au château de Rivoli, qu'on avoit converti pour lui en prison. Là, s'il essayoit de parler aux gardes, aux domestiques, aux officiers, on ne lui répondoit que par une révérence : on ne laissoit parvenir jusqu'à lui aucun papier, aucune communication du dehors. L'effet d'un tel traitement étoit immanquable sur un homme déjà frappé une première fois d'apoplexie. Long-temps il parut comme hors de lui de fureur; enfin après plusieurs semaines de captivité, deux religieux qui lui avoient été envoyés par son fils réussirent à le calmer. Tous ceux qui lui étoient plus spécialement dévoués, et qu'on soupçonnoit de l'avoir encouragé à remonter sur le trône étoient arrêtés; aucun mouvement ni dans ses États, ni dans le reste de l'Europe, ne pouvoit faire naître en lui la moindre espérance. Il se résigna, et alors la dureté de son fils se relâcha à son égard; on lui rendit sa femme, ses serviteurs, ses livres; on lui permit de se faire transporter de nouveau à Montcalieri, mais toujours sous une sûre garde. Au reste son esprit et son corps étoient également affoiblis, sa décadence

1731.

1732.

fut rapide, et il mourut à Montcalieri, le 31 octobre 1732. Ni le roi de France, fils de sa fille la duchesse de Bourgogne, ni le roi d'Espagne qui avoit épousé son autre fille, et qui la regrettoit toujours, ne tentèrent aucun effort en sa faveur. Le marquis d'Orméa avoit annoncé dans des circulaires que le prisonnier depuis deux ans avoit donné des signes de dérangement d'esprit, et les cours de l'Europe auxquelles il les adressa, le crurent, ou feignirent de le croire. (1)

Il ne faut point regarder cet événement comme étranger à la France; tout ce qui ébranloit le pouvoir royal, tout ce qui accoutumoit à regarder avec des sentimens de mépris ou d'indignation ceux qui en étoient investis, ou à croire que leurs personnes pouvoient être précipitées du trône et exposées à la captivité et à la mort, détruisoit ce prestige, ce culte, cette idolâtrie, sur lesquels, plus que sur les baïonnettes, se fondoit le pouvoir des rois. Ce n'étoient encore ni la philosophie, ni les spéculations politiques, ni l'espoir de liberté qui les attaquoient, c'étoient eux-mêmes qui, du milieu de leurs palais, donnoient le signal à l'opinion qui devoit les décréditer.

(1) *Carlo Botta, Storia d'Italia*, T. VIII, L. XXXVIII, p. 128-148. — Voltaire, Siècle de Louis XV, ch. 3, avec une note fort longue de Condorcet, p. 47-53. — *Muratori Annal. ad ann.* 1730, p. 221; 1731, p. 229; 1732, p. 238. — Lacretelle, T. II, L. VI, p. 114. — *Campo Raso, Comentarios de la guerra de España*, T. I, p. 190.

Des révolutions plus scandaleuses encore ébranloient alors le nord de l'Europe, et c'étoit dans un de ses plus puissans empires qu'on s'accoutumoit au régicide. Nous avons dit que Pierre Ier, empereur de Russie, étoit mort le 8 février 1725, et qu'on soupçonnoit sa femme, Catherine Ire d'avoir avancé sa fin. Catherine à son tour, après un règne de vingt-sept mois, mourut le 17 mai 1727, et l'on crut que Menzikoff, d'abord son favori, mais qui avoit dû céder ensuite la place à plusieurs amans, l'avoit empoisonnée. Menzikoff éleva sur le trône de Russie, à sa place, un enfant de treize ans, Pierre II, fils du czarowitz Alexis, que son père avoit fait mourir, et d'une sœur de l'impératrice d'Allemagne. Il retira de prison Eudoxie, aïeule du nouveau czar, femme divorcée de Pierre Ier; avec son consentement, il maria Pierre II à sa propre fille, et il se croyoit assuré d'un long ministère; mais bientôt le souverain enfant se choisit un jeune favori, Dolgorouki, avec lequel il s'échappa du palais par une fenêtre. Les Dolgorouki, saisissant le pouvoir en son nom, envoyèrent Menzikoff en Sibérie. Il étoit à peine arrivé au lieu de son exil, que Pierre II mourut de la petite vérole le 29 janvier 1730. Les Dolgorouki qui étoient encore les maîtres de l'empire donnèrent le trône à Anne, duchesse douairière de Courlande, fille du czar Ivan V, frère aîné de

1732.

Pierre Ier, mais auparavant, ils lui firent signer un acte qui restreignoit l'autorité absolue, et accordoit à la noblesse russe des prérogatives analogues à celles dont jouissoit la noblesse de Suède et de Pologne. Anne toutefois ne fut pas plutôt sur le trône, qu'elle s'aperçut que l'opinion des Russes, auxquels toute idée de liberté étoit encore inintelligible, l'y rendoit toute-puissante, et le premier exercice qu'elle fit de sa souveraineté fut d'écraser ses bienfaiteurs. Les Dolgorouki, père, mère et enfans, furent exilés en Sibérie, traités avec la même sévérité que Menzikoff, et ils eurent la douleur de voir rappeler le fils et la fille de celui-ci qui survivoient seuls, et qui leur cédèrent leur habitation et leurs meubles. Anne, secondée par deux habiles étrangers, Munich et Biren, ne mourut que le 27 octobre 1740, après avoir régné dix ans avec une grande puissance, mais ayant aussi donné l'exemple honteux des désordres d'une femme que ne retient aucune opinion publique ni aucune pudeur. Ainsi les races royales se rendoient toujours plus méprisables, et si l'indignation publique n'éclatoit pas contre elles, le décri universel qui s'attachoit à leurs mœurs montroit qu'il n'y avoit pas de vices que l'on n'attendît d'elles. (1)

---

(1) Duclos, Mém. secrets, T. II, p. 69-73. — Rulhière,

Pendant que l'impératrice Anne, qui étoit veuve depuis l'année 1711, montoit sur le trône de Russie, la Courlande, où elle avoit régné, et qui devoit, après la mort du successeur de son mari, être réunie à la république de Pologne, repoussoit cette réunion, offroit sa couronne ducale à Maurice de Saxe, fils naturel d'Auguste II, roi de Pologne; et la noblesse du pays, sous la conduite de ce guerrier valeureux, qui devoit bientôt s'élever en France à une si haute réputation, combattoit tour à tour contre Menzikoff, qui vouloit usurper ce duché, et contre les Polonais qui vouloient le réunir à leur république. Au milieu de ces combats, le père de Maurice, le roi Auguste II de Pologne, mourut le 1er février 1733. Cet événement, qui ne sembloit pas devoir exercer d'influence sur l'Europe méridionale, fut cependant celui qui y alluma une guerre nouvelle. Près de vingt ans s'étoient écoulés depuis que les traités d'Utrecht avoient rendu la paix à l'Europe. Les jeunes gens qui n'avoient point vu les calamités sous lesquelles la France avoit été si près de succomber, ne croyoient pas qu'il y eût d'autre carrière ouverte pour la gloire que celle des combats. Ils songeoient peu à la souffrance des peuples, ils

1732.

1733.

Histoire de l'Anarchie de Pologne, T. I, L. III, p. 155. — L acretelle, T. II, L. VI, p. 125.

étoient impatiens d'effacer le souvenir des dernières défaites, et de rendre de nouveau la France arbitre de l'Europe comme aux jours glorieux de Louis XIV. Plusieurs rêvoient seulement qu'ils obtiendroient de l'avancement, des grades et des décorations, quelques-uns songeoient aux contributions à lever dans les pays conquis, à la licence des camps ; d'autres vouloient profiter de l'occasion pour secouer le joug d'un vieillard qui leur paroissoit tenir d'une main trop foible les rênes de l'État. Enfin il s'étoit formé en France un parti qui vouloit la guerre, quel qu'en pût être l'objet ou le prétexte. Les vieux maréchaux de Villars et de Berwick, qui s'ennuyoient dans le repos, étoient à la tête de ce parti, où l'on voyoit encore l'ambitieux Belle-Isle, impatient de montrer qu'il possédoit d'autres talens que ceux de l'intrigue ; le duc de Noailles, qui languissoit dans le désœuvrement depuis qu'il n'avoit plus ni commandement ni ministère, et le duc de Richelieu, qui, enorgueilli de ses duels et de ses aventures galantes, se croyoit fait pour être un héros. (1)

La mort d'Auguste II parut à ce parti une occasion favorable de faire jouer un rôle à la France. Il voulut persuader à Louis XV de rétablir sur le trône de Pologne son beau-père Stanislas Lec-

---

(1) Journal du maréchal de Villars, T. LXXI, p. 55.

zinski. Le moment étoit venu, disoit-il, d'élever dans le nord une digue pour arrêter les envahissemens de deux empires aussi ambitieux que l'Autriche et la Russie. Le cardinal Fleury, il est vrai, n'aimoit point la reine Marie; il ne lui avoit jamais pardonné son attachement au duc de Bourbon, et l'éloignement qu'il lui montroit auroit dégénéré en inimitié, sans la déférence de la douce Marie, qui ne se plaignoit jamais, et qui faisoit des efforts constans pour le regagner. Bientôt les partisans de Stanislas lui écrivirent que les Polonais s'étoient engagés par serment à déférer la couronne à un Piaste ou gentilhomme polonais; c'étoit donner l'exclusion à Frédéric-Auguste III, électeur de Saxe, et fils du dernier roi, qu'on disoit être assuré de la faveur des cours impériales de Pétersbourg et de Vienne. Fleury se laissa persuader avec peine d'accorder à Stanislas Leczinski, partant pour la Pologne, un subside de trois millions, et une escorte, plutôt qu'une division de quinze cents hommes. La nation, lui disoit-on, étoit unanime; et dès que le beau-père du roi de France paroîtroit sur le territoire de la république, les forces des Polonais suffiroient pour l'affermir sur le trône où ils vouloient le replacer. Stanislas, dont l'ambition s'étoit rallumée depuis que sa fille portoit une couronne, se laissa persuader de retourner dans sa patrie. Il quitta le château de Chambord, où, depuis

1725, son gendre lui avoit accordé une retraite. Il arriva à Varsovie le 8 septembre 1733, et, le 12 du même mois, il y fut proclamé roi de Pologne par une diète qui n'étoit composée que de ses seuls partisans. (1)

(1) Rulhière, Histoire de l'anarchie de Pologne, T. I, L. III, p. 168. — Lacretelle, T. II, L. VI, p. 140. — Voltaire, Siècle de Louis XV, ch. 4, p. 54. — Flassan, Diplomatie française, T. V, p. 62. — Art de vérifier les dates, T. VIII, p. 140.

CHAPITRE XLVII.

Guerre de l'élection de Pologne. — Stanislas abandonné par la France est expulsé de ce royaume.—Alliance entre la France, l'Espagne et la Sardaigne. — Batailles de Bitonto, de Parme et de Guastalla. — Conquête du Milanais et des Deux-Siciles.—Préliminaires de paix signés à Vienne. — Échange de la Lorraine contre la Toscane. — 1733-1735.

Le dix-huitième siècle a été célébré comme l'époque des progrès de la civilisation ; pendant sa durée on vit toutes les pensées se diriger vers la philanthropie, le désir des améliorations, et l'application de la philosophie aux sciences sociales; mais ce siècle fut en général pour les familles qui occupoient les divers trônes de l'Europe, un temps de langueur, de foiblesse, d'incapacité et de vices. Comme on l'avoit vu dans les races régnantes, chez les conquérans barbares qui avoient renversé l'empire romain, comme on le voyoit et qu'on le voit encore chez les Turcs, les Persans, les Mogols, les souverains de l'Inde

1733.

et tous les Orientaux, le premier effet du pouvoir absolu et d'une richesse sans bornes avoit été de porter les princes à s'abandonner avec excès à tous les plaisirs des sens; presque tous s'y étoient livrés avec la brutalité la plus ignoble. Parmi eux toutefois, quelques êtres assez fortement constitués pour résister aux funestes effets de l'intempérance, conservoient seuls, au milieu de ces excès, leur raison et leur santé; ceux-là pouvoient s'élever parfois à une vraie grandeur, non point en raison de leurs vices, mais en raison de la vigueur extraordinaire de constitution qui les avoit portés à la débauche. Louis XIV étoit un brillant exemple de ces exceptions; malgré son goût pour la table, malgré le scandale qu'il avoit donné par ses mœurs, il ne s'étoit jamais laissé subjuguer par ses sens; son esprit et son caractère s'étoient relevés au-dessus des plaisirs qui l'avoient séduit. Victor-Amédée de Savoie, dont la vie privée n'avoit pas été moins déréglée, n'avoit pas aussi montré moins d'énergie, ou moins de talens, quoique ceux-ci, entachés de plus de fraudes, n'eussent pas le même caractère de grandeur.

Mais la génération qui vint ensuite, mais le frère, le fils, le neveu et les petits-enfans de Louis XIV ne montrèrent tous qu'une âme énervée, une raison affoiblie par les excès des plaisirs des sens; Philippe V son petit-fils, qui croyoit ne s'y abandonner qu'en sûreté de conscience, s'étoit ainsi précipité lui-même dans un état de vapeurs, de langueurs, de tristesses, que, s'il n'eût été roi, on n'auroit pas hésité à nommer folie. La maison qui l'avoit précédé sur le trône d'Espagne s'étoit éteinte par l'abus qu'elle avoit fait des plaisirs des sens. Les enfans de Philippe IV avoient été victimes des déréglemens de leur père, et c'étoit ce funeste héritage qui avoit fait languir trente-quatre années Charles II entre la vie et la mort. Les monstrueuses débauches de Jean V, malgré le soin qu'il prenoit de s'y faire toujours accompagner par son confesseur et son médecin (1), ont empreint sur la figure de ses descendans les marques d'un mauvais sang, et dans leur cerveau des germes toujours renaissans de folie. La maison Farnèse à Parme venoit de s'éteindre, étouffée par l'obésité; la maison de Médicis étoit près de finir à Florence, et son dernier représentant, Jean Gaston de Médicis, ne quittoit plus le lit, où il étoit retenu par les conséquences des débauches les plus infâmes. Sur le nouveau trône de Russie, les souverains sembloient ne pouvoir pas résister plus de deux ou trois ans à l'ivresse des plaisirs; et ce qui ajoutoit encore à leur turpitude,

---

(1) Mémoires du baron de Besenval, T. I, p. 99.

c'étoient des femmes, des impératrices, qui affichoient ainsi leurs déréglemens. Auguste II, roi de Pologne et électeur de Saxe, avoit étonné l'Europe par un faste de débauche inouï ; ce prince mettant à l'enchère toutes les dignités de la république, rapace avec ses sujets qu'il accabloit d'impôts, cruel et perfide au besoin, prodigue avec plus de profusion que de goût dans les monumens dont il ornoit Dresde, ne s'étoit cependant fait un nom que par le nombre de ses maîtresses et de ses enfans naturels (1). Il n'avoit laissé à son fils, Auguste III, qu'un sang dégénéré, avec tous les vices de la foiblesse et de la fausseté. Les vices du roi de Prusse étoient ceux d'un soldat sauvage et brutal, l'ivrognerie, la violence, la dureté. Son fils, à qui il avoit déjà fait éprouver son emportement et ses fureurs, prenoit autant qu'il pouvoit le contrepied d'un caractère dont il avoit eu tant à souffrir ; il se vouoit aux arts, aux lettres, à la poésie française ; ses principes ne le prémunissoient point contre les vices, mais dès qu'il fut monté sur le trône, l'ambition et la guerre ne lui laissèrent pas le temps de s'y livrer. La maison d'Autriche enfin, qui sur le trône d'Allemagne avoit donné moins de scandales, ne produisoit plus cependant

(1) Rulhière, Histoire de l'anarchie de Pologne, T. I, L. III, p. 168.

que des princes sans talens, sans élévation, doués tout au plus d'une bravoure passive, lorsque, ce qui arrivoit rarement, ils se montroient aux armées, et qui mettoient dans l'obstination toute leur énergie. Charles VI, le dernier de cette race, n'avoit que deux filles pour recueillir un héritage que les lois réservoient exclusivement aux mâles. Aussi sa politique n'avoit-elle plus qu'un seul but, celui de faire reconnoître par tous les souverains de l'Europe la *Pragmatique sanction*, ou l'ordonnance qu'en vertu de sa toute-puissance il avoit rendue le 19 avril 1713, pour changer la loi fondamentale de succession dans ses États.

L'extinction simultanée de tant de familles souveraines, l'occasion qui s'offroit à la politique de disposer de tant d'héritages, que les lois nationales ne garantissoient plus depuis que, dans presque tous les États, le pouvoir absolu avoit aboli les institutions antiques destinées à faire respecter les vœux du peuple, devoient presque nécessairement replonger l'Europe dans des guerres universelles; la sagesse de Sir Robert Walpole ou la modération du cardinal de Fleury ne pouvoient pas les détourner plus long-temps. La mort d'Auguste II, suivie d'une élection contestée au trône de Pologne, ne produisit il est vrai qu'une courte explosion, comprimée au bout de peu d'années; mais le levain de nouvelles révolutions se trouvoit partout, et il devoit bientôt exciter des guerres plus longues et plus cruelles.

Stanislas Leczinski avoit eu soin de faire embarquer sur la flotte qui lui apportoit les subsides de France, avec un petit nombre de soldats dévoués, un homme qui lui ressembloit de taille et d'apparence (le commandeur de Thianges), que tout le monde prit pour lui. On l'attendoit donc par mer, tandis qu'ayant rapidement traversé inconnu le continent de l'Europe, il se présenta le 12 septembre sur le champ électoral de Varsovie, où soixante mille Polonais étoient rassemblés à cheval. La France avoit depuis long-temps fort négligé ses relations diplomatiques en Pologne, mais les agents français qui s'y rendirent avec empressement pour seconder la nomination de Stanislas agirent avec tant d'activité et d'intelligence, distribuant judicieusement l'argent dont ils étoient porteurs, et prodiguant les promesses de subsides, de secours d'hommes, dont Louis XV ne laisseroit jamais manquer son beau-père, qu'ils avoient formé un puissant parti pour lui. Le dégoût qu'avoit inspiré Auguste II les secondoit bien mieux encore : toute la noblesse s'étoit engagée à porter sur le trône un Polonais, et les soixante mille gentilshommes réunis au champ électoral proclamèrent Stanislas.

Un seul osa s'avancer au milieu d'eux tous, et déclarer qu'il opposoit son veto et arrêtoit la délibération; mais il se laissa fléchir aux prières générales, et sa rétractation même fut un témoignage de la liberté qui avoit régné dans cette élection. (1)

Mais le fils du dernier souverain, Auguste III, électeur de Saxe, prétendoit au trône; et quoiqu'il n'eût pas un partisan en Pologne, il étoit redoutable; son père lui avoit laissé en Saxe une belle armée de trente-trois mille hommes, tandis qu'il s'étoit attaché à ruiner celles de la république, qui réunies ne formoient pas ensemble quinze mille hommes. Auguste s'étoit de plus assuré de l'assistance des deux grands empires voisins; la maison d'Autriche, par la possession du duché de Silésie, bordoit tout l'occident de la Pologne, et Charles VI avoit trouvé dans l'électeur de Saxe un garant empressé de la Pragmatique sanction; l'empire russe s'étendoit sur les frontières de l'orient et du nord, et Auguste avoit gagné la protection des habiles aventuriers étrangers qui gouvernoient la Russie sous l'impératrice Anne. Pour prix de la couronne de Pologne, il avoit promis à Biren l'investiture de la

---

(1) Rulhière, Anarchie de Pologne, L. III, p. 170. — Soulavie, Mém. de Richelieu, T. V, ch. 37, p. 300.

couronne ducale de Courlande, qu'on regardoit déjà en quelque sorte comme un apanage réservé aux amans des impératrices. Les deux autres, Munich et Ostermann, qui gouvernoient la Russie en foulant les Russes sous leurs pieds, devoient être récompensés à l'aide des meilleures starosties de la république. La France étoit trop éloignée pour porter à temps des secours efficaces au beau-père de Louis XV. Elle avoit essayé de venir à son aide par des négociations soit en Suède, soit en Turquie; mais la Suède, gouvernée presque en république, étoit déchirée par les factions et désorganisée; à Constantinople, Achmet III avoit été déposé: son successeur n'avoit ni talens ni vertus, et la Pologne fut abandonnée par ses alliés.

Les trois armées étrangères envahirent en même temps le territoire de la république. Elles n'avoient pas l'ombre d'un droit à alléguer pour justifier cette coupable violence, mais elles comptoient avec raison qu'elles feroient taire l'opposition par la terreur. Les Russes faisoient la guerre en barbares; ils avançoient brûlant les chateaux et les villages. La noblesse, qui avoit commencé par monter à cheval, ne tarda pas à se disperser, chacun voulant défendre ses possessions ou mettre en sûreté sa famille. Plusieurs de ces troupes de gentilshommes se signalèrent par une grande bravoure dans des escarmouches contre les Russes, mais toutes finissoient à leur désavantage, tant est grande la supériorité des troupes disciplinées, sur le nombre et même sur le courage. Elles arrêtèrent cependant les Russes au passage de la Vistule, assez long-temps pour qu'ils ne pussent arriver au champ de l'élection avant l'expiration du terme fixé par les lois. Ils parvinrent dans une forêt voisine de Varsovie le jour même où ce terme expiroit, et là une élection faite dans une auberge, sur une route, au milieu des bois, par un petit nombre de gentilshommes, dont quelques uns y furent conduits enchaînés, devint le titre que le nouvel électeur de Saxe eut à faire valoir contre l'élection unanime de son concurrent. (1)

Stanislas n'ayant aucun moyen de résister aux armées étrangères alla chercher un refuge à Dantzick, ville qui se gouvernoit en république sous la protection de la Pologne, et qui s'étoit munie à ses frais de bonnes fortifications. Les Dantzikois avoient embrassé avec zèle la cause de Stanislas ; plusieurs des Polonais les plus braves et les plus compromis s'étoient retirés avec lui dans cette ville. Ils s'y défendirent

---

(1) Rulhière, Anarchie de Pologne, L. III, p. 176.

1733. pendant cinq mois avec une grande vaillance, et les Russes perdirent immensément de monde à ce siége. Stanislas ne cessoit de promettre aux assiégés que son gendre Louis XV ne l'abandonneroit point, et que bientôt on verroit apparoître une puissante escadre française. Enfin les quinze cents Français que le cardinal Fleury avoit destinés à accompagner le nouveau roi de Pologne parurent sur une petite flotte à l'entrée de Wechsel-Munde; mais le vieil officier qui les commandoit, nommé Lamotte, jugea impossible de forcer des passages déjà garnis par les Russes, et il ramena sa petite escadre à Copenhague pour y attendre des renforts ou de nouveaux ordres. Le comte de Plélo, colonel d'un régiment français de son nom, et ambassadeur français en Danemarck, s'indigna d'une retraite qu'il jugea humiliante, et voulut persuader aux chefs de retourner, « propos d'homme qui est en sûreté dans son cabinet », dit un officier. Plélo piqué répondit qu'il conduiroit lui-même les troupes. Mais en s'embarquant, il écrivit au ministre des affaires étrangères Chauvelin. « Je « suis sûr que je n'en reviendrai pas; je vous « recommande ma femme et mes enfans. » Arrivé à la rade de Dantzick, il débarqua le 27 de mai 1734, forma sa troupe, marcha aux retranchemens des Russes, reçut quinze coups de fusil, et tomba mort tout ruisselant de sang. Les Français accablés par le nombre furent forcés de se rendre aux Russes. (1)

Les Français, à qui leur histoire contemporaine présentoit alors peu d'actes d'héroïsme, applaudirent avec enthousiasme à la conduite du comte de Plélo ; elle auroit été brillante chez un capitaine de grenadiers, elle étoit condamnable chez un diplomate ; il sacrifioit pour une bravade, dont il n'attendoit lui-même aucun résultat utile, des hommes qu'il n'étoit point appelé à commander, et il compromettoit son caractère d'ambassadeur. En effet le marquis de Monti, envoyé extraordinaire de France en Pologne, ayant été arrêté peu après, le 28 juin 1734, lors de la capitulation de Dantzick, fut retenu prisonnier dix-huit mois par les Russes, avec son secrétaire d'ambassade, comme appartenant à un gouvernement qui permettoit à ses ambassadeurs de faire la guerre. Le premier article que le terrible Munich exigeoit pour accorder une capitulation à Dantzick, c'étoit que Stanislas lui fût livré. Au dernier moment ce roi s'évada, déguisé en paysan, avec le général Steinflicht, déguisé comme lui, et trois guides ; ils s'embarquèrent dans une nacelle, voguant au travers de la campagne inondée, et cherchant

---

(1) Flassan. Diplomatie française, T. V, p. 70. — Soulavie, Mém. de Richelieu, T. V, ch. 39, p. 327.

la Vistule, dont ils étoient toujours contraints de s'éloigner, à la vue des partis russes qui la gardoient. Pendant cette triste navigation, ils entendirent le canon qui annonçoit la prise de la ville; ils se cachèrent tour à tour derrière des haies, dans des marais, dans des greniers, où un souffle pouvoit les trahir, contraints à se fier à des inconnus, tandis que Munich menaçoit de la roue quiconque auroit favorisé l'évasion du roi fugitif. Enfin ils purent gagner la ville prussienne de Marienwerder, où s'étoient déjà réfugiés beaucoup de Polonais partisans de Stanislas qui l'accompagnèrent à son retour en France. (1)

Le cardinal de Fleury avoit abandonné le beau-père du roi à son mauvais sort en Pologne, sans se soucier de compromettre ainsi la réputation de la France; mais dans le même temps il s'étoit préparé à porter la guerre d'une manière plus efficace dans des contrées rapprochées où il pouvoit obtenir des succès plus durables. D'accord avec la cour d'Espagne il vouloit que la guerre qui alloit s'allumer assurât en Italie un établissement aux fils d'Elisabeth Farnèse, de manière à soustraire cette contrée au joug de la maison d'Autriche, et à la replacer dans une

---

(1) Lacretelle, Hist. du xviiie siècle, T. II, L. VI, p. 146. — Rulhière, L. III, p. 177. — Voltaire, Siècle de Louis XV, ch. 4, p. 55.

sorte d'indépendance à l'égard des trois grandes puissances qui l'entourent. Pour atteindre ce but, la France devoit faire agir contre la maison d'Autriche deux grandes armées, l'une en Allemagne, l'autre en Italie; elles furent commandées par deux vieux maréchaux de Louis XIV, Berwick et Villars.

Le duc Antoine Farnèse étoit mort le 20 janvier 1731, par suite des excès auxquels il s'abandonnoit à table; sa femme, Henriette d'Este, prétendoit être grosse, et lui-même laissoit par testament l'hérédité des États de Parme et Plaisance au fils posthume auquel elle donneroit le jour. Le comte Daun, gouverneur de Milan, sur la nouvelle de la mort du duc, vint aussitôt prendre possession de ces deux duchés, au nom de l'infant d'Espagne don Carlos, auquel, d'après les deux traités de Vienne et de Séville, ils étoient dévolus. En même temps, le cardinal-légat de Bologne voulut faire prendre possession des mêmes États par les troupes pontificales, comme dévolus au saint-siége par l'extinction de la ligne masculine. Ainsi trois prétendans annonçoient simultanément leurs droits, et les malheureux habitans du pays étoient foulés par tous les trois. Élisabeth Farnèse, qui commençoit à être fort peu satisfaite de la cour de Vienne, voyoit de mauvais œil des soldats autrichiens occuper son héritage paternel, au nom de son fils il est vrai, mais avec la morgue et la rapacité allemandes. Elle vouloit que son fils se rendît dans ses États d'Italie, mais qu'il y arrivât sous la protection de troupes espagnoles ; c'étoit en Toscane que ces troupes rassemblées à Barcelone devoient débarquer. D'autre part, Jean Gaston de Médicis continuoit à protester contre la violence qu'on lui faisoit en lui donnant un héritier malgré lui, et contre l'injustice qu'éprouvoient les Toscans, qu'on déclaroit feudataires de l'Empire. Enfin par une convention signée à Florence le 28 juillet 1731, Jean Gaston donna son assentiment à l'introduction des garnisons espagnoles dans ses États ; l'Angleterre s'étoit occupée activement à réconcilier la cour de Madrid avec celle de Vienne. Le 26 octobre 1731, une puissante flotte, composée de vaisseaux anglais et espagnols, parut devant Livourne, et y débarqua les six mille Espagnols que commandoit le comte de Charny ; ils devoient tenir garnison, partie à Livourne, partie à Porto-Ferrajo, et le 27 décembre, la même flotte, avec un appareil de fête, conduisit à Livourne l'infant Don Carlos, qui, né le 20 janvier 1716, n'avoit pas encore seize ans. Il fut présenté au grand-duc qu'il appela son père : le grand-duc le nomma son fils. L'un ne pouvoit cependant avoir appris à respecter un vieux pécheur, objet du mépris universel, tout comme l'autre ne pouvoit aimer un successeur qu'on le forçoit d'accueillir, quoiqu'il lui fût absolument étranger. (1)

D'autre part, au mois de septembre, il avoit été reconnu que la duchesse de Parme n'étoit point grosse. Le 29 décembre, la possession des duchés de Parme et Plaisance fut donnée à des députés de Jean Gaston de Médicis, qui agissoit comme tuteur de l'infant Don Carlos. Les troupes autrichiennes se retirèrent, les milices nationales prirent leur place, et, vers la fin de l'année 1732 seulement, Don Carlos se rendit dans les États de sa mère dont le pape lui disputoit cependant toujours la souveraineté. Mais déjà l'aigreur avoit recommencé entre les cours de Madrid et de Vienne, et l'accueil même que les peuples d'Italie avoient fait à don Carlos, avoit causé une vive jalousie au cabinet autrichien.

Ce fut dans ces circonstances qu'un traité d'alliance entre la France, l'Espagne et Charles-Emmanuel III, roi de Sardaigne, fut négocié, et signé à Turin le 26 septembre 1733, avec tant de secret, que le ministre impérial à cette cour n'eut aucun soupçon des négociations qui se préparoient. Par ce traité, il étoit convenu que le fils aîné d'Élisabeth-Farnèse, Don Carlos, renonceroit, en faveur de son frère puîné Don Philippe,

---

(1) *Carlo Botta, Storia d'Italia*, T. VIII, L. XXXVIII, p. 94-107.

à la souveraineté de Parme et de Plaisance, et à la succession éventuelle de Toscane, pour entreprendre la conquête des Deux-Siciles, qui seroient érigées en sa faveur en royaume indépendant; que le roi de Sardaigne entreprendroit la conquête du Milanais, objet constant de l'ambition de sa maison, et que cette riche province seroit réunie aux États de Savoie; qu'il seroit nommé généralissime de l'armée des trois couronnes en Italie; qu'il joindroit dix-huit mille Piémontais aux quarante mille Français qui devoient passer les Alpes; enfin que la France lui fourniroit un subside annuel de 3,600,000 liv. pour le mettre en état de tenir la campagne. (1)

Le traité de Turin fut regardé comme l'ouvrage de M. de Chauvelin, ministre des affaires étrangères, dont on disoit qu'il avoit escamoté la guerre au cardinal, comme deux ans plus tard le cardinal lui escamota la paix. Il avoit, dit Flassan, des vues étendues et un génie propre à les remplir; il possédoit l'art des combinaisons, et étoit habile en expédiens. Les ministres étrangers étoient « charmés des rapports qu'ils avoient
« avec lui, à cause de la solidité de ses discours;
« toutefois les ambassadeurs d'Angleterre et de

---

(1) *Carlo Botta, Storia d'Italia*, T. VIII, L. XL, p. 270. — *Muratori Annali d'Italia*, ad Ann., T. XVI, p. 245. — *Campo Raso, Comentarios*, T. II, p. 36. — W. Coxe, L'Espagne sous les Bourbous, T. III, ch. 41, p. 317-329.

« Hollande l'accusoient d'avoir adopté la détes-
« table maxime de Richelieu et de Mazarin :
« *Qu'un premier ministre, pour se soutenir contre*
« *ses envieux, devoit faire naître des guerres et*
« *les prolonger* » (1). Un ministre encourt sans
doute une grave responsabilité quand il déter-
mine sa nation à commencer la guerre, non pour
repousser un tort ou une offense, mais pour faire
prévaloir un système politique qu'il croit meilleur. Toutefois le but que se proposoit la France
par le traité de Turin, étoit sans contredit équitable et avantageux à l'Europe. L'asservissement de l'Italie à l'Autriche étoit non-seulement
une grande calamité pour la nation italienne à
laquelle l'Europe est redevable de ses premiers
progrès dans la civilisation ; c'étoit de plus une
honte pour la France qui pouvoit se reprocher
de l'avoir précipitée dans cette servitude ; c'étoit
aussi un danger, car la possession de l'Italie donnoit à la plus constante ennemie de la France
tout ce qui lui manquoit, des richesses agricoles
et industrielles, des ports, tous les élémens d'une
marine, et ce qui valoit mieux peut-être encore, des hommes comme l'Autriche en produit
rarement, pour l'intelligence et le génie.

L'union du Milanais au Piémont devoit former dans la Haute-Italie une souveraineté riche

(1) Flassan, Hist. de la diplomatie française, T. V, p. 77.

et belliqueuse, assez puissante pour garder les Alpes que la nature semble avoir fortifiées pour elle, et point assez redoutable pour donner de l'inquiétude à ses voisins, ou se montrer empressée à allumer de nouvelles guerres. L'Italie centrale, les duchés de Parme, de Modène, de Toscane, les républiques de Venise, Gênes et Lucques, et l'État de l'Église, étoient moins disposés encore à troubler l'Europe, mais ils pouvoient contribuer à défendre l'indépendance du pays. Une nouvelle monarchie enfin renaissoit dans l'Italie méridionale, qui, pendant plus de deux siècles, avoit été opprimée par des souverains étrangers régnant à une grande distance, et le plus beau pays de la terre voyoit de nouveau luire pour lui quelque espérance de félicité. Les Allemands étoient chassés de l'Italie sans qu'on y introduisît les Français à leur place. Les deux princes Bourbons qui y arrivoient avec quelques troupes espagnoles ne pouvoient tarder à devenir Italiens. Dans cet arrangement, Élisabeth Farnèse n'avoit eu en vue que l'avantage de ses enfans; probablement aussi Charles-Emmanuel ne songeoit qu'à l'ambition vulgaire de s'agrandir : mais il est permis de supposer que Chauvelin avoit des vues plus élevées, justement parce qu'il ne stipuloit rien en faveur de la France, et qu'il comprenoit que l'équilibre et la paix de l'Europe, tout comme le respect pour la justice, demandoient le rétablissement et l'indépendance de l'Italie. Il eut l'habileté en même temps d'isoler la maison d'Autriche de tous ses alliés; l'impératrice russe, après avoir obtenu en Pologne l'objet qu'elle s'étoit proposé, retira ses troupes et ne se mêla plus de la guerre. L'empereur Charles VI recourut aux puissances maritimes, mais il s'étoit récemment conduit à leur égard avec si peu de loyauté, qu'elles ne se montrèrent point empressées à le défendre. Le ministère anglais étoit vivement attaqué par l'opposition; il n'étoit point disposé à se jeter volontairement dans de nouveaux embarras, et il se contenta de la déclaration que la France respecteroit la neutralité des Pays-Bas autrichiens, qui étoient garantis par le traité de barrière, et défendus par les garnisons hollandaises dans les forteresses de la frontière. (1)

Les manifestes des puissances alliées ne faisoient aucune allusion au rétablissement de l'indépendance de l'Italie, qui étoit devenu cependant l'objet réel de la guerre; ils s'étendoient seulement sur l'injustice que les puissances du nord avoient commise envers la Pologne. La France, en effet, pouvoit se croire offensée, et la Russie et l'Autriche avoient scandaleusement violé le droit des gens envers les Polonais, par

(1) Lord Mahon, Hist. of England, T. II, ch. 16, p. 258.

haine ou par défiance d'un prince beau-père du roi de France. Mais Charles VI comptoit si fort sur le caractère pacifique ou la timidité de Fleury qu'il ne s'attendoit nullement à la guerre. Il se croyoit plus assuré encore du roi de Sardaigne auquel il étoit lié par des traités, au point que lorsque les troupes françaises commencèrent à descendre les Alpes, le comte Daun, gouverneur du Milanais fournit encore des blés aux magasins militaires du Piémont, qui n'étoient pas suffisamment approvisionnés. Une attaque de l'Espagne lui paroissoit enfin plus éloignée de toute vraisemblance, et il attribuoit les préparatifs militaires qu'il lui voyoit faire à la guerre dans laquelle elle étoit alors engagée contre les Maures de Maroc.

La déclaration de guerre de la France étoit datée du 10 octobre 1733, et dès le 12 le maréchal de Berwick chargea le comte Maurice de Saxe de passer le Rhin en bateau, avec environ quatre mille hommes pour investir le fort de Kehl. Maurice de Saxe, fils naturel d'Auguste II et de la comtesse de Konigsmark étoit né le 19 octobre 1696; c'étoit lui qui avoit en vain combattu contre les Russes pour la souveraineté de la Courlande. Il s'attacha au service de France au moment de la mort de son père, justement lorsque Louis XV vouloit empêcher son frère Auguste III de monter sur le trône de Pologne (1). Le maréchal de Berwick sous les ordres duquel il alloit servir avoit vécu dans la retraite depuis le commencement du ministère du duc de Bourbon, qui lui avoit ôté son gouvernement de Guienne. Il avoit passé presque tout son temps à Fitz-James, avec sa famille et un petit nombre d'amis, occupé surtout de ses jardins qu'il avoit plantés lui-même. Toutes ses heures y étoient réglées et remplies; la lecture et la promenade faisoient ses principales occupations; il jouoit peu, préférant la conversation, qu'il avoit douce, aimable et variée. Il fut tiré de cette retraite, après huit ans d'une vie paisible et heureuse, pour commander l'armée qu'on rassembloit sur le Rhin. Il étoit arrivé à Strasbourg au commencement de septembre; mais les préparatifs pour entrer en campagne, qu'on lui avoit annoncés comme faits, étoient à peine commencés. En attaquant l'empereur on craignoit de s'attirer une guerre avec l'Empire; cependant Kehl et Philisbourg par lesquels on vouloit s'assurer le passage du Rhin, étoient des villes appartenant à l'Empire. En même temps que le comte de Saxe, par l'ordre de Berwick, investissoit Kehl, le roi faisoit déclarer à Ratisbonne « que son intention étoit de bien vivre

---

(1) D'Espagnac, Hist. de Maurice de Saxe, L. I, p. 1, et L. III, p. 100.

1733. « avec tous les princes du corps germanique « qui ne prendroient point d'engagement contre « ses intérêts ; que la nécessité seule le forçoit « de s'emparer du fort de Kehl, pour s'assurer « un passage sur le Rhin, autant dans la vue « d'offrir plus efficacement son secours à l'Em- « pire contre l'oppression de son chef, que d'at- « taquer l'empereur son ennemi » (1). La tranchée devant Kehl fut ouverte dans la nuit du 19 au 20 ; les Impériaux ne s'attendoient pas à être attaqués, ils ne purent d'abord se servir de leur artillerie : toutefois dans la nuit du 21 au 22 leur feu fut très vif, mais ils n'attendirent pas l'assaut qui étoit ordonné pour la nuit du 28 au 29, et ils arborèrent le drapeau blanc. L'armée s'avança ensuite jusque vis-à-vis du fort Louis et jusqu'à Stollhoffen, tandis qu'une petite division alloit rétablir le pont d'Huningue. Mais dès le 11 novembre, les pluies qui survinrent la déterminèrent à repasser le Rhin, et à entrer dans ses quartiers d'hiver. (2)

1734. Le maréchal de Berwick s'étoit proposé d'ouvrir de fort bonne heure la campagne suivante par le siége de Philisbourg. C'étoit sur les deux passages assurés sur le Rhin, à Philisbourg et à

---

(1) Mém. du maréchal de Berwick, T. LXVI de la collection, p. 298-300.

(2) D'Espagnac, Hist. du maréchal de Saxe, L. III, p. 102. — Lacretelle, T. II, L. VI, p. 154.

Kehl, qu'il vouloit baser ses opérations. Il lui falloit pour cela forcer les lignes d'Eslingen que les ennemis avoient construites pendant l'hiver au-dessus de Philisbourg ; il lui falloit surtout presser ses opérations avant les inondations que déterminent toujours les grandes chaleurs par la fonte des neiges. Il arriva dans ce but à Strasbourg le 30 mars, mais il n'y trouva rien de prêt. Un homme qui sembloit se plaire à contrarier le maréchal de Berwick avoit réussi, par son enthousiasme et son ton d'assurance, à séduire le cardinal de Fleury, et les gens de robe qui le secondoient dans l'administration de la guerre : c'étoit le comte de Belle-Isle, depuis maréchal de France. Sans avoir encore eu aucun commandement important, il avoit réussi à persuader à la cour qu'il avoit le génie de la grande guerre, et il ne parloit de rien moins que de traverser toute l'Allemagne pour porter l'armée française jusqu'en Saxe et en Bohême. Berwick eut peine à faire rejeter des projets si dangereux, mais il ne put empêcher que Belle-Isle, nommé lieutenant-général, ne fût chargé du siége de Traerbach, qu'il n'obtînt d'avoir à sa disposition pour cette entreprise les moyens d'abord mis en réserve pour le siége de Philisbourg, et que celui-ci ne fût retardé jusqu'au 1er juin. (1)

(1) Mém. de Berwick, p. 306.

Le maréchal de Berwick simula une attaque contre les lignes d'Eslingen, mais sitôt que le duc de Bevern qui commandoit environ trente mille Impériaux s'y fut enfermé pour les garnir, Asfeld, qui avoit sous ses ordres environ vingt mille hommes auprès de Spire, passa le Rhin au-dessous de Philisbourg, et détermina ainsi les Allemands, qui se croyoient pris à revers, à abandonner Eslingen et se retirer sur Heilbron : ce fut là que le prince Eugène les rejoignit avec les troupes qu'il amenoit de Bohême. Il avoit cependant tout au plus soixante mille hommes et les Français près de cent mille, et Berwick étoit résolu à poursuivre le siége de Philisbourg sous les yeux de ce grand capitaine, comptant sur les fortes lignes de circonvallation dont il s'étoit couvert. La tranchée avoit été ouverte seulement le 3 juin. Berwick ne manquoit point de s'y rendre tous les jours de grand matin : il se faisoit d'abord rendre compte du travail de la nuit. Il se portoit ensuite à la tête de la sape, pour juger par ses propres yeux de l'état des choses; puis il régloit avec l'ingénieur en chef les travaux de la nuit suivante. Le 12 juin il se rendit comme à l'ordinaire à la tranchée, alla visiter les sapes, et monta sur la banquette suivant son usage pour tout observer. Cette banquette étoit entre la batterie française et celle des ennemis. Une sentinelle avoit été placée

tout auprès, pour empêcher que personne ne
s'arrêtât dans cet endroit ou ne montât sur la
banquette; Berwick ne voulut pas l'écouter,
les deux batteries tirèrent toutes deux à la fois ;
un boulet emporta la tête du maréchal, sans
que l'on ait jamais bien su de quel côté il étoit
parti. Cette mort répandit la consternation,
d'abord dans l'armée, puis dans la cour et la
nation entière. De toutes les gloires militaires
qui restoient du siècle de Louis XIV, celle de
Berwick étoit la plus pure et la plus entière. Il
emportoit avec lui le secret de ses projets, on
savoit seulement qu'il en avoit de vastes. La
situation de l'armée qu'il avoit commandée paroissoit critique, dès qu'il n'étoit plus là pour
la conduire ; elle se trouvoit renfermée dans
des lignes, autour d'une forte place au secours
de laquelle le prince Eugène marchoit en grande
hâte, à la tête d'une armée formidable. Ce
prince ne tarda pas à reconnoître cependant
que Berwick avoit bien calculé, et que la position des Français étoit inattaquable. Le marquis d'Asfeld, qui, comme le plus ancien lieutenant-général, prit aussitôt le commandement
de l'armée, resta constamment dans ses lignes,
vis-à-vis du prince Eugène. Il continua les opérations du siége, malgré ce général et malgré
les inondations du Rhin, et se rendit maître de

Philisbourg le 18 juillet. La campagne se borna à cette conquête. (1)

Avec des armées moins considérables, la guerre eut en Italie des résultats plus importans. Vers le milieu d'octobre 1733, l'armée française rassemblée en Dauphiné descendit en Piémont par tous les passages des Alpes; le vieux maréchal de Villars, déjà âgé de quatre-vingt-un ans, la commandoit; mais il étoit subordonné à Charles-Emmanuel, roi de Sardaigne, auquel il se croyoit bien supérieur en talens et en intelligence de la guerre. Déjà à la cour de Louis XIV, l'éclat des victoires qu'il avoit remportées, de celle de Denain surtout qui avoit sauvé la monarchie, pouvoit à peine faire supporter ses manières de matamore. Dès lors sa jactance avoit toujours été en augmentant. En montant dans sa chaise de poste, après avoir dîné chez le cardinal-ministre, il lui dit devant toute sa cour : « Dites au roi qu'il n'a qu'à dis- « poser de l'Italie, je m'en vais la lui conquérir. » La reine de France lui mit une cocarde à son

---

(1) Mém. de Berwick, T. LXVI, p. 308-316. — Baron d'Espagnac, Hist. du maréchal de Saxe, L. III, p. 106-116. — Lettres et Mémoires du maréchal de Saxe, T. I, p. 1-15. — Lacretelle, T. II, L. VI, p. 161. — Mém. de Noailles, T. LXXIII de la collection, p. 210. — Soulavie, Mém. de Richelieu, T. V, ch. 42, p. 343.

chapeau, la reine d'Espagne lui en envoya une à Lyon, et celle de Sardaigne lui en attacha une elle-même à Turin. Il dit à cette dernière : « Voilà mon chapeau orné d'un vol de reines « qui me rendra heureux dans mes entreprises « pour les trois couronnes » (1). On pardonnoit à sa suffisance parce qu'on supposoit que c'étoit le ton des guerriers de l'ancienne école, et que c'étoit ainsi qu'ils inspiroient leur ardeur aux soldats; mais elle ne tarda pas à devenir insupportable au roi de Sardaigne avec lequel il devoit partager le commandement.

Les Français, conduits par le marquis de Coigny et le duc d'Harcourt, étoient descendus en Piémont, par le mont Cenis, le mont Genièvre et la vallée de Barcelonnette; ils étoient au nombre de quarante mille. Ils se réunirent bientôt, près de Vercelli et de Mortara, aux dix-huit mille Piémontais qui les attendoient,

---

(1) Anquetil, Mém. de Villars, T. LXXI, p. 138. On retrouve un retentissement de l'enthousiasme qu'inspiroit encore ce vieux guerrier, dans le poëme de Voltaire sur la campagne d'Italie, 1734, T. XV, p. 141.

<blockquote>
Villars couvert de tout l'éclat
Dont brilla jadis sa carrière
Voit encor les dangers et franchit la barrière,
Eugène est au conseil, et Villars au combat;
Sous d'éternels lauriers blanchit sa tête altière,
Et son triomphe illimité
Met au rang des vaincus l'âge qu'il a dompté.
</blockquote>

sous les ordres du maréchal de Rhebinder. Ensuite, Charles-Emmanuel vint joindre l'armée avec ses deux ministres, Orméa et Bozino; Villars y arriva le dernier, et les alliés se mirent immédiatement en mouvement. Le 24 octobre ils entrèrent dans le Milanais, et entreprirent le siége de Vigevano. Le maréchal Daun n'avoit pas plus de douze mille hommes sous ses ordres pour défendre la Lombardie autrichienne; ne pouvant avec si peu de soldats tenir la campagne, ne voulant pas les trop éparpiller, il ne mit de garnisons que dans un petit nombre de places fortes, et il abandonna à leurs propres milices toutes les autres, qui ne tardèrent pas à capituler. Dès le 27 octobre on apporta au roi Charles-Emmanuel les clés de Vigevano, et le 31 celles de Pavie. Aussitôt que l'armée alliée eut passé les ponts du Tesin, les Milanais envoyèrent au-devant d'elle pour lui faire leur soumission. Tous leurs souverains ont reconnu, dirent-ils, que le Tesin, l'Adda et le Pô sont les seules fortifications de cette grande ville, et que, dès qu'une armée ennemie a passé l'une ou l'autre de ces rivières, ils ne sont pas appelés à faire une plus longue résistance. Mais une garnison allemande de quinze cents hommes occupoit toujours le château de Milan. Cependant Charles-Emmanuel entra dans Milan dès la nuit du 3 novembre, avec une partie de ses troupes, et alla loger au palais ducal; il prit immédiatement le titre de duc de Milan, et prétendit être reconnu comme le souverain légitime du pays. (1)

Le maréchal de Villars pressoit le roi de Sardaigne de ne donner aucun repos aux Allemands, de les poursuivre jusqu'aux gorges du Tyrol, et de s'assurer des Alpes, le vrai rempart de l'Italie; il lui conseilloit en même temps de bloquer seulement les forteresses, qui, mal approvisionnées et avec de faibles garnisons, ne pouvoient tarder à se rendre. Mais Charles-Emmanuel, fidèle à la politique de sa maison, commençoit déjà à se défier de ses alliés et à songer au traité qu'il pourroit faire avec ses ennemis. Si les Autrichiens étoient entièrement exclus d'Italie, il lui sembla qu'il demeureroit trop à la merci des Français; il s'obstina donc à vouloir faire en règle le siége du château de Milan et celui de Pizzighittone. Dès le 7 novembre les alliés se présentèrent devant cette dernière place; ils s'attachèrent surtout à l'attaque du fort de Géra, qui n'est qu'une tête de pont sur la droite de l'Adda, tandis que Pizzighittone est sur la gauche. L'empereur Charles VI avoit fait faire

---

(1) *C. Botta, Storia d'Italia*, T. VIII, L. XL, p. 275.— *Muratori ad ann.* 1733, T. XVI, p. 246. — *Campo Raso, Comentarios*, T. II, p. 50.

1733. d'immenses travaux autour de cette espèce de faubourg, oubliant que, plus il seroit fort, plus, lorsqu'il seroit pris, il donneroit de facilités pour l'attaque de la forteresse principale. C'est ce qui arriva. Géra ayant capitulé le 28 novembre, Pizzighittone dut à son tour ouvrir ses portes le 8 décembre. Toute l'artillerie des deux rois fut ensuite dirigée contre le château de Milan. Au milieu de décembre, un feu terrible fut ouvert sur cette forteresse; dès le
1734. 31 elle dut capituler, et le 2 janvier 1734 la garnison en sortit pour se retirer à Mantoue. (1)

Pendant que les forteresses de Lombardie, Crémone et son château, Novare, Tortone, Lecco, Trezzo, Arona et le fort de Fuentès ouvroient successivement leurs portes; Mantoue seule résistoit toujours. Son commandant attendoit que le comte de Mercy, qui étoit arrivé au Tyrol pour prendre le commandement de l'armée autrichienne, fût assez fort pour s'avancer et le secourir. En même temps les forces du troisième des souverains alliés entroient aussi en Italie. Dès le mois de novembre une puissante flotte espagnole avoit débarqué douze mille hommes à Livourne, dont le comte de Montemar avoit

---

(1) *Botta, Storia d'Italia*, T. VIII, L. XL, p. 281. — *Muratori ad Ann.*, T. XVI, p. 249. — *Campo Raso, Comentarios*, T. II, p. 55. — Mém. du maréchal de Villars, T. LXXI, p. 139. — Lacretelle, T. II, L. VI, p. 165.

reçu le commandement. Il avoit pris ses quartiers d'hiver en Toscane, malgré les plaintes de Jean Gaston et la détresse où la cherté des vivres jetoit tout le pays. Un détachement espagnol s'étoit avancé dans la Lunigiane, et avoit chassé les Autrichiens du fort d'Aulla; c'étoit leur premier acte d'hostilité (1). De nouvelles troupes ne tardèrent pas à arriver, et l'armée espagnole fut enfin portée à trente mille hommes.

La reine Elisabeth n'avoit donné qu'à grand' peine son consentement à ce que le Milanais fût cédé à la maison de Savoie. Elle vouloit recouvrer en Italie tout ce qui avoit appartenu autrefois à la monarchie de Philippe IV; et, avec la même présomption qui caractérisa la cour d'Espagne pendant tout le règne de Philippe V, elle vouloit que ses alliés, sans en retirer aucun profit pour eux-mêmes, supportassent le plus fort des dépenses et des dangers de la guerre, pour l'avantage de la seule Espagne. Aussi, c'étoit avec bien de la peine que le cardinal de Fleury avoit réussi à la faire consentir au traité de Turin, quelque avantageux qu'il fût pour elle. (2)

(1) Galluzzi, Hist. du grand-duché de Toscane, T. IX, ch. 8, p. 374.
(2) *Botta*, L. XL, p. 288. — Coxe, L'Espagne sous les Bourbons, T. III, ch. 41, p. 328.

D'autre part, malgré l'incapacité et le désordre qui se perpétuoient dans les conseils de Madrid, une longue paix avoit rendu à cette monarchie quelque vigueur. Les deux frères Patiño, créatures de la reine, qu'elle avoit avancés au ministère, avoient été long-temps contraints par elle de laisser souffrir tous les services, pour faire passer à l'Autriche des subsides plus considérables. Depuis qu'ils étaient soulagés de ce fardeau ils avaient réussi à mettre sur un pied respectable l'armée et la flotte espagnole; le comte de Montemar, chargé de l'expédition d'Italie, montroit de la vigueur et de l'activité. Mais les Espagnols ne furent pas plutôt débarqués en Italie qu'ils semblèrent vouloir prouver que ce qu'ils avoient le mieux conservé de l'esprit des vieilles bandes qui s'étoient rendues si redoutables sous Philippe II, c'étoit la soif de l'or, la brutalité et une cruauté impitoyable. Montemar s'ouvrit une communication par la Lunigiane, avec l'État de Parme, où l'infant Don Carlos, alors âgé de dix-huit ans, se déclara lui-même majeur, retira la tutelle à la duchesse Dorothée, douairière de Parme, déclara vouloir régner par lui-même, et fut en même temps proclamé généralissime de l'armée espagnole (1). Le maréchal de Villars,

(1) Sa déclaration en date du 24 décembre 1733, dans Galluzzi, L. IX, ch. 8, p. 376.

le comte de Montemar et le duc de Liria se réunirent à sa petite cour, à la fin de décembre, et pendant qu'ils délibéroient sur leurs opérations futures les Espagnols mettoient à feu et à sang le petit État de la Mirandole. Ils en chassèrent les Impériaux, et ils annoncèrent vouloir le rendre à l'héritier légitime, le prince Pic, qui servoit dans leur armée. D'autres, demeurés en Toscane, traitoient avec la même cruauté la principauté de Piombino, et le duché de Massa-Carrara; on auroit dit qu'ils s'acharnoient d'autant plus contre un État qu'il étoit plus foible, et qu'il les avoit moins pu offenser. (1)

Pendant ce temps, le gros de l'armée espagnole s'étoit dirigé vers Sienne, et y passa le mois de janvier. Dès le 5 février, l'infant Don Carlos partit de Parme pour aller le rejoindre, dépouillant à son départ les palais des Farnèse de tout ce qu'ils contenoient de plus précieux, pour transporter à sa nouvelle destination les richesses et les chefs-d'œuvre des arts qu'il s'approprioit. Le duc de Liria vint le trouver à Sienne, avec la division espagnole qui étoit à la Mirandole; et tous ensemble, à la fin de février, sous la direction du comte de Montemar, ils s'acheminèrent vers le royaume de Naples, à travers les États de l'Église. Des commis-

(1) *Botta, Storia d'Italia*, T. VIII, L. XL, p. 289. — *Muratori ad Ann.*, p. 250-262.

saires pontificaux avoient eu soin de faire trouver aux étapes convenues les vivres et tout ce qui sembloit nécessaire aux soldats espagnols. Mais ces soldats, en qui les sujets de l'Église avoient cru devoir prendre confiance, comme en de zélés catholiques, ne tardèrent pas à montrer qu'ils méritoient toujours le nom de *bisogni* sous lequel ils étoient connus dans les anciennes guerres; ils avoient besoin de tout, et ils arrachoient tout par la menace des tourmens.

Ce fut à Cività-Castellana que Don Carlos publia le manifeste qu'il adressoit aux habitans du royaume de Naples. Il leur disoit que son père encore reconnoissant de l'affection qu'ils lui avoient montrée, trente ans auparavant, avoit résolu de les délivrer du joug de l'Autriche sous lequel ils gémissoient; qu'il pardonnoit et ensevelissoit dans l'oubli tout ce qui s'étoit fait contre lui; qu'il les déchargeoit de toutes les impositions dont la cupidité allemande les avoit accablés; qu'il confirmoit tous leurs anciens priviléges, même ceux que les Allemands auroient pu leur accorder. Don Carlos entra ensuite dans le royaume par la route de Frosinone. La haine naturelle aux Italiens pour le joug allemand, l'impatience qu'avoient excitée leur dureté et leur insolence, disposoient tous les esprits à la révolte, et l'empereur, qui ne songeoit qu'à tirer de l'argent de cette possession éloignée, n'avoit rien fait pour sa défense. Selon le général Colletta, il y avoit cependant vingt-cinq mille Allemands entre les Deux-Siciles, tandis que Botta en compte à peine la moitié. (1)

1734.

Le comte Giulio Visconti étoit vice-roi de Naples. Il avoit sous ses ordres deux généraux, le comte de Traun, Allemand, et Caraffa, Napolitain. Le premier vouloit répartir ses troupes dans les forteresses, et fatiguer l'armée d'invasion par des siéges; le second proposoit de diminuer les garnisons de Pescara, Gaeta, Capua et Sant-Elmo, de rappeler toutes les autres, et avec une armée imposante de tenir la campagne, mais en évitant les batailles, à moins du plus évident avantage, jusqu'à l'arrivée des secours qu'on attendoit d'Allemagne. L'avis de Traun l'emporta, et, suivant Colletta, cette première faute fut suivie de plusieurs autres; la position que Traun avoit prise derrière les tranchées de Mignano, avec cinq mille Allemands, fut tournée. Une flotte espagnole de l'amiral Clavijo s'empara des îles de Procida et d'Ischia, et menaça Naples, où elle semoit en même temps les proclamations de l'infant. Le peuple commençoit à se soulever, et le vice-roi craignant de devenir victime d'un mouve-

(1) *Storia del reame di Napoli, del generale Pietro Colletta*, T. I, L. I, cap 2, § 21, p. 69.— *Botta*, L. XL, p. 292.

ment populaire sortit de la capitale le soir du 3 avril, avec ses soldats et ses employés, prenant en fugitif la route de la Pouille. Les autorités municipales maintinrent l'ordre dans la ville, et le 9 avril elles envoyèrent jusqu'à Maddaloni leurs députés, pour présenter les clefs à l'infant Don Carlos. Celui-ci ne voulut point entrer encore dans Naples, et il s'établit à Averse jusqu'à ce que les forteresses eussent capitulé. (1)

Les nombreux châteaux qui commandent la capitale, utiles dans l'ancien système de guerre, ne servent plus aujourd'hui qu'à diviser les forces destinées à la défense. Ils furent bientôt forcés de se rendre; le fort de Baïa capitula le 23 avril, Sant-Elmo le 25, le château de l'OEuf le 2 mai, le Château-Neuf le 6; beaucoup de prisonniers, d'artillerie et de munitions demeurèrent aux mains du vainqueur. L'infant fit alors son entrée dans la ville avec grande pompe, distribuant à la foule quantité de monnaies d'or et d'argent pour faire croire au peuple que les Espagnols alloient lui apporter tous les trésors du Mexique. Le 15 mai il publia le décret par lequel son père le déclaroit roi des Deux-Siciles. Ainsi un arrière-petit-fils de

---

(1) *Gen. Colletta*, L. I, ch. II, §§ 22 et 23, p. 71-75. — *Botta*, L. XL, p. 293. — *Campo Raso, Comentarios*, T. II, p. 68.

Louis XIV recommençoit en Italie, sous le nom de Charles IV, une nouvelle dynastie indépendante. Il réalisoit les espérances du grand roi, lorsqu'il avoit accepté l'héritage d'Espagne, mais d'une manière plus avantageuse pour les peuples, et pour l'équilibre de l'Europe. Doué d'une belle figure, d'un bon cœur, d'un jugement supérieur à son âge, de politesse dans ses discours, de tempérance, d'amour et de pitié pour ses nouveaux sujets, il rappeloit sous plus d'un rapport les espérances de grandeur qu'avoit données son aïeul. Il conduisoit aussi avec lui un homme fait pour les réaliser en partie, Bernardo Tanucci, né à Stia dans le Casentin, et professeur de droit à Pise, qui, devenu son principal ministre, rétablit les finances, la sécurité, le règne des lois ; toutefois on ne savoit pas encore quelle confiance on devoit avoir dans un jeune roi de dix-sept ans, qu'on voyoit passer les premiers jours de son règne à abattre à coups de fusil les pigeons sauvages qui avoient fait leur nid dans le palais royal. Jusqu'à la fin de sa vie, en effet, il préféra toujours les plaisirs de la chasse à ses devoirs les plus importans. (1)

1734

Pendant ce temps Montemar, après avoir pourvu au blocus des forteresses de Capoue et de Gaeta, avoit suivi, avec une armée de douze

---

(1) *Gen. Colletta*, L. I, cap. 2, § 23, p. 74.

mille hommes environ, les Allemands retirés dans la Pouille; le vice-roi Visconti s'étoit embarqué, emmenant avec lui le général Caraffa, qu'il rendoit responsable des revers éprouvés, encore qu'il n'eût pas suivi ses conseils. Il avoit laissé au prince de Belmont le commandement de l'armée allemande, qui se trouvoit réduite à huit mille soldats. Ce général, qui se tenoit campé près de Bitonto, ne profita point des avantages de sa position et ne tira point parti des lignes de fossés et de murs qui traversoient la campagne; attaqué le matin du 25 mai par Montemar, il tarda peu à prendre la fuite avec toute sa cavalerie; l'infanterie résista plus long-temps, peut-être parce qu'elle n'avoit plus de chef qui pût lui ordonner de se rendre. Environ mille Allemands furent tués ou blessés à la bataille de Bitonto, tout le reste demeura prisonnier, avec les drapeaux, les armes et les équipages; et presque tous ces prisonniers s'engagèrent dans les troupes de Charles IV. Montemar dut moins à sa valeur qu'aux fautes de son ennemi la gloire attachée à son nom, d'avoir conquis un royaume (1). Toutes les forteresses de ce royaume ne tardèrent pas à se rendre; Pescara le 29 juillet, Gaeta le 6 août, Capoue, où le comte de Traun s'étoit retiré, seulement le 22 octobre. Montemar n'attendit

---

(1) *Gen. Colletta*, T. I, L. I, cap. 2, § 25, p. 80.

point la capitulation de cette dernière forteresse pour attaquer la Sicile. Dès le 23 août il fit voile pour cette île avec une puissante flotte espagnole. Les Autrichiens n'avoient pas pris de meilleures précautions pour la défense de la Sicile que pour celle de Naples, et le peuple, depuis plus long-temps attaché à l'Espagne, y étoit aussi plus enclin à la rébellion contre les Allemands, qui n'avoient pas six mille soldats dans toute l'île. Dès que la flotte espagnole qui ne portoit que treize mille soldats parut devant Palerme, le vice-roi, marquis de Rubbi, s'enfuit à Malte; dans toutes les villes, dans toutes les campagnes, le peuple se déclaroit pour Charles IV; le seul prince Lobkowitz qui commandoit les Allemands à Messine, voyant cette ville se soulever aussi contre lui, abandonna deux de ses forteresses, pour s'enfermer avec de plus fortes garnisons dans les deux autres, et là il se défendit du moins avec une obstination mémorable. Il capitula seulement le 25 mars 1735. Dès ce jour la domination des Bourbons fut complète dans les Deux-Siciles : il n'y restoit plus ni un lieu fort ni un soldat qui leur refusât obéissance. (1)

(1) *Colletta*, L. I, ch. 2, § 28, p. 87. — *Botta*, L. XL, p. 290-305. — *Muratori ad Annum*, p. 263-268. — *Campo Raso*, T. II, p. 110-114. — Coxe, L'Espagne sous les Bourbons, ch. 41, p. 331. — Lacretelle, T. II, L. VI, p. 163.

1734. La conquête du Milanais avoit été également accomplie dès l'année précédente; mais Charles-Emmanuel s'étoit refusé avec obstination à faire la seule chose qui pût lui en garantir la possession, à repousser les Allemands jusqu'aux Alpes, pour leur en fermer les passages. Il avoit persisté à employer l'armée combinée à faire le siége des diverses forteresses de Lombardie, contre l'avis, non-seulement de Villars, mais du vieux général Rhebinder, qui avoit consacré toute sa vie au service de la maison de Savoie, et qui fut disgracié pour avoir combattu l'opinion de son souverain. Charles-Emmanuel étoit loin d'avoir les talens militaires de son père, mais il montroit au feu une bravoure opiniâtre qui prévenoit les Français en sa faveur. Un jour qu'il alloit reconnoître, avec Villars, la position des ennemis, suivi seulement de quatre-vingts grenadiers et de ses gardes, ils se trouvèrent tout à coup en tête quatre cents hommes qui firent feu sur eux. « C'est le moment de payer d'audace, dit « Villars, car la retraite nous perdroit »; en effet ils chargèrent avec tant d'ardeur qu'ils ébranlèrent les ennemis et les forcèrent à leur laisser le champ libre. « M. le maréchal, lui dit « le roi, après l'action, je n'ai pas été surpris de « votre valeur, mais de votre vigueur et de votre « activité.—Sire, répondit-il, ce sont les der- « nières étincelles de ma vie; car je crois que

« c'est ici la dernière opération de guerre où je
« me trouverai, et c'est ainsi qu'en partant je
« lui fais mes adieux. » Villars en effet avoit
quatre-vingt-deux ans. Il étoit blessé de ce que
ses conseils n'avoient pas été mieux suivis; il
étoit irritable, inquiet, manquant de suite et de
mémoire, foible avec les soldats, auxquels il
permettoit le pillage, fatigant pour les officiers;
le bruit commençoit à se répandre parmi eux
qu'il radotoit. On lui persuada de quitter l'armée pour soigner sa santé. Comme il prenoit
congé du roi, en lui exprimant son regret de
n'avoir pas conservé ses bonnes grâces, au lieu
de répondre quelques mots obligeans au compliment d'un vieillard si digne d'égards, le roi
se contenta de lui dire : « M. le maréchal, je
« vous souhaite un bon voyage. » Il partit du
camp de Bozzolo, le 27 mai, le cœur blessé, et
déjà frappé de la maladie qui l'arrêta à Turin.
Il étoit à la dernière extrémité, lorsqu'il apprit que le maréchal de Berwick avoit été tué
devant Philisbourg, le 12 juin, d'un coup de
canon. « Cet homme, s'écria-t-il, a toujours été
« heureux. » Il tarda bien peu à le suivre, car
il mourut le 17 juin, à Turin, dans la même
chambre, à ce que l'on prétend, où il étoit né,
lorsque son père y étoit ambassadeur. (1)

(1) Mém. de Villars, T. LXXI de la collect., p. 140. —

1734.

Le roi de Sardaigne ne demeura pas longtemps à l'armée après le départ du maréchal. Il fut rappelé à Turin par la maladie de la reine sa femme. Il avoit déjà eu le temps d'exciter de vifs mécontentemens chez les Milanais, qu'il vouloit contraindre à se reconnoître pour ses sujets, avant que le sort des armes eût décidé à qui ils devoient rester. Il menaçoit de confisquer leurs biens et de les traiter comme rebelles, s'ils hésitoient à voir en lui leur roi. Cependant il laissoit les Allemands maîtres, non seulement du Mantouan, mais du Véronais et du Bressan, où l'on apprenoit qu'ils arrivoient en forces; les postes des Français et des Savoyards s'étendoient seulement sur les bords de l'Oglio. A peine le roi de Sardaigne avoit-il quitté son armée, que le feld-maréchal Mercy, qui commandoit les Autrichiens, se mit en mouvement pour exécuter le projet qu'il avoit conçu, de passer le Pô à San-Benedetto, de transporter la guerre dans le Parmesan, d'en chasser les Français, et, en remontant sur la droite de cette rivière, jusqu'à Tortone ou Alexandrie, de déterminer ainsi les alliés à évacuer le Milanais.

Les Autrichiens n'avoient jamais été com-

Botta, L. XL, p. 287. — Lacretelle, T. II, L. VI, p. 152. — *Muratori ad Ann.*, p. 257. — Biographie universelle, T. XLVIII, p. 524.

mandés par un général plus actif et plus entreprenant que Mercy, quoi qu'il eût, durant cette campagne même, été frappé, coup sur coup, de deux attaques d'apoplexie. Les Français étoient sous les ordres du maréchal duc de Coigny, alors âgé de soixante-quatre ans, que secondoit le maréchal duc de Broglie; ils venoient l'un et l'autre de recevoir le bâton de maréchal de France. Mercy ayant passé le Pô, et étant entré dans le Parmesan, au commencement de mai, après plusieurs petits faits d'armes dans ce duché, passa au midi de la ville de Parme, et en faisant le tour, parut le 29 juin, au matin, à demi-mille des murs de cette ville, sur la gauche du grand chemin qui conduit de Parme à Plaisance. Les Français étoient sur la droite de ce même chemin, qui de part et d'autre est bordé par des canaux pleins d'eau larges et profonds, destinés à faire tourner des moulins. Coigny avoit eu le temps de fortifier sa position, et de l'appuyer par de l'artillerie. Il avoit aussi logé des grenadiers dans des maisons sur le bord du canal. Cependant l'attaque des Allemands fut si vive et si obstinée, qu'à plus d'une reprise il vit sa ligne à peu près coupée. L'intention de Mercy étoit de le séparer de Parme, dont il n'étoit qu'à demi-mille, et de le rejeter contre le Pô, dans un espace étroit, marécageux et entrecoupé de canaux, d'où il auroit eu peine à se tirer. Les

Français étoient aux bords d'un canal, mais ses eaux étoient saumâtres et corrompues, en sorte qu'enveloppés par une poussière étouffante ils souffroient de la soif; à plusieurs reprises la poudre leur manqua : ce ne fut que par des efforts d'héroïque valeur qu'ils recouvrèrent les postes d'où ils avoient été chassés, et qu'ils rétablirent leur ligne. Le carnage étoit effroyable des deux côtés; mais les Allemands, qui étoient les assaillants, avoient perdu plus de monde que les Français. Tout à coup Mercy, à la tête d'une colonne autrichienne, réussit à tourner les alliés par leur droite, et commença de les attaquer en flanc; dans ce moment il fut blessé mortellement d'un coup de fauconneau. Il appela auprès de lui le prince de Wirtemberg, auquel il remit le commandement de l'armée, en lui recommandant de préparer sa retraite, car il reconnoissoit que désormais il étoit impossible de remporter la victoire. Wirtemberg en effet ralentit ses efforts, mais sans abandonner le combat; sans laisser pénétrer ses intentions. La bataille continua jusqu'à la nuit, et ce fut à la faveur de l'obscurité qu'il se retira en bon ordre; les Français n'apprirent que le lendemain matin qu'ils étoient restés victorieux, lorsqu'ils se furent assurés que les Allemands avoient disparu, laissant dix mille morts ou blessés sur le terrain, tandis que les Français et Savoyards n'en avoient pas perdu plus de cinq mille. (1)

Le roi de Sardaigne, de retour de Turin, arriva à son armée peu d'heures après la bataille. Il témoigna un vif regret de ne s'y être pas trouvé: il se proposoit du moins de couper la retraite aux ennemis, mais il ne put y parvenir, parce que les vivres lui manquèrent. Tout ce qu'il put faire fut de s'emparer de Guastalla, tandis que les Impériaux se retirèrent derrière la Secchia, appuyés sur un pont qu'ils avoient jeté sur le Pô à Revere, et sur deux places fortes, la Mirandole et Concordia. Le duché de Modène étoit devenu le théâtre de la guerre, et les malheureux habitans en éprouvoient toutes les vexations. Cependant le comte de Konigseck, vieux et brave général autrichien, étoit venu prendre le commandement de l'armée allemande. Mais Coigny, de Broglie et le roi de Sardaigne ne se figuroient pas avoir beaucoup à redouter de ce nouvel adversaire; ils croyoient qu'après la sanglante bataille de Parme, les Allemands seroient peu empressés de reprendre l'offensive. La chaleur étoit extrême, la campagne paroissoit toute brûlée, les fourrages manquoient

(1) *Botta, Storia d'Italia*, L. XLI, p. 307-314. — *Muratori ad Ann.*, p. 256. — *Campo Raso*, T. II, p. 86. — Lacretelle, T. II, p. 166. — Coxe, Maison d'Autriche, d'après une relation du consul anglais Skinner, T. IV, ch. 90, p. 443.

pour la cavalerie. Ils crurent ne courir aucun risque en renvoyant la plus grande partie de leur chevaux vers les pâturages de Carpi, Gonzaga, et Reggio. Cependant ils n'étoient séparés de l'armée allemande que par une petite rivière où il y avoit à peine de l'eau. Konigseck mit beaucoup d'art à bien reconnoître leur position; tantôt il faisoit glisser dans leur camp des espions, tantôt il leur envoyoit quelques uns de ses officiers les plus intelligens, chargés de leur porter des présens, ou de leur faire des messages de politesse; tout à coup, dans la nuit du 14 septembre, Konigseck fit avancer son armée en deux divisions, jusqu'à six cents pas de la Secchia; mais il leur ordonna de s'y porter sans bruit, et de s'y arrêter pour attendre la première aube du jour. Dès ses premiers rayons, le comte de Waldeck qui commandoit l'une, devoit attaquer le quartier du maréchal de Coigny à Quistello; l'autre, sous les ordres du prince de Wirtemberg, devoit se porter plus haut sur la même rivière, et attaquer le quartier du maréchal de Broglie. Aux premiers rayons du jour les Allemands des deux divisions s'élancèrent sur les Français; aucun bruit ne les avoit trahis, tout dormoit dans le camp des alliés. Broglie, surpris dans son quartier, n'eut que le temps de s'élancer en chemise sur un cheval et de s'enfuir, tandis que le comte de Caraman, son neveu, se jetant au travers des ennemis pour arrêter leur poursuite, fut bientôt fait prisonnier. Waldeck étoit en même temps arrivé à Quistello, et il y avoit saisi les armes des soldats, comme elles étoient encore en faisceau. Il s'étoit rendu maître du poste qui gardoit la tête du pont, et du pont qui étoit derrière. Le traversant à la course, il avoit surpris le quartier du maréchal de Coigny, et celui du roi de Sardaigne. Il avoit enlevé à ce dernier son pavillon, sa caisse militaire, son argenterie, son secrétariat, et parmi ses papiers il avoit trouvé la liste de tous les espions qu'il employoit. Les Français et les Piémontais éperdus ne se réunirent que derrière la Fossa-Madonna, à quelques milles de distance. On les y laissa en repos, parce que le comte de Waldeck fut tué en les poursuivant. Ils avoient perdu quatre cents morts, et plus de trois mille cinq cents prisonniers. (1)

Konigseck, encouragé par ce succès, et par d'autres avantages qu'il avoit remportés en même temps sur les rives de l'Oglio, se flatta de pouvoir chasser les Français de tout le pays situé au midi du Pô, et il se proposa d'abord de les attaquer à Guastalla, où ils s'étoient retirés. Mais Guastalla est une petite ville bâtie au confluent du

(1) *Botta, Storia d'Italia*, T. VIII, L. XLI, p. 316-321. — *Muratori ad Ann.*, p. 260. — *Campo Raso*, T. II, p. 90 et 118. — *Lacretelle*, T. II, p. 168.

Crostolo avec le Pô; elle est entourée presqu'en entier par ces deux rivières, et par le Crostolino, canal qui se détache de la première. Les Français et les Savoyards, réveillés de leur négligence par l'échec qu'ils venoient d'éprouver, se tenoient désormais sur leurs gardes. Ils avoient mis à profit tous les avantages de leur position, et ils venoient de recevoir un renfort de dix régimens, cinq français, cinq savoyards. Aussi, lorsque le 19 septembre ils virent arriver entre neuf et dix heures du matin l'armée autrichienne qui venoit les attaquer, ils se réjouirent de l'occasion qui s'offroit de laver l'affront qu'ils avoient reçu. Le roi de Sardaigne prit le commandement du centre de leur armée, Broglie de la droite, Coigny de la gauche. Leur position étoit couverte par un canal derrière lequel s'élevoient des haies vives : l'infanterie, placée au delà de ces haies, avoit fermé leurs intervalles avec les ais et les planches qu'elle avoit enlevés aux maisons voisines. La cavalerie, sous le duc d'Harcourt et le comte de Châtillon, étoit rangée en bataille, dans la plaine, entre le Crostolino et le Pô. C'est elle qui fut attaquée la première par les cuirassiers allemands; mais après un combat acharné, ceux-ci furent tellement maltraités qu'ils rentrèrent dans le bois, et que leurs chefs ne purent plus les en faire sortir. Pendant cet engagement de cavalerie, toute l'infanterie allemande, après avoir suivi dans toute sa longueur l'espèce de retranchement que s'étoient fait les Français, vint l'attaquer par l'extrême gauche. Le combat se prolongea sur ce point pendant plus de trois heures avec le dernier acharnement. Le roi de Sardaigne se trouva toujours au plus fort de la mêlée : un de ses gardes se jetant au-devant d'un coup qu'on alloit lui porter, se fit tuer en le couvrant de son corps. Enfin les assaillans furent repoussés par la vaillance des Piémontais auxquels ce poste étoit confié. Konigseck, sans se décourager, forma alors une colonne nouvelle qu'il fit avancer par la plaine du Crostolino, là où s'étoit livré, au commencement de la journée, le premier combat de cavalerie. C'étoient les trois régimens français de Picardie, de Souvré et de Dauphiné, qui, dans cet endroit, formoient la ligne des alliés; ils supportèrent le choc des ennemis avec vaillance, et leurs compatriotes s'avancèrent de toutes parts pour les soutenir. Enfin l'avantage leur demeura aussi dans ce dernier combat. La terrible bataille de Guastalla avoit déjà duré près de huit heures; Konigseck, perdant enfin toute espérance de pénétrer dans la position des alliés, commanda la retraite à cinq heures après midi; mais il la fit avec ordre, avec calme, sans se laisser entamer sur aucun point, laissant les Français étonnés d'une impétuosité et d'une obstination dans l'attaque qu'ils n'étoient pas accoutumés à rencontrer de la part des Allemands. Parmi ceux-ci, le prince de Wirtemberg et le général Colmenero avoient été tués; la plupart de leurs officiers-généraux étoient blessés, et les assaillans avoient perdu sept mille hommes tant morts que blessés. La perte des Français n'étoit guère moins considérable. Il s'étoit fait de part et d'autre très peu de prisonniers, et cette effroyable boucherie fut sans résultat. Les deux armées gardèrent les positions qu'elles occupoient avant la bataille, jusqu'au moment où la mauvaise saison les contraignit à prendre leurs quartiers d'hiver. (1)

Après cette campagne meurtrière, la guerre ne fit plus que languir. Le grand nombre de blessés qui remplissoient les hôpitaux, le séjour qu'avoient fait les armées sur les bords du Pô, dans des lieux malsains et marécageux, avoient tellement multiplié les maladies, que les deux armées perdirent plus de soldats pendant le repos de l'hiver qu'elles n'avoient fait par le feu des ennemis. Les fièvres d'hôpitaux gagnèrent aussi ceux qui les servoient : les médecins, les chirurgiens, les infirmiers, les prêtres qui avoient

---

(1) *Botta, Storia d'Italia*, T. VIII, L. XLI, p. 322-331. — *Muratori ad Ann.*, p. 261. — *Campo Raso*, T. II, p. 123. — Lacretelle, L. VI, p. 169.

assisté les malades, périrent presque tous (1). Le roi de Sardaigne retourna dans ses États, où il étoit rappelé par la maladie de sa femme, qui mourut le 13 janvier 1735. Konigseck avoit fait un voyage à Vienne ; le maréchal de Coigny étoit parti pour Paris, d'où il fut envoyé à l'armée du Rhin, et Broglie demeura seul jusqu'au moment où il fut remplacé par le maréchal de Noailles, qui vint prendre le commandement de l'armée d'Italie. Ce général fut bien étonné de trouver cette armée hors d'état de tenir la campagne, tandis qu'on lui avoit envoyé, pendant l'hiver, plus de dix mille hommes effectifs. « Comment se peut-il », lui écrivoit le ministre de la guerre d'Angervilliers, « que des troupes « qu'on a mandé être complètes au commence- « ment de décembre 1734, se trouvent si foibles « à la fin de mars 1735 ? » Mais la cause de ce désordre étoit pire que le désordre même, puisque c'étoit de la part des officiers l'oubli de leurs devoirs ou la volonté de les sacrifier à l'intérêt. La démoralisation de la Régence continuoit à porter ses fruits ; un luxe extravagant et l'amour des plaisirs épuisoient rapidement les plus grandes fortunes. Il falloit de l'argent avant tout ; la cupidité étoit devenue le vice universel des Français. Parmi cette noblesse autrefois si fière, on

---

(1) *Muratori Annali ad Ann.*, p. 263.

lui sacrifioit l'honneur, l'humanité, la gloire des armes. Ne nous étonnons pas qu'aucun des hommes publics de cette époque n'ait écrit de Mémoires; ils ne pouvoient rappeler que des souvenirs honteux. « Les pertes de l'armée », dit l'abbé Millot, d'après les papiers de Noailles, « avoient été dans la dernière campagne plus « considérables qu'on ne le disoit. Les nouveaux « officiers, arrivés de France, avoient reçu des « colonels toutes sortes de dégoûts, et les co- « lonels avoient favorisé les capitaines, qui, « voulant faire de honteux profits sur leurs « compagnies, craignoient qu'on ne les rendît « complètes. On avoit trompé les directeurs et « inspecteurs, on avoit séduit ou intimidé les « commissaires des guerres; on avoit abusé « même des gratifications destinées aux officiers « blessés; elles avoient été pour la plupart le « prix de la faveur, et non des blessures ou des « services. Enfin une espèce d'anarchie régnoit « dans l'armée; le colonel vouloit être absolu « dans sa troupe, le capitaine dans sa compa- « gnie : chacun affectoit l'indépendance sans que « les supérieurs y missent ordre..... Noailles fut « pénétré de douleur en apprenant qu'on n'avoit « pris aucun soin du soldat dès le commence- « ment du quartier d'hiver; que pendant la « rigueur de la saison on l'avoit laissé dans des « cloîtres et des portiques sans fermetures ; que

« la même négligence s'étoit étendue sur les hô-
« pitaux, et que celui de Guastalla, un des plus
« nécessaires, avoit été entièrement abandonné.
« On laissoit périr de la sorte ces braves gens qui
« venoient de combattre en héros; on les ou-
« blioit pour un gain sordide. » (1)

Pendant ce temps le comte, devenu duc de Montemar, estimant que le vrai moyen de maintenir l'indépendance du royaume de Naples, étoit de porter la guerre hors de ses frontières, s'étoit mis en marche dès le mois de février, à travers l'État pontifical, pour venir attaquer en Toscane les garnisons allemandes qui occupoient les *Presidii*. Au mois d'avril, il se rendit maître du fort Philippe et de Porto-Ercole, plus tard il soumit aussi Orbitello; puis prenant la route de Lombardie, il traversa le Modénois au mois de mai, avec une armée qu'on faisoit monter à vingt mille hommes. Il avoit eu déjà une entrevue à Parme avec le maréchal de Noailles et le roi de Sardaigne; tous trois étoient d'accord qu'on ne pouvoit mettre en sûreté l'Italie qu'en repoussant les Autrichiens au delà du Pô, en les combattant dans le Serraglio de Mantoue, et en les forçant à reculer jusqu'aux gorges du Tyrol. Mais Montemar, enorgueilli par la victoire de

---

(1) Mém. de Noailles, T. LXXIII de la collection, L. III, p. 238.

Bitonto et la conquête de deux royaumes, offensoit par sa présomption ceux avec qui il devoit agir. Il fallut toute l'adresse et la modération de Noailles pour empêcher qu'une dangereuse rupture n'éclatât entre les deux chefs (1). C'étoit pis encore avec le roi de Sardaigne; ici le dissentiment ne se manifestoit pas sur des querelles d'étiquette. La reine d'Espagne vouloit pour elle seule tous les fruits de la guerre; elle ne consentoit plus à ce que le roi de Sardaigne gardât le Milanais; elle y prétendoit pour ses fils; elle vouloit garder aussi les duchés de Parme et de Toscane; elle insistoit sur la conquête de Mantoue, mais c'étoit pour que cette forteresse, qu'elle comptoit s'approprier, couvrît le reste de ses possessions. Avec cette divergence dans les conseils, on est étonné que les alliés pussent avoir des succès. Mais l'empereur étoit dans une situation pire encore : l'argent manquoit entièrement à ses armées ruinées par les maladies, et quoique le comte de Konigseck fût revenu de Vienne avec quelques régimens de renfort, il n'avoit pas pu réunir plus de vingt-quatre mille hommes, tandis que les alliés en avoient quarante mille. La maison d'Autriche, tout comme la cour d'Espagne, prétendoit toujours que les autres puissances

---

(1) Mém. de Noailles, p. 241.

devoient se sacrifier pour elle, et là payer pour se défendre. Charles VI adressoit aux puissances maritimes des plaintes amères de ce qu'elles l'abandonnoient; celles-ci tentèrent des négociations, et faisoient circuler des projets d'arrangement; l'Angleterre avoit même mis en mer une puissante escadre pour les appuyer, mais elle étoit jalouse en même temps des velléités qui portoient l'empereur à exciter le commerce et les expéditions maritimes dans les ports des Pays-Bas et de la mer Adriatique, et elle ne paroissoit point disposée à se compromettre pour lui. Dès que les opérations militaires commencèrent, les alliés remportèrent de petits avantages en Italie : ils avançoient, et Konigseck reculoit, mais lentement, et sans se laisser entamer. Le 13 juin, il leur abandonna le passage du Pô, jeta dans Mantoue une garnison de six mille de ses meilleurs soldats, et faisant partir devant lui ses malades, ses bagages et son artillerie, il regagna par le Véronais les gorges du Tyrol. (1)

L'armée principale des Français étoit alors sur le Rhin, sous les ordres du maréchal de Coigny; en même temps, le comte de Belle-Isle étoit

---

(1) *Botta, Storia d'Italia*, T. VIII, L. XLI, p. 333. — *Muratori ad Ann.*, p. 273. — Galluzzi, Hist. de Toscane, T. IX, ch. 9, p. 401. — Mém. de Noailles, p. 249. — *Campo Raso, Comentarios*, T. II, p. 139.

chargé du commandement d'une belle armée sur la Moselle. Cet homme brave, mais présomptueux, avoit réussi à inspirer la plus grande confiance au cardinal de Fleury, qui écoutoit ses vastes projets, qui croyoit voir briller le génie dans ses combinaisons, mais qui, dominé lui-même par sa timidité et son économie naturelles, lui refusoit ensuite les moyens de porter les grands coups dont Belle-Isle l'entretenoit. Le comte Maurice de Saxe servoit à l'armée du Rhin, et le baron d'Espagnac, son historien, qui avoit combattu à ses côtés, donne un long détail des mouvemens de ces armées, depuis le commencement de juin jusqu'à la fin d'octobre; en le lisant, on se croit toujours à la veille d'une grande action, mais on n'arrive jamais au lendemain. Le prince Eugène et le baron de Seckendoff commandoient les Impériaux, mais ils se tenoient sur la défensive, et la campagne tout entière s'écoula sans autre résultat que de fatiguer le soldat, et de ruiner les malheureux habitans de tout le pays situé entre le Necker et la Moselle. (1)

Les Allemands ne possédoient plus en Italie que Mantoue et la Mirandole. Montemar insistoit pour que les alliés fissent le siége de ces

---

(1) Espagnac, Hist. de Maurice de Saxe, T. I, p. 126-143. — Lettres du comte de Saxe au maréchal de Noailles, T. I, p. 13.

deux forteresses, mais l'Espagne donnoit tous les jours plus de défiance aux puissances qui lui étoient associées. Charles-Emmanuel sentoit qu'en favorisant ses conquêtes il se mettroit dans sa dépendance : à ce motif, Fleury joignoit celui de l'économie. Montemar, avec la jactance espagnole, demandoit seulement qu'on le laissât faire, et il assuroit qu'il lui arrivoit d'Espagne par Livourne un train d'artillerie, des munitions, de l'argent, qui lui suffiroient pour se rendre maître de la place de Mantoue, malgré sa réputation d'imprenable. Ses alliés soupçonnoient que tous ses moyens étoient dans sa seule imagination, et qu'il vouloit seulement les compromettre pour les forcer à terminer à leurs frais une entreprise qu'ils ne pourroient plus abandonner dès qu'elle seroit commencée. Le roi de Sardaigne, dont les parcs d'artillerie étoient à portée, refusa de les prêter dans ce but; Fleury, au contraire, à qui on ne demandoit pas la même assistance, montra du zèle pour forcer Montemar à produire ses propres ressources, ou plutôt à reconnoître son impuissance. On lui laissa faire le siége de la Mirandole, qui, mal approvisionnée, fut contrainte à capituler le 31 août. Mantoue étoit resserrée par le blocus; on savoit que la garnison allemande y étoit décimée par de cruelles épidémies, mais les Français se contentoient de se fortifier sur les bords du lac de Garda, et les parcs d'artillerie annoncés par Montemar n'arrivoient pas, en sorte que le siége de Mantoue ne fut pas commencé : on ne voyoit pas non plus arriver les subsides promis par la cour d'Espagne. Au 1er de septembre il y avoit déjà six mois d'arriéré, quoiqu'on fût convenu qu'ils seroient payés chaque mois (1). On apprenoit, d'autre part, que les troupes allemandes s'accumuloient dans le Tyrol; bientôt elles débouchèrent dans les États de Venise. La république professoit la neutralité; mais elle n'essayoit pas de défendre les passages, et elle penchoit plutôt secrètement pour l'empereur, qui pouvoit lui faire plus de mal que les Français : déjà le maréchal de Noailles commençoit à craindre que Montemar ne rebroussât chemin vers la Toscane, et ne l'abandonnât aux chances d'une attaque dirigée contre lui seul. Tout à coup il reçut le 16 novembre un courrier de son cabinet qui lui annonçoit qu'une suspension d'armes étoit signée entre la France et l'empereur. Il se hâta d'en donner avis au général autrichien Kherenhuller qui lui étoit opposé. (2)

Cet armistice étoit le fruit de négociations entamées par l'Angleterre. L'empereur, lorsqu'il

---

(1) Mém. de Noailles, p. 263.
(2) *Botta, Storia d'Italia*, L. XLI, p. 334. — *Muratori ad Ann.*, p. 275.

avoit été attaqué par la France et par ses alliés, avoit recouru aux puissances maritimes, qu'il invoquoit comme garantes des précédentes pacifications, et George II avoit commencé par notifier à la France que, comme électeur de Hanovre et comme roi d'Angleterre, il étoit lié à l'empereur par des traités, et qu'il les exécuteroit fidèlement (1). Toutefois il avoit bientôt reconnu que la Hollande ne vouloit point s'engager dans une nouvelle guerre, et que dans son propre cabinet, si Harrington paroissoit disposé à seconder l'empereur, il n'avoit point cependant le courage de tenir tête au tout-puissant premier ministre Walpole. Celui-ci fit repartir un intrigant anglais catholique, l'abbé Strickland, que Charles VI avoit envoyé en Angleterre pour renverser le ministère en unissant Harrington avec l'opposition, et la reine Caroline avoit écrit elle-même à l'impératrice, pour dissiper ses illusions, et lui déclarer positivement que l'Angleterre ne vouloit point de guerre (2). Dès lors, sans admettre dans toute leur étendue, ni non plus nier entièrement les griefs de la France, le cabinet britannique s'étoit attaché uniquement à chercher des moyens de réconciliation. Après les succès obtenus par les alliés en 1734, ce ca-

1735.

(1) Suite de Rapin-Thoyras, T. XIV, p. 626.
(2) *Lord Mahon, History of England*, ch. 17, p. 274.

binet s'étoit bientôt aperçu qu'il n'y avoit plus d'accord entre eux. La reine d'Espagne vouloit revenir sur la concession du Milanais qu'on lui avoit arrachée en faveur du roi de Sardaigne; c'étoit pour elle seule et pour ses fils qu'elle réservoit toutes les conquêtes, et c'étoit à ses alliés qu'elle demandoit tous les efforts et tous les sacrifices. De son côté, le cardinal de Fleury soupiroit pour le repos ; son administration silencieuse, économique, qui s'attachoit à étouffer tout élan, toute passion, toute manifestation de l'esprit français, n'étoit propre que pour la paix; il n'en pouvoit plus de fatigue et d'épuisement après deux ans d'une guerre heureuse. Les puissances maritimes s'efforcèrent de profiter de cette disposition des esprits. Dès la fin de mai elles présentèrent à l'empereur, et aux alliés ses adversaires, un projet de pacification qu'elles firent en même temps imprimer en français, en allemand et en hollandais, et qu'elles répandirent par toute l'Europe. La base de ce projet étoit : 1°. la renonciation de Stanislas à tous ses droits comme roi de Pologne, en conservant toutefois ses titres et ses biens patrimoniaux, et en obtenant une amnistie pour tous ses partisans ; 2°. l'abandon des Deux-Siciles au fils du second lit de Philippe V, qu'on reconnoissoit pour roi sous le titre de Charles IV ; 3°. la cession des duchés de Parme et de Plaisance, et du grand-duché de Toscane à l'empereur, comme compensation des Deux-Siciles qui lui avoient été enlevées par la guerre, mais en réservant en faveur des puissances maritimes l'indépendance de Livourne, qui seroit déclarée ville libre et port franc; 4°. la cession au roi de Sardaigne de deux provinces qui seroient détachées du Milanais, tandis que tout le reste de ce duché seroit restitué à l'empereur; 5°. enfin, la garantie de la pragmatique sanction, ou de la succession des filles à tous les États de la maison d'Autriche, à laquelle s'obligeroient les trois souverains alors en guerre avec cette puissance. (1)

L'empereur déclara qu'il acceptoit le projet d'accommodement, quant à l'Italie, comme base de la négociation dans laquelle il étoit prêt à entrer; mais qu'en ce qui touchoit à la Pologne, il ne pouvoit rien promettre sans l'agrément de l'impératrice de Russie, son alliée, qui ne tarda pas à annoncer en effet qu'elle rejetoit la proposition d'une amnistie en Pologne. La France, de son côté, déclara qu'elle ne trouvoit point dans ce projet une satisfaction convenable pour elle-même ou pour le roi Stanislas, en faveur duquel elle avoit entrepris la guerre. Il y avoit lieu de craindre que la négociation ne fût rom-

---

(1) Ces pièces officielles se trouvent à la suite de Rapin-Thoyras, T. XIV, p. 268. — Flassan, Hist. de la diplomatie française, T. V, p. 80.

pue ; mais un ministre de France ayant rencontré un ministre autrichien dans une cour neutre, lui proposa une négociation directe entre les deux cabinets comme un moyen bien plus prompt de s'entendre que l'intermédiaire de médiateurs, plus occupés de leurs propres intérêts que de ceux des puissances belligérantes. Il est probable que le cardinal de Fleury, en faisant faire cette ouverture, avoit déjà arrêté dans son esprit l'expédient qui devoit faciliter la négociation. En effet, dès qu'il eut obtenu le consentement de l'Autriche, il fit partir pour Vienne M. de la Baune, avec des instructions si détaillées et des pouvoirs si étendus que la négociation, secrètement entamée avec le comte de Zinzendorf, fut bientôt terminée par des préliminaires de paix, signés le 3 octobre 1735, entre la France et l'empereur. (1)

La différence essentielle entre ces préliminaires et le projet arrêté par les puissances médiatrices consistoit en ce que les duchés de Lorraine et de Bar devoient être cédés en souveraineté au roi Stanislas, en compensation du trône de Pologne, auquel il renonçoit, et qu'à

---

(1) Documens à la suite de Rapin-Thoyras, T. XIV, p. 632-636. — Flassan, Diplomatie française, T. V, p. 92. — Coxe, Hist. de la maison d'Autriche, T. IV, ch. 91, p. 467.

sa mort ces deux duchés devoient être réunis à la France, tandis que le grand-duché de Toscane devoit, à la mort de Jean Gaston de Médicis, être remis au duc de Lorraine en souveraineté absolue, et non comme fief de l'empire, ainsi qu'on l'avoit promis à Don Carlos. Le duché de Parme devoit être cédé à l'Autriche, en compensation des districts qu'elle abandonneroit au roi de Sardaigne, et les Deux-Siciles étoient assurées à Don Carlos.

S'il y avoit quelque chose de violent et d'arbitraire dans la manière dont les grandes puissances disposoient des droits des souverains et de ceux des peuples, il faut convenir aussi qu'en laissant de côté la question de droit, aucun arrangement ne pouvoit être plus convenable et plus heureux. La Lorraine étoit un pays infortuné, qui se trouvoit enclavé dans la France, sans communication avec l'Empire dont il relevoit et auquel ses souverains étoient attachés. En raison de cette condition, il étoit toujours envahi, toujours accablé de vexations, de logemens militaires et de contributions, dans toutes les guerres de l'Europe. Dans la guerre actuelle, il étoit aux mains des Français dès le mois d'octobre 1733 (1). Depuis un siècle les ducs de Lorraine avoient passé plus de la moitié

---

(1) Soulavie, Mém. de Richelieu, T. V, ch. 38, p. 307.

de leur vie en exil. Celui qui régnoit alors, François-Étienne, né en 1708, avoit été élevé dès l'âge de douze ans à Vienne, sous les yeux de l'empereur Charles VI, qui dès lors le regardoit comme son gendre et son successeur à l'Empire. Le 27 mars 1729, il avoit succédé à son père Léopold, et, à l'occasion de cet événement, il avoit passé un an en Lorraine; mais il s'étoit bientôt fatigué d'y vivre comme un souverain nominal, dans la dépendance de la France, qu'il n'aimoit pas et qui se défioit de lui. Au mois de mars 1732, Charles VI l'avoit nommé vice-roi de Hongrie, et c'étoit dans ce royaume qu'il avoit fixé sa résidence. Toutefois, il éprouva un vif sentiment de douleur à rompre les liens qui l'attachoient à ses sujets, et à des sujets affectionnés à ses pères depuis tant de siècles, dès les temps des Carlovingiens. Il persistoit à refuser son consentement, lorsque le ministre favori de l'empereur, Bartenstein, lui dit énergiquement : « Mon« seigneur, point de cession, point d'archi« duchesse! » A ce motif puissant le cardinal de Fleury ajouta, au nom de la France, la promesse d'une pension de trois millions et demi de livres, jusqu'à ce que la mort du dernier des Médicis le mît en possession de la Toscane. (1)

(1) Coxe, Hist. de la maison d'Autriche, ch. 91, p. 467;

Le grand-duché de Toscane, qui étoit promis en échange au duc François, égaloit au moins la Lorraine en population et en étendue, mais il l'emportoit infiniment par sa beauté, sa richesse, ses palais, les merveilles des arts qui y étoient accumulées, et plus encore par sa situation maritime et sa position indépendante. Si les souverains gagnoient à cet échange, les peuples y gagnèrent davantage encore. Stanislas, qui prit possession du duché de Bar le 8 février 1737, et du duché de Lorraine le 21 mars suivant, vint s'établir à Lunéville le 3 avril, avec la reine son épouse, et fut, pendant vingt-neuf ans qu'il gouverna la Lorraine, le bienfaiteur et le restaurateur de ce pays. Toutes les défiances, toutes les inimitiés avoient cessé à l'égard de ses puissans voisins; plus de levées de soldats, de contributions militaires ni de vexations de guerre; peu d'oppression de la part des intendans et des subalternes. Stanislas, qui avoit été à l'école de la mauvaise fortune, qui aimoit l'ordre et l'économie, au lieu de s'efforcer d'arracher au pays le plus d'argent possible, ne songeoit au contraire qu'à soulager sa misère; il ranima l'agriculture et le commerce; il protégea les

---

édit. angl., T. III, p. 162. — *Lord Mahon, Hist. of England*, ch. 17, p. 276. — Biogr. univ., T. XV, p. 463.

arts, et il marqua chaque année de son administration par quelque établissement utile ; en sorte que, lorsqu'il mourut, le 23 février 1766, il laissa à la France cette principauté presque rétablie de ses longues calamités.

Les princes lorrains, François, et ensuite Pierre-Léopold, n'exercèrent pas une influence moins bienfaisante sur le gouvernement de la Toscane. Ce jardin de l'Italie, qui avoit produit tant de grands hommes au temps de ses républiques, qui avoit brillé par les arts utiles autant que par les beaux-arts, et qui le premier avoit enseigné à l'Europe quels prodiges on pouvoit attendre de l'industrie, du commerce et de l'agriculture, n'avoit cessé de décliner sous le gouvernement tyrannique, jaloux, soupçonneux, cruel, des grands-ducs de la branche cadette des Médicis. Pendant le long règne de Côme III, qui sembloit avoir pris à tâche d'imiter seulement les vices, la défiance, la morgue, et la bigoterie des monarques espagnols ; pendant celui de son fils Jean Gaston, qui, abandonné aux débauches les plus honteuses, leur avoit donné une publicité dont l'Europe rougissoit, la Toscane avoit vu disparoître ses anciennes richesses, la sécurité dans les villes et les campagnes, l'intégrité dans les tribunaux et jusqu'à l'estime des habitans pour eux-mêmes : ses nouveaux souverains rendirent aux Toscans le rang auquel ils avoient droit de prétendre parmi les peuples les plus avancés de l'Europe.

Mais si la paix qui réjouissoit l'humanité réalisoit en même temps une idée sage et bienfaisante du cardinal de Fleury, les peuples, au moment où elle fut annoncée, n'en voyoient point encore les conséquences, et les princes se plaignirent avec amertume d'avoir été trompés et abandonnés par leurs alliés. Le roi de Sardaigne, qui avoit conquis tout le Milanais sur la maison d'Autriche, étoit contraint de le restituer, et de se contenter du Novarrois, du Tortonois, et de la suzeraineté sur les fiefs des *Langhe* qui formoient des enclaves dans ses États. Il montra un vif mécontentement, mais il savoit bien qu'on pouvoit lui reprocher les négociations secrètes que, depuis quelques mois, il avoit entamées avec l'empereur, et le refus de concourir à chasser entièrement les Allemands de l'Italie (1). D'ailleurs, il se sentoit le plus foible, et il se soumit. Le duc de Montemar protesta avec bien plus de véhémence, au nom du roi d'Espagne et d'Élisabeth Farnèse. Par le traité proposé, l'Espagne devoit renoncer à la Toscane qui lui étoit promise, aux duchés de Parme et de Plaisance dont elle étoit déjà en

(1) Coxe, Hist. de la maison d'Autriche, ch. 91, p. 460.

possession, au Mantouan qu'elle vouloit conquérir. Montemar menaçoit, il juroit qu'il n'auroit pas égard à la trêve, et qu'il poursuivroit ses conquêtes. Toutefois, quand les Français et les Savoyards se séparèrent de lui, et qu'il se vit seul en face de Kherenhuller, il jugea plus prudent de reculer au lieu d'avancer; il rentra en Toscane avec l'armée espagnole, et il vint établir ses quartiers à Prato, pour y attendre la fin des négociations. (1)

Ces négociations se prolongèrent plus qu'on n'auroit dû s'y attendre : les cours d'Espagne et de Savoie sans lesquelles on avoit traité, après avoir refusé longtemps leur assentiment, faisoient encore naître mille difficultés sur l'exécution. L'Autriche, qui se regardoit comme sacrifiée, s'efforçoit de revenir sur ses engagemens antérieurs; le grand-duc et le duc de Lorraine, se plaignoient d'avoir été lésés dans leurs droits; les puissances maritimes, qui avoient vu avec assez d'humeur qu'on s'étoit passé de leur médiation, déclarèrent enfin qu'elles acceptoient le traité, mais sans entendre le garantir. Jean Gaston de Médicis toutefois, qui avoit protesté de nouveau contre la manière arbitraire dont on disposoit de son héritage sans consulter ni lui ni ses peuples, mourut le 9 juil-

(1) *Botta, Storia d'Italia,* L. XLI, p. 339.

let 1737, et sa mort permit d'accomplir l'échange convenu de la Lorraine contre la Toscane. François, duc de Lorraine, avoit épousé, le 12 février 1736, Marie-Thérèse, fille de l'empereur Charles VI, qui, dans le temps où il avoit été question de la marier à un infant d'Espagne, avoit laissé voir avec assez de résolution qu'elle n'accepteroit point d'autre époux que celui qui lui avoit été, dès le commencement, destiné par sa mère. Toute la politique du cabinet de Vienne tendoit désormais à garantir à ces deux époux la succession à tous les États de la monarchie autrichienne. Enfin le traité si long-temps débattu fut signé à Vienne le 8 novembre 1738. Sous tout autre rapport, il ne faisoit que confirmer les préliminaires qui étoient déjà en grande partie exécutés par avance. Seulement l'article 10 du traité contenoit la garantie à laquelle la maison d'Autriche attachoit tant de prix : elle étoit aussi explicite que possible. Nous la rapportons textuellement, parce que Fleury prétendit ensuite qu'elle ne l'obligeoit à rien. « Sa Majesté très-chrétienne, portoit cet article, « par rapport aux États déjà possédés et à pos- « séder par Sa Majesté impériale, en vertu de « l'article 8 des préliminaires, prend l'engage- « ment de défendre l'ordre de succession établi « dans la maison d'Autriche, plus amplement « expliqué par la pragmatique sanction du

« 19 avril 1713. Car, étant démontré que la
« tranquillité publique ne pourroit subsister
« long-temps et l'équilibre être maintenu en
« Europe que par la conservation de cet ordre
« de succession, Sa Majesté très-chrétienne,
« mue par le désir ardent de conserver à la fois
« la tranquillité publique, et l'équilibre euro-
« péen, ainsi que par la considération des con-
« ditions de paix auxquelles Sa Majesté impériale
« a consenti principalement par cette raison, elle
« s'est obligée de la manière la plus forte à dé-
« fendre cet ordre de succession. Et afin qu'il ne
« puisse naître dans la suite aucun doute sur
« l'effet de cette sûreté ou garantie, Sa Majesté
« très-chrétienne s'engage, en vertu du présent
« article, de mettre à exécution cette même sû-
« reté appelée vulgairement *garantie* toute fois
« qu'il en sera besoin; promettant pour elle, ses
« héritiers et successeurs, de la manière la plus
« réelle et la plus stable que faire se peut, qu'elle
« défendra de toutes ses forces, maintiendra et
« garantira contre qui que ce soit, toutes les
« fois qu'il en sera besoin, cet ordre de succes-
« sion que Sa Majesté impériale a déclaré et établi
« en forme de fidéicommis perpétuel, indivi-
« sible et inséparable, en faveur de la primogé-
« niture, pour tous les héritiers de Sa Majesté,
« de l'un et de l'autre sexe, par acte solennel
« publié le 19 d'avril 1713. C'est pourquoi Sa

« Majesté très-chrétienne promet et s'oblige de
« défendre celui ou celle qui, suivant l'ordre
« qui vient d'être rapporté, doit succéder aux
« royaumes, provinces et États que Sa Majesté
« impériale possède actuellement, et de les y
« maintenir à perpétuité, contre tous ceux quel-
« conques qui tenteroient de troubler en aucune
« manière cette possession. » (1)

(1) Flassan, Diplomatie française, T. V, p. 98.

CHAPITRE XLVIII.

Administration sans énergie du cardinal de Fleury.—Premières maîtresses de Louis XV.—Mépris dans lequel tombe le gouvernement soit civil, soit religieux.—Mort de Charles VI.—Guerre de la succession d'Autriche.—Mort du cardinal de Fleury. — 1735-1742.

1735. A L'ÉPOQUE où les préliminaires de Vienne rendirent la paix à l'Europe, Louis XV étoit déjà parvenu au milieu de sa vingt-sixième année; il étoit marié depuis dix ans, il avoit six filles et un fils, il en avoit eu un second qui étoit mort dans l'année. Cependant Louis XV n'étoit encore rien dans son royaume : hautain, dédaigneux, incapable d'affection, dissimulé, sans respect pour sa parole, sans abandon, ne parlant que par monosyllabes, on ne savoit encore ni ce qu'il pensoit, ni ce qu'il vouloit, et quoique sa belle figure captivât les yeux du peuple, il n'avoit pas commencé à régner. Le pouvoir souverain étoit demeuré sans partage à son précepteur le cardinal de Fleury; mais ce prélat, né le 22 juin 1653, avoit déjà dépassé l'âge de quatre-vingt deux ans; et quoique le calme et la modération de son caractère eussent contribué à conserver toujours au même niveau des facultés qui n'étoient point éminentes, on pouvoit à peine regarder comme régnant activement un homme déjà plus avancé en âge que ne l'étoit Louis XIV, lorsqu'il laissoit échapper de ses mains puissantes les rênes du gouvernement.

Fleury, à ce qu'assure Duclos, n'étoit pas gentilhomme; il étoit fils d'un receveur des tailles de Lodève. Mais quoique né loin de la cour, personne ne possédoit mieux que lui les dons qui ouvrent auprès des rois une route sûre vers la faveur. « Sa politesse étoit noble et délicatement
« graduée, il mettoit de la dignité à toutes ses
« complaisances; il pouvoit vivre au milieu de
« personnages dissolus ou vicieux, sans paroître
« ni leur complaisant ni leur censeur. Il traitoit
« tout avec agrément, et rien avec légèreté; son
« badinage élégant paroissoit un voile ingénieux
« donné à la sagesse. Sa figure étoit belle, étin-
« celoit d'esprit, et conservoit l'expression la
« plus naturelle de la bienveillance; jusqu'à ses
« derniers jours il s'étoit beaucoup plu dans la
« société des femmes; on prétend même qu'il les
« avoit aimées avec passion; mais comment
« croire que la passion entrât dans une âme si

« bien habituée à commander à tous ses senti-
« mens ?..... Il conserva jusque dans l'extrême
« vieillesse le ton de la galanterie. Il ne pouvoit
« se passer de l'entretien d'une femme aimable,
« la princesse de Carignan. La malignité publi-
« que s'exerça sur cet attachement et cette dame
« essuya le ridicule de se voir présentée comme
« la maîtresse d'un octogénaire. (1)

« Malgré les persécutions religieuses qu'on
« reproche à sa mémoire, Fleury fuyoit avec
« grand soin le ton de l'hypocrisie ; l'homme de
« cour paroissoit plus en lui que le prêtre, il
« aimoit les lettres et surtout les sciences ; son dé-
« sintéressement fut exemplaire ; maître d'un
« royaume opulent, il mourut pauvre, son mobi-
« lier égaloit à peine celui d'un particulier aisé ;
« il dépensoit un revenu, qui ne passoit pas cent
« mille livres, en libéralités judicieuses, et en
« bienfaits presque toujours cachés. Sur tout
« autre point que celui de la cupidité, il avoit
« la morale des courtisans ; il croyoit peu à la
« reconnaissance ; il étoit ingrat à mesure que
« les circonstances lui demandoient de l'être,
« il l'étoit sans remords et sans acharnement.
« Louis XV prit auprès de lui le défaut qu'on
« pardonne le moins aux monarques, l'insensi-
« bilité. » (2)

(1) Lacretelle, T. II, L. VII, p. 267.
(2) Lacretelle, *ibid.*, p. 268.

Mais ces qualités, qui faisoient du cardinal de Fleury un homme d'esprit, un homme aimable, et surtout le vrai modèle d'un prélat de cour, ne pouvoient en faire un grand ministre. Le sentiment de son insuffisance dans les affaires d'État lui faisoit craindre de se mesurer avec les hommes dont il soupçonnoit la supériorité; aussi demandoit-il avant tout, dans ceux qu'il employoit, la médiocrité et l'obéissance; la langueur, la foiblesse de l'âge lui faisoient redouter également tout ce qui auroit pu donner un mouvement plus rapide à la société, non pas seulement la guerre, mais les innovations de toute espèce. Aussi disoit-il qu'il vouloit laisser reposer la France, et il parut se proposer de l'endormir. Il entroit pour cela dans son plan de s'assujettir le roi, de dominer l'esprit de la reine, d'écarter les princes du sang, de leur ôter toute autorité, de tenir éloignés tous les esprits hardis et épris de nouveauté, et de faire des quatre secrétaires d'État de simples commis à ses ordres. Il craignoit *un ministère historique*, pour nous servir de ses expressions, et il ne vouloit pas que l'on écrivît ni qu'on parlât de lui. Il répétoit sans cesse à ceux qui lui demandoient des grâces et des emplois, surtout aux ecclésiastiques, un adage emprunté de l'Imitation de Jésus-Christ, *Ama nesciri*: aimez à être ignoré. Jamais aussi ministre tout-puissant n'a laissé moins de traces d'un long ministère. (1)

(1) Soulavie, Mém. du maréchal de Richelieu; T. V, ch. 14, p. 154. Nous sommes obligé de recourir fréquemment pour le règne de Louis XV à une source bien impure ; ce sont les volumineux écrits de Soulavie. Cet homme, né en 1752, et d'abord curé dans le diocèse de Châlons, avoit obtenu, on ne dit point de quelle manière, la confiance du maréchal de Richelieu, qui mit entre ses mains toute sa correspondance, une foule de pièces originales, et qui se plut à l'éclairer par les confidences verbales les plus détaillées. Richelieu, profondément corrompu, faisoit parade du vice; il se plaisoit à montrer comment il existoit partout, à révéler comme un sujet de plaisanterie l'immoralité universelle de la société dans laquelle il avoit vécu, et à laquelle il donnoit le ton. Soulavie, qui n'avoit ni principes, ni probité, qui flattoit les passions du jour, et qui a secondé tour à tour celles des révolutionnaires, des terroristes, puis de la réaction, se plaisoit à raconter avec un extrême cynisme ce qui pouvoit dégrader les divers caractères qu'il mettoit en scène. Il chargeoit les couleurs, il inventoit même quelquefois, mais il n'en est pas moins vrai que ces turpitudes existoient réellement, qu'on en trouve la trace dans tous les auteurs contemporains, quoiqu'ils ne pussent pas les dévoiler avec l'effronterie que la révolution permettoit à Soulavie; enfin, que celui-ci, mieux qu'aucun homme de son temps, étoit à portée de les bien connoître. Les confidences du maréchal de Richelieu avoient commencé à le mettre dans les secrets de la cour; mais ensuite il avoit fait de cette étude l'affaire de sa vie, et un moyen de sa fortune, qui lui réussit. Il obtint successivement les papiers confidentiels d'un grand nombre de familles illustres; il réunit avec soin et à grands frais tous les écrits, toutes les brochures, toutes les gravures qui avoient trait à l'histoire du dernier siècle. Sa collection seule de gravures formoit cent soixante-deux volumes in-folio;

L'empire de Fleury sur le roi, qu'il devoit à une ancienne habitude, n'étoit pas difficile à maintenir; le flegme et la timidité dominoient dans le caractère de ce prince. Sauf un nombre infiniment restreint de familiers, il montroit la plus grande réserve à tout le reste des courtisans; il redoutoit la présence des officiers supérieurs de l'armée, de même que celle de tout homme qui passoit pour avoir un mérite éminent ou des talents extraordinaires; il évitoit de s'entretenir avec eux; il fuyoit tout ce qui avoit de l'éclat, et paroissoit embarrassé de la gêne et de l'appareil de la royauté. Il ne s'abandonnoit à son caractère qu'avec un petit nombre de courtisans de son âge dont il connoissoit à fond les habitudes. Sa paresse même et sa timidité étoient pour eux des garans de la durée de leur faveur; mais s'ils venoient à la perdre par un abus de sa confiance, il n'y avoit plus pour eux de chances de la recouvrer. Ces jeunes seigneurs l'entraînèrent d'abord à la chasse, et ils lui firent aimer avec passion cet amusement. Des soupers exquis et des vins recherchés réparoient ensuite dans ses petits

son cabinet contenoit plus de trente mille pièces ou brochures; son esprit ne manquoit ni de lucidité ni d'étendue; en un mot, aucun homme de son siècle n'étoit peut-être plus en état de savoir la vérité, si seulement il avoit voulu la dire sans y mêler de faussetés. — Biographie universelle, T. XLIII, p. 175. — Préface de Soulavie, aux Mémoires du règne de Louis XVI, p. 72 et suiv.

appartemens les fatigues du jour, et Louis XV acquit de bonne heure avec ses courtisans des habitudes d'intempérance; la séduction en étoit d'autant plus grande pour lui que c'étoit seulement lorsqu'il se sentoit excité par le vin que son esprit naturel triomphoit de sa timidité, qu'il parloit avec gaîté, qu'il contoit avec grâce, et qu'il trouvoit de la jouissance dans l'exercice de ses propres facultés. (1)

La reine, à qui Fleury faisoit l'honneur de la craindre, étoit cependant de tous les personnages le plus inoffensif; timide, réservée, éloignée de toute connoissance des affaires, ne soupçonnant point les intrigues de la cour ou ne voulant point les voir, uniquement occupée de pratiques religieuses ou d'œuvres de charité, le seul mobile de ses actions étoit la crainte de déplaire à son mari; maîtrisée par le cardinal de Fleury, qui s'étoit fait une règle de n'accorder jamais aucune grâce à sa sollicitation, qui ne lui attribuoit pour ses menus plaisirs qu'une somme infiniment modique, ce fut une grande affaire pour elle que d'obtenir une fois douze mille francs pour payer ses dettes. Quelquefois elle s'adressoit à Louis XV, mais toujours vainement : il lui répondoit : « Le seul moyen de ne pas souf« frir des refus du cardinal, c'est de faire comme

(1) Soulavie, Mém. de Richelieu, T. V, ch. 4, p. 39.

« moi, ne lui demander jamais rien » (1). La reine eut le temps de s'accoutumer à cette formule, car toutes les fois qu'elle se plaignit du cardinal, le roi la lui répéta avec froideur et affectation.

Le gouvernement ayant été, pendant la minorité, exercé tour à tour par les chefs des deux branches rivales parmi les princes du sang, le duc d'Orléans d'abord, le duc de Bourbon ensuite, ces princes s'étoient confirmés dans la persuasion qu'ils formoient une race d'êtres supérieurs à la nature humaine, aussi distingués de la noblesse que celle-ci l'étoit du reste de la nation, et que les lois n'étoient point faites pour eux. Ce n'étoit donc pas sans raison que le cardinal de Fleury se proposoit de les courber sous l'obéissance, et de ne leur laisser prendre aucune part au gouvernement. Toutefois, quelque grand que fût leur orgueil, leurs habitudes d'indépendance, et la crainte qu'on avoit d'eux; quelque impossible qu'il eût été de trouver des gouverneurs, des magistrats, des juges qui essayassent de les rendre responsables de leurs actions, Fleury, pour les ranger sous son gouvernement, ne trouvoit pas en eux la résistance qu'auroit pu opposer un grand caractère, ou des talens distingués; au contraire, à aucune époque peut-

---

(1) Soulavie, *ibid.*, p. 57 et 62.

être, les branches cadettes de la maison royale n'avoient réuni plus de vice à plus de foiblesse ou d'incapacité.

Le duc d'Orléans, fils du Régent, qu'on nommoit le dévot, étoit un honnête homme, mais c'étoit le seul mérite qu'on pût lui reconnoître. Il n'avoit de talens d'aucune espèce, et son incapacité ne diminuoit ni son orgueil, ni sa jalousie, ni son ambition. Il croyoit que le gouvernement appartenoit aux princes du sang, par droit héréditaire. Au moment de l'exil de M. le Duc, il n'avoit pu contenir sa joie; il étoit accouru à Versailles, pour demander le ministère par le canal du cardinal de Fleury, qui usa d'adresse; il fit entendre au duc qu'il seroit dangereux pour le monarque de nommer pour la troisième fois un prince du sang premier ministre; il l'empêcha de voir le roi, mais il le renvoya plein d'espérance, pour l'époque, sans doute prochaine, où lui-même n'y seroit plus. Le duc d'Orléans fit une seconde tentative, le 31 mars 1731, par jalousie contre Chauvelin, garde-des-sceaux et ministre des affaires étrangères, qui lui paroissoit grandir, comme le successeur probable du cardinal. Il partit pour Paris, d'où il écrivit au roi contre Fleury, contre Chauvelin, et surtout contre leur administration, offrant, si on ne vouloit pas le croire, la démission de sa place au conseil. De nouveau

Fleury réussit à l'apaiser, par des prévenances, par des marques d'égard, et en lui persuadant d'attendre un événement que son grand âge sembloit rendre imminent. Peu après, le prince se retira à Sainte-Geneviève, où il se jeta dans l'étude des Pères de l'Église, et de ces questions subtiles sur la grâce efficace qui occupoient alors les jansénistes, dans les rangs desquels il s'étoit engagé; il y oublia tellement les affaires politiques, que lorsqu'il reparut à la cour en 1743, il étonna par ses demandes bizarres ; les évévemens connus depuis long-temps de tout l'univers lui étoient absolument étrangers. (1)

Le duc de Bourbon n'étoit pas seulement exilé, il étoit tombé par sa foiblesse, par son incapacité, par sa rapacité, et par les vices de Mme de Prie, dans un discrédit si universel, qu'il ne pouvoit plus recouvrer aucune influence. Son frère, le comte de Charolais n'attiroit l'attention que par des actes d'une férocité si inouïe, qu'on a peine à croire que leur époque soit si rapprochée de nous. Comme les autres grands seigneurs élevés pendant la Régence, il s'abandonnoit à une débauche effrénée, qui ne le satisfaisoit point encore s'il n'y mêloit la cruauté. Dès 1724, n'ayant pu séduire la femme d'un de ses valets, parce qu'elle idolâtroit son mari, il le

---

(1) Soulavie, Mém. de Richelieu, T. V, ch. 13, p. 129.

tua, pour ne plus rencontrer cet obstacle à ses désirs. Plus tard, on le vit, à plusieurs reprises, précipiter des toits, à coups de mousquet, des ouvriers couvreurs, pour repaître ses yeux de leur agonie. Afin d'éluder toute poursuite, il demanda sa grâce à Louis XV. « La voilà, ré-« pondit le roi, mais la grâce sera accordée aussi « à celui qui vous tuera. » (1)

Louis-François prince de Conti, qui en 1727 avoit succédé à son père, n'étoit encore âgé que de dix-huit ans, et déjà il se signaloit par des actes de débauche et de cruauté qui sembloient annoncer en lui l'émule futur du comte de Charolais; on racontoit entre autres, avec des circonstances épouvantables, la manière dont il avoit fait périr sous ses yeux une malheureuse courtisane, dont il avoit cru devoir se venger (2). Cependant il se réforma en avançant en âge, et plus tard on put le citer comme un prince appliqué à l'étude, spirituel, et protecteur intelligent des beaux-arts.

Les sœurs du duc de Bourbon ne valoient pas mieux que leurs frères; il y en avoit deux qui étoient abbesses de deux monastères et qui sembloient faire leur unique plaisir de tourmenter les pauvres religieuses qui leur étoient sou-

---

(1) Soulavie, T. V, ch. 3, p. 29.
(2) *Ibid.*, p. 31.

mises; une autre avoit épousé le dernier prince de Conti; Mlle de Charolais enfin, née en 1695, jolie, spirituelle, et croyant que son âge la mettoit au-dessus des lois de la décence, avoit été la première à attaquer Louis XV, pour le détourner de l'amour de sa femme; et elle ne craignit point de s'associer d'une manière scandaleuse aux débauches nocturnes du roi.

Les courtisans, qui supportoient avec impatience la longue domination d'un vieillard dont l'économie, la modération, l'esprit pacifique leur étoient plus insupportables encore que les défauts, recouroient tour à tour à divers expédiens, pour réveiller le roi et l'engager aussi à ressaisir le pouvoir. Ils voulurent d'abord exciter son ambition, et c'étoit dans ce but qu'ils l'avoient entraîné à faire la guerre pour l'élection de Pologne; mais ils n'avoient trouvé en lui aucune ardeur, aucun vague désir de gloire, aucune envie de se montrer aux soldats. Ils avoient ensuite cherché quel pourroit être sur lui l'empire des vices. Le roi long-temps foible dans son enfance avoit acquis ensuite une grande vigueur de corps, une grande exubérance de forces; il paroissoit, comme tous les Bourbons, enclin à se laisser dominer par les plaisirs des sens; mais son profond égoïsme, son insensibilité absolue ne le laissoit accessible qu'à la partie la plus grossière des vices, celle à laquelle l'âme a le moins de part. Il s'étoit d'abord livré au jeu avec passion, avec une cupidité honteuse dans un roi, qui expose l'argent de ses sujets pour la chance de dépouiller ses courtisans. Il avoit ensuite montré un goût non moins effréné pour la chasse, où il passoit toutes ses journées ; bientôt on lui avoit fait prendre le goût de l'intempérance : dans ses petits soupers il se montroit sensible à tous les raffinemens de la gourmandise ; il n'en sortoit jamais sans avoir pris plus de vin de Champagne qu'il n'en pouvoit porter. Mais ce que les courtisans désiroient surtout, c'étoit de lui donner des maîtresses ; quoiqu'il ne leur opposât que des scrupules bientôt évanouis, sa timidité, sa réserve et sa hauteur rendirent la chose plus difficile qu'ils ne s'y attendoient : plus d'une fois il les déconcerta en leur demandant, à l'occasion des femmes dont on lui parloit : Est-elle plus belle que la reine ? Ce fut la reine elle-même qui contribua davantage à le détacher d'elle. Sans attrait pour la vie conjugale, elle redoutoit les empressemens de son mari, elle les évitoit ; ses couches, ses maladies, lui donnoient une occasion ou un prétexte pour de longues retraites : le roi n'entroit guère le soir dans son appartement, sans qu'elle lui reprochât l'odeur de vin de Champagne qu'il apportoit avec lui, et son état approchant de l'ivresse ; ou bien elle feignoit de dormir, ou bien encore elle prolongeoit indéfiniment ses prières pour qu'il s'endormît le premier. Tous ces détails sur la froideur croissante des deux époux, et leur éloignement l'un pour l'autre, étoient épiés par les deux valets de chambre du roi, Bachelier et Lebel, qui l'avoient déjà servi dans des galanteries passagères; ils en instruisirent le duc de Richelieu, Mme de Tencin et Mlle de Charolais, qui travailloient à rompre entièrement l'intimité du roi avec la reine, et à l'empêcher de vivre plus long-temps, comme ils disoient, en bourgeois. Ces intrigans sachant que la reine étoit résolue un soir à ne pas voir le roi, Bachelier vint la prévenir que son mari alloit arriver chez elle. Cette princesse répondit qu'elle étoit désespérée de ne pouvoir recevoir Sa Majesté. Louis XV lui envoya encore coup sur coup deux messages pour réitérer la même demande, et il reçut la même réponse. Alors dans sa colère il jura que les rapports de mari et de femme étoient pour jamais rompus entre eux. L'arrêt étoit définitif, car Louis XV offensé n'oublioit jamais sa colère. (1)

Dès le lendemain les mêmes intrigans firent en sorte que la comtesse de Mailly, avec laquelle le roi avoit une intrigue depuis 1732, fût reconnue par deux dames, au moment où Bachelier

---

(1) Soulavie, Mém. de Richelieu, T. V, ch. 7, p. 75.

la conduisoit, couverte d'un capuchon, dans les petits cabinets du roi. La cabale ne se contentoit point du vice, il lui falloit encore de l'éclat; elle réussit, et dès le lendemain Mme de Mailly fut déclarée favorite. Elle étoit l'aînée de cinq filles du marquis Louis III de Nesle, et de Mlle La Porte Mazarin, qui avoit déjà attiré l'attention sur elle par ses galanteries. Louise-Julie de Nesle avoit épousé en 1726 Louis-Alexandre de Mailly, son cousin. Elle étoit douce, réservée, timide, sans aucune connoissance des affaires; elle amusoit Louis par de petits propos et par des manières enjouées : elle étoit du même âge que le roi, d'un caractère égal, douce, compatissante, incapable de fausseté, sans ambition, sans intrigue, telle enfin que le cardinal de Fleury, qui regardoit comme inévitable que le roi eût une maîtresse, dût la préférer à toute autre. S'il n'eut point de part à la faire choisir, comme il en fut accusé, il eut du moins grand soin de fermer les yeux sur cet arrangement. Mme de Mailly n'étoit pas belle, mais elle aimoit le roi avec passion : toutefois la liaison n'étoit pas facile à former, parce que le roi encore sauvage, délicat, dévot, en 1732, ne recherchoit aucune femme s'il n'en étoit recherché lui-même. Un rendez-vous dont les corrupteurs du roi attendoient impatiemment le résultat se seroit terminé avec des respects réciproques, sans l'impudence effrontée du valet de chambre Bachelier. Dès lors la comtesse de Mailly, contente d'aimer secrètement le roi, ne désira ni profiter de sa faveur, ni la faire connoître : jamais elle ne demanda de grâces ni pour ses parens, ni pour elle-même; elle faisoit des dettes pour son entretien qui étoit fort recherché, payoit elle-même les dépenses des parties de plaisir auxquelles le roi prenoit part, et étoit obligée d'emprunter de ses voisins, des flambeaux, des jetons d'argent, lorsque le roi venoit jouer chez elle (1). Déclarée favorite en 1735, elle vivoit à la cour avec la même modestie, sans se mêler des affaires d'État, et sans demander aucune faveur.

Mais Mme de Mailly ne jouit pas long-temps sans amertume de l'humiliant honneur qu'elle venoit de recevoir; sa seconde sœur Mlle de Nesle, pensionnaire à l'abbaye de Port-Royal, aspiroit en 1739 à le partager avec elle. Alors âgée de vingt-quatre ans, elle avoit formé le projet de plaire au roi, de le subjuguer, de supplanter sa sœur, de chasser Fleury et de gouverner l'État. Elle écrivit à sa sœur lettres sur lettres, et obtint enfin d'être appelée auprès d'elle. Mlle de Nesle n'étoit pas belle, mais elle étoit pé-

―――

(1) Soulavie, ch. 8, p. 85. — Lacretelle, T. II, L. VI, p. 183.

tulante, audacieuse, spirituelle, et se paroit d'une tendresse vive et ingénue qui séduisit le Roi. Il partagea ses faveurs entre les deux sœurs, sans rougir de l'une devant l'autre. Elle fut introduite dans les petits appartemens, à Versailles, à Choisy, à la Muette; mais ce n'étoit point assez pour Mlle de Nesle, elle prétendoit à la publicité. Elle obligea le roi à dire à quelques courtisans de l'intérieur de la cour, qu'elle étoit aimée comme sa sœur : c'étoit le déclarer à toute la France. Ce fut le 7 juin 1739 que pour la première fois elle soupa avec le roi à la Muette; Mlles de Charolais et de Clermont, Mmes d'Antin, d'Estrées et de Mailly, n'eurent point honte de s'y trouver avec elle; le marquis de Vintimille, petit-neveu de l'archevêque de Paris, consentit à épouser la nouvelle maîtresse qui se trouvoit enceinte, mais à qui le Roi donnoit deux cent mille livres, et le vieil oncle bénit le mariage dans son palais archiépiscopal. Le 5 octobre suivant, Mademoiselle se chargea de présenter à la Reine Mme de Vintimille dans son cabinet. Mme de Mailly, et deux autres de ses sœurs, Mme de Flavacourt et Mme de la Tournelle l'accompagnoient (1). Bientôt une cinquième demoiselle de Nesle, la duchesse de Lauraguais,

---

(1) Soulavie, Mém. de Richelieu, T. V, ch. 9, p. 91. — Lacretelle, T. II, L. VI, p. 189. — Biographie universelle, T. XLIX, p. 177 (Parisot).

se mit sur les rangs avec le même succès, et vint aussi se livrer aux caprices coupables d'un monarque pour qui l'inceste sembloit n'être qu'un aiguillon et un charme de plus. Mais la comtesse de Vintimille ne pouvoit craindre long-temps la duchesse de Lauraguais dont la beauté, au moins médiocre, n'étoit rehaussée ni par l'esprit, ni par les grâces. Mme de Mailly lui sembloit plus redoutable, parce qu'à un amour véritable pour la personne du roi, elle joignoit le don de converser spirituellement, et d'arranger des parties au gré du prince, qu'ennuyoient également et le sérieux des affaires et la frivolité de l'étiquette.

Richelieu triomphoit de voir que le roi n'étoit plus retenu par la crainte de l'animadversion publique, ni du scandale devant lequel il avoit reculé long-temps. Mme de Tencin, qui, outre son goût inné pour l'intrigue, avoit des raisons pour que l'inceste devînt une mode, étoit également satisfaite. Mais le cardinal de Fleury, comme vieillard, comme prêtre, sentoit à quel point son propre caractère étoit compromis par une vie si honteuse qu'il sembloit tolérer. Il fit au roi des remontrances; Louis les reçut avec sécheresse, et lui fit entendre que comme il lui abandonnoit le gouvernement de son royaume, il vouloit que le cardinal le laissât le maître dans l'arrangement de ses plaisirs. Le cardinal parvenu déjà à une extrême vieillesse ne pouvoit plus se résigner à renoncer au pouvoir; il tenta de nouveau de se retirer à Issy, mais il n'attendit pas d'être rappelé pour en revenir. En même temps il avançoit un de ses neveux du nom de Rosset. Il l'avoit fait, en 1736, duc de Fleury; il désiroit pour lui la place de premier gentilhomme de la chambre, laissée vacante par la mort du duc de la Tremoille arrivée en juin 1741. Cette nomination fut arrachée au roi par Mme de Vintimille, et ce fut le prix de la réconciliation de cette dame avec le cardinal, qui se défioit d'elle et qui redoutoit ses intrigues et son ambition. Toutefois Fleury ne vouloit pas être lié par la reconnoissance : le lendemain de la nomination, il défendit à son neveu d'accepter, et vint supplier le roi de ne pas attirer l'envie sur sa famille, par cette grande et subite élévation. Il ne parut céder enfin, et accepter ce qu'il avoit toujours désiré, que sur les sollicitations réunies du roi de Mme de Mailly et de Mme de Vintimille. (1)

La réconciliation n'avoit rien de sincère. Le cardinal désiroit écarter Mme de Vintimille qui gagnoit toujours plus sur l'esprit du roi, et dont il redoutoit l'ambition et les intrigues ; celle-ci de son côté épioit le moment où elle pourroit faire renvoyer le vieux prêtre qui l'importu-

(1) Lacretelle, T. II, L. VI, p. 189. — Soulavie, T. V, ch. 10, p. 103.

noit, et qui avoit réussi jusqu'alors à l'empêcher
de puiser dans le trésor royal. On s'attendoit à
ce que ses couches qui approchoient seroient
suivies de quelque éclat; au commencement de
septembre en effet elle mit au monde un fils qui
reçut de la maison Vintimille le nom de comte
du Luc, mais qui tenant du roi le nom de
Louis au baptême, fut connu parmi ses camarades sous le surnom de *demi-Louis*. Bientôt sa
mère, dont les couches avoient paru heureuses,
fut tout à coup saisie d'effroyables douleurs
d'entrailles. En vain elle fut entourée de tous
les secours de l'art, elle expira le 9 septembre
1741, et son confesseur avec lequel elle étoit
demeurée enfermée, chargé sans doute de com-
missions importantes, tomba mort en entrant
chez Mme de Mailly pour s'en acquitter. Cette
double mort, si effrayante, si inattendue, fit,
comme on devoit s'y attendre, naître un soupçon
presque universel d'empoisonnement, soupçon
abandonné ensuite, parce qu'il paroissoit impossible de l'attacher à aucun individu. Le
caractère connu et de Fleury et de Mme de
Mailly ne permettoit pas même qu'on les soup-
çonnât. Vintimille, qui avoit accepté la main de
Mlle de Nesle lorsqu'il la savoit déjà enceinte,
étoit intéressé à sa vie, aucun autre ne sembloit
avoir intérêt à se défaire d'elle. (1)

(1) Soulavie, T. V, ch. 11, p. 110. — Lacretelle, L. VI,

Le roi tomba dans une effrayante désolation, moins par un sentiment d'affection dont il paroissoit peu susceptible, que par une terreur qui se rapportoit à lui même. Quoique la religion n'eût pas d'influence sur sa conduite, il avoit conservé les habitudes extérieures de la dévotion, et la foi aux enseignemens qu'il avoit reçus dans son enfance; seulement il ne se donnoit pas la peine d'y réfléchir. Il sentoit qu'il étoit un grand pécheur; il trembloit, mais il ne faisoit aucun effort pour se convertir. La reine, qui désiroit ardemment de venir le consoler, ne put obtenir cette grâce. Mme de Mailly au contraire, qui aimoit toujours sa sœur, et qu'on entendit souvent s'abandonner à ses sanglots en pleurant sur son tombeau, fut appelée au palais, et reçut un appartement au-dessus de la chambre du roi, qui crut se réformer en se bornant à elle seule. Ses amusemens dans les petits cabinets étoient troublés par des réflexions sérieuses; il ne parloit que de religion, il observoit avec scrupule les jeûnes de l'Église, disant : « Il ne faut pas du moins commettre des péchés de tous les côtés »; surtout il aimoit à parler de choses funèbres, et le dernier jour de l'année 1741, il s'attendrit jusqu'aux larmes avec Mme de Mailly,

p. 190. — Biogr. universelle, art. *Vintimille*, T. XLIX, p. 178.

en parlant à son petit souper des cérémonies d'un enterrement. (1)

Nous avons dû nous étendre sur ces honteuses intrigues, bien plus que nous n'aurions voulu; aux yeux des contemporains elles formoient alors toute l'histoire de la France, aux nôtres elles sont plus importantes encore : elles contenoient tous les germes de l'avenir, elles expliquent les événemens qui, un demi-siècle plus tard, devoient renverser le trône. Lorsque ceux qui fréquentoient la cour ne pouvoient y voir qu'un ministre déjà arrivé à la dernière vieillesse, qui sembloit prendre à tâche d'éteindre toutes les passions, de dissimuler toutes les affaires, d'étouffer tous les bruits; et un monarque qui cachoit sous un silence en même temps timide et dédaigneux l'indifférence à tous les intérêts de l'État et l'insensibilité pour toutes les affections; lorsque, pénétrant plus avant dans l'intérieur du palais, on n'y trouvoit qu'une frivolité rebutante et des mœurs dissolues, il ne faut pas s'étonner que l'histoire fût en quelque sorte suspendue. Un dégoût universel repoussoit les caractères élevés qui auroient pu s'occuper des affaires d'État, ou plutôt ces affaires n'existoient plus. Les grands seigneurs attirés à la cour n'avoient plus d'influence sur les pro-

(1) Soulavie, ch. 11, p. 118.

vinces, plus de gentilshommes qui leur fussent dévoués, plus de parti, plus d'intérêt. Leurs richesses ne leur servoient qu'au luxe, et aux intrigues du libertinage. Ils savoient qu'ils n'étoient plus comptés dans le gouvernement, et ils ne se donnoient plus aucun souci, ni pour influer sur ce qui se faisoit dans les provinces où étoient leurs terres, ni même pour le savoir. Aucun d'eux ne songeoit plus à écrire ses Mémoires ; qu'auroit-il pu dire de lui-même quand sa vie ne se composoit plus que d'intrigues, que la pudeur lui commandoit d'ensevelir dans l'ombre. Les provinces, de leur côté, semblèrent avoir oublié qu'elles avoient eu une fois une existence indépendante ; les villes ne songeoient plus à leurs intérêts municipaux ; les parlemens ne se permettoient plus de remontrances, le pouvoir agissoit silencieusement dans tout le royaume, par le ministère des intendans ; la politique n'avoit plus de passions, et la police n'est pas faite pour laisser des souvenirs.

La réaction irréligieuse, commencée dès les dernières années de Louis XIV, et qui s'étoit accrue pendant la Régence, acquéroit de nouvelles forces. Les mauvaises mœurs du duc d'Orléans et du duc de Bourbon servoient désormais de modèles à la cour de Louis XV, et lorsque le désordre étoit affiché avec autant d'impudeur, chacun se persuadoit que le chef du gouvernement n'étoit pas moins incrédule que ses favoris, que le duc de Richelieu, entre autres, qui en faisoit parade. Les princes de l'Église, mais surtout le cardinal Dubois, et le cardinal de Tencin, qui avoit obtenu le chapeau le 23 février 1739, sur la présentation du Prétendant Jacques III, et la même année l'archevêché de Lyon, avoient paru se plaire à déshonorer la religion dont ils étoient les ministres. Le cardinal de Fleury lui-même, avec plus de retenue, cherchoit bien plus à se faire connoître comme homme du monde que comme prêtre. Mais tandis que le sentiment religieux étoit si complétement étranger au gouvernement, la tyrannie de l'Église pesoit encore sur tous les détails de la vie privée. Les jansénistes étoient toujours exposés aux persécutions et aux lettres de cachet. Fleury, qui vouloit plaire à Rome, sembloit s'imposer ce tribut envers le pape, pour se dispenser de tous les autres. Il avoit contraint l'archevêque Vintimille à ranimer la persécution; ce prélat, disoit-on, étoit disposé à la tolérance. Néanmoins, après avoir fait fermer en 1732 le tombeau du diacre Pâris, il publia un mandement contre le journal janséniste des Nouvelles ecclésiastiques, qui paroissoit clandestinement, et qu'il ne put réussir à supprimer. Ce mandement fut dénoncé au Parlement; vingt-deux des curés de Paris se déclarèrent contre leur archevêque. Les destitutions, les lettres de cachet, les protestations se succédèrent pour cette querelle qui devint toujours plus obscure, parce que la secte ne brilloit plus par les grands talens qui l'avoient illustrée autrefois; et la lutte continua jusqu'à la mort de Vintimille, le 13 mars 1746, à quatre-vingt-onze ans. Bellefonds et ensuite Christophe de Beaumont, qui, après lui, gouvernèrent le diocèse d'une main plus sévère, donnèrent aux jansénistes occasion de le regretter. (1)

La condition des huguenots étoit bien autrement dure; toujours désignés comme de nouveaux convertis, ils étoient menacés du supplice des relaps s'ils faisoient quelque acte de leur religion. Leurs naissances, leurs mariages, tous les actes de leur état civil ne pouvoient acquérir d'authenticité qu'autant qu'ils feignoient d'être catholiques : les galères étoient toujours peuplées de leurs pasteurs et de leur confesseurs, et leurs femmes les plus courageuses étoient enfermées dans la tour de Constance. Ainsi, à Paris, et dans la plupart des provinces, la religion qui soutient, qui console, qui encourage, ne se montroit nulle part; mais la religion qui écrase, qui persécute, menaçoit encore de partout, armée

(1) Biogr. universelle; art. *Vintimille*, T. XLIX, p. 176.

du glaive par des rois et des prêtres qui ne 1735-1741. croyoient point en elle. Faut-il s'étonner si la plupart des hommes pensans, au lieu de s'occuper de ce qu'avoit été cette religion, de ce qu'elle pouvoit être, ne voyoient en elle que ce qu'elle étoit alors, un fléau dont ils auroient voulu être délivrés.

Il en étoit de même de la politique. La monarchie française avoit pu avoir des périodes de gloire ou de prospérité; elle avoit pu, dans d'autres temps, mériter l'affection des peuples, mais telle qu'elle se montroit depuis le commencement du XVIIIe siècle, on ne pouvoit la juger que comme une organisation déraisonnable et oppressive. On voyoit seulement en elle un roi qui ne donnoit que de honteux exemples, un ministère foible et mal servi, une foule d'agens du fisc qui pressuroient le peuple; l'affection, le respect, le dévouement pour un gouvernement semblable étoient impossibles. C'étoit l'Église qui avoit détruit le sentiment religieux, c'étoit le gouvernement qui avoit détruit le patriotisme. Mais dans les deux siècles précédens, l'espérance demeuroit, parce qu'on avoit entrepris du moins de réformer et l'Église et l'État. Désormais, au contraire, on étoit détrompé de tout, on méprisoit tout, on rioit des abus et des vices pour ne pas se fatiguer par une indignation inutile; on n'attendoit plus ni du clergé ni du gouvernement une meilleure morale ou de meilleurs exemples, et le scandale des abus étoit souvent dépassé par le scandale de ceux mêmes qui les dénonçoient au public.

C'est avec ces opinions, dont ils n'étoient point les auteurs, mais qui leur étoient suggérées au contraire par l'ordre social au milieu duquel ils étoient nés, que les philosophes du XVIIIe siècle commencèrent leur œuvre, et donnèrent aux esprits une direction plus décidée. Voltaire, dont le talent brillant et flexible, la prodigieuse activité, le pouvoir d'entraîner, de charmer, d'étourdir par sa prose ou par ses vers, devoit exercer une si prodigieuse influence sur son siècle, n'avoit aucun sentiment profond ou sérieux, ni sur la politique, ni sur la morale, ni sur la religion ; mais il étoit choqué de ce qui offensoit sa sensibilité, tout comme de tout ce qui lui paroissoit ou faux ou ridicule. Il attaquoit alors, il persifloit, il rendoit odieux l'ordre existant sans se proposer presque jamais de rien mettre à sa place. C'étoit aux formes de la religion et à ses ministres qu'il en vouloit, non à la Divinité. On trouve souvent, en effet, dans ses poésies, et surtout dans ses tragédies, des inspirations fort religieuses. De même, les juges injustes ou ignorans, les financiers avides, les soldats brutaux lui étoient odieux, mais il respectoit l'organisation du pouvoir, et il ne cherchoit point à la changer ; bien plus, il s'empressoit de montrer à toutes les grandeurs un culte qui n'étoit pas sans bassesse. Il frappoit donc à coups redoublés sur tout ce qui existoit, par emportement, par irritabilité, sans avoir de but, sans penser qu'il travailloit à une révolution, sans la désirer, ou plutôt sans se figurer qu'elle fût possible.

Avec un esprit plus rassis, plus digne, avec moins de boutades et d'inconséquences, Montesquieu étoit également choqué des vices de l'ordre social au milieu duquel il étoit né ; il lui portoit aussi des coups acérés ; il avoit d'abord manié l'arme du ridicule dans ses *Lettres persanes* ; bientôt il recourut à celles du raisonnement, sans croire de même pouvoir rien renverser, sans prétendre changer les institutions de sa patrie ; toutefois il vouloit du moins les ramener à leur principe, car il avoit quelque chose de plus pratique dans l'esprit, et il vouloit montrer aux hommes, si ce n'est ce qu'ils devoient, tout au moins ce qu'ils pouvoient faire ; aussi donna-t-il la première impulsion à une école de publicistes, qui dès-lors commencèrent en France à rechercher la théorie de la société.

Montesquieu n'avoit que trente-deux ans lorsqu'il publia, en 1721, *les Lettres persanes* : quoiqu'elles attaquassent avec vivacité des opinions, des institutions respectées en France, comme on étoit au milieu des saturnales de la

Régence, où le sentiment même du respect sembloit exilé du royaume, on ne songea point à s'en scandaliser, et le côté frivole cacha le côté sérieux de l'ouvrage. Mais plus tard, peu après que l'insulte du chevalier de Rohan eut, en 1726, déterminé Voltaire à passer en Angleterre, Montesquieu y fit aussi un voyage, et c'étoit avec l'intention d'étudier les institutions d'un pays qui, grâce à sa liberté, exerçoit alors une si prodigieuse influence en Europe. L'aspect de l'Angleterre, l'étude de ces philosophes qui dans les luttes récentes entre les deux Églises et les deux principes de gouvernement avoient développé une liberté de penser qu'on ne trouvoit nulle part ailleurs, firent une prodigieuse impression sur l'esprit des deux philosophes français. Voltaire, peu après son retour, publia en 1734 des lettres anglaises, auxquelles il donna plus tard le titre de *Lettres philosophiques*. Pour la première fois, dans ces lettres, on lui vit donner une tournure sérieuse à ses attaques contre la religion. La même année, Montesquieu publia ses *Considérations sur la grandeur et la décadence des Romains*, où, pour la première fois, le génie d'un philosophe français étoit appliqué à l'appréciation des hautes questions de la politique. Bientôt l'impulsion fut suivie, et avant la mort du cardinal de Fleury, on vit quelques hommes d'État, honteux de la corruption universelle, chercher par la combinaison de systèmes nouveaux, si sans ébranler le trône on pourroit l'asseoir sur des bases que la raison ne refusât point.

Mais à cette époque même, Voltaire compromettoit sa réputation, il décréditoit l'école qu'il sembloit fonder, il rebutoit et dégoûtoit les âmes honnêtes en allant rechercher dans ses souvenirs les images du vice que lui avoit présenté de toutes parts la société corrompue des princes auprès desquels il avoit été introduit dans sa première jeunesse. Il étoit déjà parvenu à un âge où presque tous les hommes sentent également le besoin de la morale et de la décence, lorsqu'il souilla sa plume par la composition d'un poème libertin, qui n'est pas seulement une tache à sa mémoire, un outrage à une héroïne à laquelle, comme Français, il devoit de la reconnoissance; mais qui encore a fait rejaillir sur tout le reste de ses travaux l'accusation fondée d'être indifférent au bonheur de la race humaine, puisqu'il faisoit tout ce qu'il pouvoit pour ébranler la vertu qui en est le plus sûr fondement.

La honteuse immoralité du pouvoir étoit la vraie cause de toutes les attaques qui ébranloient la société. Ces attaques, au xvie siècle, avoient été dirigées par des hommes vertueux, qui, révoltés des vices des cours et des vices de l'Église, avoient voulu, par une réforme radicale, ramener la vertu sur le trône et la piété dans la religion. Il n'en étoit plus de même au xviiie siècle : la corruption, partie d'en haut, avoit fait des progrès dans tous les corps de la société. Le libertinage effronté des rois, des princes du sang, des courtisans, des prélats, l'impudeur avec laquelle ils demandoient encore l'obéissance, la décence, la morale, quand eux-mêmes ne méritoient plus de respect, inspiroient du mépris et du dégoût à tous ceux qui pouvoient comparer leurs actions avec leur langage, sans les rendre plus sévères pour eux-mêmes. Les censeurs ne songeoient pas au vice qui ne les effarouchoit plus, ils attaquoient seulement l'hypocrisie; ils passoient condamnation sur le mal, pourvu qu'on n'y ajoutât pas le mensonge; ce mal, ils le croyoient l'état inévitable de la société, ils ne le repoussoient point pour eux-mêmes : ils vouloient seulement qu'on connût le monde pour ce qu'il est. Le cynisme étoit dans la conduite et dans le langage de la cour; bientôt il avoit débordé dans la basse littérature, avec une audace inconnue aux autres siècles : Voltaire l'introduisit jusque dans les œuvres de talent, d'où le goût l'avoit jusqu'alors repoussé, et plusieurs de ses contemporains suivirent son exemple. Il se plut à attaquer la décence, et les mœurs qu'elle représente, et la religion sous la protection de laquelle elle est placée. Il ne parut arrêté dans ses jeux cruels que par les offenses qu'il voyoit faire à l'humanité, car, au milieu de ses défauts, il étoit sensible et compatissant. Ce fut à ce trait heureux de son caractère qu'il dut ses plus nobles inspirations. Lorsqu'on le vit ardent à soulager l'humanité souffrante, à secourir les malheureux, à défendre les opprimés, ses admirateurs se montrèrent plus indulgens pour cette débauche de l'esprit qui les choquoit cependant comme les autres. Ses ennemis et surtout les dévots auxquels il s'attaquoit se plurent à confondre sous le même nom de libertinage, des vices qui lui étoient personnels, avec les opinions qu'il travailloit à accréditer.

Ce n'étoit pas seulement sous le rapport de la décence que Voltaire laissoit entrevoir que sa morale étoit relâchée : devenu riche, il avoit, il est vrai, la probité des hommes riches et la haine des fripons; son père lui avoit laissé du bien; la publication par souscription de la Henriade en Angleterre lui avoit rapporté beaucoup d'argent; il en avoit gagné beaucoup aussi à une loterie qu'avoit établie le contrôleur-général Desfort, pour liquider les dettes de la ville de Paris : plus tard il s'associa à des spéculations lucratives sur les blés, qu'une compagnie faisoit venir de Barbarie, et Pâris Duverney lui procura un intérêt non moins profitable dans l'entreprise des vivres de l'armée d'Italie. Par ces moyens divers, et par l'ordre et l'économie qu'il ne négligea jamais, il avoit si bien augmenté son patrimoine, qu'il jouissoit à la fin de sa vie de 160,000 mille livres de rente. Il vivoit en homme opulent, et en même temps il consacroit toujours une partie considérable de son revenu à des œuvres de bienfaisance; mais sa charité n'alloit point jusqu'à pardonner à ses ennemis: malheur à qui avoit excité sa colère, il le poursuivoit sans ménagement, sans pitié, sans s'interdire la calomnie. Il ne montroit pas plus de respect pour la vérité dans sa propre défense, que dans l'attaque contre ses adversaires. Blessant tour à tour les autorités civiles et religieuses et redoutant la persécution, tantôt il publioit ses écrits sous le voile de l'anonyme, tantôt il les démentoit par les protestations les plus chaleureuses, ou bien il prétendoit que ses manuscrits avoient été volés, altérés, interpolés, sans son consentement; et sa vie, comme écrivain polémique, est un mensonge continuel. Sa carrière comme historien n'est pas plus favorable à sa réputation comme moraliste, ou comme homme véridique. Lorsqu'il put espérer de s'élever à la faveur, il flatta sans scrupule, sans pudeur, ou le souverain lui-même, ou ceux des grands, des courtisans qui lui montroient quelque amitié; il s'écarta plus encore de la vérité par ses réticences ou sa dissimulation, et quand son ressentiment étoit excité, il n'épargnoit pas même les faussetés injurieuses.

Il faut dire qu'il étoit comme impossible que la morale publique ne fût pas ébranlée et la conscience de l'historien troublée par les écrits mensongers que les gouvernemens faisoient publier, pour attaquer leurs ennemis ou pour se défendre. Dans les siècles précédens, les forts n'avoient pas eu plus de respect peut-être pour les droits des foibles, mais ils se croyoient assez puissans pour intimider l'opinion publique, ils lui imposoient silence, et ils faisoient leurs parts en raison de leur seule force. Depuis que le nombre de ceux qui étoient capables de lire et de juger s'étoit démesurément accru, cette opinion avoit grandi ; elle exigeoit des ménagemens, et chaque souverain, pour se soustraire au blâme qu'il méritoit, travailloit à la tromper. Depuis le commencement du siècle, la cour d'Espagne n'avoit cessé de contracter avec solennité des engagemens nouveaux, puis de les rompre, dès qu'elle y trouvoit son avantage ; l'étude seule des ministères d'Albéroni et de Riperda avec leurs divers manifestes, auroit suffi à qui eût voulu donner un cours complet de mauvaise foi politique. La cour de Vienne ne s'étoit point laissé dépasser dans cette carrière. Les violences de la Russie et de la Suède, ou les intrigues de l'électeur de Saxe, en Pologne et dans tout le nord, avoient détruit toute foi dans les paroles des souverains ou dans les traités. Les deux nouveaux rois de Prusse et de Sardaigne, que ce siècle avoit vus naître et grandir par leurs infidélités, n'avoient guère moins ébranlé la morale publique, et le scandale donné par le dernier, lorsqu'il avoit emprisonné son père, n'étoit égalé que par la turpitude des écrivains qui le justifioient.

En effet les hommes qui, jusqu'après le milieu du XVIIIe siècle, se hasardèrent à écrire sur les affaires publiques, n'eurent jamais le courage de les juger d'après les lois de la morale. Ils se contentèrent d'accueillir avec un sourire de dédain les plus scandaleuses violations des traités ou de la justice, comme des événemens auxquels on devoit s'attendre, comme si tout homme de sens étoit averti par avance qu'il n'y a aucune liaison nécessaire entre les paroles et les actions, et comme si les habiles faisoient jamais des promesses dans d'autre intention que de les violer. Ils trouvoient tout naturel qu'on couvrît d'un vernis les actions les plus honteuses, et souvent aussi ils laissoient entrevoir qu'au fond de leur âme ils soupçonnoient dans la politique des crimes beaucoup plus noirs, dont cependant, comme gens de bonne compagnie, ils s'abstenoient de parler. Ainsi se renouveloient entre autres, à chaque mort inattendue, ces soupçons d'empoisonnement, que par malignité on admettoit sans preuves, et qu'on ne prenoit jamais sur soi d'affirmer.

L'esprit qui se manifestoit chez les écrivains se retrouvoit aussi chez les ministres, chez les hommes d'État qui formoient le conseil du cardinal de Fleury et qui gouvernoient avec lui. Tous avoient, à un degré plus ou moins élevé, cette grâce, cette élégance de manières, cette souplesse d'esprit, sans lesquelles on ne pouvoit point alors se soutenir à la cour; plusieurs y joignoient de l'habileté, des connoissances étendues, quelques uns étoient même animés du désir de contribuer au bien public, désir qu'ils avoient cultivé dans l'école naissante des philosophes. Quelques uns d'entre eux aussi fréquentoient ce qu'on nomma le *club de l'entresol;* c'étoit une société qui s'étoit formée à l'imitation des usages des Anglais, chez l'abbé Alary sous-précepteur du dauphin, qui en faisoit les honneurs une fois par semaine, dans un joli appartement à l'entresol qu'il avoit à la place Vendôme, et où il avoit soin de faire trouver les gazettes de France, de Hollande et d'Angleterre. L'on y voyoit quelquefois M. de Torcy, plus souvent le marquis et le comte d'Argenson qui plus tard furent tous deux ministres, lord Bolingbroke, l'abbé de Saint-Pierre, Ramsay, et plusieurs personnages du grand monde. Cette société se maintint de 1724 à 1731 ; le cardinal de Fleury la protégea d'abord spécialement, et fit des choix dans son sein, pour des emplois publics du premier ordre ; mais plus tard il se défia d'elle, il lui interdit de s'occuper de politique, et enfin il la supprima entièrement. (1)

Le cardinal de Fleury avoit annoncé dès le commencement de son ministère qu'il gouverneroit l'État dans les principes de Louis XIV. Ce projet devoit paroître orgueilleux de la part d'un vieillard qui n'avoit jamais été signalé pour son génie ou l'étendue de ses connoissances en politique, de la part d'un prêtre et d'un homme en qui on ne supposoit pas une grande force de volonté; mais dans sa bouche ce mot exprimoit seulement qu'il conserveroit à chaque ministère les attributions qu'il avoit sous Louis XIV, qu'il demanderoit à ses ministres de n'être que de simples commis, et qu'il éviteroit autant qu'il pourroit de les changer. Ce ministère se composoit en 1735 du chancelier D'Aguesseau pour la justice, du marquis de Chauvelin aux affaires étrangères, d'Angervilliers à la guerre, d'Orry, contrôleur-général aux finances, du

---

(1) Mém. du marquis d'Argenson, p. 229, et Hist. des *Conférences de l'entresol*, ibid., p. 247-269. — Biogr. universelle, art. *Le Voyer d'Argenson*, T. XLIX, p. 567.

comte de Maurepas à la marine, et du comte de Saint-Florentin pour la maison du roi. Il n'y avoit point sous l'ancien régime de ministère de l'intérieur; mais chaque secrétaire d'État avoit un certain nombre de provinces dans ses attributions.

Le chancelier D'Aguesseau s'étoit, dès l'âge de vingt-deux ans, illustré au Parlement comme avocat-général et six ans plus tard, comme procureur-général. Il avoit quarante-neuf ans lorsqu'à la mort de Voisin il fut élevé par le Régent, en 1717, à la dignité de chancelier. Dès lors il avoit été à deux reprises exilé à sa terre de Fresne; il en étoit revenu en 1727, mais Fleury ne lui rendit les sceaux qu'en 1737. Au commencement de sa carrière, il s'étoit signalé par la vigueur avec laquelle il avoit repoussé les empiétemens de la cour de Rome et la bulle *Unigenitus;* plus tard, on lui avoit reproché de foiblir dans son opposition, d'abandonner sa compagnie, de sacrifier même sa dignité, en la voulant en toute occasion forcer de plier devant l'autorité royale, soit qu'il eût abandonné les principes des jansénistes dans lesquels il avoit été élevé, ou que regardant la bulle comme devenue loi de l'État, il voulût mettre un terme à des contestations qui affoiblissoient également l'autorité royale et celle de l'Église. Des trente-quatre ans pendant lesquels il occupa la première magistrature de l'État, il en passa dix dans l'exil. « Au milieu de ces alternatives de faveurs « et de disgrâces, dit M. de Barante, toujours « calme, toujours élevé au-dessus des passions « et des intérêts, inaccessible à la crainte ainsi « qu'à l'orgueil, il n'eut besoin d'aucun effort « pour supporter l'adversité ; il jouit du pouvoir « sans ivresse. Cette heureuse sérénité d'âme « étoit due à une pureté de conscience, à une « douceur de caractère, en un mot à toutes les « vertus domestiques qui lui concilièrent sans « cesse l'estime des gens de bien et l'adoration « de sa famille. On disoit de lui qu'il pensoit en « philosophe et qu'il parloit en orateur... La « liaison intime qu'il avoit formée dans sa jeu- « nesse avec Racine et Boileau, avoit donné à « son style cette noblesse et cette harmonie qui « se font sentir jusque dans la moindre période... « Ses discours ont un mérite de plus ; les de- « voirs du magistrat y sont tracés, et l'orateur « y dévoile, sans le savoir, tous les secrets de « son âme. C'est à cet accord si parfait entre « ses paroles et sa conduite ou ses sentimens « qu'il faut attribuer le grand succès de ses dis- « cours au moment où ils furent prononcés... « Mais depuis qu'on lui eut rendu les sceaux, « il crut devoir se renfermer dans les fonctions « de ministre de la justice ; jusqu'à la fin de sa « vie, il fut aussi étranger aux affaires d'État

« qu'aux intrigues de cour. Ses travaux eurent
« surtout pour but de perfectionner la législa-
« tion, non pour la réformer ni en changer le
« fond, mais pour en déterminer le véritable
« esprit, et en rendre l'exécution uniforme par
« toute la France. » (1)

Un personnage plus influent dans le cabinet du cardinal de Fleury étoit Germain-Louis de Chauvelin, qui fut garde des sceaux, et en même temps secrétaire d'État au département des affaires étrangères, de 1727 à 1737. Il étoit alors le second et l'homme de confiance du cardinal; il l'éclairoit sur les formes et les lois du royaume, qu'il avoit étudiées à fond comme avocat-général. Né avec un génie actif et pénétrant, il porta la même supériorité de lumières dans la direction des affaires étrangères; à un esprit fin et délicat il joignoit un abord facile et gracieux; habile à découvrir ses ennemis, il déconcertoit leurs projets par sa parfaite connoissance de toutes les intrigues de cour. Il étoit discret sans affectation, sacrifiant une partie de son sommeil aux affaires, et conséquemment très-expéditif. Il embrassoit beaucoup d'objets, et étoit capable de suffire à tous. Les courtisans eurent l'art d'ex-

(1) Barante, art. *D'Aguesseau*, dans la Biogr. universelle, T. I, p. 327. — D'Aguesseau mourut le 9 février 1751, âgé de plus de quatre-vingt-deux ans.

citer contre lui la jalousie du cardinal, en lui présentant Chauvelin comme aspirant à être son successeur. Le vieux ministre, oubliant qu'il avoit quatre-vingt-quatre ans, vit dans l'homme qui ne songeoit qu'à l'avenir, un rival dans le présent et un traître. Déjà il lui savoit mauvais gré de l'avoir, presque malgré lui, entraîné à la guerre; et, dans la lettre qu'il lui écrivit, le 22 février 1737, pour le congédier, il l'accusa de rompre les mesures que prenoit le roi pour l'affermissement de l'Europe et la tranquillité de ses peuples. Mais il y avoit quelque chose de plus personnel dans son ressentiment; aussi, après l'avoir exilé à Bourges, il aggrava plus tard cette sentence et le relégua à Issoire, dans les montagnes de l'Auvergne. Chauvelin mourut en 1762, âgé de soixante-dix-huit ans. (1)

Fleury nomma pour le remplacer Amelot de Chaillon, alors intendant des finances, encore qu'il dût le croire bien plus instruit des affaires du dedans que de celles du dehors; c'étoit un homme d'un esprit étroit et d'un caractère sec, qui manquoit également d'affabilité envers les étrangers, du génie d'expédient et de celui de

---

(1) Flassan, Diplomatie française, T. V, p. 75. — Soulavie, Mém. de Richelieu, T. V, p. 168. — Biogr. universelle, art. *Chauvelin*, T. VIII, p. 307. — Mém. d'Argenson, notice, p. 12.

la conduite des affaires. Il rendoit les détails avec précision et analyse, mais ne combinoit aucune idée pour choisir, et encore moins pour prévoir. Sous son ministère, le cabinet français n'eut point de système, et se piquoit d'en haïr jusqu'au nom (1). Le cardinal demandoit à Mendès, agent du roi de Portugal à Paris, qu'il goûtoit fort, ce que le public pensoit du choix de M. Amelot? Mendès répondit, en cachant une leçon sévère sous une flatterie adroite, que le public n'avoit pas été très content, mais que, pour lui, il l'auguroit meilleur que tout autre, en ceci : « que M. Amelot ne sa-« chant rien de la politique, il n'apprendroit « rien que par Son Éminence. » (2)

Bouin d'Angervilliers, qui, à la mort de Le Blanc, en 1728, lui avoit succédé dans le ministère de la guerre, étoit fils ou petit-fils d'un fameux partisan, enrichi sous le ministère de Colbert; il avoit été intendant d'Alsace, puis de Paris. On le regardoit comme un ministre peu capable, mais honnête homme et désintéressé. Le marquis d'Argenson disoit de lui : il a des talens, de l'esprit, des défauts et surtout des ridicules; à l'âge de soixante ans il étoit amoureux de toutes les dames de la cour,

---

(1) Flassan, T. V, p, 203.
(2) Flassan, *ibid.*, p. 77.

et pensoit que toutes devoient raffoler de sa bonne mine. Il mourut au ministère le 15 février 1740, et fut remplacé par ce même Breteuil que Dubois avoit tiré de l'intendance du Limousin, pour le récompenser d'avoir supprimé les preuves de son mariage. (1)

Le contrôleur-général Orry méritoit l'estime par sa probité et son savoir; toutefois, les jeunes courtisans, compagnons des chasses et des plaisirs de Louis XV, l'avoient surnommé *le bœuf,* parce qu'il étoit grave, profond, silencieux, et surtout parce qu'il ne leur donnoit rien. Ils l'accablèrent de vers et de satires mordantes, dont Orry rioit lui-même avec ses amis. Le roi l'en plaisantoit à son tour, et il égayoit ainsi le travail sur les finances, auquel Louis XV se prêta toujours mal volontiers, le trouvant long, minutieux et pénible. Philibert Orry conserva le contrôle-général de 1730 à 1745, et mourut en 1749. (2)

Le comte de Maurepas, ministre de la marine, pouvoit presque être considéré comme ayant là une sinécure, tant, depuis la mort de Louis XIV, et par système, le Gouvernement avoit négligé la marine. Fleury lui-même la regardoit comme une dépense inutile. Il ne

---

(1) Mém. du marquis d'Argenson, p. 171. — Soulavie, T. V, p. 167.
(2) Soulavie, T. V, p. 163.

croyoit point que la France pût tenir, sur mer, tête aux Anglais ou aux Hollandais, dont les matelots étoient formés et aguerris par une marine marchande déjà arrivée à une haute prospérité. L'effort pour s'élever à leur niveau lui paroissoit devoir épuiser les finances pendant la paix, et affoiblir les armées de terre pendant la guerre ; aussi, toute sa politique étoit fondée sur l'amitié des puissances maritimes. En raison même de cette indifférence pour la marine, il importoit peu à Fleury qu'elle fût confiée à l'homme le plus superficiel, le plus incapable d'une application sérieuse et profonde qui ait été appelé aux affaires en France. Maurepas, petit-fils du chancelier Pontchartrain, avoit été pourvu, à l'âge de quatorze ans, de la charge de secrétaire d'État, sur la démission forcée de son père. Le marquis de La Vrillière, son parent, qui devint ensuite son beau-père, fut chargé, jusqu'en 1725 qu'il mourut, d'exercer la charge et de former aux détails d'administration le jeune ministre. « Il « est, disoit d'Argenson, bien plus aimable que « n'étoit son père, mais encore moins instruit. « Il se plaît plutôt à faire des plaisanteries, que « l'on peut appeler des *miévreries* de jeune cour- « tisan, que des vraies méchancetés et des noir- « ceurs dont on assure que son père étoit ca- « pable. Mais il a connu de trop bonne heure

« les douceurs et les avantages du ministère, et
« il ne paroît pas qu'il sache encore quels en
« sont les devoirs et les principes. Il n'avoit que
« dix-huit ans lorsque ses commis lui ont dit :
« Monseigneur, amusez-vous et laissez-nous
« faire. Si vous voulez obliger quelqu'un,
« faites-nous connoître vos intentions, et nous
« trouverons les tournures convenables pour
« faire réussir ce qui vous plaira » (1). Maurepas ne suivit que trop ce conseil; dans sa longue vie il ne songea qu'à s'amuser; jamais ministre d'État n'écrivit et ne fit circuler plus de chansons, plus d'épigrammes, plus de satires. « Doué, dit Marmontel, d'une facilité
« de perception et d'une intelligence qui dé-
« mêloit dans un instant le nœud le plus com-
« pliqué d'une affaire, il suppléoit dans les
« conseils par l'habitude et la dextérité à ce
« qui lui manquoit d'étude et de méditation.
« Accueillant et doux, souple et insinuant,
« flexible; fertile en ruses pour l'attaque, en
« adresse pour la défense, en faux-fuyants
« pour éluder, en détours pour donner le
« change, en bons mots pour démonter le sé-
« rieux par la plaisanterie, en expédients pour
« se tirer d'un pas difficile et glissant; un œil
« de lynx pour saisir le foible ou le ridicule

(1) Mém. du marquis d'Argenson, p. 172.

« des hommes; un art imperceptible pour les
« attirer dans le piége ou les amener à son
« but; un art plus redoutable encore de se
« jouer de tout, et du mérite même quand il
« vouloit le dépriser; enfin l'art d'égayer, de
« simplifier le travail du cabinet, faisoient de
« Maurepas le plus séduisant des ministres » (1).
Avec tant de ressources pour plaire, Maurepas
ne pouvoit manquer d'être de tous les ministres celui avec lequel Louis XV aimoit le mieux travailler, et l'occasion s'en présentoit fréquemment, parce qu'au ministère à peu près nul de la marine il joignoit celui de la cour et de Paris, concentré dans les grâces du prince et dans la haute police de la capitale. Une formation organique cependant, attestée par ses contemporains, élevoit une barrière entre ce ministre futile et le plus sensuel des monarques; la nature ne lui avoit point permis la recherche des plaisirs dont son maître étoit sans cesse enivré. Il en avoit conçu une haine et un dépit contre les favorites, qui le mirent constamment en opposition avec elles, et qui finirent par le faire disgracier en novembre 1749. (2)

Le dernier enfin des membres de ce ministère

(1) Mém. de Marmontel.
(2) Biogr. universelle, art. *Maurepas*, T. XXVII, p. 543.
— Soulavie, T. V, p. 165.

étoit le comte de St-Florentin, beau-frère de Maurepas, fils du marquis de la Vrillière, et le sixième de sa branche qui eût été investi de la charge de secrétaire d'État; le nom de cette branche étoit Phelipeaux, et ce nom se retrouve sur plus de lettres de cachet que pas un autre des noms de la monarchie. Le département des affaires générales de la religion réformée étoit en quelque sorte héréditaire dans sa famille, et le nom de Phelipeaux ne peut rappeler aux huguenots que des actes arbitraires et des mesures de rigueur. A la souplesse et la bassesse d'un courtisan, Saint-Florentin ou La Vrillière ne joignit jamais ni talens distingués ni haute influence; et l'épitaphe satirique faite pour lui lorsqu'il mourut, le 27 février 1777, lui rend assez justice :

« Ci gît un petit homme à l'air assez commun,
« Ayant porté trois noms et n'en laissant aucun. » (1)

Le cardinal de Fleury, qui avec raison tiroit vanité de sa politique pacifique, avoit étendu sur les voisins de la France l'influence bienfaisante de son esprit de conciliation. En 1738, il se joignit aux deux cantons de Zurich et de Berne, pour rétablir par sa médiation le calme dans la

(1) Biogr. universelle, T. XXXIX, p. 572. — Soulavie, T. V, p. 166.

république de Genève, troublée depuis quatre années par des dissensions civiles qui sembloient devoir amener sa ruine. Il est honorable à un prince de l'Église romaine d'avoir su s'élever assez au-dessus des préjugés de secte, pour chercher de bonne foi à rendre la paix à la capitale du protestantisme; et à son député, le comte de Lautrec, d'avoir assez étudié la constitution d'une petite république pour exercer entre les partis qui la déchiroient une médiation équitable (1). Vers le même temps, le cardinal de Fleury exerçoit l'influence pacifique de la France sur tout l'orient de l'Europe, où il cherchoit à mettre un terme à d'affreuses calamités. Les étrangers qui gouvernoient alors la Russie avoient, en 1736, déclaré la guerre à la Porte. Ils avoient bientôt obtenu des succès qui avoient réveillé l'ambition des Autrichiens, et déterminé Charles VI à se joindre à eux, pour tenter la conquête de la Moldavie et de la Valachie. Mais tandis que le terrible Munich faisoit aux Turcs la guerre en barbare, et remportoit sur eux une sanglante victoire à Choczim, les Autrichiens se laissoient battre à Krotska, par le grand-visir, assisté des conseils du comte de Bonneval. M. de Villeneuve, ambassadeur de France

―――――――――――

(1) Flassan, T. V, p. 78. L'acte de médiation est du 17 avril 1738.

à la Porte, fut chargé de travailler à la pacification du Levant, et par sa médiation les préliminaires de la paix entre les trois empires furent signés au camp du grand-visir, le 1er septembre 1739. La paix de Belgrade, qui en fut la conséquence, fut signée le 18 du même mois. (1)

Une autre médiation de la France, entre la république de Gênes et les Corses révoltés, dut être soutenue par la force des armes. Il y avoit long-temps que les Génois abusoient cruellement de l'autorité qu'ils avoient acquise sur la Corse. Cette île, qui portoit le titre de royaume, ne contenoit pas cependant plus de cent trente mille habitans; mais l'Italie ne produisoit nulle part, sur son sol si fertile en talens, ni des esprits plus prompts, plus souvent animés par le génie, ni des cœurs plus intrépides, plus amoureux de la liberté. L'île, montueuse, sauvage, couverte de bois, coupée de défilés, de précipices, riche en retraites presque impénétrables, étoit à peine cultivée : les Corses, demi-barbares, laissant les travaux manuels à leurs femmes, ne s'adonnoient qu'au pâturage, à la chasse, et surtout à la guerre privée; sans cesse divisés par des factions, implacables dans leurs vengeances, ils se

---

(1) Flassan, T. V, p. 102. — Rulhière, Hist. de l'anarchie de Pologne, L. III, p. 180.

poursuivoient réciproquement avec fureur, et sur une population de 130,000 âmes, on comptoit jusqu'à neuf cents homicides par année. Les Génois les gouvernoient en tremblant, mais la peur même les rendoit rigoureux ; ils excluoient les Corses de tous les emplois civils et religieux; ils confioient aux magistrats qu'ils envoyoient chez eux l'autorité la plus arbitraire, et ceux-ci, qui regardoient la Corse comme un lieu d'exil où ils étoient mal surveillés par leur patrie, ne songeoient qu'à faire leur fortune, par la plus révoltante vénalité; à plusieurs reprises déjà des révoltes générales, soutenues avec un indicible acharnement, avoient menacé d'enlever la Corse aux Génois, et l'Italie s'étoit accoutumée depuis des siècles à regarder les Corses comme des hommes indomptables qu'on ne courberoit jamais sous le joug. Avant la guerre de l'élection de Pologne, une terrible révolte, en 1729, avoit contraint les Génois à recourir à l'assistance de l'empereur, et Charles VI, toujours désireux d'étendre sa domination sur la Méditerranée, leur avoit prêté avec empressement le général Wachtendunk, avec des troupes allemandes. (1)

L'intervention des étrangers détermina enfin les deux partis à mettre un peu plus de modé-

---

(1) *Botta*, *Storia d'Italia*, T. VIII, L. XXXIX, p. 149-187-227. — *Muratori ad ann.* 1730, p. 224.

ration dans leurs prétentions. Le prince de Wirtemberg, qui étoit venu prendre le commandement des troupes impériales, fit accepter, le 11 mai 1732, aux Génois et aux Corses une pacification équitable dont l'empereur se déclara garant (1). Mais dès l'année suivante la guerre de la succession de Pologne éclata; l'empereur perdit les deux Siciles, et fut sur le point de perdre toute la Lombardie; les Génois tinrent moins de compte de son acte de médiation; ils arrêtèrent, contre sa teneur, les quatre chefs les plus renommés des Corses, Giafferri, Ciaccaldi, Aitelli et Raffaelli (2), et la guerre recommença avec plus de fureur que jamais. Toutefois l'héroïsme des Corses avoit attiré l'attention de l'Europe entière; et tandis que les peuples ressentoient pour eux de l'admiration et de l'enthousiasme, les gouvernemens commençoient à calculer s'ils ne pourroient pas retirer quelque avantage de tant de révolutions : quelque petite que fût l'île de Corse, elle pouvoit être un poste important dans la Méditerranée; sa longue résistance la faisoit considérer comme une forteresse presque imprenable. Ce pouvoit être un marché franc pour le commerce, un lieu de refuge pour les flottes destinées à intimider les

(1) *Botta*, L. XXXIX, p. 245.
(2) *Botta*, L. XLII, p. 376.

côtes de l'Italie, de la France, de l'Espagne, de la Barbarie et de la Turquie. Les Hollandais et les Anglais commençoient à désirer vivement une occasion qui leur permît de recevoir les Corses sous leur protection ; l'Espagne y voyoit une relâche avantageuse, pour conserver ou reconquérir les États de Toscane et de Parme, auxquels elle prétendoit ; l'Autriche un avant-poste nécessaire à occuper pour les défendre ; le cardinal de Fleury au contraire vouloit empêcher que la Corse ne tombât aux mains d'aucun des rivaux de la France. Il est remarquable que son administration pacifique ait préparé les deux dernières réunions aux États de l'ancienne monarchie, celle de la Lorraine et celle de la Corse, quoique toutes deux ne se soient accomplies que plus de vingt ans après sa mort.

Tandis que de secrètes intrigues relatives à la Corse occupoient les cabinets de l'Europe, et que les cours de France et de Vienne se faisoient des propositions réciproques dans le but d'empêcher que la souveraineté de la Corse ne fût enlevée à la république de Gênes par aucune autre puissance, on vit arriver le 12 mars 1736 à Aleria, port de la Corse, un vaisseau portant pavillon anglais, mais provenant de Tunis, qui débarqua sur le rivage un homme âgé de quarante cinq ans, superbement vêtu à l'orientale, avec une suite de seize personnes, dix pièces de canons, quatre mille fusils, dix mille sequins en or, trois mille paires de souliers, sept mille sacs de blé, de la poudre, et d'autres munitions de guerre et de bouche. Cet homme étoit un baron allemand, nommé Théodore Neuhof, qui avoit été élevé en France, qui s'étoit ensuite attaché au baron de Goertz et à Gyllemborg, ambassadeurs de Suède, et qui les avoit servis avec adresse dans leur conspiration contre George Ier, qui avoit passé plus tard en Espagne, où il avoit joui d'assez de crédit, auprès du cardinal Albéroni et de Riperda, qui à Paris avoit joué sur les fonds au temps de Law, qui en Turquie s'étoit lié avec l'hospodar Ragotzki et le baron de Bonneval, qui avoit été bien accueilli du bey de Tunis, et qui récemment avoit été résident de l'empereur Charles VI en Toscane: c'étoit un homme avantageux, adroit, intrigant, qui avoit toujours su faire servir ses relations dans une cour pour s'élever dans une autre, et qui avoit réussi à devenir un personnage important, quoiqu'il n'eût jamais fait aucune action d'éclat, et qu'il fût criblé de dettes. (1)

Neuhof entretenoit depuis quelque temps des relations avec les chefs des insurgés en Corse;

---

(1) *Botta, Storia d'Italia*, L. XLII, p. 399. — *Biogr. universelle*, art. *Neuhof*, T. XXXI, p. 98.

il leur avoit persuadé qu'il avoit contribué à faire mettre en liberté les quatre chefs corses arrêtés par les Génois, qu'il leur avoit rendu déjà d'autres services importans, et qu'il étoit en état de leur en rendre de plus grands encore par ses rapports avec toutes les cours; mais il falloit, disoit-il, qu'un gouvernement stable pût inspirer de la confiance aux États prêts à contracter alliance avec la Corse; il s'offrit pour être le roi des insurgés; les Corses, qui n'avoient d'appui nulle part, saisirent avec empressement un secours inespéré. Les richesses qu'apportoit l'aventurier allemand passoient en valeur un million d'écus. Il donna à entendre que c'étoit le bey de Tunis qui lui en avoit fait l'avance. Comme ce bey ne donna aucune suite à cette entreprise, il est bien plus probable que ce furent les deux puissances maritimes, qui contribuèrent long-temps encore à assister cet homme, par l'entremise de banquiers juifs d'Amsterdam, mais qui ne vouloient pas se compromettre ou avec les Génois ou avec la France. Quoi qu'il en soit, une assistance aussi efficace, et qui arrivoit si à propos, fut reçue par les Corses avec le plus vif enthousiasme. Dans une assemblée des populations armées, et des députés des paroisses, tenue à Alessani, le 15 avril 1736, le baron de Neuhof fut élu roi de Corse, sous le nom de Théodore Ier. Une convention réciproque, ou une sorte de constitution régla les droits du nouveau monarque et de ses sujets, et garantit la liberté nationale. (1)

Le roi Théodore, agent de cabinets auxquels il importoit de se cacher, se trouvoit dans la nécessité de repaître de mensonges le peuple qui s'étoit confié à lui, mais il semble qu'en même temps il cédoit à un goût qui lui étoit naturel; à l'entendre on eût cru que tous les potentats de la terre étoient ses alliés, et qu'il attendoit des secours de tous les États de l'Europe. De même il étoit peut-être nécessaire qu'il satisfît la vanité de tous ces vaillans soldats, de tous ces petits chefs d'insurgés qui comptoient à peine dix ou quinze guerriers à leur suite, mais qui chacun sentoient leur importance; il ne pouvoit leur offrir que des titres et de vains honneurs, mais à la prodigalité avec laquelle il les multiplia il parut bien plutôt un chambellan allemand, nourri de vanités, qu'un habile chef de parti; son ministère, ses charges de cour, sa nouvelle noblesse, son ordre de chevalerie des Libérateurs, sa garde et le cadre de son armée auroient suffi pour un grand empire; mais lorsque de ces vanités de cour, il passa aux affaires plus sérieuses, à la poursuite de la guerre et au siège de Bastia, ses succès furent loin de répondre ou

---

(1) *Botta, Storia d'Italia,* L. XLII, p. 396.

à ses promesses, ou aux talens qu'on lui avoit supposés. Il commençoit à s'apercevoir que les Corses se détachoient de lui, que les contributions qu'il avoit voulu lever ne se payoient point, qu'il lui étoit impossible d'établir aucun ordre dans le pays. Le 5 novembre 1736, il assembla à Sartena une consulte, à laquelle il annonça qu'il alloit partir pour hâter l'arrivée des secours qui lui étoient promis; il se recommanda à la fidélité et à la constance de ses sujets, il nomma pour le représenter une régence de huit membres, composée des patriotes qui s'étoient le plus distingués dans la guerre, et il s'embarqua en effet le 11 novembre pour le continent. Bientôt on annonça qu'il avoit été arrêté pour dettes en Hollande, mais, peu après, qu'il avoit été remis en liberté, par des banquiers juifs d'Amsterdam, auxquels il avoit promis le monopole du commerce de Corse. En effet on vit arriver à Aleria, ainsi qu'à Porto-Vecchio, des vaisseaux hollandais qui apportoient des armes et des vivres; mais comme il ne dépendoit point de Théodore de leur assurer aucun privilége, il est difficile de croire que les banquiers juifs lui eussent fait crédit sur de telles garanties (1). Il est probable que c'est aussi le jugement qu'en forma le ministère français, et que sans se

---

(1) *Botta*, L. XLII, p. 408.

1735-1741. brouiller avec les puissances maritimes, il résolut de rompre les projets d'un aventurier qu'il regardoit comme leur agent. Un traité fut signé à Versailles le 27 juillet 1737, entre la France et la république de Gênes, d'après lequel, moyennant un subside de sept cent mille livres que devoient payer les Génois, le roi promettoit de faire passer dans l'île six bataillons français pour la réduire sous l'obéissance de la république; si ceux-ci ne suffisoient pas, il promettoit d'en faire passer seize, ou même davantage, mais dans ce cas le subside devoit être porté à deux millions. (1)

1738. Trois mille Français commandés par le comte de Boissieux s'embarquèrent à Antibes, le 1er février 1738, avec de l'artillerie et quelque peu de cavalerie; ils prirent terre à Bastia, et à San Fiorenzo seulement le 6. Giafferri, Giacinto Paoli et Ornano que les Corses avoient reconnus pour chefs, après avoir en vain fait parvenir au cardinal de Fleury un Mémoire très bien fait, où ils exposoient la tyrannie effroyable qu'ils avoient éprouvée et supplioient le roi de France de ne pas prendre en main la cause de leurs oppresseurs, convoquèrent toutes les milices; ils firent choix parmi elles de dix mille hommes, des plus agiles, des plus robustes, des

(1) *Carlo Botta, Storia d'Italia,* L. XLII, p. 412.

plus accoutumés à cette guerre de surprises et
d'escarmouches qui convenoit à leurs rochers et
à leurs précipices. Comme les hostilités commençoient, un nouveau vaisseau, envoyé par le
roi Théodore, arriva avec huit pièces de canon,
six cents arquebuses, de la poudre, des balles,
et d'autres munitions (1). Boissieux, qui avoit
ordre du cardinal de Fleury d'employer sa médiation de préférence aux armes, réussit à faire
condescendre les Corses à quelques arrangemens; pendant plusieurs mois les hostilités furent suspendues, mais ni les Génois ni les Corses
n'acceptoient de bon cœur les conditions débat-
tues. Sur ces entrefaites, au commencement
d'août, le baron de Drost, neveu de Théodore,
vint débarquer à Aleria, apportant des munitions
de guerre et de bouche et annonçant la prochaine
venue de son oncle; en effet, le 13 septembre,
le roi Théodore arriva à son tour à Aleria, sous
l'escorte de trois vaisseaux de ligne hollandais,
apportant à ses nouveaux sujets douze canons
de 24 livres de balles, trois coulevrines de 18,
trois de 12, six mille fusils, quatorze cents carabi-
nes, deux mille pistolets, deux mille baïonnettes,
deux cent mille livres de poudre, et autant de
plomb. Il est impossible de supposer qu'un tel
envoi fut dû à la générosité de quelques particu-

---

(1) *Botta*, L. XLII, p. 419.

liers, et le gouvernement français se confirma dans la pensée qu'il avoit secrètement à combattre les puissances maritimes, qui se disoient cependant ses alliées. (1)

Boissieux fit publier, au mois de novembre, une convention signée le mois précédent à Fontainebleau, entre le secrétaire d'État Amelot, et le prince de Lichtenstein, ambassadeur de l'empereur, pour la pacification de la Corse. Par cette convention la souveraineté étoit conservée aux Génois, mais une amnistie avec des priviléges assez étendus étoient assurés aux Corses; toutefois une des conditions portoit que les Corses consigneroient leurs armes aux Génois, et ils ne voulurent jamais s'y soumettre. Dans une assemblée du 6 janvier 1739 à Tavagna, ils renouvelèrent leurs sermens de fidélité au roi Théodore, et dans des surprises, des embuscades, des attaques nocturnes, ils firent bientôt tomber sous leurs coups un grand nombre de Français. Boissieux lui-même attaqué par la fièvre et la dyssenterie demanda à être remplacé; il mourut à Bastia, le 2 février, tandis que le marquis de Maillebois, fils du contrôleur-général Desmarets, et petit-fils, par les femmes, du grand Colbert, arrivoit avec des forces assez nombreuses pour le remplacer. Dans une guerre de monta-

---

(1) *Botta*, L. XLII, p. 422.

gnes, où les Corses cachés derrière les arbres ou les rochers ajustoient leurs ennemis sans se laisser atteindre, les Français perdirent beaucoup de monde; cependant ils avançoient, ils occupoient successivement toutes les parties les plus accessibles de l'île. Le roi Théodore ne se mettoit point à la tête de ses sujets, mais son neveu, le baron de Drost se distinguoit parmi les plus obstinés et les plus braves; un autre neveu, Jean-Frédéric de Neuhof, plus brillant encore par sa valeur, arriva à son tour, avec quelques munitions que Théodore étoit allé chercher lui-même. Il est impossible de porter plus loin que ne firent les Corses l'héroïsme dans des combats si inégaux, la constance et la résignation au milieu des privations et des souffrances; mais traqués dans les montagnes, et se retirant dans des déserts toujours plus inaccessibles, ils y furent enfin réduits par la famine à se soumettre. Le 10 juillet, Giacinto Paoli, avec ses deux fils, dont l'un Pasquale, devoit plus tard relever dans son pays l'étendard de l'indépendance, Louis Giafferri, Luca d'Ornano, et les neveux de Théodore, s'embarquèrent en suite d'une capitulation sur un vaisseau français qui les conduisit à Naples, où ils furent honorés par le roi, et où ils excitèrent l'enthousiasme du peuple. La Corse paroissant alors pacifiée, les Français retirèrent leurs troupes, dans le courant de l'année 1740. La convention de Fontainebleau, entre l'empereur et le roi de France, pour l'administration de cette île, fut la règle que les Génois s'engagèrent à suivre; mais leurs ressentimens étoient profonds, ils n'étoient surveillés par personne, et au lieu de l'amnistie qui leur étoit promise, les Corses éprouvèrent bientôt d'atroces vengeances. Quant au roi Théodore, qui s'étoit mis par avance à couvert, il parut encore devant l'île en 1742 sur un vaisseau anglais, mais il ne put réussir à y exciter une nouvelle insurrection. A son retour à Londres, ses créanciers le firent mettre en prison pour dettes ; il y passa sept ans dans la misère ; et quand ses créanciers, fatigués de l'y entretenir, le remirent en liberté, Horace Walpole ouvrit en sa faveur une souscription qui lui assura les moyens de subsister. Il mourut le 11 décembre 1755, et Walpole fit mettre sur son tombeau une épitaphe terminée par ces mots : *La fortune lui donna un royaume et lui refusa du pain.* (1)

La soumission ou la pacification de la Corse pour laquelle les maisons de France et d'Autriche avoient agi de concert, quoique ce fût la France qui eût seule fait mouvoir des troupes, étoit à peine achevée, lorsque l'empereur Char-

(1) *Carlo Botta*, L. XLII, p. 441. — *Muratori ad Ann.*, p. 309. — Biogr. universelle, art. *Neuhof*, T. XXXI, p. 98-102 ; art. *Maillebois*, T. XXVI, p. 240.

les VI mourut à Vienne, le 20 octobre 1740, à l'âge de cinquante-cinq ans. L'orgueil, la dureté, la lenteur, l'incapacité, qui depuis long-temps formoient le caractère de sa famille, s'étoient tous résumés dans ce souverain, le dernier de sa race. Pendant son règne, depuis que le prince Eugène s'étoit affoibli, et plus encore depuis sa mort, le manque de talens et la présomption de ses ministres avoient attiré de nombreux malheurs sur son pays (1). Il avoit persisté jusqu'au terme de sa carrière dans la tâche que s'étoient imposée ses ancêtres, de détruire partout, sous leur gouvernement, toutes les prérogatives populaires, et de ne souffrir nulle part, sous le sceptre autrichien, la manifestation d'aucun sentiment national. En aucun temps ces régions de l'Europe orientale n'avoient pu mériter l'étude ou les éloges des publicistes, pour les combinaisons de leurs constitutions, ou les garanties assurées aux peuples. La science ne les avoit jamais éclairées ; elles n'étoient jamais arrivées à une complète civilisation, et leurs langues sans littérature les isoloient du reste du monde. Un grand esprit d'indépendance animoit toutefois leur noblesse, et ses priviléges, quoique mal définis et mal reconnus, étoient défendus par

1740.

---

(1) Frédéric II, Hist. de mon Temps, œuvres posthumes, T. I, ch. 1, p. 27.

tous les gentilshommes, avec une audace, une fierté, une persistance, qui n'avoient succombé qu'après des siècles de combats. Les Hongrois, les Transylvains, les Bohêmes, non seulement avoient exigé de leurs rois qu'ils jurassent l'observation de leurs priviléges et qu'ils se soumissent à leurs diètes, mais ils s'étoient réservé long-temps le droit d'élire eux-mêmes leurs princes, et ils avoient repoussé de tout leur pouvoir les prétentions de la maison d'Autriche à les gouverner par droit héréditaire. Ce n'étoit que dans leurs possessions allemandes que le droit de succession des archiducs étoit reconnu; et là aussi il avoit été long-temps limité par les droits de la noblesse et du peuple. Charles-Quint, Ferdinand et ses descendans avoient travaillé sans relâche à compléter l'usurpation royale : grâce aux exécutions militaires et aux supplices multipliés, ils avoient réussi; la Bohême, la Hongrie, la Transylvanie trembloient et obéissoient; les libertés populaires et les libertés religieuses avoient été extirpées en même temps. Il ne restoit plus des anciennes constitutions qu'un principe commun aux Allemands des archiduchés, aux Madgyars et aux Slaves, c'est que la couronne de tous ces États étoit héréditaire de mâle en mâle, à l'exclusion perpétuelle des femmes. Or, c'étoit ce principe que, depuis le commencement de sa vie, Charles VI s'étoit efforcé de déraciner, par sa *Pragmatique sanction* du 19 avril 1713; car n'ayant point de fils, mais seulement deux filles qu'il avoit mariées aux deux princes de Lorraine, il les avoit appelées, d'abord l'aînée, Marie-Thérèse, puis à l'extinction de sa postérité, la seconde, à recueillir l'ensemble de son héritage.

On sait combien dans les monarchies, même les plus absolues, ce renversement des lois de la succession paroît dépasser les pouvoirs du monarque, et quelle résistance la France avoit opposée d'abord aux compétiteurs des Valois, puis à Charles VI, lorsqu'ils avoient voulu abolir la loi salique. La Pragmatique sanction n'étoit pas une violation moins patente des constitutions de la monarchie autrichienne. La descendance masculine des souverains étant éteinte, le droit d'élection retournoit à la nation, et comme celle-ci, en Bohême, en Hongrie, en Transylvanie, l'avoit exercé encore fort récemment, elle savoit comment en faire usage, ce qui n'auroit point été le cas en France, si la maison Capétienne s'y étoit éteinte. Mais si les sujets de la maison d'Autriche n'étoient nullement tenus de reconnoître la validité de la Pragmatique sanction, il n'en étoit pas de même des étrangers; tous les États voisins l'avoient acceptée, et s'étoient même engagés à la garantir; elle avoit donc auprès d'eux toute la valeur d'un traité : toutefois ce furent les étrangers qui la violèrent, et les sujets qui lui obéirent.

Charles VI avoit long-temps regardé les puissances maritimes, l'Angleterre et la Hollande, comme obligées en quelque sorte de le défendre. George Ier s'étoit toute sa vie considéré bien plus comme un feudataire de l'empereur que comme un roi d'Angleterre. Il avoit trouvé chez les Anglais une longue habitude, formée durant la guerre de la succession d'Espagne, d'identifier leurs intérêts avec ceux des Autrichiens. Aussi Charles VI, sans jamais rien faire pour eux, avoit presque toujours obtenu qu'ils fissent beaucoup pour lui. Ce n'est pas qu'il n'eût récemment excité leur ressentiment, tantôt par le traité d'alliance avec l'Espagne qu'avoit négocié Riperda, tantôt par son entreprise d'établir une compagnie à Ostende pour le commerce des Indes Orientales. Toutefois Charles VI comptoit toujours que les Anglais seroient prêts à défendre les prétentions héréditaires de sa fille. Mais au moment de la mort de l'empereur le gouvernement anglais venoit de s'engager dans une guerre qui réclamoit son attention et détournoit ses forces. Le peuple anglais, déjà livré à cette ardeur manufacturière à laquelle il a dû tant de richesses pour ses capitalistes, tant de misère pour ses ouvriers, étoit tourmenté par le besoin de vendre les marchandises qui encombroient ses magasins. Il désiroit surtout qu'on lui ouvrît ce riche marché des colonies espagnoles en Amérique, où il circuloit beaucoup d'or et d'argent, et où les habitans, dépourvus d'industrie, montroient beaucoup d'avidité pour tous les objets manufacturés. Toutes les négociations du cabinet de Londres avec celui de Madrid avoient toujours tendu à favoriser la contrebande que les Anglais s'efforçoient d'introduire dans l'Amérique espagnole. C'étoit le vrai motif du honteux contrat de l'Assiento pour la fourniture des esclaves nègres, tout comme de l'admission d'un seul vaisseau de la compagnie de la mer du Sud, qui en réalité répandoit en Amérique le chargement de plus de dix navires. Des occasions étoient préparées pour la fraude, et les marchands anglais en abusoient sans pudeur.

Que le système prohibitif des Espagnols fût conforme ou non à la bonne politique, ils étoient dans leur droit pour l'établir ou le maintenir ; le commerce anglais ne pouvoit au contraire s'exercer en dépit des lois et des traités que par des fraudes honteuses. Ce contraste aigrissoit les querelles qui s'élevoient sans cesse entre les deux nations. Don Joseph Patiño le plus habile ministre que les Espagnols eussent eu depuis longtemps à la tête de leurs affaires, vouloit jusqu'à sa mort, en 1735, maintenir les lois financières de son pays ; les Anglais, après les avoir violées par la fraude, soutenoient leurs violations par l'approche de leurs escadres et des menaces. Les gardes-côtes espagnols étoient souvent arbitraires et cruels, les marchands anglais presque toujours insolens, et quand les plaintes étoient portées aux rois d'Espagne, l'orgueilleux Philippe V et la colérique Élisabeth prenoient feu, et demandoient avec hauteur des réparations. Sir Robert Walpole sentoit bien le vice fondamental de la cause anglaise ; le sage ministre désiroit la continuation d'une paix qui avoit tant contribué à la prospérité de son pays ; il opposoit sa modération et sa prudence aux violences de la reine d'Espagne, et il s'efforçoit de terminer les querelles par des négociations amicales. Mais son pouvoir étoit ébranlé, une puissante opposition s'étoit formée dans le parlement d'Angleterre ; cette ardeur belliqueuse qui saisit quelquefois les nations en raison même de la prospérité dont elles jouissent, dominoit alors chez les Anglais. Un capitaine Jenkins raconta que les gardes-côtes espagnols lui avoient coupé les oreilles, et déclara devant la chambre des communes que, tombé entre leurs mains, il avoit recommandé son âme à Dieu et sa cause à son pays. Ces mots soulevèrent l'indignation universelle ; Walpole ne put plus se refuser à une déclaration de guerre. Elle fut publiée à Londres le 19 octobre 1739, et reçue par le peuple anglais avec des transports de joie, qui ne semblent guère convenir à l'annonce du commencement d'une longue série de calamités. (1)

Ce fut un événement de quelque importance, au moment où l'Europe alloit être entraînée dans une nouvelle guerre, que la mort du souverain pontife Clément XII, le 6 février 1740, à l'âge de quatre-vingt-huit ans, et l'élection, après un conclave qui s'étoit prolongé six mois entiers, d'un cardinal, Prosper Lambertini de Bologne, auquel ni l'une ni l'autre des factions qui s'étoient partagé le sacré collége n'avoit pensé. Il étoit âgé de soixante-cinq ans, il fut élu le 16 août 1740, et prit le nom de Benoît XIV. On n'auroit point trouvé dans le sacré collége de jurisconsulte plus savant, de prêtre mieux instruit de ses devoirs, d'homme dont l'esprit fût plus ouvert, plus tolérant, plus zélé pour le bien de tous et en même temps dont la conduite eût été plus pure ; mais en même temps, comme si les torts des philosophes de cet âge devoient se réfléchir aussi dans le chef de l'Église, le caractère impétueux de Benoît XIV se révéloit au premier mouvement de colère ou de surprise, par une exlamation

(1) *Lord Mahon, Hist. of England*, T. III, ch. 20, p. 1-30. — Coxe, *L'Espagne sous les Bourbons*, T. III, ch. 43, p. 394.

trop commune il est vrai chez ses compatriotes, qui embarrassoit et faisoit rougir les prêtres dont il étoit entouré. (1).

Mais une mort plus importante dans ses conséquences fut celle de Frédéric-Guillaume, roi de Prusse, survenue le 31 mai 1740, auquel succéda son fils Frédéric II, ou le grand Frédéric, alors âgé de vingt-huit ans. Ce prince avoit, durant toute sa vie, été traité par le feu roi avec la plus brutale cruauté. Il avoit été contraint d'assister au supplice de son ami Katt, dont l'échafaud fut dressé sous ses fenêtres pour avoir voulu aider le prince royal à s'enfuir; lui-même ne fut dérobé au même supplice que par les remontrances de l'empereur. Mais le nouveau roi, dont le caractère et l'esprit étoient opposés en tout à ceux de son père, en parvenant au trône se trouva maître d'une armée de 76,000 hommes dont un tiers au moins étoit étranger à ses États, d'un trésor de vingt-huit millions de livres, et de vingt-trois millions de revenus, levés sur moins de trois millions de sujets(2). Entre tous ses contemporains Frédéric II étoit le seul prince doué d'un esprit vaste et d'un grand caractère. Il avoit l'ambition de se distinguer en même temps dans les arts, dans

(1) *Muratori, Annali ad Ann.*, p. 319.
(2) Frédéric II, Hist. de mon Temps, ch. 1, p. 25. — Mém. de Valori, p. 80.

les lettres, dans les sciences et à la guerre. Dans toutes ces carrières il manifesta des talens supérieurs ; ses écrits, que par une affectation malheureuse il composa tous en français, malgré la gêne d'un langage étranger, suffiroient seuls à lui assurer un rang distingué parmi les auteurs de ce siècle. Déjà il s'étoit lié avec Voltaire ; il s'étoit jeté avec ardeur dans les opinions de la nouvelle philosophie, et quoiqu'il eût composé son livre de l'Anti-Machiavel, pour introduire la morale dans la politique, il ne se piquoit pas plus que les autres souverains de l'Europe d'être fidèle à ses engagemens. Dès le mois de décembre 1740, deux mois après la mort de Charles VI, Frédéric II envahit la Silésie avec une armée de vingt bataillons et trente escadrons. Les ducs de cette province, située entre la Bohême, la Prusse, la Pologne et la Hongrie, avoient adopté la réformation au XVIe siècle, et l'avoient fait adopter à la plus grande partie de leurs sujets ; ils s'étoient liés par plusieurs mariages avec la maison de Brandebourg, et, dès l'an 1537, ils avoient assuré, par un pacte de famille, la succession de leurs duchés à cette maison, si la leur venoit à s'éteindre ; convention qui fut renouvelée à plusieurs reprises, ce qui n'empêcha pas la maison d'Autriche, lorsque la ligne des ducs de Silésie s'éteignit le 15 novembre 1675, de s'emparer de la Silésie, et d'y persécuter les

1740.

protestans (1). En peu de semaines Frédéric II fut maître de toute la province, à la réserve de deux ou trois forteresses. Alors il offrit à Marie-Thérèse, reine de Hongrie, son alliance et son suffrage dans le collége électoral, pour faire obtenir à François de Lorraine, grand-duc de Toscane, qu'elle avoit épousé, la couronne impériale, sous la seule condition que la Silésie à laquelle il prétendoit avoir des droits lui seroit conservée. (2)

Marie-Thérèse, née le 13 mai 1717, mariée le 12 février 1736 à François de Lorraine, grand-duc de Toscane, étoit douée d'une grande beauté; elle avoit dans la voix, dans les manières, quelque chose de touchant, qui gagnoit les cœurs; mais à ces grâces féminines elle joignoit toute la fierté de sa famille, qui l'empêchoit de condescendre à aucun terme avec ses ennemis. Son vif sentiment religieux lui persuadoit que la providence la soutiendroit contre eux; ainsi quoique au moment où elle se vit attaquée par le roi de Prusse l'armée que lui avoit laissée son père fût entièrement désorganisée et que ses finances fussent dans un extrême désordre, que de plus elle se vît menacée par tous ses voisins à la fois, car l'électeur de Bavière, l'électeur de Saxe,

---

(1) Sur les ducs de Silésie. Voyez *Art de vérifier les dates*, T. VIII, p. 46-78.

(2) Frédéric II, Hist. de mon Temps, ch. 2, p. 117-128.

roi de Pologne, le roi de Sardaigne et la reine d'Espagne élevoient des prétentions sur son héritage, au nom de toutes les princesses d'Autriche qui s'étoient mariées dans les diverses maisons souveraines, Marie-Thérèse ne perdit point courage, et elle essaya de faire tête à tous ses ennemis. Déjà elle avoit reçu les hommages des États de l'Autriche; les provinces d'Italie, la Bohême, lui firent, par députés, leur serment d'obéissance; elle alla elle-même visiter les Hongrois, elle leur prêta le serment d'observer tous leurs priviléges (1), et avant même d'être couronnée, elle étoit reconnue comme souveraine par tous les États que son père lui avoit laissés. Elle fit partir Neuperg pour défendre la Silésie, avec vingt-quatre mille Autrichiens; ce général livra bataille au roi de Prusse, le 10 avril 1741 à Molwitz, sur la rivière de Neiss, et il fut battu. (2)

Ce premier échec éprouvé par Marie-Thérèse décida les puissances qui se flattoient de

---

(1) L'article 31 du serment d'André II, qui réservoit aux Hongrois le droit de résister par les armes aux usurpations de leur souverain, fut cependant supprimé d'un commun accord. — Coxe, ch. 101, p. 49.

(2) Frédéric II, Hist. de mon Temps, ch. 3, p. 148-170. — Coxe, Maison d'Autriche, T. V, ch. 97, p. 1. — Voltaire, Siècle de Louis XV, T. XXVIII, ch. 5, p. 65. — Soulavie, Mém. de Richelieu, T. VI, ch. 8, p. 141. — Lacretelle, T. II, L. VII, p. 224.

partager son héritage, à se presser pour arriver à temps dans la division. La plus importante étoit la France : Frédéric II n'avoit pris aucun engagement avec elle; mais en partant pour l'armée, il avoit dit au marquis de Beauvau, ambassadeur de France à Berlin.« Je vais, je crois, « jouer votre jeu ; si les as me viennent, nous « partagerons. » En effet, le cardinal de Fleury lui avoit écrit, en date d'Issy, 25 janvier 1741, et par sa lettre il montroit de l'avidité pour ce partage; il lui disoit : « que la garantie de la « Pragmatique sanction que Louis XV avoit « donnée à feu l'empereur, ne l'engageoit à rien, « par ce correctif, *sauf les droits d'un tiers*; de « plus, que feu l'empereur n'avoit pas accompli « l'article principal de ce traité, par lequel il « s'étoit chargé de procurer à la France la ga- « rantie de l'Empire au traité de Vienne » (1). Fleury avoit alors quatre-vingt-sept ans et demi ; accablé par la foiblesse de l'âge, il passoit au lit une grande partie de ses journées; il vouloit gouverner encore un royaume, quand ses forces lui suffisoient à peine pour exister. Il étoit devenu beaucoup plus jaloux de son pouvoir, depuis qu'il étoit moins capable de l'exercer ; on assure qu'il ne vouloit pas la guerre, mais il n'eut jamais l'énergie de s'y refuser ; il

---

(1) Frédéric II, Hist. de mon Temps, ch. 2, p. 145.

sembloit aussi en raison de sa foiblesse se laisser d'autant plus séduire par ceux qui étaloient à ses yeux de la vigueur et de l'activité ; il s'abandonnoit aux conseils des deux frères Belle-Isle, l'un comte, l'autre chevalier, petits-fils du surintendant Fouquet. On attribuoit au premier un génie vaste, un esprit brillant, un courage audacieux ; son métier étoit sa passion ; il faisoit les projets, son frère les rédigeoit ; on appeloit l'un l'imagination, l'autre le bon sens : quand on les mit à l'épreuve, on dut reconnoître que ces projets si vastes, si compliqués, dont ils disoient l'exécution si facile, qu'ils dérouloient avec tant de talent, manquoient presque toujours par la base, et que beaucoup d'ignorance et de légèreté se cachoit sous leur présomption (1). C'en étoit déjà un indice que d'engager la France dans une guerre lointaine, au moment où toute l'Europe étoit affligée d'une disette cruelle, qui, dans plusieurs parties de la France exposa beaucoup de malheureux à mourir de faim, tant les récoltes de 1740 avoient été mauvaises, par l'intempérie des saisons.

Le nouveau plan de politique suggéré à

---

(1) Sur le caractère des deux frères Belle-Isle, *Voy*. Saint-Simon, T. XVII, p. 258-269. — Mém. de Mirabeau, T. I, p. 203. — Salaberry, leur panégyriste dans la Biogr. universelle, T. IV, p. 104, et Frédéric II, Hist. de mon Temps, T. I, p. 41.

Louis XV par le comte de Belle-Isle consistoit à se proposer le double but de procurer la couronne impériale à l'électeur de Bavière, et de porter un coup mortel à la puissance autrichienne, en lui enlevant ses plus belles provinces pour en faire un établissement en faveur du nouvel empereur. Ce plan ayant été approuvé, un traité d'alliance fut conclu le 18 mai 1741, avec l'électeur de Bavière. Par ce traité le roi s'obligeoit à donner à l'électeur une armée de quarante mille hommes pour la joindre à ses troupes, et à en envoyer une autre de la même force en Westphalie, pour intimider ou contenir les électeurs de Hanovre, de Trèves et de Mayence, ainsi que les Provinces-Unies. Le roi d'Espagne entra dans cette alliance, pour lui même et pour le roi des Deux-Siciles, mais par rapport aux affaires d'Italie seulement; les rois de Prusse, de Pologne et de Sardaigne y accédèrent à leur tour. (1)

Le comte de Belle-Isle fut envoyé comme ambassadeur extraordinaire près de la diète de Francfort. Il fut chargé spécialement de disposer les électeurs à élever celui de Bavière au trône impérial. « Il étoit, dit Flassan, persuasif, en-
« traînant, et d'une ambition qui n'étoit jamais

---

(1) Flassan, Hist. de la diplomatie française, T. V, p. 129.
— *Botta, Storia d'Italia*, T. IX, ch. 43, p. 1.

« ni fixée, ni satisfaite; fécond en ressources, « courant après l'avenir, et peu clairvoyant sur « le présent qu'il dédaignoit. La vaine gloire, « celle qui s'acquiert par les destructions, parut « le flatter davantage que celle qui résulte de la « paix et du maintien de l'ordre établi. D'un air « froid, et avec une contenance immobile, il « proposoit la dévastation des empires et l'agi- « tation des républiques » (1). Il se rendit auprès du roi de Prusse quelque temps après la bataille de Molwitz, et lui proposa un traité d'alliance dont la base devoit être la nomination à l'empire de l'électeur de Bavière, et le démembrement des États de la reine de Hongrie. « Un jour qu'il se trouvoit auprès de Frédéric II, « ayant un air plus occupé et plus rêveur qu'à « l'ordinaire, ce prince lui demanda s'il avoit « reçu quelque nouvelle désagréable. Aucune, « répondit le maréchal, mais ce qui m'embar- « rasse, Sire, c'est que je ne sais ce que nous « ferons de cette Moravie. Le roi lui proposa de « la donner à la Saxe, pour attirer par cet appât « le roi de Pologne dans la grande alliance. Le « maréchal trouva l'idée admirable, et l'exécuta « dans la suite » (2). Cette légèreté froide d'un ambassadeur, qui sembloit croire toutes les pro-

---

(1) Flassan, T. V, p. 241.
(2) Frédéric II, Hist. de mon Temps, ch. 3, p. 171.

vinces de la reine de Hongrie à l'encan, inspiroit peu de confiance au roi de Prusse. Il signa seulement le 5 juillet 1741 à Breslaw son traité d'alliance avec la France, qui lui garantissoit la Basse-Silésie.

La nation anglaise manifestoit le plus vif enthousiasme pour Marie-Thérèse; les chefs de l'opposition harceloient Walpole et le pressoient d'agir pour elle d'une manière vigoureuse. George II, malgré les instances de son ministre, étoit parti dès le printemps pour le Hanovre, auquel il étoit bien plus attaché qu'à sa couronne; d'ailleurs son cœur étoit tout autrichien. Le but de Walpole étoit de réconcilier la reine de Hongrie avec le roi de Prusse, qui ne s'y refusoit point, pourvu qu'on lui assurât les quatre duchés de la Basse-Silésie auxquels il prétendoit avoir des droits, et à ce prix il promettoit sa voix à l'époux de Marie-Thérèse; mais cette orgueilleuse princesse ne vouloit d'aucun compromis; elle déclara qu'elle ne céderoit pas au roi de Prusse un pouce de terrain en Silésie. Ce ne fut qu'avec une peine infinie que le ministre anglais Robinson obtint d'elle l'offre d'une chétive compensation dans les Pays-Bas; encore s'écria-t-elle qu'elle espéroit bien que le roi de Prusse ne l'accepteroit pas : il ne l'accepta point en effet; toute négociation fut rompue; le parlement accorda un subside de 300,000 livres

sterling à la reine de Hongrie; on promit que
douze mille Anglais marcheroient à son assistance : autant de Hanovriens, six mille Hessois
et six mille Danois devoient se joindre à eux
pour former sous les ordres de George II un
corps d'armée imposant. Mais pendant ce temps
l'armée française de Westphalie, qu'on avoit
mise sous les ordres du marquis de Maillebois
fait maréchal à cette occasion, étoit arrivée sur
les frontières de l'électorat de Hanovre. George II
s'étoit alarmé pour ses États héréditaires; il
avoit représenté au général français que les intérêts du Hanovre étoient entièrement séparés
de ceux de l'Angleterre, qu'il n'avoit aucune
intention d'entraîner son électorat dans la guerre,
et il signa à Hanovre, le 28 octobre 1741, une
convention par laquelle il s'engageoit pour une
année à ne fournir aucun secours à Marie-Thérèse, et à ne pas donner son vote d'électeur au
grand-duc son époux. (1)

Charles, électeur de Bavière, que la France
vouloit porter sur le trône impérial, étoit fils de
l'électeur Maximilien, qui avoit compromis son
existence pour Louis XIV, dans la guerre de la
succession d'Espagne; il étoit né en 1697, et
avoit succédé à son père en 1726. La France,

(1) *Lord Mahon, Hist. of England*, T. III, ch. 23, p. 154.
— Flassan, Diplomatie française, T. V, p. 133-140. —
Frédéric II, Hist. de mon Temps, ch. 3, p. 180.

pour le mettre sur le trône, lui avoit assuré de l'argent, des alliés, des suffrages et des armées. Les maréchaux de Belle-Isle et de Broglie lui avoient amené trente-cinq mille hommes, et l'avoient aidé à réduire l'importante forteresse de Lintz. Tous deux étoient subordonnés à l'électeur de Bavière, qui, par lettres-patentes du 20 août 1741, étoit déclaré lieutenant-général des armées de Louis XV en Allemagne. Les troupes autrichiennes avoient peine à tenir tête en Silésie aux Prussiens; et lorsque Passau et Lintz eurent ouvert leurs portes aux Français et aux Bavarois, des partis de cavalerie s'avancèrent jusqu'à trois lieues de Vienne; des sommations furent adressées au comte Khévenhuller, gouverneur de cette ville, dont les Français auroient alors pu se rendre maîtres s'ils l'avoient voulu. (1)

Mais la reine Marie-Thérèse n'étoit pas alors à Vienne, elle en étoit sortie pour se jeter entre les bras des Hongrois, si sévèrement traités par son père et par ses aïeux. Ayant assemblé une diète des quatre ordres de l'État à Presbourg, elle y parut le 13 septembre 1741, vêtue de deuil, dans l'habit hongrois, ayant sur la tête la couronne de Saint-Étienne, et à son côté l'é-

(1) Voltaire, Siècle de Louis XV, ch. 6, p. 76. — D'Espagnac, Hist. du maréchal de Saxe, L. IV, p. 150. — Coxe, Hist. de la Maison d'Autriche, T. V, ch. 100, p. 35.

pée royale, objet d'une vénération extrême pour les peuples de la Hongrie. Son chancelier Bartenstein exposa le premier à la diète la condition de la monarchie : c'étoit en lui que Marie-Thérèse trouvoit son conseil principal et son appui, car le grand-duc son mari, pour lequel elle ressentoit l'affection d'une épouse fidèle, ne jouissoit d'aucun crédit dans le gouvernement et n'avoit en effet que fort peu de talent. Après son chancelier, Marie-Thérèse adressa à son tour en latin la parole à la diète : « L'exis-
« tence même du royaume de Hongrie, lui dit-
« elle, celle de notre personne, de nos enfans,
« et de notre couronne sont menacées. Aban-
« donnée de tous nos alliés, nous plaçons notre
« confiance uniquement en la fidélité et en la
« valeur si long-temps éprouvées des Hongrois.
« Dans ce péril extrême nous vous exhortons,
« vous, les états et ordres du royaume, à déli-
« bérer sans délai sur les moyens propres à
« pourvoir à la sûreté de notre personne, de
« nos enfans et de notre couronne, et à y re-
« courir sur-le-champ. Quant à nous, les fidèles
« états et ordres de Hongrie peuvent compter
« sur notre coopération en tout ce qui pourra
« contribuer au rétablissement de la félicité pu-
« blique. » (1)

(1) Voltaire, Siècle de Louis XV, ch. 6, p. 78. — Coxe, Maison d'Autriche, T. V, ch. 101, p. 52. — Le discours

La beauté, la jeunesse, et l'infortune de la reine qui était alors enceinte produisirent la plus vive émotion dans toute l'assemblée. Les magnats et les délégués tirèrent à moitié leur sabre hors du fourreau, en s'écriant : *Moriamur pro rege nostro Maria-Theresa!* Mourons pour notre roi Marie-Thérèse !

Ainsi la fille des empereurs fut proclamée comme un roi, parce que la constitution ne reconnoissoit pas de reine ; la succession féminine fut sanctionnée par un mouvement d'enthousiasme. Marie-Thérèse qui venoit d'écrire à la duchesse de Lorraine sa belle-mère, « J'ignore encore s'il me restera une ville pour y faire mes couches », fut assurée d'un royaume. C'étoit le seul de ses États où il se fût conservé des restes encore imposans des libertés publiques, ce fut le seul aussi qui montra de l'énergie pour la défendre.

Le dénûment et le courage de cette jeune héritière de tant de rois excita de l'enthousiasme dans toute l'Europe. C'est à cette douloureuse époque de sa vie que Marie-Thérèse doit la brillante réputation dont elle jouit ; quand le malheur ne pesa plus sur elle, on put recon-

---

que met Voltaire dans la bouche de Marie-Thérèse est plus dramatique, mais le texte même de celui-ci a été tiré par Coxe des Archives de Hongrie. — *Lord Mahon*, ch. 23, p. 161.

noître qu'elle ne s'élevoit pas au-dessus de la médiocrité. Les plus grandes dames de l'Angleterre, animées par la duchesse de Marlborough, lui offrirent cent mille livres sterling, produit d'une souscription qu'elles avoient faite entre elles. La reine ne voulut pas les accepter, mais elle ne montra pas le même scrupule pour les subsides du parlement britannique (1). Ce fut avec l'argent des Anglais qu'elle souleva et arma les populations demi-barbares de l'Europe orientale, qui, conduites par le comte Khévenhuller et par le prince Charles de Lorraine, beau-frère de Marie-Thérèse, commencèrent bientôt à envahir l'Allemagne, et à y commettre d'épouvantables dévastations. C'étoient des nuées de hussards, de Pandours, de Cravates et de Talpaches, qui, ne reconnoissant aucune des lois de la guerre, brûloient les villages, égorgeoient les femmes et les enfans et massacroient les prisonniers. Les hussards étoient des cavaliers hongrois, montés sur de petits chevaux légers et infatigables; les Pandours des esclavons des bords de la Save et de la Drave, portant un habit long, des pistolets à la ceinture, un sabre et un poignard; les Cravates, des miliciens de

---

(1) Voltaire seul, ch. 6, p. 79, parle de cette souscription des dames anglaises; ni Smollett, ni lord Mahon n'en font mention.

Croatie; et les Talpaches, des fantassins hongrois, armés d'un fusil, de deux pistolets et d'un sabre. (1)

Avant que cette levée de troupes qu'on nomma l'insurrection hongroise fût organisée, les armées victorieuses de France et de Bavière auroient pu s'emparer de Vienne; mais le ministère français s'alarma de la puissance à laquelle une telle conquête pourroit élever l'électeur de Bavière. Il ordonna donc à son armée de tourner sur sa gauche, et de marcher sur Prague. Le comte Maurice de Saxe, qui étoit à Saint-Polten, à huit lieues de Vienne, fut chargé de cette expédition. Il passa le Danube le 3 novembre, et arriva le 18 à deux lieues de Prague; quatre nouvelles divisions des troupes françaises, qui avoient passé le Rhin en septembre, se joignirent à lui, vingt mille Saxons y arrivèrent en même temps par la Misnie; mais le maréchal de Belle-Isle, qui avoit été destiné à commander cette armée, ne put s'y rendre; il étoit retenu à Francfort par la maladie. L'électeur de Bavière étoit présent, et donnoit les ordres; mais son commandement n'étoit que nominal. L'approche du maréchal Neyperg, avec

---

(1) Voltaire, Siècle de Louis XV, ch. 7, p. 84. — *Lord Mahon*, ch. 23, p. 164.—*Smollett, Hist. of England*, T. XVI, ch. 7, § 2, p. 83. — Coxe, T. V, ch. 101, p. 54.

l'armée de Silésie, du grand-duc et de son frère le prince Charles de Lorraine avec les premiers bataillons de l'insurrection hongroise, rendoit la position des assaillans assez critique. Le comte de Saxe persuada à l'électeur de tenter l'escalade sur les murailles de Prague; elle réussit, dans la nuit du 25 novembre, et le comte de Saxe eut le mérite et le bonheur de préserver cette grande ville du pillage. Les trois quarts des habitans n'apprirent qu'ils avoient changé de maîtres qu'en s'éveillant le lendemain matin, tant les généraux français avoient apporté de soins à maintenir l'ordre et le silence. L'électeur de Bavière fit dès le lendemain son entrée à Prague, et s'y fit couronner au mois de décembre comme roi de Bohême (1). Il s'étoit déjà fait couronner à Lintz comme archiduc d'Autriche; de là il se rendit à Francfort, où il fut élu empereur à l'unanimité le 4 janvier 1742, sous le nom de Charles VII. Il étoit alors presque mourant de la goutte et de la gravelle, et pouvoit à peine se soutenir; l'impératrice, fort petite, fort laide, d'une obésité excessive et ridicule, n'ajoutoit pas à la dignité de la cérémonie. Tous les hommages étoient pour le maréchal de Belle-Isle, qui sembloit plutôt le pre-

---

(1) D'Espagnac, Hist. de Maurice de Saxe, T. I, L. IV, p. 150-190.

mier des électeurs qu'un ambassadeur de France; mais avec ce triomphe éclatant devoit finir la prospérité et du nouvel empereur et de la France. (1)

Le maréchal de Belle-Isle, toujours malade à Francfort, vouloit à la fois conduire des négociations et commander de loin une armée. Le maréchal de Broglie étoit arrivé le 24 décembre à Prague. La mésintelligence se glissoit parmi les puissances alliées; les Saxons se plaignoient amèrement des Prussiens, et ceux-ci des Français, qui, à leur tour, les accusoient. L'armée française prenant peu de confiance dans ses chefs, dépérissoit par suite de ses fatigues, des maladies et de la désertion; chaque jour qui s'écouloit l'affoiblissoit et fortifioit les Autrichiens. Le prince Charles de Lorraine, frère du grand-duc, étoit au milieu de la Bohême avec trente-cinq mille hommes. Tous les habitans étoient pour lui, et il commençoit à faire une guerre de surprises et d'escarmouches, qui, grâce à ses nombreuses troupes légères, harceloit sans relâche les Français, cou-

---

(1) Siècle de Louis XV, p. 82. — Lacretelle, T. II, L. VII, p. 232. — Flassan, T. V, p. 144. — Hist. de mon Temps, Frédéric II, ch. 4, p. 207. — Coxe, Maison d'Autriche, T. V, ch. 102, p. 63. — *Lord Mahon*, T. III, ch. 23, p. 165. — Soulavie, Mém. de Richelieu, T. VI, ch. 17, p. 222.

poit leurs convois, et les tenoit sans cesse en alarmes. (1)

1742.

Les ennemis de l'Autriche, qui s'étoient réunis par ambition pour partager ses provinces, se défioient les uns des autres. Dans l'accomplissement de cette œuvre d'iniquité, chacun agissoit dans son intérêt propre, sans songer à aucun plan arrêté d'avance. Le roi de Prusse voyoit avec inquiétude le nouvel empereur étendre ses prétentions sur la Bohême, sur l'Autriche, et peut-être bientôt sur la Silésie, dont Frédéric s'étoit emparé. Les manières impérieuses de Belle-Isle et de Broglie le blessoient. Il étoit parvenu au but qu'il s'étoit proposé sans l'assistance de personne; mais son trésor étoit épuisé, son armée fatiguée, il redoutoit l'invasion et la dévastation de ses provinces par les Croates et les Pandours, et il désiroit la paix, aux conditions qu'il avoit offertes à la reine de Hongrie dès l'ouverture des hostilités. Le ministère anglais, de son côté, regardoit la récon-

---

(1) D'Espagnac, Hist. du maréchal de Saxe, L. IV, p. 191-222. — Siècle de Louis XV, p. 84. — Coxe, ch. 101, p. 55. — Le marquis de Valori, ambassadeur de France à Berlin, et grand admirateur de Belle-Isle, peint dans ses Mémoires tour à tour la dureté de Frédéric II, l'incapacité de Broglie, l'insolence de Maurice de Saxe, la lâcheté des Saxons, avec exagération peut-être, mais de manière à faire prévoir tous les revers. — Mém. des Négociations du marquis de Valori, Paris, 1820, T. I, p. 95-175.

ciliation de la Prusse et de l'Autriche comme la meilleure chance de salut pour la dernière. Lord Hyndford fut chargé d'entamer les négociations; il y réussit, mais les termes du traité font plus d'honneur à l'adresse des parties qu'à leur bonne foi.

Par une convention secrète, signée le 9 octobre 1741 à Klein Snellendorff, il fut arrêté que les Autrichiens laisseroient prendre au roi de Prusse la ville de Neiss, *par manière de siége;* le commandant avoit ordre de la lui rendre au bout de quinze jours, après lesquels le roi de Prusse s'engageoit à ne plus agir offensivement ni contre la reine de Hongrie, ni contre le roi d'Angleterre, ni contre aucun de leurs alliés actuels, jusqu'à la paix générale. Cependant de part et d'autre on faisoit sortir quelques petits partis, pour continuer les hostilités, *pro formâ,* car les parties se promettoient un secret inviolable sur cette convention, qui deviendroit nulle dès qu'elle seroit révélée. Le roi de Prusse assure qu'il prévoyoit bien que l'Autriche ne garderoit pas long-temps le secret, et que cette convention ne seroit point suivie d'un traité de paix; mais elle procuroit à son armée du repos, dont elle avoit un extrême besoin après onze mois d'opérations, et des quartiers d'hiver tranquilles dans la province qu'il avoit conquise. Peu de jours après il signa, le 4 novembre, à Breslaw, une convention tout opposée avec la Bavière, par laquelle il garantissoit à l'Électeur la Bohême les deux Autriches et le Tyrol, tandis que celui-ci le reconnoissoit pour souverain du comté et de la ville de Glatz, après toutefois que Frédéric les auroit réduits en son pouvoir à ses frais. (1)

La cour de Vienne ne tarda guère en effet à laisser deviner aux Saxons, aux Bavarois et à la diète de Francfort, l'accord qu'elle avoit fait avec la Prusse. C'étoit un moyen sûr de jeter la division entre les alliés. Belle-Isle laissa éclater son indignation, et Frédéric II, de son côté, déclara qu'en manquant au secret convenu, l'Autriche l'avoit dégagé de ses obligations. Toutefois il ne vouloit point céder non plus aux instances de M. de Valori, ambassadeur de France auprès de lui, et compromettre son armée en la faisant avancer pour couvrir les Français. Belle-Isle, malade d'une sciatique, avoit été contraint de demander au cardinal de Fleury de lui donner un successeur. C'étoit le maréchal de Broglie que le cardinal avoit destiné à ce commandement, parce que, comme gouverneur de Strasbourg, il étoit presque

(1) Frédéric II, Hist. de mon Temps, ch. 3 et 4, p. 192-197. — W. Coxe, d'après les dépêches de lord Hyndford, ch. 101, p. 56. — Flassan, T. V, p. 146. — Valori, T. I, p. 127.

sur les lieux. Cependant Broglie avoit déjà subi deux attaques d'apoplexie; il n'étoit plus propre à la guerre active, et le roi de Prusse redoutoit de se trouver associé à lui. (1)

Le roi de Prusse avoit tous les jours de nouvelles raisons de se dégoûter de ses alliés. Vers la fin de décembre, Khévenhuller, avec quinze mille hommes seulement, avoit passé l'Ens en trois endroits; il avoit chassé devant lui Ségur, qui en avoit tout autant, et il le tenoit bloqué dans Lintz. L'électeur de Bavière, sur le point d'obtenir la couronne impériale, étoit menacé dans son propre pays; si dans ce moment il avoit reçu un échec, non-seulement il auroit perdu son élection, mais son concurrent, le grand-duc de Toscane, auroit été nommé. Frédéric II vouloit que les alliés attaquassent de concert l'armée impériale, qui occupoit une position très forte; il ne put y déterminer le maréchal de Broglie. Alors il pressa les Saxons d'attaquer la Moravie de concert avec lui, leur rappelant que, s'ils en faisoient la conquête, elle devoit leur demeurer. Mais Auguste III, roi de Pologne et électeur de Saxe, étoit un homme uniquement adonné au plaisir, et incapable d'apporter aux affaires une

(1) Frédéric II, Hist. de mon temps, ch. 4, p. 204.—Valori, Mém. sur mes négociations à la cour du roi de Prusse, T. I, p. 133.

attention sérieuse. Dix royaumes à conquérir ne l'auroient pas retenu une minute quand on lui annonçoit que l'opéra alloit commencer. Le comte de Bruhl, son ministre et son favori, le trahissoit. Maurice de Saxe, son frère naturel, qui auroit pu donner une meilleure direction aux troupes françaises, se laissoit séduire de nouveau par l'appât du duché de Courlande, et il étoit jaloux du roi de Prusse. Les troupes de Saxe, mal commandées, se faisoient tour à tour accuser de lenteur ou de lâcheté. L'un des généraux de l'armée française, M. de Polastron, ne vivoit que pour la dévotion, et il étoit plus propre à dire son chapelet qu'à conduire une armée; l'autre, M. de Ségur, signa à Lintz, le 24 janvier, une capitulation humiliante, et Frédéric II, qui s'étoit avancé jusqu'à Olmutz, se vit contraint de renoncer à la conquête de la Moravie, et de renvoyer les troupes saxonnes, dont il se défioit. Dès lors, Frédéric II résolut de séparer ses intérêts de ceux de ses alliés qu'il jugeoit incapables de le comprendre, et qui ne pouvoient lui attirer que des revers. Il avoit découvert que le cardinal de Fleury avoit entamé de nouvelles négociations avec la reine de Hongrie; il se proposa de prendre sur lui les devans, et de renouer, par l'entremise de lord Hyndford, le traité qui lui avoit été proposé avec l'Autriche. Ce lord, médiateur du premier traité, mettoit son amour-propre à le conduire à terme; mais c'étoit du côté du cabinet de Vienne qu'il rencontroit les principales difficultés. Selon le roi de Prusse, « on a vu de tout temps l'esprit « de la cour d'Autriche suivre les impressions « brutes de la nature; enflée dans la bonne « fortune et rampante dans l'adversité, elle n'a « jamais pu parvenir à une sage modération. « Son orgueil et son astuce reprenoient alors « le dessus, et le roi reconnut que, pour « qu'une négociation de paix réussît avec les « Autrichiens, il falloit auparavant les avoir « bien battus. » (1)

Dans l'intention de le faire, le roi de Prusse, dont l'armée étoit alors cantonnée en Bohême, le long de l'Elbe, la mit en mouvement le 13 mai, pour aller au-devant de Konigseck et du prince Charles de Lorraine, qui, le croyant plus foible qu'il n'étoit, s'avançoient de leur côté à sa rencontre. La bataille se livra le 17 mai, à Chotusitz, près de Czaslaw; elle fut acharnée, quoiqu'elle ne durât que trois heures, et l'armée prussienne fut quelque temps en danger; une attaque du roi sur le flanc gauche de l'infanterie autri-

―――――――――

(1) Frédéric II, Hist. de mon Temps, ch. 5, p. 240. — Mém. du marquis Valori, T. I, p. 157. — Coxe, Hist. de la maison d'Autriche, ch. 102, p. 66.—Flassan, T. V, p. 149. — Lacretelle, L. VII, p. 247.

chienne décida la victoire: cette infanterie fut mise en fuite; en morts, prisonniers, blessés et déserteurs, les Autrichiens perdirent sept mille hommes, les Prussiens près de quatre mille. (1)

Tandis que le prince de Lorraine se faisoit battre par les Prussiens, le prince de Lobkowitz, autre général autrichien, avoit passé la Muldaw, à la tête de sept mille hommes, et étoit venu audacieusement faire le siége de Frauenberg. Broglie qui avoit reçu un renfort de dix mille hommes, et que le maréchal de Belle-Isle étoit aussi venu rejoindre, le força à repasser la Muldaw, après un combat avantageux, livré le 25 mai au défilé de Salcé, qui poussa les Autrichiens jusqu'à Budweiss : mais le maréchal de Broglie dont la tête étoit affoiblie par ses deux attaques d'apoplexie ne retrouvoit sa vigueur et son intelligence que dans le moment d'une bataille. Jaloux de Belle-Isle il ne voulut écouter aucun de ses conseils; il prit, le long de la Muldaw, rivière guéable en vingt endroits, la position la plus dangereuse, disséminant ses troupes sur une étendue de quinze lieues. Lobkowitz revint l'y attaquer; de Broglie dans ce moment de danger retrouva sa tête; il opposa aux Autrichiens la meilleure et la plus auda-

---

(1) Frédéric II, ch. 6, p. 255.

cieuse contenance; il rassembla ses quartiers épars, et se retira lentement vers Prague, sans se laisser entamer; mais arrivé derrière la Béraum, où les Autrichiens s'arrêtèrent, la présence d'esprit de Broglie l'abandonna avec l'imminence du danger. Il fit jeter dans la rivière les munitions qu'il s'étoit fait envoyer de Prague, et sa retraite ne fut plus qu'une fuite, quoi qu'il n'eût pas à sa poursuite plus de cinq cents hussards; avant d'entrer à Prague il avoit perdu trois ou quatre mille hommes, et une grande partie des ses équipages et de ses munitions, qui eussent été si nécessaires dans cette ville menacée d'un siége. (1)

Belle-Isle s'étoit rendu auprès du roi de Prusse, avec lequel il vouloit concerter les moyens de tirer les Saxons de leur apathie. Il prenoit mal son temps, Frédéric II étoit résolu à faire la paix. Il se tenoit pour assuré que Fleury cherchoit de son côté à traiter, et avoit même donné à entendre qu'il étoit prêt à le sacrifier. L'incapacité des généraux français, les trahisons des Saxons, faisoient prévoir au roi de Prusse que leur alliance auroit une triste issue. D'ailleurs, malgré ses victoires, il se sentoit à bout de ses ressources; il ne restoit plus que cent cinquante

---

(1) Mém. de Valori, p. 162.—Frédéric II, ch. 6, p. 264. — Soulavie, Mém. de Richelieu, T. VI, ch. 17, p. 234.

mille écus dans son épargne; la rapacité avec laquelle il avoit pillé les provinces qu'occupoit son armée, si elle pourvoyoit à des besoins immédiats, augmentoit d'autre part ses dangers pour l'avenir. Au lieu donc d'entrer dans les projets de Belle-Isle, il expédia des pleins-pouvoirs à son ministre, M. de Podewils, qui étoit à Breslaw, pour qu'il s'accordât immédiatement avec lord Hyndford qui étoit dans la même ville, et que la cour de Vienne avoit de son côté muni de pleins-pouvoirs. Les articles préliminaires furent en effet signés par eux le 11 juin, et la paix le 28 juillet à Berlin. Par ce traité la reine de Hongrie cédoit au roi de Prusse la haute et la basse Silésie, avec le comté de Glatz. Le roi d'Angleterre comme électeur de Hanovre, le roi de Danemark, les Provinces-Unies, le roi de Pologne, comme électeur de Saxe, et la maison de Brunswick-Wolfenbuttel, accédèrent à cette pacification. (1)

La veille même de la signature des préliminaires, Frédéric II écrivit au cardinal de Fleury, pour lui annoncer la nécessité où il se voyoit réduit de faire une paix séparée. Comme il vouloit toutefois se conserver en bonne harmonie avec la France, il évita les récriminations, et ne

(1) Frédéric II, Hist. de mon Temps, ch. 6, p. 263. — Mém. de Valori, T. I, p. 164. — Flassan, T. V, p. 153. — Lacretelle, T. II, L. VII, p. 248.

toucha que légèrement aux fautes des généraux français qui l'avoient compromis. Fleury lui répondit aussitôt; tout en témoignant un profond chagrin, il conserva ces formes conciliantes et respectueuses, dont il ne s'écartoit jamais : il demanda seulement au roi de l'aider à faire de son côté sa paix avec Marie-Thérèse (1). Cette paix étoit en effet l'objet des désirs les plus ardents du cardinal. Déjà Belle-Isle avoit proposé d'ouvrir des conférences pour la négocier, et il avoit eu, le 2 juillet 1742, une entrevue avec Konigseck, au château de Komorzan. Les prétentions qu'annonçoit l'Autriche furent jugées fort exagérées; toutefois Fleury saisit cette occasion pour écrire le 11 juillet à Konigseck une lettre où il prit à tâche de se montrer plus conciliant, plus prévenant, plus empressé pour la paix que jamais. Entraîné par le désir d'inspirer de la confiance, il se laissa aller jusqu'à dire au ministre autrichien. « Bien des gens savent
« combien j'ai été opposé aux résolutions que
« nous avons prises, et que j'ai été, en quelque
« façon, forcé d'y consentir. Votre Excellence
« est trop instruite de tout ce qui se passe,
« pour ne pas deviner celui qui mit tout en
« œuvre pour déterminer le roi à entrer dans

―――――

(1) Frédéric II a inséré ces deux lettres, du 10 et du 20 juin, dans son Hist. de mon Temps, p. 269 et 273.

« une ligne qui étoit si contraire à mon goût
« et à mes principes. » Bientôt Fleury fut averti
que le cabinet de Vienne avoit fait imprimer sa
lettre, et l'avoit répandue dans le public. Il
écrivit de nouveau pour s'en plaindre, et
Konigseck affirma, contre toute vraisemblance,
que la lettre avoit été publiée par l'indiscrétion
d'un commis. Le cabinet autrichien avoit atteint son but par cette publication; il avoit déconsidéré le ministre en faisant connoître sa foiblesse; il avoit offensé Belle-Isle contre lui, car
c'étoit ce maréchal que le cardinal avoit désigné;
et en même temps il l'avoit décrédité en le signalant comme l'auteur de la guerre, au moment où il vouloit négocier la paix. Un autre
passage de la même lettre devoit offenser le roi
de Prusse, et en même temps justifier sa défection, puisque le cardinal faisoit allusion aux négociations secrètes qu'il avoit lui-même entamées avec l'Autriche. La seconde lettre du
cardinal fut insérée dans les papiers publics,
comme l'avoit été la première. Il crut devoir
les désavouer, mais il ne persuada personne, et
il nuisit encore plus à sa considération. (1)

Mais Fleury, parvenu au dernier terme de la
vieillesse, ne pouvoit plus être accusé que d'une

---

(1) Les deux lettres sont dans Flassan, T. V, p. 160. —
Voltaire, Siècle de Louis XV, ch. 7, p. 85. — Lacretelle,
T. II, L. VII, p. 247.

seule faute, celle de retenir le pouvoir, quand toute vigueur pour l'exercer l'avoit abandonné. C'étoit trop, à l'âge de quatre-vingt-dix ans, de prétendre encore diriger une guerre dont il avoit d'avance condamné l'injustice et prévu les malheurs; de vouloir conduire à trois cents lieues de distance des armées dont il n'auroit point été capable d'ordonner, de comprendre même les mouvemens dans la vigueur de l'âge, et en même temps de s'obstiner à vivre à côté du scandale de la cour, lui qui avoit à conserver la dignité d'un vieillard, celle d'un prince de l'Église, et celle d'instituteur d'un roi. Il se retiroit fréquemment à Issy; mais l'inquiétude que lui causoient les affaires dont il étoit chargé le rappeloit bientôt à son cabinet. En même temps qu'il s'affoiblissoit il étoit devenu plus accessible à la flatterie. Il vouloit vivre, on le savoit, et on ne s'entretenoit plus avec lui sans lui parler de centenaires. Les journalistes s'étudioient à en découvrir de toutes parts, et à en exagérer le nombre. Ses domestiques n'avoient pas de plus grand soin que d'éloigner de lui tout ce qui auroit pu le faire songer à la mort. Le marquis de Breteuil, ministre de la guerre, étant venu travailler avec lui à Issy, fut frappé d'apoplexie, comme il sortoit de son cabinet. Les domestiques du cardinal, pour en dérober la connoissance à leur maître, eurent l'inhumanité de jeter le mourant dans une voiture, pour le ramener à Paris: il mourut en y arrivant. Peu de jours après cet événement, le cardinal sentit que sa fin approchoit. Il conserva, dans les derniers momens de sa vie la sérénité qui en avoit protégé le long cours. Deux fois le roi vint le voir à Issy, où la maladie l'avoit surpris. Sa tête étoit demeurée saine, libre, et capable d'attention aux affaires. Il s'éteignit insensiblement, et mourut le 29 janvier 1743. (1)

(1) Lacretelle, T. II, L. VII, p. 265. — Siècle de Louis XV, p. 87. — Biogr. universelle, T. XV, p. 10.

CHAPITRE XLIX.

Louis XV essaie de gouverner par lui-même. — Perte de la Bohême et de la Bavière. — Défection du roi de Sardaigne. — Les Français battus à Dettingen. — Alliance de Worms. — Union de Francfort. — Campagne de Louis XV en Flandre. — Sa maladie. — Diversion du roi de Prusse. — Campagne du prince de Conti en Italie. — Mort de l'empereur Charles VII. — 1742-1745.

1742. Louis XV fut presque la seule personne en France qui regrettât vivement le cardinal de Fleury. Ce prince, si peu susceptible d'affections, n'avoit point appris à se passer de son ancien précepteur; il lui sembla que tout lui manqueroit avec lui. Fleury seul avoit, pendant long-temps, paru l'entendre ou le deviner; seul il avoit su obtenir de lui quelques signes de volonté, et le mettre en rapport avec ce qui l'entouroit. En avançant en âge, Louis n'en avoit pas moins conservé un dégoût profond pour les affaires, une timidité orgueilleuse qui lui faisoit craindre de laisser entrevoir à personne son ignorance, et une insouciance pour les intérêts de la France, tout comme une aversion pour le travail, qui le rendoient incapable de toute application. Avec ce caractère, Louis s'étoit trouvé heureux de pouvoir rejeter sans partage tous les soucis, tous les travaux de la royauté sur un homme dont l'esprit et la conduite l'entouroient de considération, qui empêchoit l'attention publique de se fixer sur les scandales de sa propre vie; sur un ministre qui, par une administration pacifique et long-temps heureuse, avoit fait oublier les calamités passées, et satisfait, ou, mieux encore, endormi la nation.

Mais depuis que la France s'étoit engagée dans une guerre que la sagesse de Fleury auroit dû empêcher, il n'y avoit personne qui ne sentît que la nation avoit besoin d'une main plus ferme, plus active pour tenir les rênes du gouvernement, personne qui ne fût effrayé ou du moins humilié de la langueur universelle, avec un chef parvenu au dernier terme de la vie humaine, qui croyoit accorder beaucoup à la jeunesse, en choisissant les ministres, les généraux, parmi les hommes de vingt ans plus jeunes que lui, c'est-à-dire, qui approchoient de soixante-dix ans. Aussi chacun soupiroit avec impatience après le moment où la France seroit délivrée de ce ministère qu'on regardoit comme frappé de caducité.

Malgré sa répugnance, Louis XV fut bien forcé de faire quelques actes de roi, à la mort de son vieux ministre. Il déclara, comme avoit fait son aïeul en 1661, qu'il entendoit désormais gouverner par lui-même, qu'il n'auroit point de premier ministre, mais qu'il travailleroit tour à tour avec chacun des secrétaires d'État, chargés des départemens divers. Louis XIV avoit vingt-trois ans quand il prit cette noble résolution, et il la tint toute sa vie. Louis XV en avoit trente-trois lorsqu'il déclara vouloir suivre cet exemple; mais ne sachant point s'arracher, même pour quelques heures, à l'ivresse des plaisirs, n'écoutant point, ne donnant aucune attention aux rapports de ses ministres, lorsqu'il les appeloit à travailler avec lui, il ne fit autre chose, par son intervention, que détruire le pouvoir central, et abandonner chaque ministère à des vues divergentes.

Tandis que la France se plongeoit étourdiment dans une guerre injuste et impolitique, qu'oubliant sa dignité, elle ne vouloit y occuper qu'un rang secondaire, comme auxiliaire de l'empereur qu'elle avoit créé, mais qu'elle n'y compromettoit pas moins, comme partie principale, ses meilleures armées et ses trésors, de honteuses révolutions de boudoir se succédoient à la cour. Louis XV changeoit de maîtresses; ce changement étoit préparé par les intrigues de quelques ambitieux, il occupoit toute la France, et il devoit en effet exercer plus d'influence sur ses destinées que les décisions des ministères.

La duchesse de Mazarin, dame d'atours de la reine, mourut en septembre 1742; elle étoit depuis long-temps brouillée avec la comtesse de Mailly sa petite-fille, mais elle avoit reçu dans sa maison les deux plus jeunes sœurs de celle-ci, et de beaucoup les plus belles, Mmes de Flavacourt et de la Tournelle. A sa mort, le ministre de la marine, Maurepas, son héritier, exigea qu'elles sortissent de chez lui. L'une et l'autre étoient sans maison, sans père, sans mère, et sans mari. M. de la Tournelle étoit mort récemment, M. de Flavacourt étoit à l'armée. Sa femme, dont l'humeur étoit bienveillante, gaie et insouciante, au lieu de se plaindre ou de recourir à ses amis, se fit porter à Versailles, au milieu de la cour des ministres, déposer dans sa chaise devant le château; et elle renvoya ses porteurs. Comme elle s'y attendoit, les courtisans étonnés s'attroupèrent bientôt autour d'elle. Le duc de Gesvres annonça à Louis XV quelle étoit la jeune beauté qui, chassée de sa maison, venoit choisir son domicile dans la cour du château royal. Louis XV la fit venir, plaisanta avec elle sur son aventure, et lui donna ainsi qu'à sa sœur un appartement au château. (1)

Mme de Flavacourt, douce, modeste, fidèle à son mari, ne demandoit pas autre chose. Mme de la Tournelle, la cadette des cinq sœurs de Nesle, ambitieuse, orgueilleuse, comptant sur son esprit et sur sa beauté, bien supérieure à celle de ses sœurs, projetoit déjà d'être la maîtresse, et la seule maîtresse du roi, bien résolue à ne point admettre de partage avec sa sœur, la comtesse de Mailly. Cependant, alors même elle aimoit le beau duc d'Agénois, fils du duc d'Aiguillon, de la branche cadette de la maison de Richelieu; mais dans le cœur de l'un et de l'autre, l'ambition passoit avant l'amour. Mme de Mailly se résigna à céder à sa sœur sa place de dame du palais de la reine, pour la fixer à la cour; bientôt elle lui céda aussi (2 novembre 1742) son petit appartement à côté des cabinets du roi; le duc d'Agénois avoit été envoyé à l'armée. Le roi étoit amoureux fou de Mme de la Tournelle, il le disoit à Mme de Mailly elle-même : mais la nouvelle favorite, qui acceptoit ses hommages et sa galanterie, résistoit toutefois encore; elle excitoit même sa passion et sa jalousie, en lui parlant du beau d'Agénois;

---

(1) Soulavie, Mém. de Richelieu, T. VI, ch. 1, p. 53.

et le duc de Richelieu, le confident du roi et son instructeur dans tous les vices, se chargea des détails de la capitulation, autant pour nuire au cardinal de Fleury et à Maurepas, que pour satisfaire son maître (1). Le 10 novembre à sept heures du soir, Mme de Mailly fut renvoyée et partit pour Paris en laissant éclater son désespoir; le lundi suivant le roi devoit être reçu à Choisy par Mme de la Tournelle, qui ne devoit pas prolonger plus long-temps sa résistance. Le 10 décembre elle laissa voir une tabatière que le roi avoit oubliée au chevet de son lit, et en plaisanta au lieu d'en rougir. C'étoit l'époque où l'on attendoit déjà chaque jour la mort du cardinal retenu dans son lit à Issy ; les petits soupers de Choisy devenoient chaque jour plus gais et plus libres, et Mme de Flavacourt, qui vivoit en bonne intelligence avec ses sœurs la Tournelle et Lauraguais, mais qui avoit plus de retenue qu'elles, étoit souvent obligée de s'absenter de ces orgies (2). Enfin le roi présenta à Mme de la Tournelle, dans une superbe cassette, les lettres d'érection de sa terre de Châteauroux en duché avec 80,000 livres de rentes. C'étoit la première grande dépense que Louis XV eût faite pour ses amours; jusqu'alors il avoit

---

(1) Soulavie, Mém. de Richelieu, T. VI, ch. 3, p. 72.
(2) Soulavie, *ibid.*, ch. 5, p. 108.

été avec ses maîtresses d'une économie presque sordide. (1)

La duchesse de Châteauroux devoit plus tard essayer de donner quelque dignité à son rôle honteux, en inspirant à son amant le désir de se montrer aux armées et d'acquérir quelque réputation par son courage. Mais pendant la première année de sa faveur, ni elle ni le roi ne parurent avoir une pensée qui s'élevât au-dessus de ces basses intrigues. La situation de la France au dehors étoit cependant telle qu'il falloit que le roi fût descendu bien bas dans l'avilissement où l'entraînoit son libertinage pour n'en être pas affecté. Pendant les derniers mois de la vie du cardinal de Fleury, la condition des armées françaises en Allemagne étoit devenue toujours plus critique. Les Prussiens et les Saxons s'étoient retirés après la paix de Breslaw, et les Français avoient été obligés de s'enfermer dans Prague, tandis que le prince Charles de Lorraine avoit soulevé contre eux toute la Bohême qu'il occupoit avec quarante mille Autrichiens et vingt-six mille Croates ou Pandours : les habitans de Prague étoient eux-mêmes tous désireux de la ruine des Français, tous empressés à leur rendre de mauvais offices, et à servir d'espions aux assiégeans. Les deux ma-

(1) Soulavie, Mém. de Richelieu, T. VI, ch. 6, p. 120.

réchaux de Belle-Isle et de Broglie étoient enfermés dans la capitale de la Bohême avec vingt-deux mille Français, mais ils étoient mal d'accord entre eux, et déjà ils se voyoient menacés de manquer de vivres. Ils n'avoient aucun intérêt à conserver une ville si éloignée de la France, et ils s'étoient montrés fort disposés à la remettre aux Autrichiens, pourvu qu'on leur garantît une retraite sûre et honorable vers leurs frontières. Mais Marie-Thérèse étoit vindicative, elle vouloit que ce corps d'armée se rendît tout entier prisonnier de guerre, elle vouloit envoyer les Français captifs en Hongrie, comme premier trophée des victoires obtenues à l'aide de l'insurrection hongroise. Dans son ressentiment, Marie-Thérèse ne calcula jamais ce qu'il devoit en coûter à l'humanité pour atteindre son but ou accomplir sa vengeance; et plus qu'aucun des souverains contemporains, elle contribua à donner aux guerres du XVIIIe siècle un caractère atroce. Les généraux français repoussèrent avec indignation la capitulation honteuse qui leur étoit proposée, et ils se défendirent en désespérés. Mais la viande commença bientôt à leur manquer, et dès le mois d'août ils furent contraints à faire tuer cent cinquante de leurs chevaux par semaine pour l'usage des boucheries. La poudre alloit manquer aussi, le sel avoit disparu; une poule coûtoit un ducat, et une livre de beurre cent sols. Bientôt les froids de l'automne augmentèrent encore la souffrance; la provision de bois étoit consommée dès le milieu de l'automne, la terre étoit couverte de neige et de verglas, les Autrichiens avoient détruit les chemins et coupé les ponts, et ils avoient ravagé tous les alentours de Prague à deux lieues à la ronde, de manière que les Français, qui faisoient de fréquentes sorties, ne pouvoient rien rapporter de la campagne. (1)

L'ordre fut donné au maréchal de Maillebois qui commandoit l'armée de Westphalie, et qui avoit déjà commencé à se replier sur la Flandre, de se diriger au contraire vers la Bohême pour dégager les assiégés. Mais un sentiment universel de mépris pour le gouvernement, de défiance de tout ce qu'il entreprenoit, se manifestoit par des épigrammes ou des chansons; on rioit de ce qui auroit dû exciter l'indignation, et en riant on croyoit en quelque sorte protester contre toute participation aux actes d'une autorité qu'on méprisoit; on nomma l'armée de Maillebois l'armée des *Mathurins*, c'est l'ordre de moines qui s'est voué à la rédemption des captifs : on faisoit

---

(1) Soulavie, Mém. de Richelieu, T. VI, ch. 18, p. 240. — Coxe, maison d'Autriche, T. V, ch. 103, p. 82. — Lacretelle, T. II, L. VII. p. 250. — Frédéric II, Histoire de mon Temps, T. I, ch. VII, p. 277.— Valori, Mém., T. I, p. 168.

dire à la reine de Hongrie, avec une expression grossière, qu'elle ne les craignoit pas, car « c'est Maillebois qui les mène » (1). Elle n'avoit pas lieu de les craindre en effet; la cour de Versailles, trompée par une négociation que M. de Stainville entama au nom du grand-duc, donna à Maillebois l'ordre de suspendre sa marche. Lorsqu'il se remit en mouvement, la neige couvroit déjà les montagnes, et il eut beaucoup à souffrir avant de parvenir à Egra, où il s'arrêta. Cependant l'armée autrichienne avoit marché à sa rencontre, le siége de Prague où elle avoit déjà beaucoup souffert étoit levé, Broglie avoit pu passer en Bavière, et Belle-Isle avoit levé des contributions en Bohême, de manière à faire entrer dans Prague les munitions dont il avoit le plus besoin. Ce fut alors qu'il reçut de Versailles l'ordre d'évacuer la ville pour sauver les restes de l'armée et de venir rejoindre Maillebois. Le ministère français ne se faisoit aucune idée de l'intensité du froid que cette armée devoit éprouver en traversant les montagnes de Bohême. Elle partit dans la nuit du 16 au 17 décembre. Bientôt Belle-Isle, qui avoit pris avec lui quatorze mille hommes seulement, et qui en avoit laissé dans Prague quatre mille, presque tous malades ou convalescens,

(1) Mém. de Rochambeau, T. I, p. 9. — Soulavie, T. VI, ch. 18, p. 244.

sous les ordres d'un officier de fortune, le lieutenant-général Chevert, se vit suivi par toutes les troupes légères de l'Autriche, les hussards, les hulans, les pandours, qui l'attaquoient en queue et en flanc : cette colonne, épuisée par un siége long et douloureux, devoit se battre sans relâche, résistant au sommeil, à la faim et au froid. Elle ne perdit point courage, elle ne se laissa enlever ni timbales ni drapeaux; mais lorsqu'elle entra dans les glaces des montagnes, où les Hongrois cessèrent de la poursuivre, comptant l'attendre à la sortie des défilés, l'intensité du froid lui fut plus fatale que le fer des ennemis : on voyoit les soldats couchés à terre par pelotons, ayant les mains, les pieds, le nez ou les oreilles gelés : les uns tomboient roide et ne donnoient plus signe de vie, d'autres restoient perclus de leurs membres; plusieurs demandoient avec instance qu'on les laissât dormir un moment, mais c'étoit un sommeil dont ils ne devoient plus se réveiller, et les soldats qui le savoient employoient souvent la pointe de leurs baïonnettes pour arracher leurs camarades à ce perfide sommeil. Belle-Isle évita les deux défilés où les pandours l'attendoient, et après dix jours de marche il entra dans Egra, après avoir perdu, dans ces dix jours, quatre mille soldats par le froid ou la misère. Déjà Maillebois étoit sorti d'Egra, il étoit alors malade à Ratisbonne;

Broglie avoit pris le commandement de l'armée de Bavière; Belle-Isle continua, sans être molesté, sa retraite jusqu'au Rhin, en laissant à Egra une bonne garnison. Mais une belle armée française s'étoit fondue dans cette campagne; de cinquante-deux mille hommes, il n'en rentra pas douze mille en France. (1)

De même que l'armée, la cour étoit partagée entre les factions des maréchaux de Broglie et de Belle-Isle; chacune exaltoit son héros et représentoit avec aggravation les fautes du rival auquel on attribuoit des revers qui n'étoient que trop certains. La retraite de Belle-Isle fut comparée par les uns à celle des dix mille de Xénophon, pendant que les autres faisoient remarquer que Xénophon avoit sauvé son armée par cette marche si longue et si hardie, tandis que Belle-Isle en avoit perdu la plus grande partie par la misère et le froid. Chevert, qui avoit été laissé à Prague, y fit si bonne contenance, qu'il obtint, au mois de mai 1743, une capitulation honorable, mais il ne put ramener en France sa garnison. La France n'avoit plus dans le nord d'autre allié que l'électeur de Bavière, qui portoit le titre

---

(1) Mém. de Valori, p. 174. — Mém. de Rochambeau, p. 12. — Soulavie, T. VI, ch. 18, p. 245. — D'Espagnac, Hist. de Maurice de Saxe, L. V, p. 328-336.— Frédéric II, Hist. de mon Temps, T. II, ch. 8, p. 9. — Voltaire, Siècle de Louis XV, T. I, ch. 7, p. 87. — Lacretelle, L. VII, p. 253.

d'empereur, mais qui, le jour même où il ceignoit à Francfort la couronne impériale perdoit Munich sa capitale. Khévenhuller y entra, avec trente mille Autrichiens, le 12 février 1742. En même temps, les habitans du Tyrol descendirent de leurs montagnes dans la Bavière; les bandes féroces des talpaches et des pandours, commandées par deux hommes qui ne connoissoient pas la pitié, le colonel Mentzel et le baron de Trenk, furent lâchées sur les malheureux habitans de cette belle partie de l'Allemagne, auxquels ils firent éprouver toutes les calamités que peut infliger une invasion de barbares. Pendant les vicissitudes de la campagne de Bohême, le général bavarois Seckendorff avoit fait quelques efforts pour délivrer son pays, mais la capitulation du comte de Ségur à Lintz, la division, la foiblesse ou les fautes du marquis de Ravignan, du duc d'Harcourt, du maréchal de Broglie, qui successivement, durant cette campagne, commandèrent en Bavière; les retraites, enfin de Maillebois et de Belle-Isle réduisirent l'armée de Charles VII à une si grande infériorité, qu'elle ne put plus se maintenir. La Bavière fut perdue comme l'avoit été la Bohême, sans qu'il y eut de bataille livrée pour la défendre; la maladie, le froid, la faim, y enlevoient aux confédérés trois mille hommes par mois. Le malheureux empereur demandoit la paix avec humilité à l'Angleterre et à l'Autriche, sans pouvoir obtenir seulement d'entrer en négociation. Il n'étoit pas moins mortifié de l'arrogance avec laquelle le traitoient les Français. Il se retira enfin à Francfort, ville impériale, où on lui permit de conserver l'ombre de sa grandeur, tandis que ses États héréditaires étoient envahis en entier, que ses peuples étoient réduits au désespoir, et que les Autrichiens, déjà parvenus jusqu'aux bords du Rhin, n'attendoient plus que l'arrivée d'une armée que devoit commander George II, et qui s'étoit formée, dans les Pays-Bas, d'Anglais, de Hanovriens, de Hollandais et de Hessois, pour porter la guerre en France. (1)

1742.

La France n'avoit pas renoncé à maintenir son influence dans le nord de l'Europe en s'y assurant des alliés ; mais les efforts de ses diplomates furent couronnés de peu de succès. Elle avoit cherché d'abord à renouveler son alliance avec la Suède, et à employer les armes de cette puissance pour contenir la Russie ; mais la Suède gouvernée par les foibles mains d'Ulrique-Éléonore et de son époux Frédéric Ier, n'avoit plus que l'ombre du pouvoir royal ; son sénat en faisoit une

(1) D'Espagnac, Hist. de Maurice de Saxe, T. I, L. V, p. 237,306. — Coxe, Hist. de la maison d'Autriche, T. V, ch. 103, p. 76. — Frédéric II, Hist. de mon Temps, T. I, ch. 7, p. 279. — Lacretelle, T. II, L. VII. p. 256.

république aristocratique assez mal constituée; la faction russe des *bonnets,* et la faction française des *chapeaux,* en se disputant le pouvoir anéantissoient à l'envi la vigueur de l'État et sa considération ; la guerre allumée en 1741 entre les Suédois et les Russes fut désastreuse pour les premiers; un corps suédois de douze mille hommes fut taillé en pièces par les Russes, le 3 septembre 1741, près du fort de Willmanstrandt; l'année suivante vingt mille Suédois posèrent les armes à Helsingfort, devant le général écossais au service russe Lascy; il fallut demander la paix, mais ce ne fut point la France qui put protéger son alliée; les Suédois furent sauvés par la médiation de l'Angleterre, qui obtint pour eux la paix d'Abo, du 17 août 1743. (1)

Les négociations de la France n'eurent pas en Russie un meilleur succès. La czarine Anne étoit morte le 28 octobre 1740, après avoir gouverné ce vaste empire par les mains d'habiles aventuriers étrangers, Munich, Osterman, Lascy, Loewendahl, Biren, qui lui assurèrent des victoires, mais qui souillèrent son règne par d'atroces cruautés. Le dernier de ses favoris, Biren, qu'elle avoit fait duc de Courlande, lui persuada de choi-

---

(1) Frédéric II, Hist. de mon Temps, ch. 7, p. 282. — Lacretelle, T. II. L. VII, p. 238. — Art de vérifier les dates, T. VIII, p. 241.

sir pour son héritier un enfant de deux mois, Ivan VI, fils de sa nièce Anne de Mecklembourg, en nommant Biren pour régent de l'empire pendant sa minorité. Mais dès le 20 novembre suivant, Munich s'étant concerté avec la mère du nouvel empereur, fit enlever Biren, le fit condamner à mort par arrêt du sénat, puis déporter en Sibérie, et fit reconnoître Anne de Mecklembourg pour régente. Celle-ci, mariée au duc de Brunswick-Bevern, étoit par sa mère petite-fille du frère de Pierre Ier; elle ne démentit point les exemples que lui avoient déjà donnés les souveraines de cet empire barbare. Dans l'ivresse de l'absolu pouvoir, elles ne croyoient point que les lois de la décence, de la morale ou de la religion pussent les lier, quand elles étoient au-dessus de toutes les lois civiles et politiques. La régente n'avoit d'yeux que pour le beau comte de Lynar, envoyé de Saxe. Cependant il y avoit en Russie une princesse, fille de Pierre-le-Grand, Élisabeth, née le 29 décembre 1710; le marquis de la Chétardie, ambassadeur de France, qui de Berlin avoit passé en 1739 à Pétersbourg, se lia avec elle; il avoit de la taille, de la figure, de l'esprit, de la galanterie, il fut aimé d'Élisabeth qui ne refusoit jamais longtemps son amour à personne. Un chirurgien français nommé Lestocq, un musicien, un gentilhomme de la chambre, et cent gardes Préobaszenskoi, dont

1742.

la plupart avoient partagé les faveurs d'Élisabeth, conjurèrent pour elle avec la Chétardie ; la régente Anne fut enlevée dans son lit, ainsi que son mari, dans la nuit du 6 décembre 1741, et renfermée dans la citadelle de Riga ; le malheureux Ivan VI, transféré de prisons en prisons, vécut captif et fut après vingt ans égorgé dans sa prison. Les étrangers, Munich, Osterman, Lascy, qui avoient fait la gloire, mais aussi la terreur de la Russie, furent condamnés à mort, relégués en Sibérie, ou forcés de s'enfuir. Cette révolution qu'on attribuoit aux intrigues de la France et de la Prusse sembloit du moins devoir favoriser leur politique, et devoir faire entrer la nouvelle impératrice Élisabeth dans l'alliance française ; mais cette princesse n'étoit pas plus constante dans ses amitiés politiques que dans ses amours. A la fin d'août 1742, elle congédia la Chétardie, en le chargeant de décorations et lui faisant des présens de la valeur de plus d'un million ; lorsqu'il revint l'année suivante à Pétersbourg, elle le dépouilla de tous ses ordres, et le fit reconduire jusqu'à la frontière. Dans l'intervalle elle avoit accordé sa confiance au comte Bestucheff, qui étoit dévoué à l'Angleterre, et qui lui avoit fait conclure le 22 décembre 1742 un traité d'aillance défensive avec cette puissance. (1)

(1) Flassan, Hist. de la diplomatie, T. V, p. 214. — Fré-

L'orage commençoit aussi à gronder sur les frontières au midi de la France. Louis XV n'avoit point voulu prendre une part directe à la guerre que l'Espagne soutenoit alors contre l'Angleterre : jusqu'à cette époque les hostilités s'étoient surtout dirigées vers l'Amérique espagnole. Le commodore Anson avec six vaisseaux de différentes grandeurs étoit parti en 1740 pour doubler le cap Horn, afin de surprendre et enlever les galions d'Espagne, entre le Pérou et les Philippines. L'intérêt qui s'attache toujours aux dangers, aux souffrances et au courage, s'éveille pour lui dans cette longue navigation, d'où il ne revint en 1744 qu'avec un seul vaisseau, un bien petit nombre de soldats, mais avec des richesses immenses ; aussi le public a-t-il fermé les yeux sur l'odieuse cupidité qui dirigeoit cette expédition de corsaires, pour n'y voir que l'héroïsme du navigateur (1). Une autre escadre sous les ordres de l'amiral Vernon étoit partie en juillet 1739 ; elle se composoit de six vaisseaux de guerre, avec lesquels il parut le 20 novembre devant Porto-Bello, qui se rendit le surlendemain. Cette conquête n'a-

déric II, Hist. de mon Temps, ch. 4, p. 211. — Rulhières, Hist. de l'anarchie de Pologne, T. I, p. 187. — Art de vérifier les dates, T. VIII, p. 343.

(1) Lord Mahon, *Hist. of Engl.* T. III, ch. 22, p. 82-117. — *A voyage round the world, in the years 1740 to 1745, by Georges lord Anson.* In-4°. Londres, 1746.

voit présenté aucune difficulté ; elle rapporta peu de profit et méritoit peu de gloire, mais Vernon étoit un des champions de l'opposition, sa victoire fut célébrée comme une des plus glorieuses qui eussent illustré les armes de l'Angleterre, et quoiqu'elle fût suivie d'un revers qu'il éprouva devant Carthagène, puis à Santiago de Cuba, elle contribua en grande partie à renverser le ministère de sir Robert Walpole, depuis long-temps ébranlé ; c'étoit un ministre de paix, et depuis que la nation vouloit la guerre elle vouloit aussi un homme nouveau à la tête des affaires. Walpole soutint la lutte dans un nouveau parlement, avec courage, avec talent; mais enfin, abandonné par la majorité, il se décida le 31 janvier 1742 à résigner le ministère. George II lui donna le titre de comte d'Oxford; et une administration nouvelle, nommée par Pulteney, chef de l'opposition, mais dont il ne voulut point lui-même être membre, prit possession des affaires pour suivre avec plus de vigueur les hostilités contre toute la maison de Bourbon (1). Les membres les plus distingués de cette administration nouvelle étoient lord Wilmington à la trésorerie, et lord Carteret aux affaires étrangères.

La guerre n'étoit point encore déclarée entre la France et l'Angleterre, mais l'hostilité de l'Angleterre étoit patente aussi bien que son

(1) *Lord Mahon*, T. III, ch. 24, p. 196.

zèle pour Marie-Thérèse. Aussi le cardinal de
Fleury, qui n'avoit point voulu prendre part
à la guerre maritime allumée pour la contrebande d'Amérique, s'étoit-il empressé de se
rapprocher du cabinet de Madrid, lorsqu'une
nouvelle guerre avoit éclaté à l'occasion de la
succession d'Autriche. Philippe V, toujours
livré aux scrupules les plus bizarres, les plus
déraisonnables, n'en connoissoit plus aucun
lorsque la politique ou l'ambition lui suggéroit de rompre ses engagemens ou de précipiter l'humanité dans les désastres de la guerre.
Il s'étoit porté pour garant de la *Pragmatique
Sanction,* ce qui ne l'empêcha pas, à la mort
de Charles VI, de réclamer tout l'héritage de la
maison d'Autriche, comme représentant la ligne
de Charles-Quint, qui devoit, disoit-il, succéder à celle de son frère Ferdinand à l'extinction de celle-ci. Il faisoit en même temps valoir
les prétentions des différentes princesses autrichiennes mariées aux rois d'Espagne ses prédécesseurs. Ces prétentions, de même que celles
des électeurs Palatins de Bavière et de Saxe,
étoient évidemment absurdes. Elles étoient
toutes également fondées sur le droit héréditaire des femmes; or, on pouvoit bien nier que
les femmes eussent aucun droit à l'héritage de
la maison d'Autriche. Mais si leur droit étoit
admis, d'après la règle universelle des succes-

sions, la fille du dernier souverain devoit passer avant toutes les autres. Au reste Philippe V ni Élisabeth Farnèse ne songeoient guère à s'emparer des États situés sur le Danube, mais seulement de la Lombardie, où Élisabeth se flattoit de fonder une nouvelle monarchie en faveur de son second fils, l'infant Don Philippe. (1)

Philippe V avoit accédé à l'alliance du roi de France avec l'électeur de Bavière, du 18 mai 1741, à laquelle les rois de Prusse et de Pologne s'étoient unis à leur tour, et le même jour il avoit signé un traité avec le roi Charles-Emmanuel de Sardaigne, par lequel il lui promettoit un nouveau partage du Milanais, tandis que le souverain piémontais s'engageoit à favoriser l'établissement de l'infant Don Philippe dans le reste de la Lombardie. Mais Philippe vouloit garder lui-même tout le Milanais, et il n'avoit nullement l'intention d'abandonner au souverain piémontais les districts qu'il lui faisoit espérer. Celui-ci de son côté se défioit également de tous, et vouloit seulement, selon la politique constante de sa famille, se tenir en équilibre entre les deux maisons rivales. Dès qu'il vit que les affaires de Marie-Thérèse prenoient une tournure

---

(1) Coxe, l'Espagne sous les Bourbons, T. III, ch. 44, p. 420.

plus favorable, il changea de parti, et signa, le 1ᵉʳ février 1742, un nouveau traité, par lequel il s'engageoit à unir ses forces aux Allemands, pour fermer aux Espagnols l'entrée de la Lombardie. Le prix de cette coopération devoit être réglé par un traité postérieur, et Charles-Emmanuel se réservoit même de renoncer à cette nouvelle alliance et de changer de nouveau de parti, pourvu qu'il en avertît les Autrichiens deux mois d'avance. (1)

Une armée espagnole s'étoit assemblée sur les côtes de la Catalogne, et une flotte étoit préparée pour la transporter aux différens ports des Presidii de Toscane, où le roi de Naples entretenoit des garnisons; d'autre part, une escadre anglaise occupoit la Méditerranée et interdisoit le passage aux Espagnols. Toutefois, au mois d'octobre 1742, tandis que l'escadre anglaise se ravitailloit à Gibraltar, l'escadre espagnole, forte de treize vaisseaux de guerre, vint joindre à Toulon une escadre française qui l'attendoit. Ces deux escadres réunies étoient trop fortes pour que l'Anglais osât les attaquer; d'ailleurs il n'y avoit eu encore aucune hostilité entre la France et l'Angleterre. Les deux flottes réunies traversèrent la mer sans rencontrer

(1) *Carlo Botta, Storia d'Italia*, T. IX, L. XLIII p. 7-13. — *Muratori, Annali d'Italia ad ann.*, 1741, p. 333. — Coxe, *l'Espagne sous les Bourbons*, T. III, ch. 44, p. 423.

d'ennemis : les Espagnols débarquèrent en Toscane. Le duc de Montemar, appelé de Naples, vint les joindre le 9 décembre 1741. Philippe avoit demandé au roi son fils de préparer douze mille Napolitains pour se réunir aux Espagnols. Montemar devoit commander aux uns et aux autres, et il commença par conduire les Espagnols au travers de l'État pontifical, pour former son armée sur les frontières du royaume de Naples. Le grand-duc de Toscane, quoique époux de Marie-Thérèse, avoit déclaré qu'il acceptoit la neutralité, et qu'il donneroit passage dans ses États à toutes les puissances belligérantes. Le Pape, les Vénitiens, tous les petits États d'Italie annonçoient l'intention d'observer la même neutralité. Le comte de Traun, commandant des Autrichiens, et le roi de Sardaigne avoient fort peu de troupes, tandis qu'on assuroit que l'armée sous les ordres de Montemar étoit forte de quarante-deux mille hommes. Mais ce général, que les cours de Madrid et de Naples regardoient comme un héros depuis sa victoire à Bitonto, ne montra que nonchalance, amour des plaisirs ou timidité dans cette nouvelle guerre. Les prisonniers autrichiens qui s'étoient engagés dans les troupes napolitaines à la fin de la guerre précédente, désertoient par centaines lorsqu'ils se trouvoient de nouveau en face des drapeaux de leurs compatriotes. Le duc de Modène, époux de cette fille du Régent qui avoit tant aimé Richelieu, désiroit s'allier aux Bourbons; Montemar, au lieu de s'avancer à temps pour le secourir, le laissa écraser par le comte de Traun, son ennemi personnel. Il recula successivement sur Ferrare, Ravenne, Rimini, et enfin Foligno, tandis que Charles-Emmanuel, uni aux Allemands, s'étoit avancé jusqu'à Bologne pour le forcer à la retraite. (1)

Mais sur ces entrefaites le roi de Sardaigne fut rappelé vers sa capitale par la nouvelle que l'infant Don Philippe, après avoir traversé la France méridionale avec trente mille Espagnols, étoit entré en Savoie, et avoit occupé tout ce duché sans y éprouver de résistance. Le roi de Sardaigne, rassemblant rapidement ses troupes, descendit en Savoie par le Mont-Cenis et le mont Saint-Bernard, en repoussant les Espagnols jusqu'à Montmélian. Mais le marquis de Las Minas, qui avoit été donné à l'Infant pour lui servir de conseil, recouvra bientôt l'avantage; la Savoie fut conquise une seconde fois, et ses malheureux habitans furent sévèrement punis pour avoir salué avec joie les drapeaux de leur souverain.

(1) *Botta, Storia d'Italia*, T. IX, L. XLIII, p. 14-19. — *Muratori, Ann. d'Italia*, An. 1742, T. XVI, p. 348.—*Colletta, Storia di Napoli*, L. I, ch. 38, p. 108. — Coxe, *L'Espagne sous les Bourbons*, ch. 45, p. 442.

La guerre n'étoit point encore déclarée entre la France et le roi de Sardaigne; elle le fut seulement le 30 septembre 1743; mais, en donnant passage à l'armée espagnole, la France avoit réellement commencé les hostilités, et il falloit se préparer pour l'année 1743 à une campagne en Italie. En même temps, le prince Charles de Lorraine, avec une puissante armée autrichienne, s'étoit avancé jusqu'au Rhin, et menaçoit l'Alsace et la Lorraine. Enfin, le roi George d'Angleterre annonçoit qu'au printemps il attaqueroit la frontière du nord. La France se retrouvoit, à l'égard de l'Europe, presque dans la même condition où l'avoit mise la guerre de la succession d'Espagne. Seulement, l'Empire demeuroit neutre au lieu de se joindre à ses ennemis, et les États gouvernés par les Bourbons avoient recouvré pendant la paix leur population et leurs richesses. Toutefois la situation étoit critique, et il sembloit difficile qu'un roi qui venoit de perdre son premier ministre, et qui ne vouloit pas le remplacer, qui en même temps ne pouvoit se résoudre à donner aucune attention aux affaires, qui ne se soucioit ni de l'armée, ni de l'honneur national, ni de la France, réussît à y faire tête. Les ministres nommés sous Fleury suivoient le mouvement qu'ils avoient reçu, comme une machine bien montée; et le duc de Richelieu, qui, de ministre des plaisirs du roi, vouloit se faire ou général ou homme d'État, réussissoit quelquefois à inspirer à Louis XV des volontés royales. Son ton véhément et affirmatif, mêlé de saillies piquantes, subjuguoit la nonchalance de son maître.

Au printemps de 1743, la campagne s'ouvrit par de nouveaux revers de l'empereur Charles VII. Le prince Charles de Lorraine, éclairé par les conseils du comte Khévenhuller, surprit au commencement de mai, près de Braunau, le général bavarois Minucci, qui pendant l'hiver étoit rentré en Bavière, lui enleva son artillerie, ses bagages, ses drapeaux, et six mille prisonniers. Le maréchal de Broglie repassa le Rhin, et Charles VII, renonçant à toute prétention sur les États autrichiens, et n'essayant plus de défendre son propre patrimoine, demanda seulement de pouvoir demeurer en sûreté dans une ville impériale (1). Le roi de Prusse entreprit alors de faire comprendre à Marie-Thérèse que le moment étoit venu où il lui convenoit de faire la paix. Elle avoit recouvré toutes les possessions qu'elle avoit perdues dans les deux premières campagnes; elle avoit peu de chances de faire des conquêtes en refusant les offres de la France, tandis qu'en

(1) Frédéric II, Hist. de mon Temps, T. II, ch. 8, p. 18. — Coxe, Maison d'Autriche, ch. 104, p. 93.

achevant de dépouiller et d'humilier l'Empereur, elle soulèveroit l'Allemagne contre elle. Déjà elle l'avoit alarmée en l'exposant à l'invasion de ces hordes sauvages qu'elle avoit appelées des frontières de la Turquie, hordes qui ruinoient pour long-temps les pays où elles avoient pénétré, et qui rendoient son nom odieux. Mais Marie-Thérèse prenoit pour de l'héroïsme son insensibilité aux maux de la guerre, et pour un noble sentiment son désir de vengeance. Elle vouloit, pour humilier Charles VII, le faire déposer par le collége électoral, et faire couronner son mari à sa place; elle vouloit joindre la Bavière aux États de l'Autriche, et faire rendre par la France la Lorraine à son mari, sans abandonner la Toscane qu'il avoit reçue en compensation; elle vouloit reprendre au roi de Prusse la Silésie, et au roi de Sardaigne les districts détachés du Milanais, car Marie-Thérèse ne se regardoit pas plus que ses adversaires comme liée par la foi des traités. Elle résolut donc de continuer la guerre, dans le même esprit qui, l'année précédente, lui avoit fait refuser de recevoir Prague, que les maréchaux français vouloient lui rendre sans combats, tandis qu'elle avoit sacrifié à ce siége la meilleure partie de son infanterie. Les finances de l'Autriche étoient ruinées, le trésor étoit vide, mais Marie-

Thérèse comptoit, pour continuer la guerre, sur les subsides des Anglais. Ceux-ci, enfermés dans leur île, et n'étant jamais atteints par les calamités de la guerre, ne sont que trop enclins à oublier toutes ses horreurs. Ils s'enthousiasment souvent pour un gouvernement qu'ils ne connoissent pas, et ils se croient les vengeurs de la société quand ils prolongent des combats qui ne peuvent attirer sur elle que des désastres. Marie-Thérèse vouloit profiter de leur argent et de leurs soldats, mais elle n'entendoit point se soumettre à leur politique; c'étoient des auxiliaires auxquels elle ne reconnoissoit pas le droit de se proposer d'autre avantage que le sien propre, et elle rejetoit avec hauteur leur demande de faire quelques concessions au roi de Prusse et au roi de Sardaigne pour les attacher à sa cause. (1)

1743.

George II, qui, après avoir prorogé son parlement, le 21 avril, s'étoit hâté de passer sur le continent, accompagné par son fils le duc de Cumberland, et par lord Carteret, secrétaire d'État pour les affaires étrangères, n'entendoit point tenir dans la ligue contre la France un rang subalterne. Il avoit hérité de toute la haine de son père contre les Français; il s'étoit trouvé autrefois au combat d'Oudenarde, où il avoit

(1) Frédéric II, Hist. de mon Temps, T. II, ch. 8, p. 22. — Coxe, Hist. de la maison d'Autriche, ch. 104, p. 101.

montré de la bravoure, et il se figuroit que l'occasion seule lui avoit manqué pour obtenir la réputation d'un grand général. Le peuple anglais étoit plus fier encore que lui ; avec sa richesse et sa prodigalité, il offroit des subsides à tous les ennemis de la France ; on rencontroit ses escadres sur toutes les mers ; partout elles se présentoient pour menacer ou dicter des lois. Aussi se regardoit-il comme jouant dans la guerre le premier rôle. La succession d'Autriche étoit en quelque sorte oubliée ; c'étoit désormais un duel entre la France et l'Angleterre, où chacune de ces deux grandes puissances prétendoit faire agir selon sa convenance, l'une le roi d'Espagne et celui des Deux-Siciles, l'autre la reine de Hongrie et le roi de Sardaigne. (1)

Lord Stairs, le même qui avoit été ambassadeur en France pendant la Régence, mit en mouvement, au commencement de mai, les troupes anglaises et autrichiennes qui occupoient les Pays-Bas. Il passa le Rhin, le 14 mai, pour se porter sur les bords du Mein, et le 23 il arriva dans les environs de Francfort. C'est là que George II vint le joindre, et qu'il prit le commandement de l'armée. Elle étoit composée de dix-sept mille anglais, de seize mille Hano-

---

(1) *Lord Mahon*, T. III, ch. 25, p. 248.

vriens, de dix mille Autrichiens, et bientôt après six mille Hessois vinrent se réunir à eux. L'intention de George II avoit été d'abord d'attaquer la France par sa frontière du nord, qui étoit fort dégarnie, de s'emparer entre autres de Dunkerque, que Stairs déclaroit vouloir ruiner de telle sorte que ce ne fût plus qu'un simple hameau de pêcheurs; mais le duc d'Aremberg, général de la reine de Hongrie, avoit réussi à faire adopter aux Anglais un autre plan. Il s'agissoit de prendre l'Empereur dans Francfort ou de l'en chasser, et de couper ensuite toute communication entre la France et l'armée française qui alors étoit encore en Bavière. Pendant que George II s'approchoit de Francfort, la défaite du général Minucci et la retraite de Broglie sur la gauche du Rhin avoient ôté à cette manœuvre toute son importance; d'ailleurs les Anglais s'étoient avancés avec si peu de prudence qu'arrivés à Aschaffembourg déjà le pain manquoit à leurs soldats et le fourrage à leurs chevaux : ils n'avoient derrière eux que les montagnes arides du Spesshardt, ils s'étoient laissé couper leur communication avec le Rhin, et ils voyoient le bord opposé du Mein occupé par une bonne armée française. (1)

Celui qui commandoit cette armée étoit le

---

(1) Mém. de Noailles, T. III (LXXIII de la collection), L. IV, p. 289.

maréchal Adrien Maurice de Noailles, le même qui avoit épousé Mlle d'Aubigné, nièce de Mme de Maintenon, qui avoit été protégé si vivement par cette dame, et attaqué avec tant de haine par Saint-Simon. Ce maréchal, né en 1678, avoit déjà passé soixante-cinq ans; même dans sa jeunesse on avoit plus souvent loué en lui la sagesse précautionneuse que les hardies combinaisons de l'art de la guerre, et il s'étoit fait remarquer par des Mémoires bien raisonnés, tantôt sur les finances, tantôt sur la situation des armées, plutôt que par des actions d'éclat. Un nouveau ministre de la guerre, le comte d'Argenson, qui avoit succédé au marquis de Breteuil, mort le 7 janvier 1743, chargea Noailles du commandement de l'armée, d'abord destinée à défendre la frontière du nord, mais qui s'étoit avancée parallèlement aux Anglais, et qui occupoit alors la rive gauche du Mein.

Le maréchal de Noailles prit ses mesures avec beaucoup d'habileté; assuré que la faim contraindroit bientôt George II à sortir d'Aschaffembourg, il tenoit un détachement tout prêt pour occuper cette ville, au moment où les Anglais la quitteroient. Il avoit jeté deux ponts à Selingenstadt, et la plus forte partie de son armée attendoit les ennemis dans la petite plaine de Dettingen, derrière un ruisseau, qui coupoit aux Anglais le chemin de Hanau, le seul qu'il leur convînt de suivre, tandis que des batteries masquées, tout le long du Mein, devoient mitrailler leur flanc gauche. George II étant parti d'Aschaffembourg le 27 juin à minuit, se trouva bientôt enfermé dans la plaine étroite de Dettingen, qui n'a pas douze cents pas de front; ayant d'un côté des collines, des bois et des marais, et de l'autre le Mein, dont le bord opposé étoit garni de batteries. Malgré leur bravoure les alliés paroissoient perdus, lorsque le duc de Gramont, neveu du maréchal de Noailles, qui commandoit la division chargée de défendre le passage du ruisseau de Dettingen, au lieu d'attendre l'attaque à son poste, comme il en avoit l'ordre formel, s'élança au travers du ravin qu'il devoit garder, et vint charger par leur gauche l'armée des alliés, dans la plaine même où ils étoient arrêtés. Le duc d'Harcourt se joignit à ce mouvement imprudent, avec toute la maison du roi, qui chargea avec une ardeur plus vive que réglée ou soutenue. Le duc de Chartres, le comte de Clermont, le prince de Dombes, le comte d'Eu, le duc de Penthièvre signalèrent la valeur dont les princes de la maison royale avoient de tout temps donné l'exemple; mais en se jetant en avant, les Français s'étoient placés entre le feu des formidables batteries qu'ils avoient eux-mêmes dressées au delà du Mein et celles des ennemis. Ils ne purent se maintenir long-temps sous ce feu croisé. La bataille étoit gagnée avant leur attaque; elle fut perdue dès l'instant où ils s'engagèrent eux-mêmes sur le terrain où ils devoient détruire leurs ennemis. Noailles fut bientôt obligé de repasser le Mein, après avoir laissé cinq mille hommes sur le champ de bataille de Dettingen. (1)

« Le roi d'Angleterre, suivant Frédéric II,
« se tint pendant toute la bataille devant son
« bataillon hanovrien, le pied gauche en arrière,
« l'épée à la main, et le bras étendu, à peu près
« dans l'attitude où se mettent les maîtres d'es-
« crime pour pousser la quarte. Il donna des
« marques de valeur, mais aucun ordre relatif à
« la bataille. Le duc de Cumberland (son second
« fils) combattit avec les Anglais, à la tête des
« gardes. Il se fit admirer par sa bravoure et par
« son humanité. Blessé lui-même, il voulut que
« le chirurgien pansât avant lui un prisonnier
« français criblé de coups. Les alliés ne songè-
« rent point à poursuivre les Français; ils ne
« pensèrent qu'à trouver des subsistances, dans

---

(1) Mém. de Noailles, T. III, p. 310. — Voltaire, Siècle de Louis XV, chap. 10, p. 107. Nous commençons ici à faire usage de la relation très-détaillée qu'il a faite de cette guerre, avec l'intention marquée de flatter le roi et la nation, mais d'après des documens officiels. — Soulavie, T. VI, ch. 22, p. 286. — Lacretelle, T. II, L. VII, p. 259. — Coxe, Maison d'Autriche, ch. 104, p. 96. — *Lord Mahon*, T. III, ch. 25, p. 252.

« leurs magasins de Hanau. Ce qu'il y eut de
« fort extraordinaire, c'est qu'après cette bataille
« gagnée, le lord Stairs pria par un billet le
« maréchal de Noailles d'avoir soin des blessés
« qui se trouvoient sur le champ de bataille que
« les vainqueurs abandonnoient. » (1)

Après la bataille, le maréchal de Noailles se retira derrière le Speyerbach, où il passa une partie de la campagne; il abandonna ensuite cette position pour se rapprocher de Landau, et se trouver à portée de soutenir le maréchal de Coigny, qui avoit remplacé le maréchal de Broglie dans le commandement de l'armée du Rhin, et qui voyoit sa ligne menacée par l'armée du prince Charles de Lorraine. Noailles avoit voulu confier la défense de l'Alsace au comte Maurice de Saxe, mais Louis XV avoit objecté qu'il étoit huguenot, qu'il étoit insouciant, qu'il songeoit plus à recouvrer son duché de Courlande qu'à défendre la France, et peu s'en fallut qu'il ne dégoûtât ce guerrier, le seul homme de génie qui s'élevât alors dans les armées de la France. En même temps Noailles et Coigny étoient peu d'accord, et si George II eût mieux entendu l'art de la guerre, ou s'il se fût montré plus entreprenant, la frontière française auroit été exposée à de grands désastres ; d'autant plus

(1) Frédéric II, Hist. de mon Temps, T. II, ch. 8, p. 29.

que les bandes farouches sorties de la Hongrie étoient parvenues jusque sur le Rhin, et que le chef de ces barbares, le colonel Mentzel, dans des proclamations qu'il adressoit aux habitans de l'Alsace et de la Lorraine, leur annonçoit que s'ils essayoient de se défendre contre les armes de sa *très-gracieuse souveraine* la reine de Hongrie, il les traiteroit comme des rebelles; les villages, disoit-il, seroient détruits par le fer et le feu, et les paysans punis corporellement, en les faisant pendre ou mutiler. La retraite du roi George, qui fut surtout déterminée par des dissensions assez vives entre les Anglais et les Hanovriens réunis dans son camp, sauva seule les provinces frontières des atrocités de ces barbares. D'autres Français qui, laissés dans Egra, avoient été forcés de capituler après y avoir soutenu un siége de trois mois, éprouvèrent dans leur captivité de Hongrie combien sont malheureux les braves qui tombent au pouvoir d'un ennemi sans pitié. (1)

La France, dans cette campagne, ne prenoit point encore une part bien directe à la guerre d'Italie: d'ailleurs les avantages y furent balancés. L'impétueuse reine d'Espagne Élisabeth,

---

(1) Mém. de Noailles, T. III, L. IV, p. 314 et suiv. 325-330. — Soulavie, T. VI, ch. 22, p. 290-302. — Frédéric II, Hist. de mon Temps, T. II, ch. 8, p. 38. — *Lord Mahon*, ch. 25, p. 263.

qui avoit mis à la tête de l'armée de son mari et de son fils le général Gages, Flamand, pour remplacer le duc de Montemar, lui envoya tout-à-coup l'ordre d'attaquer sous trois jours l'armée réunie des Autrichiens et des Piémontais, ou de donner sa démission. Un tel ordre envoyé de Madrid en Italie peint bien cette violence de caractère que les femmes, lorsqu'elles sont maîtresses des destinées d'une nation, prennent souvent pour de la résolution. Gages n'avoit plus l'armée respectable, du moins par le nombre, qui dans la campagne précédente avoit été sous les ordres du duc de Montemar. Il avoit été affoibli par la retraite des troupes siciliennes. Le 10 août 1742, l'amiral Martin avoit paru devant Naples avec six vaisseaux anglais de soixante canons, six frégates, et deux galiotes à bombes. Il avoit déclaré qu'il venoit pour brûler cette belle capitale, à moins que le roi des Deux-Siciles ne renonçât à l'alliance de son père le roi d'Espagne; et mettant sa montre sur le tillac, il avoit déclaré qu'il ne donnoit au roi que deux heures pour se déterminer. Naples n'étoit pas plus fortifiée du côté de la mer que du côté de terre; ses souverains n'avoient jamais voulu courir la chance d'exposer une population si nombreuse aux malheurs de la guerre, et quand une bataille étoit perdue aux frontières du royaume, Naples ouvroit ses portes; mais ce recours à l'humanité du vainqueur ne pouvoit sauver une population désarmée des violences de la flotte anglaise (1). Cette flotte ne s'avançoit pas pour conquérir, pour occuper militairement, mais pour détruire. Les marins ne sont point témoins des horreurs qu'ils commettent, ils procèdent sans remords au bombardement d'une ville qui ne peut ni ne veut se défendre, parce qu'ils ne voient que les édifices qu'ils dévouent à l'incendie, et non les femmes et les enfants qui périssent dans les flammes. Le roi des Deux-Siciles n'avoit d'autre parti à prendre que celui de la soumission ; il fallut céder immédiatement à la menace, accepter l'armistice, et rappeler le duc de Castro Pignano avec les troupes napolitaines du camp espagnol. (2)

Le comte de Gages obéit cependant à l'ordre que lui avoit transmis la fougueuse Élisabeth ; il s'étoit rapproché de la Lombardie quand il avoit

---

(1) Munich, Prague, Dresde, Hanovre, Berlin, Milan, et d'autres capitales encore, tombèrent, dans le cours de cette guerre et de la suivante, au pouvoir des ennemis de leur souverain. Aucun ne proféra la barbare et honteuse menace de brûler les villes, si leur souverain ne se conformoit pas à la volonté de ses ennemis.

(2) Botta, *Storia d'Italia*, T. IX, L. XLIII, p. 37. — Colletta, *Storia di Napoli*, L. I, ch. 39, p. 109. — Muratori, *Annali*, p. 354. — Voltaire, Siècle de Louis XV, ch. 8, p. 96. — Lord Mahon, *Hist. of England*, T. III, ch. 24, p. 230.

cru le roi de Sardaigne occupé au delà des monts, et au mois de janvier 1743 il étoit à Bologne. Traun avec les Autrichiens, Aspremont avec les Piémontais, avoient pris leurs quartiers dans l'État de Modène, et le long du Panaro. Le froid étoit très-rigoureux, la lune dans son plein. Gages voulant dérober au maréchal autrichien la connoissance du mouvement qu'il méditoit, feignit une grande colère contre un voleur qu'il déclara vouloir saisir à tout prix, et pour l'atteindre il ordonna de tenir fermées jour et nuit les portes de Bologne; tout-à-coup il en sortit le 2 février à l'aube du jour, se dirigeant sur le Panaro, où il se flattoit de surprendre ses ennemis, mais il les trouva sur leurs gardes. Les deux armées manœuvrèrent pendant les jours suivans, cherchant à saisir l'une sur l'autre quelque avantage. Toutes deux souffrirent cruellement de ce froid rigoureux; enfin Traun attaqua les Espagnols le 8 février, à Campo-Santo; la bataille fut acharnée, elle se prolongea au clair de la lune jusqu'à trois heures après le coucher du soleil; le nombre des morts fut considérable des deux côtés; les deux armées se séparèrent enfin, sans qu'on pût décider à laquelle étoit demeuré l'avantage; mais les suites de la bataille furent fatales aux Espagnols. Le comte de Gages en se retirant au travers de la Romagne vit son armée se fondre en quelque sorte sous ses étendards, par la désertion et la maladie. (1)

De son côté le roi de Sardaigne ne retiroit aucun avantage de la bataille du Panaro, ou de la foiblesse à laquelle étoit réduite l'armée espagnole. Il demandoit de connoître enfin quelle récompense lui assureroit l'Autriche, en retour de sa coopération. Mais Marie-Thérèse trouvoit que les promesses ne convenoient à sa politique que dans les temps de détresse; dès que ses affaires commençoient à prospérer, elle se refusoit à se dessaisir ou de ce qu'elle occupoit, ou de ce qui avoit appartenu à son père. Le marquis d'Orméa, ministre de Sardaigne, la pressoit sur l'accomplissement de ses engagemens; le ministère britannique lui représentoit que l'alliance seule de la Savoie pouvoit assurer le succès de ses armes; mais elle répondoit: « L'Angleterre « veut me conduire de sacrifice en sacrifice : si « je cède à ce qu'on me demande, ce qui me res- « tera en Italie ne vaudra plus la peine d'être « défendu, et l'alternative que l'on me présente « est celle d'être dépouillée par l'Angleterre ou « par la France » (2). A la fin le roi de Sardaigne

(1) *Botta*, L. XLIII, p. 23. — *Muratori*, p. 360. — Coxe, Maison d'Autriche, ch. 104, p. 102. — *Id.* Bourbons d'Espagne, ch. 45, p. 483.

(2) Dépêches de sir Thomas Robinson, *apud* Coxe, Maison d'Autriche, ch. 104, p. 103.

perdit patience, et il annonça que, comme il s'en étoit réservé la faculté, il alloit contracter alliance avec la maison de Bourbon. Cette menace seule put arracher à Marie-Thérèse son consentement, d'autant plus que ses ministres lui suggérèrent qu'elle pourroit contenter le roi de Sardaigne en lui cédant ce qui n'étoit point à elle. Le 2 septembre 1743, le baron de Wasner, plénipotentiaire autrichien, signa à Worms une alliance offensive et défensive entre la maison d'Autriche, la Grande-Bretagne et la Sardaigne. Par ce traité, l'Autriche cédoit à la maison de Savoie le haut Novarèse, le Milanais d'outre Pô, et le Plaisantin jusqu'au bord de la Nura; elle l'autorisoit en même temps à se faire restituer le marquisat de Finale, que l'Autriche avoit vendu à la république de Gênes, et qui ouvroit au Piémont une communication importante avec la mer. A ces conditions Charles-Emmanuel renonçoit à ses prétentions sur tout le reste du Milanais, et s'engageoit à le défendre avec quarante-cinq mille hommes, auxquels l'Autriche promettoit d'en joindre trente mille. L'Angleterre, de son côté promettoit d'appuyer les alliés avec la flotte qu'elle entretiendroit dans la Méditerranée; de payer au roi de Sardaigne un subside annuel de deux cent mille livres sterling, et de plus de lui en payer immédiatement trois cent mille, pour le mettre en état de rembourser à la république de Gênes le capital qu'elle avoit déboursé pour l'acquisition de Finale. (1)

Lorsqu'on reçut en France la nouvelle de cette alliance, on sentit la nécessité de resserrer les liens qui unissoient les cours de Versailles et de Madrid, et un traité d'alliance offensive et défensive fut signé à Fontainebleau, le 25 octobre 1743, entre M. Amelot, secrétaire d'État aux affaires étrangères, et le prince de Campo-Florido, ambassadeur d'Espagne. Ce fut seulement alors que se trouva réalisée cette union des deux monarchies que Louis XIV s'étoit proposée quarante ans auparavant. C'étoit un premier pacte de famille, quoique ce nom ait été plus spécialement réservé au traité conclu en 1761, en confirmation et comme développement de celui-ci. Les diverses branches de la maison de Bourbon se garantissoient réciproquement leurs États, par un engagement qui devoit être perpétuel. Le but principal de ce pacte étoit d'assurer à l'infant Don Philippe, comme établissement en Italie, les duchés de Milan, de Parme et de Plaisance. La France promettoit de faire agir du côté des Alpes une armée de trente-cinq bataillons d'infanterie et de trente escadrons, pour seconder cet infant; de déclarer la guerre à

(1) Coxe, Hist. de la maison d'Autriche, ch. 104, p. 104. — Botta, *Storia d'Italia*, T. IX, L. XLIII, p. 25. — *Muratori*, ad Ann., 1743, p. 365.

la Sardaigne, et la déclarer aussi à l'Angleterre, car jusqu'alors ces deux puissances avoient combattu comme auxiliaires de leurs alliés, et non comme parties principales. La France promettoit de diriger ses efforts pour faire recouvrer au roi d'Espagne Gibraltar et le port Mahon, et pour mettre l'Amérique espagnole à l'abri de la contrebande anglaise. Afin de donner plus de dignité à leur alliance, les deux puissances convenoient d'y faire intervenir aussi l'empereur Charles VII (1). Ce n'étoit pas cependant sans regret que Louis XV se lioit si intimement avec l'Espagne; on avoit eu le temps d'éprouver quelle étoit la politique de ce cabinet, et combien son alliance étoit onéreuse. Lorsque l'année suivante le marquis d'Argenson fut appelé au ministère des affaires étrangères, il dit au roi, « que tant que Philippe V vivroit, et que sa « femme gouverneroit, il seroit difficile de con-
« clure la paix générale de concert avec l'Es-
« pagne, parce que dans cette cour on ne pro-
« portionnoit jamais les moyens avec la fin;
« qu'on n'y songeoit qu'à ses propres intérêts,
« grossièrement, durement, et sans aucun
« égard à ceux des autres; que tout y chemi-
« noit par le conseil des passions d'orgueil,

---

(1) Ce traité a été imprimé pour la première fois par Flassan, T. V, p. 172.

1743.   « d'avidité et de vengeance » (1). Et Louis XV lui répondit qu'il savoit combien la reine d'Espagne étoit déraisonnable, et que c'étoit malgré lui qu'il avoit signé le traité de Fontainebleau, qui l'engageoit à des conquêtes impossibles.

1744.   Cependant ce traité s'exécutoit : Louis XV déclara la guerre au roi de Sardaigne le 30 septembre 1743, et à l'Angleterre le 15 mars 1744. Il reprochoit aux Piémontais d'avoir rompu l'alliance contractée le 18 mai 1741; aux Anglais, d'avoir mis obstacle aux négociations de paix avec l'Autriche, d'avoir commis sur mer des violences contre les vaisseaux français, et à George II d'avoir violé la convention de neutralité du Hanovre, d'octobre 1741. Les réponses de ces cabinets furent beaucoup plus amères et plus violentes. George II n'épargnoit pas à Louis XV les reproches de mauvaise foi et de perfidie. De semblables reproches lui furent encore attirés par une troisième déclaration de guerre, du 26 avril 1744, contre la reine de Hongrie ; jusquelà le roi prétendoit n'avoir agi que comme allié de l'empereur Charles VII, pour l'aider à soutenir les droits qu'il tenoit de sa mère à la succession d'Autriche. C'étoit, disoit-il, l'obstination de la reine à repousser tout projet d'arrangement, qui

---

(1) Flassan, Hist. de la diplomatie française, T. V, p. 237. — Mém. du marquis d'Argenson, p. 358.

forçoit Louis XV à devenir désormais partie principale dans la guerre. Le ministre de France fit aussi le 19 mai une déclaration à la diète de Ratisbonne, pour l'assurer qu'il ne se proposoit que l'indépendance de l'empereur et de l'Empire, mais avec quelque art que tous ces manifestes fussent écrits, ils ne pouvoient prévaloir contre le bon droit; la France n'avoit eu aucun motif ni juste ni raisonnable pour précipiter l'Europe dans cette guerre, et les réponses de ses adversaires avoient toujours sur ses écrits l'avantage de la vérité et de la force du raisonnement. (1)

Vers cette époque un changement s'étoit opéré dans les conseils du roi, et Louis XV prenoit désormais une part beaucoup plus réelle à l'administration des affaires. Il ressentoit pour la duchesse de Châteauroux, un amour plus vrai qu'on ne l'avoit cru jusqu'alors capable d'éprouver. Dans cette liaison le sentiment avoit pris la place du libertinage. Il étoit à peu près fidèle à cette nouvelle maîtresse, et à sa sœur la duchesse de Lauraguais, au lieu de se partager, comme il l'avoit fait jusqu'alors, entre toutes les femmes qui cherchoient à lui plaire. Depuis que son cœur étoit touché, des pensées plus nobles sembloient y être entrées. Mme de Châteauroux

---

(1) Voyez l'extrait de ces divers manifestes dans Flassan, T. V, p. 186 à 198.

avoit une certaine élévation dans le caractère, elle étoit fière, elle avoit beaucoup de dignité dans les manières, elle avoit aussi du bon sens et du jugement, et elle vouloit se faire pardonner sa faveur en engageant son amant à remplir enfin son rôle de roi, à comprendre et à diriger ses affaires, à se montrer aux armées, et à ne pas souffrir plus long-temps l'humiliation de la France.

Après la mort de Fleury, lorsqu'on avoit vu le roi se refuser à prendre connoissance du gouvernement, on avoit cru que le cardinal de Tencin remplaceroit son confrère à la tête du ministère; et il est probable que Fleury le croyoit lui-même. Tencin, à son entrée dans la carrière ecclésiastique, avoit eu à soutenir un procès, comme simoniaque, qui auroit perdu un homme moins effronté que lui; on l'avoit aussi accusé d'escroquerie dans ses relations avec Law, auquel il dut sa fortune, et d'inceste pour l'amitié intime qui l'unissoit à sa sœur. Peu de prêtres, dans ce siècle de déréglement, avoient montré moins de respect pour le caractère sacerdotal. Mais il étoit résolu à parvenir, il s'étoit voué, dans ce but, au parti des constitutionnaires, ou molinistes; il s'étoit signalé dans la persécution des jansénistes, et la cour de Rome reconnoissante l'avoit aidé à faire son chemin. Dubois lui avoit donné l'archevêché d'Embrun,

en le nommant en 1724 chargé d'affaires à
Rome. Le Prétendant lui avoit fait avoir en 1739
le chapeau de cardinal, et la même année il
avoit obtenu l'archevêché de Lyon. A son retour de Rome en 1742, il avoit été nommé par
Fleury ministre d'État, mais les autres ministres
ses collègues étoient jaloux de lui, et ne vouloient pas lui permettre de s'élever au-dessus
d'eux; il semble aussi que le roi n'avoit pas de
goût pour lui; on ne lui vit acquérir aucun
crédit, et en 1752 il finit par quitter la cour,
pour se retirer à son archevêché de Lyon. Il
mourut en 1758. (1)

Le maréchal de Noailles sembloit alors l'homme
qui obtenoit le mieux l'oreille du roi, et qui
s'attachoit le plus à lui faire prendre goût aux
affaires. Dans une lettre du 20 décembre 1743,
il écrivoit au roi que la première source des
malheurs déjà essuyés, c'est que le gouvernement n'avoit eu jusqu'alors ni principes ni objets
fixes, en sorte que l'on avoit délibéré lorsqu'il
falloit agir; que la seconde, due en partie à
la première, étoit le discrédit du gouvernement dans les pays étrangers, et l'éloignement
marqué de plusieurs puissances pour contracter
avec lui. Noailles conjuroit le roi d'y mettre
ordre; de parler, de décider, de prescrire à

(1) Biographie universelle, T. XLV, p. 126.

ses ministres ce qu'ils devoient faire, d'exiger d'eux ce plan général auquel toutes les opérations particulières doivent se rapporter. « Ce « seroit, dit-il, la fonction d'un premier mi- « nistre, si Votre Majesté avoit la foiblesse d'en « avoir un, et qu'elle ne voulût pas, comme « elle le doit, s'en servir à elle-même » (1). Tel étoit aussi le langage que lui tenoient ceux des autres ministres qui osoient lui parler avec le plus de franchise, mais qui tous devoient partir de la supposition que Louis XV avoit en lui toutes les grandes qualités, toute la force de caractère de Louis XIV, et qu'il s'agissoit seulement de leur donner l'essor. La suite dut faire sentir à Noailles lui-même qu'on n'a rien quand on a dit à un roi : « Ayez seulement des connoissances étendues, de l'énergie de volonté et du génie, plutôt que de vous soumettre à suivre le conseil d'autrui. »

Louis XV avoit cependant pris la résolution de se rendre à son armée dans la campagne suivante, et Noailles, pour qu'il pût la faire avec succès, travailloit à lui trouver des alliés en Allemagne. L'élection de Charles VII avoit été unanime et parfaitement légale, aussi le corps germanique se sentoit-il humilié et compromis par la prétention de Marie-Thérèse qui vouloit

---

(1) Mém. de Noailles, T. III, L. V, p. 344.

faire annuler cette élection, et qui, après avoir dépouillé le chef de l'Empire de tous ses États, le retenoit en exil. Noailles vouloit profiter de cette disposition des princes de l'Allemagne, et les engager dans une ligue avec la France, pour maintenir l'indépendance du chef de leur confédération. Le marquis de Chavigny fut envoyé dans ce but à la cour impériale; il arriva à Francfort le 21 octobre 1743. Il ne tarda pas à reconnoître que le roi d'Angleterre avoit agi fortement pour attirer Charles VII dans une ligue contre la France ; on lui offroit la restitution de ses États, pourvu qu'il renonçât à ses droits sur la succession autrichienne, et qu'il s'unît aux alliés, lui et l'Empire. On lui proposoit même d'échanger la Bavière contre l'Alsace, la Franche-Comté et la Lorraine, dont on formeroit un royaume après les avoir conquises. On lui eût prodigué l'argent, et il manquoit de tout. Sa cour affamée désiroit en général qu'il embrassât ce parti. Il prétendoit lui-même avoir des griefs contre la France, et la négociation sembloit tendre à une rupture plutôt qu'à une conciliation (1). Tout se réduisit bientôt cependant à une question d'argent. Charles VII demandoit cinq millions six cent mille livres pour les seules dépenses de sa cour, et il laissoit au

1744.

(1) Mém. de Noailles, T. III, L. V. p. 346.

roi le pouvoir de déterminer le nombre de ses troupes que la France devroit payer aussi. Louis XV offrit dix millions en tout par année; ce fut un coup de foudre pour l'empereur qui prétendoit qu'on le réduisoit ainsi à n'avoir qu'une escorte au lieu d'une armée, et qu'il n'auroit d'autre parti à prendre que de chercher à se faire tuer. Toutefois le ministère français, qui n'étoit que médiocrement content de l'armée bavaroise, aimoit mieux employer l'argent dont il étoit assez à court, à entretenir l'armée du roi, que celle de son allié.

Mais Chavigny, pendant son séjour à Francfort, s'étoit assuré que plusieurs princes d'Allemagne étoient disposés à s'unir contre la reine de Hongrie, pourvu qu'on leur donnât des subsides. Le prince Guillaume de Hesse, en se déclarant le premier, devoit donner le mouvement à d'autres plus puissans que lui. Il avoit dix mille hommes à la solde de l'Angleterre, mais il étoit prêt à changer de parti (1). Le roi de Prusse, inquiet et jaloux des progrès de la reine de Hongrie, étoit disposé à reprendre les armes, pourvu qu'il fût assuré que la France montreroit de la vigueur. Il proposoit une confédéra-

(1) Le prince Guillaume de Hesse gouvernoit le landgraviat pour son frère Frédéric devenu roi de Suède; il lui succéda en 1751. Il avoit déjà marié son fils à une fille de George II. Art de vérifier les dates, T. XVI, p. 19.

tion entre lui, l'empereur, l'Électeur palatin et le landgrave de Hesse, mari de la reine de Suède, dont le but seroit de maintenir les constitutions de l'empire et la paix de Westphalie, et de terminer ou à l'amiable ou par voie juridique les différends sur la succession d'Autriche. La ligue étoit sur le point de se conclure lorsqu'on apprit à Francfort une nouvelle ignorée du négociateur français, et qui confirmoit bien ce que Noailles avoit dit au roi du manque d'accord et de principes dans son ministère. Le fils du Prétendant, le prince Charles-Édouard Stuart, étoit parti de Rome pour Antibes, au commencement de cette année, appelé par le cardinal de Tencin; il continuoit rapidement son voyage au travers de la France, et il alloit, secondé par le comte Maurice de Saxe, tenter un débarquement en Angleterre, pour en chasser la maison de Hanovre. Les alliés que la France cherchoit alors à s'attacher étoient les princes protestans de l'Allemagne. Ils vouloient bien contenir la maison d'Autriche, mais ils n'avoient garde de vouloir également renverser le trône de la maison de Hanovre en Angleterre, y rétablir la religion catholique, et lui donner ainsi en Europe une redoutable prépondérance. Le roi de Prusse et le prince Guillaume de Hesse firent éclater leur mécontentement, et, par sa dépêche du 15 mars, Chavigny annonça à

Noailles que l'alliance de l'Allemagne lui paroissoit comme perdue. (1)

Tencin avoit dû sa promotion à la maison de Stuart, il avoit dès lors conservé des relations intimes avec elle, et avec tout le parti jacobite. C'étoit en même temps une bonne note qu'il se faisoit à la cour de Rome, toujours occupée de ramener l'Angleterre sous la domination de l'Église. Les circonstances lui paroissoient favorables ; Louis XV, autant qu'on pouvoit reconnoître en lui quelque sentiment, avoit de la bienveillance pour ses cousins de la maison de Stuart, et un vif ressentiment contre George II ; aux yeux de ceux qui ne connoissent point les gouvernemens libres, le trône de George paroissoit ébranlé par la violence des dissensions civiles et la hardiesse de l'opposition. Le chef du ministère, lord Wilmington, étoit mort le 2 juillet. Henri Pelham, qui l'avoit remplacé, étoit un élève et une image affoiblie de Walpole qui lui procura cette place (2). Chesterfield et Pitt, les chefs de l'opposition, avoient dénoncé ce nouveau ministère comme lâchement vendu aux caprices du roi, et à sa politique toute hanovrienne. Le traité de subsides avec la Sardaigne, la paye assurée à seize mille

---

(1) Mém. de Noailles, L. V, p. 351.
(2) *Lord Mahon*, T. III, ch. 25, p. 268.

hommes de troupes hanovriennes étoient le sujet de déclamations journalières, et les invectives contre le roi hanovrien sembloient être devenues un cri national. D'autre part, Charles-Édouard Stuart, alors âgé de vingt-quatre ans, se faisoit remarquer par beaucoup de qualités brillantes, un courage héroïque, une grande force de corps, une figure charmante, et les manières les plus prévenantes. Son éducation avoit été étrangement négligée, et soit en français, en anglais ou en italien, il n'écrivoit pas un mot d'orthographe, mais il avoit l'énergie qui avoit toujours manqué à son père, et au moment où il se préparoit à réclamer le trône de ses pères, aucun prétendant ne paroissoit mieux fait pour obtenir des succès (1). Le comte Maurice de Saxe, revenu vers le milieu de novembre de l'armée du maréchal de Noailles, étoit chargé de commander l'expédition. Quinze mille vieux soldats avoient été assemblés sous ses ordres à Lille et à Valenciennes; de nombreux transports étoient réunis dans les ports du canal de la Manche; deux escadres parties de Rochefort et de Brest devoient les protéger; Charles-Édouard étoit arrivé à Gravelines où il se cachoit sous un nom supposé; il n'avoit jamais pu, à son passage à Paris, obtenir d'être présenté au

---

(1) *Lord Mahon*, T. III, ch. 26, p. 279.

roi. Les Anglais savoient qu'il s'étoit approché des côtes, mais leurs espions l'avoient entièrement perdu de vue du 20 janvier au commencement de mars, et personne ne pouvoit deviner où il étoit. L'amiral Roquefeuille avoit enfin réuni les deux escadres de Brest et de Toulon; il s'étoit approché des côtes d'Angleterre, et arrivé en face de l'île de Wight, ayant reconnu qu'il n'y avoit point de vaisseaux à Spithead, il crut que toute la flotte anglaise étoit entrée dans le havre de Portsmouth. Il envoya donc un vaisseau léger à Dunkerque, pour annoncer que le moment étoit favorable.

L'embarquement se fit avec rapidité; le prince et le comte de Saxe montèrent sur le même vaisseau. Onze bataillons, avec une grande quantité d'armes et d'équipemens, étoient déjà à bord des transports, lorsqu'une tempête, qui s'éleva dans la nuit, suspendit ces préparatifs. Pendant ce temps, l'amiral sir John Norris, qui au lieu d'être à Portsmouth, comme le supposoit Roquefeuille, avoit fait le tour des Dunes, parut tout-à-coup avec une flotte de vingt-et-un vaisseaux de ligne à deux lieues de Dungeness où l'amiral français avoit jeté l'ancre. S'il avoit attaqué à l'instant même, il auroit probablement détruit la flotte française qui étoit beaucoup plus foible. Mais le jour baissoit, il crut pouvoir attendre au lendemain, et le lendemain Roquefeuille avoit disparu, tandis que la tempête, qui s'étoit levée pendant la nuit, rendit la poursuite impossible. Cette même tempête fit échouer plusieurs des transports et causa beaucoup de dommage à la flotte qui devoit porter le prince Charles-Édouard; toutefois il n'y eut que peu de monde de perdu, mais l'expédition étoit manquée, elle ne pouvoit plus se tenter en présence d'une flotte supérieure qui surveilloit Dunkerque. Charles-Édouard fut obligé de renoncer pour cette année à ses espérances, et Maurice de Saxe, de retour à Paris, fut nommé maréchal de France le 26 mars 1744. (1)

Mais dès que la dispersion de la flotte française eut fait renoncer le fils du Prétendant à son entreprise, Noailles engagea Chavigny à poursuivre ses négociations avec les princes allemands, à leur représenter les préparatifs faits à Dunkerque comme une diversion utile qui n'avoit point de chance de renverser George II de son trône, mais qui lui avoit fait éprouver cependant le juste ressentiment du roi de France, qui l'avoit contraint de rester en Angleterre lors-

---

(1) *Lord Mahon*, ch. 26, p. 294. — D'Espagnac, Hist. du maréchal de Saxe, T. I, p. 394. —Selon Smollett, ce fut le 24 février. *Hist. of Engl.* T. XVI, ch. 8, § VI, p. 138.— Sans doute, selon l'ancien calendrier, car le 5 mars Noailles attendoit encore l'événement. Mém. de Noailles, T. III, p. 354.

qu'il avoit compté passer sur le continent, et qui lui avoit fait rappeler six mille Anglais et six mille Hollandais de l'armée de Flandre, retenus près de Londres sous les ordres de lord Stairs, ce qui affoiblissoit d'autant l'armée alliée. Le roi de Prusse admit pour bonnes ces raisons. Il annonça que pourvu que la France agît avec vigueur, qu'elle entreprît immédiatement le siége de Fribourg en Brisgaw, qu'elle fît marcher une puissante armée en Westphalie pour menacer ou occuper le Hanovre, qu'une autre armée s'avançât en Bavière pour y rétablir l'empereur, il marcheroit à la tête de quatre-vingt mille hommes pour la seconder; sur ces bases, un traité *d'union confédérale* entre l'empereur Charles VII, le roi de Prusse comme électeur de Brandebourg, l'Électeur palatin, et le roi de Suède comme landgrave de Hesse-Cassel, fut signé à Francfort le 22 mai 1744. Les alliés déclaroient avoir pour but le rétablissement de la paix en Allemagne; ils s'engageoient à agir auprès de la reine de Hongrie pour lui faire reconnoître l'empereur et accepter une trêve dans l'empire. Ils se garantissoient réciproquement leurs États, et ils invitoient les autres puissances, entre autres le roi de France, comme garant de la paix de Westphalie, à se joindre à leur union. Marie-Thérèse vouloit s'approprier la Bavière, elle avoit exigé des habitans qu'ils lui prêtassent serment de fidélité; elle méditoit de grandes conquêtes en France et en Italie; elle ne dissimuloit pas son intention de reprendre la Silésie au roi de Prusse, et George II, avec qui elle s'en étoit expliquée, lui avoit répondu : « Madame, « ce qui est bon à prendre est bon à rendre. » (1)

Frédéric II étoit trop clairvoyant pour ne pas comprendre à quoi l'exposeroit l'écrasement de la France; Voltaire, dont il avoit recherché l'amitié, et avec lequel il entretenoit une correspondance assidue, avoit eu une mission secrète auprès de lui pour le rattacher aux intérêts français; Frédéric insistoit cependant pour que Louis XV s'assurât de l'amitié de la Russie et de la Suède afin de lui ôter toute crainte d'être attaqué par derrière lorsqu'il marcheroit contre l'Autriche. Alors il annonçoit que si la Saxe balançoit à entrer dans la confédération, il s'avanceroit dans cet électorat et proposeroit le choix, ou d'embrasser la ligue, ou de désarmer les troupes. Une fois assuré de la Saxe, il vouloit aller droit à Prague, qui ne pouvoit faire beaucoup de résistance; de là s'approcher de l'armée impériale, se porter même jusqu'à Vienne, et ne point s'arrêter qu'il n'eût contraint Marie-Thérèse

---

(1) Flassan, T. V, p. 211. — Mém. de Noailles, T. III, p. 355. — Frédéric II, Hist. de mon Temps, T. II, ch. 9, p. 51 et 59. — Coxe, maison d'Autriche, T. V, ch. 105, p. 113.

à accepter la paix. Il ne demandoit, comme compensation de ses dépenses et de ses dangers, que le cercle de Konigsgratz en Bohême. Pour concerter toutes ces mesures, il envoya le comte de Rothenbourg en France. La duchesse de Châteauroux prit occasion de l'arrivée de cet ambassadeur pour faire renvoyer du ministère des affaires étrangères M. Amelot, qui lui étoit désagréable à cause de son bégaiement. On prétendit que le roi de Prusse avoit demandé son éloignement. La France n'y perdoit rien : c'étoit un ministre de peu de talent qui avoit fait de M. de Maurepas son oracle; et celui-ci prenoit pour règle de sa politique les volontés de la reine d'Espagne, qui par la violence de son caractère, son ambition toute personnelle et son indifférence pour les intérêts d'autrui, ne pouvoit exercer qu'une influence pernicieuse sur les conseils de la France. Amelot fut destitué le 26 avril. Louis XV déclara qu'il tiendroit lui-même le portefeuille des affaires étrangères. Il persista six mois dans cette résolution, ou plutôt il en laissa tout aussi long-temps la direction au maréchal de Noailles. (1)

Louis XV étoit alors âgé de trente-quatre ans;

(1) Flassan, T. V, p. 202. — Noailles, T. III, p. 355. — Besenval, T. I, p. 31. — Voltaire, Mém. T. I, p. 248. — D'Argenson, p. 375. — Frédéric II, Hist. de mon Temps, T. II, ch. 9, p. 75.

il étoit dans cette période de la vie où même les caractères les plus mous sentent une vigueur surabondante qui les appelle à l'action. Mme de Châteauroux s'efforçoit de lui persuader qu'il ne dépendoit que de lui de s'éveiller du sein des voluptés pour se montrer un héros et marcher sur les traces de Louis XIV. Le comte d'Argenson, auquel il avoit confié le ministère de la guerre, y avoit déployé de la vigueur et du talent, et malgré l'humiliation de la précédente campagne, il promettoit de mettre sous les ordres du roi une belle armée. Lui aussi il pressoit Louis XV de se mettre à la tête de ses troupes, soit qu'il se figurât qu'il développeroit dans cette situation nouvelle des talens jusqu'alors inconnus, ou qu'il comptât seulement que la présence du roi ranimeroit l'ardeur du soldat, et qu'elle exciteroit les gentilshommes qui l'approchoient à se distinguer à ses yeux par des actions d'éclat. En effet, la France qui jusqu'alors avoit paru étrangère à la guerre et à la politique, comme s'il ne s'agissoit pas de ses propres affaires, s'enflamma tout-à-coup d'une ardeur martiale et patriotique, lorsqu'elle apprit que Louis XV étoit parti le 3 mai pour l'armée. Paris, où depuis long-temps on n'avoit entendu d'autres nouvelles que celles du théâtre, de la littérature ou des intrigues galantes, porta aussitôt toute son attention sur la guerre, dans la persuasion que c'étoit pour lui que son roi alloit se battre.

Mais dès l'instant que Louis XV se rendoit aux armées, le ministre se croyoit obligé, non point tant de diriger les opérations de manière à assurer le plus grand avantage à la France et à ses alliés, mais d'assurer les succès de l'armée où seroit le roi, et de faire que sa campagne fût brillante. Par une vive attaque sur le Rhin, Louis pouvoit humilier la maison d'Autriche, seconder l'empereur dans sa rentrée en Bavière, et le roi de Prusse dans son expédition contre la Bohême : on persuada à Louis XV d'attaquer plutôt les Pays-Bas. C'étoit la frontière où la supériorité des Français dans les armes du génie et de l'artillerie pouvoit leur garantir des conquêtes avec le plus de certitude ; car le succès des siéges avec cette supériorité peut se calculer d'avance, tandis que les grandes manœuvres de la stratégie, tout comme le gain des batailles, demandent une inspiration du génie qui avoit manqué même à Louis XIV. La neutralité des Pays-Bas autrichiens, garantie par le traité de Bavière, avoit été respectée jusqu'alors. Les Hollandais, il est vrai, avoient, selon leurs engagemens, fourni à l'impératrice un corps auxiliaire de vingt mille hommes qui n'avoit point eu encore occasion de combattre; mais ils ne se considéroient point comme en guerre avec la France. D'autre part, leur barrière des Pays-Bas se trouvoit affoiblie par le rappel en Angleterre de douze mille hommes qui auroient dû garder cette frontière, et qu'on avoit embarqués en conséquence de l'expédition projetée par le prince Édouard. (1)

On assuroit qu'à l'ouverture de cette campagne, l'armée avec laquelle Louis XV marchoit en Flandre, ayant sous lui les deux maréchaux de Noailles et de Saxe, étoit de quatre-vingt mille hommes, que le maréchal de Coigny en avoit cinquante mille sur le Rhin, le duc d'Harcourt dix mille sur la Moselle, et le prince de Conti vingt mille sur la frontière du Piémont. Le roi étoit accompagné par le marquis de Meuse et le duc de Richelieu, jusqu'alors plus accoutumés à le servir dans ses amours qu'à la guerre, et par les ducs de Luxembourg, de Boufflers, d'Aumont, d'Agen, de Pecquigny et le prince de Soubise, ses aides-de-camp (2). La reine avoit demandé à le suivre par un billet qu'elle lui écrivit, car elle osoit rarement lui faire aucune demande de vive voix; Louis ne lui répondit même pas. Mme de Châteauroux ne doutoit point qu'elle ne dût l'accompagner. Maurepas, qui la

---

(1) Frédéric II, Hist. de mon Temps, T. II, ch. 10, p. 80. — Coxe, maison d'Autriche, T. V, ch. 105, p. 109.

(2) D'Espagnac, Histoire du maréchal de Saxe, T. II, L. VII, p. 3.

détestoit, fit entendre au roi qu'en le permettant il offenseroit le public au moment où son enthousiasme venoit de se réveiller. Elle se retira à Plaisance, maison de campagne de Pâris Duverney, mais, pour se venger, elle fit donner par le roi l'ordre à Maurepas d'aller visiter les ports de Provence. Ce fut un mois après seulement, le 8 juin, qu'elle partit de Plaisance, sans ordre, avec sa sœur Lauraguais, pour rejoindre le roi à Lille. Le duc de Richelieu avoit disposé des relais sur leur route, et il prit sur lui de faire pardonner par le roi cette désobéissance de l'amour. Mais ni la cour, ni Paris, ni l'armée ne furent aussi indulgens, et les deux *coureuses*, comme on les appela, furent impitoyablement chansonnées. (1)

L'armée du roi, qu'il passa en revue dans la plaine de Cisoin, formoit deux corps séparés. Celui de la gauche, de trente-deux bataillons et de cinquante-huit escadrons, avoit à sa tête le maréchal de Saxe. Ce corps devoit servir d'armée d'observation, pendant que l'armée du roi, de soixante-huit bataillons et de quatre-vingt-dix-sept escadrons, feroit des sièges sous la direction du maréchal de Noailles. Les succès furent rapides. Courtrai lui ouvrit ses portes le 18 mai, Menin le 5 juin, Ypres le 25 juin, le

(1) Soulavie, Mém. de Richelieu, T. VII, ch. 1, p. 1.

fort de Knoque le 29, et Furnes le 11 juillet. 1744.
Nous ne voyons pas qu'on ait conservé aucun
détail sur la conduite personnelle du roi à ces
divers siéges. Un de ses aides-de-camp étoit
chargé seulement de lui aller rendre compte
chaque matin de ce qui s'étoit passé la nuit
dans la tranchée. On voyoit avec quelque
surprise le prince de Clermont, abbé de
Saint-Germain-des-Prés, commander les opérations des siéges. Le pape Clément XII lui avoit
accordé une dispense pour aller à la guerre
comme arrière-petit-fils du grand Condé. Pendant ce temps, l'armée des alliés se rassembloit
lentement à Ninove; le duc d'Aremberg commandoit les Autrichiens, le général Wade les
Anglais, et le comte de Nassau les Hollandais :
on assure qu'au milieu de l'été ils avoient réuni
quatre-vingt mille hommes, mais avant qu'ils
fussent en état d'agir, Louis XV avoit terminé
heureusement tous les siéges qu'il avoit entrepris. (1)

Tout-à-coup ces conquêtes furent interrom-
pues par la nouvelle que le prince Charles de
Lorraine, ou plutôt le maréchal Traun qui lui
servoit de conseil, et que Marie-Thérèse avoit

(1) D'Espagnac, Hist. du maréchal de Saxe, T. II. L. VII,
p. 11-20.—Voltaire, Siècle de Louis XV, T. I, ch. II, p. 118.
— Frédéric II, Hist. de mon Temps, T. II, ch. 10 p. 82.
— Mém. de Noailles, T. III, p. 362.

rappelé d'Italie à la mort du maréchal Khévenhuller, avoit pénétré en Alsace avec soixante mille hommes. Le maréchal de Coigny étoit chargé de la défense des lignes entre Lauterbourg et Oppenheim; le maréchal bavarois Seckendorf, avec les troupes impériales, étoit retranché sous Philisbourg. Un mouvement du prince Charles engagea Coigny à se faire joindre par ces troupes, c'étoit ce que l'Autrichien désiroit; au commencement de juillet, il surprit le passage du Rhin sur un point que les Impériaux venoient d'abandonner. Ce malheur fut dû en grande partie à l'extrême misère et au mécontentement de l'armée bavaroise. Coigny dut se retirer sous Weissembourg, dont il défendit avec succès les lignes contre une attaque vigoureuse que les Autrichiens tentèrent le 5 juillet (1). Mais comme il ne pouvoit s'y maintenir long-temps, il prit le parti dangereux de se replier sur Strasbourg, abandonnant le passage de Saverne dont les Autrichiens ne tardèrent pas à s'emparer, et renonçant à sa communication avec la Lorraine et les Trois-Évêchés, par lesquels il devoit bien s'attendre que des renforts ne tarderoient pas à lui arriver. Le prince Charles se flattoit d'exciter une révolution en Lorraine, l'héritage de ses pères; ses coureurs arrivèrent jusqu'à Luné-

(1) Mém. de Noailles, T. III, p. 368.

ville et forcèrent le roi Stanislas à s'enfuir. Des partis hongrois, conduits par le farouche Mentzel, se répandoient dans l'Alsace, les Trois-Évêchés, la Franche-Comté, et ils semoient sur leur passage des manifestes par lesquels ils invitoient les peuples, au nom de la reine de Hongrie, à retourner sous l'obéissance de la maison d'Autriche, menaçant les habitans qui prendroient les armes « de les faire pendre après les « avoir forcés à se couper eux-mêmes le nez et « les oreilles. » (1)

1744.

Le roi étoit à Dunkerque lorsqu'il reçut la nouvelle de ces tristes événemens. Il laissa le maréchal de Saxe en Flandre avec quarante mille hommes pour conserver les conquêtes qu'il y avoit faites, il donna le reste de ses troupes au maréchal de Noailles qu'il chargea de prendre les devans pour secourir l'armée du Rhin, et le suivit lui-même par Saint-Quentin, La Fère, Laon et Reims; toutes ses troupes avoient leur rendez-vous à Metz; il y arriva lui-même le 5 août, et le 7 il apprit un événement qui changeoit la face des affaires et forçoit le prince Charles à sortir précipitamment de l'Alsace. Le roi de Prusse marchoit sur Prague avec quatre-vingt mille hommes, en même temps qu'il en faisoit avan-

(1) Siècle de Louis XV, ch. 11, p. 117. — Mém. de Besenval, T. I, p. 35.

cer vingt-deux mille en Moravie. Ce monarque audacieux n'avoit point encore réussi à s'assurer l'alliance des deux puissances du nord dont il avoit fait la condition de sa coopération à l'union confédérale de Francfort, mais il jugeoit que le moment étoit venu de porter à la France un secours efficace s'il ne vouloit pas la voir ruinée et peut-être démembrée. Il se jeta donc hardiment dans la mêlée, attirant sur lui toutes les forces de l'Autriche. Il envoya en même temps un de ses meilleurs généraux, le maréchal Schmettau, à Metz, pour annoncer à Louis XV ce qu'il avoit fait, et le sommer d'accomplir sa promesse, de poursuivre l'armée autrichienne, de la battre lorsqu'elle repasseroit le Rhin et d'achever de la détruire en Bavière. (1)

Dans ce moment critique, un événement inattendu jeta les affaires de l'Europe dans de nouvelles combinaisons. Louis XV fut atteint d'une maladie dangereuse. Le 4 août on en avoit reconnu les premiers symptômes : le 12, toute la cour étoit dans les plus vives alarmes; selon les uns, c'étoit une fièvre putride et maligne, selon d'autres, un abcès dans le cerveau, tandis que Frédéric II assure que ce n'étoit qu'une forte indigestion aggravée par les terreurs du ma-

---

(1) Noailles rapporte la lettre du roi de Prusse du 12 juillet, T. III, p. 369.

lade (1). La duchesse de Châteauroux, qui le suivoit, s'étoit logée à l'abbaye de Saint-Arnould, mais on avoit élevé pour elle une galerie en planches qui, fermant les abords de quatre rues, lui donnoit la commodité de communiquer de plain-pied avec l'appartement du roi. La ville entière en étoit scandalisée, et lorsque l'on commença à croire le roi en danger, la clameur publique en prit occasion pour faire aux prêtres qui l'approchoient un devoir d'autant plus étroit de rompre une liaison coupable. Le confesseur, le père Pérusseau, étoit un jésuite courtisan qui vouloit faire son devoir, mais qui craignoit de perdre sa place si le roi guérissoit. L'aumônier du roi, au contraire, Fitz-James, évêque de Soissons, étoit un janséniste courageux, sévère, et incapable de fléchir. Richelieu et Mme de Châteauroux, qui savoient bien à quoi ils seroient exposés par la demande des secours de la religion, fermèrent soigneusement les portes de l'appartement du roi qui ne fut plus servi que par le duc, les deux sœurs, et les domestiques les plus intimes, dont aucun n'avoit garde de faire mention des prêtres. Mais cette exclusion même révolta les princes du sang et les grands officiers de la couronne, Bouillon, La Rochefoucauld, Villeroi, qui prétendoient avoir droit à

---

(1) Hist. de mon Temps, T. II, p. 92.

voir le monarque. Enfin le 12 août, le comte de Clermont força la consigne et ne fut pas mal reçu du roi; puis l'évêque de Soissons, avant de lui dire la messe, lui proposa de se confesser. Louis XV répondit : « Il n'est pas temps encore. » Toutefois, le jour même, Mme de Châteauroux put s'apercevoir que la conscience de son amant étoit troublée. Le 14, le roi eut une défaillance de quelques minutes; dès qu'il en sortit, il n'eut plus d'autre pensée que celle de l'approche de la mort et de la peur de l'enfer, et il appela à grands cris son confesseur. (1)

Après la confession, Louis XV appela le duc de Bouillon. « Vous pouvez me servir, lui dit-il, « il n'y aura plus désormais aucun obstacle; j'ai « sacrifié les favorites et mes favoris à la reli- « gion, et à ce que veut l'Église d'un roi très- « chrétien et du fils aîné de l'Église. » L'évêque de Soissons, ouvrant à deux battans la porte du cabinet voisin où s'étoient retiré les deux favorites avec le duc de Richelieu, leur dit, sans dépasser le seuil : « Le roi vous ordonne, mesda- « mes, de vous retirer de chez lui sur-le-champ. » À peine fut-il ressorti, que le duc de Richelieu déclara qu'il s'opposoit, au nom du roi, à ce qu'on exécutât des ordres extorqués dans un moment de transport fébrile. « Qu'on ferme nos saints

---

(1) Soulavie, T. VII, ch. 1 et 2, p. 15-30.

« tabernacles, s'écria l'impétueux prélat dès qu'il en fut averti, afin que la disgrâce soit plus éclatante et que le roi soit obéi sur ses ordres nouveaux. » Les favorites sortirent alors, fondant en larmes, la honte sur le front, les yeux baissés et sans oser fixer personne. Ce n'étoit point assez pour l'évêque de Soissons; il revint au roi et lui dit : « Les lois de l'Église et nos
« saints canons nous défendent d'apporter le via-
« tique lorsque la *concubine* est encore dans la
« ville. Je prie Votre Majesté de donner de
« nouveaux ordres pour leur départ, car il n'y
« a pas de temps à perdre, Votre Majesté
« mourra bientôt. » Le roi, frappé de terreur, donna aussitôt l'ordre demandé, et les favorites qui se voyoient en butte à la fois à l'indignation du peuple, au ressentiment des princes du sang et des ministres, et à la crainte que leur imposoient les mœurs rigides de la reine et du dauphin, ne trouvèrent pas, dans les écuries du roi, un officier qui voulût donner une voiture pour les soustraire à la colère du peuple. Ce fut le maréchal de Belle-Isle qui leur prêta la sienne où elles se jetèrent à la hâte en baissant les stores pour échapper aux regards du peuple. (1)

Les duchesses de Châteauroux et de Lauraguais s'étoient retirées dans une maison de

---

(1) Soulavie, T. VII, ch. 2, p. 31.

campagne à trois lieues de Metz, tandis que l'évêque de Soissons arrivoit auprès du monarque avec l'appareil de l'extrême-onction. Mais avant de lui appliquer les saintes huiles, il tint ce discours à l'assistance : « Messieurs les princes du « sang, et vous, grands du royaume, le roi nous « charge, M. l'évêque de Metz et moi, de vous « faire part du repentir sincère qu'il a du scan- « dale qu'il a causé dans son royaume en vivant « comme il l'a fait avec Mme de Châteauroux ; il « en demande pardon à Dieu. Il a appris qu'elle « n'est qu'à trois lieues d'ici, et il lui ordonne « de ne point approcher plus près de la cour « de cinquante lieues, et Sa Majesté lui ôte « sa charge dans la maison de la dauphine (1)... « Et à sa sœur aussi », répliqua le moribond en levant un moment la tête au-dessus du chevet après avoir approuvé par des signes chaque, phrase de son premier aumônier. La maladie cependant alloit en augmentant, des symptômes menaçans se succédoient rapidement. Le 15, à six heures du matin, on appela les princes pour assister à la prière des agonisans ; enfin les médecins se retirèrent, et le roi fut abandonné aux remèdes des empiriques. L'un d'eux lui fit avaler une très-forte dose d'émétique. L'effet fut plus

---

(1) La princesse d'Espagne, promise au dauphin, dont la maison étoit déjà nommée, mais qu'il n'épousa que l'année suivante.

violent qu'aucun des médecins réguliers n'auroit osé le provoquer; mais il fut salutaire; et le docteur Dumoulin, arrivé de Paris sur ces entrefaites, déclara, le 17, que le roi n'en mourroit pas. Cependant la reine étoit accourue dans une extrême douleur, et le roi lui avoit demandé pardon du scandale et des chagrins qu'il lui avoit donnés. Son fils, ses filles étoient aussi arrivés jusqu'à Verdun, mais avoient reçu l'ordre de s'y arrêter. Toutefois M. de Chatillon, gouverneur du dauphin, jugeant que c'étoit le devoir d'un fils d'accourir auprès de son père mourant, lui fit poursuivre le voyage. Il le présenta lui-même au roi, qui le reçut froidement, et qui demeura persuadé que l'impatience de régner avoit porté son fils à cette désobéissance. Dès-lors la convalescence continua sans accident, et tous les bons sentimens du roi s'évanouirent. La reine ne fut plus reçue par son mari qu'avec une froideur croissante. Richelieu, qui avoit eu ordre de s'éloigner, revint, et Louis XV n'eut plus d'autre pensée que de punir tous ceux qui avoient joué un rôle dans cette scène d'humiliation à laquelle il s'étoit soumis. (1)

Le trouble qu'avoit excité la maladie du roi sauva l'armée du prince Charles de Lorraine.

(1) Soulavie, T. VII, ch. 2, p. 32-42. — Mém. de Besenval, T. I, p. 37. — Lacretelle, T. II, L. VIII, p. 294. — Biographie universelle, T. VIII, p. 273.

Le maréchal de Noailles se trouvoit le 16 août à portée de l'attaquer ; Schmettau le pressoit de le faire, il lui représentoit qu'en chargeant les Autrichiens avec vigueur, il les auroit empêchés de regagner leurs ponts à Beinheim. Noailles ne s'y porta qu'avec lenteur et circonspection : il fit grand bruit d'un petit avantage qu'il avoit remporté aux avant-postes, mais il n'empêcha point les Autrichiens de repasser leurs ponts et de les rompre avant l'aube du jour suivant. (1)

Le manque de vigueur du général français, dans cette occasion, fut fatal au roi de Prusse. La diversion puissante qu'il avoit faite, quoique expliquée par la politique, n'étoit pas sans générosité. Il avoit investi Prague le 4 septembre, et le général Ogylvie, qui y commandoit une garnison de quinze mille hommes, se rendit prisonnier de guerre au bout de dix jours. Mais c'est à la prise de cette ville que se bornèrent les succès du roi de Prusse. La Bohême entière se déclara contre lui. Les paysans, les uns par affection pour Marie-Thérèse, les autres par effroi des vengeances qu'exerceroient les Croates et les Pandours, s'enfuyoient au loin devant les armées prussiennes en cachant ou en laissant

(1) Frédéric II, Hist. de mon Temps. T. II, ch. 10, p. 94. — Voltaire, Siècle de Louis XV, ch. 12, p. 128. — Mém. de Noailles, T. III, p. 376.

détruire leurs provisions. Frédéric ne pouvoit se procurer ni un messager ni un espion; tous ses convois étoient arrêtés, toutes ses communications étoient coupées, et bientôt il commença à souffrir cruellement du manque de vivres. La Saxe s'étoit déclarée contre lui, les secours des Bavarois et des Français, sur lesquels il avoit compté, n'arrivoient point, et avant la fin de l'année il fut contraint d'abandonner la Bohême : mais l'armée avec laquelle il rentroit dans ses États, affoiblie par la misère, les maladies, les désertions, n'inspiroit plus de terreur à ses ennemis. (1)

1744.

Au lieu de songer à secourir un allié qui étoit venu si à propos à son aide, Louis XV donna ordre au maréchal de Coigny d'entreprendre le siége de Fribourg en Brisgaw, et il s'y rendit lui-même de Strasbourg le 5 octobre. Dans cette saison, les troupes pouvoient encore tenir la campagne avec succès, les vivres se trouvoient partout en abondance, et la retraite rapide du prince de Lorraine jetoit le découragement dans les pays qu'il traversoit. Mais le siége d'une place très forte devoit nécessairement ruiner l'armée exposée aux pluies d'automne. En effet, Fribourg, qui ne fut entièrement investi que le

---

(1) Frédéric II, Hist. de mon Temps, T. II, ch. 10, p. 102. — Coxe, Hist. de la maison d'Autriche, ch. 108, p. 116.

30 octobre, capitula seulement le 28 novembre. Le feu des ennemis, également vif et soutenu, tuoit chaque jour beaucoup de monde, tandis que les maladies causoient de plus grandes pertes encore. L'attaque du chemin couvert coûta seule deux mille hommes ; on évalua à dix-huit mille la perte totale des Français, et la possession de cette place forte étoit loin de compenser un si énorme sacrifice. Pendant que toutes les forces françaises y étoient arrêtées, le prince Charles se replioit sans inquiétude vers la Bohême où il arrivoit à temps pour augmenter les embarras du roi de Prusse. (1)

La campagne d'Italie n'avoit point eu de résultat décisif. Elle avoit commencé par une bataille navale. Une escadre espagnole, commandée par don José Navarro, avoit hiverné à Toulon. Le ministère espagnol, malgré les funestes inconséquences, l'orgueil et l'ambition de la reine, qui tenoit le sceptre de son époux, rendoit à sa monarchie une vigueur que n'avoient point connue les successeurs de Philippe II, et sa marine commençoit à être redoutable. Cependant les matelots et les canonniers avoient encore besoin d'acquérir plus d'expérience. Ils furent

---

(1) Mém. de Noailles, T. III, p. 384. — Voltaire, Siècle de Louis XV, T. I, ch. 13, p. 131. — Lacretelle, T. II, L. VIII, p. 302. — Frédéric II, Hist. de mon Temps, T. II, ch. 10, p. 95. — Coxe, Maison d'Autriche, ch. 105, p. 117.

exercés avec soin plus long-temps qu'ils n'auroient voulu, pendant qu'ils étoient retenus dans cette rade que bloquoit l'amiral anglais Matthews. Il avoit une escadre de quarante-cinq vaisseaux de toute grandeur, mais il tenoit la mer depuis si long-temps que la plupart ne pouvoient rendre que peu de service. D'ailleurs il existoit entre Matthews et l'amiral Lestock, qui commandoit en second, une jalousie qui avoit dégénéré en haine ouverte et passionnée. Le 22 février, un vent favorable permit à l'escadre alliée de sortir de la rade de Toulon. Navarro conduisoit douze vaisseaux de ligne; l'amiral français de Court, brave vieillard de quatre-vingts ans, en avoit quatorze. Matthews attaqua avec vigueur l'escadre espagnole; Lestock qui menaçoit la française ne la joignit pas; trois vaisseaux espagnols furent horriblement maltraités, mais la nuit sépara les combattans sans que la victoire se déclarât pour l'une ou l'autre flotte.

Les Anglais mirent en jugement leurs deux amiraux sur leurs accusations réciproques; ce fut Matthews qui fut condamné pour avoir donné à Lestock l'ordre de se retirer lorsqu'il renouveloit l'attaque le lendemain. Les Espagnols éclatèrent en reproches contre M. de Court, quoiqu'il eût montré autant d'habileté que de vaillance, et ils réussirent à le faire disgracier,

1744.

tandis qu'avec leur jactance habituelle, ils donnèrent à leur amiral Navarro le titre de marquis de la Victoria. (1)

L'armée espagnole, sous les ordres du comte de Gages, avoit passé l'hiver à Pesaro, mais, dès le 7 mars, elle commença sa retraite vers les frontières de l'Abruzze, poursuivie par le prince de Lobkowitz, qui, pendant l'hiver, avoit reçu des renforts nombreux d'Allemagne, et toujours infestée, comme elle longeoit l'Adriatique, par les canonnades des vaisseaux anglais. Marie-Thérèse ne tenoit aucun compte des traités, et elle étoit résolue à recouvrer tout ce qui, dans des temps antérieurs, avoit appartenu à la maison d'Autriche, à quelque titre qu'elle s'en fût dessaisie. C'étoit de concert avec elle, que les Anglais, par la menace barbare de bombarder Naples, avoient contraint Charles, roi des Deux-Siciles, à renoncer à l'alliance de son père, et à promettre de demeurer neutre. Mais cette neutralité ne convenoit plus à Marie-Thérèse depuis que la fortune avoit favorisé ses armes; elle vouloit revenir sur le traité qui avoit érigé les Deux-Siciles en royaume pour une branche de la maison de Bourbon; elle vouloit

_____
(1) Voltaire, Siècle de Louis XV, T. I, ch. 8, p. 99. — Lord *Mahon*, T. III, ch. 26, p. 299. — Coxe, Bourbons d'Espagne, T. III, ch. 45, p. 462. — Muratori, *Annali ad Ann.*, p. 382.

les réunir de nouveau à sa monarchie, et l'armée, dont elle avoit donné le commandement au prince de Lobkowitz, et que pendant tout l'hiver elle avoit travaillé à augmenter, étoit destinée à faire cette conquête, tandis qu'une flotte anglaise, dans l'Adriatique, devoit la seconder. Toutefois Charles-Emmanuel, qui savoit qu'une puissante armée française et espagnole se préparoit à passer les Alpes, ne voyoit pas sans inquiétude les Autrichiens s'enfoncer dans la Basse-Italie, et le prince de Lobkowitz lui-même paroissoit douter de la sagesse d'un tel projet. Le comte de Gages et le duc de Modène s'étoient rendus à Naples, tandis que l'armée espagnole, retirée derrière le Tronto, cherchoit à se refaire dans l'Abruzze. Ils firent comprendre au jeune roi, déjà troublé par la peste qui avoit éclaté à Messine, qu'en vain il persisteroit dans sa neutralité, puisque l'armée autrichienne, qui approchoit, avoit ordre de lui tout enlever. (1)

Bientôt, en effet, Lobkowitz annonça, par des proclamations, les bienfaits que la reine de Hongrie promettoit aux peuples des Deux-Siciles, pour les engager à rentrer sous sa domination. Les juifs, qui s'étoient multipliés dans le royaume,

1744.

(1) *Botta, Storia d'Italia,* T. IX, L. XLIII, p. 37. — *Muratori, ad Ann.*, p. 373. — Colletta, *Storia di Napoli,* L. I, ch. 39, p. 111. — Coxe, L'Espagne sous les Bourbons, ch. 45, p. 472.

et contre lesquels il est toujours facile de réveiller la haine d'une populace superstitieuse, devoient être proscrits, et leurs débiteurs dispensés de payer leurs dettes; les impôts devoient être diminués, le prix des vivres réduit; des honneurs, des récompenses devoient être prodigués à ceux qui agiroient avec zèle pour le service de leurs anciens maîtres, et toutes les vieilles offenses seroient pardonnées. En même temps Lobkowitz avançoit, au mois d'avril, par Foligno, Spoléto, Terni, Citta Castellana et Tivoli, pour entrer dans la Campanie, avec vingt mille fantassins et six mille chevaux. Déjà tout l'État pontifical étoit inondé de Pandours, de Talpaches, de Croates, de Valaques, de Morlacks, et d'autres paysans barbares qui suivoient les armées de Hongrie pour piller et pour détruire. (1)

Le roi de Naples, jugeant avec raison que c'étoit en dehors de ses frontières qu'il lui convenoit de défendre son royaume, traversa les Marais-Pontins, et établit son quartier-général à Vellétri. Lobkowitz, de son côté, s'étoit avancé sur ce même groupe de collines, et il avoit le sien à Genzano. Les deux armées y furent long-temps en présence. Lobkowitz s'y occupoit à couper les fontaines qui de Lariccia portoient des

---

(1) *Botta*, L. XLIII, p. 41. — *Colletta*, L. I, ch. 40. p. 112. — *Muratori*, p. 374.

eaux à Vellétri, pour réduire les Espagnols et les Napolitains à se contenter de celles des Marais-Pontins. Le 15 juin, les Napolitains attaquèrent les Allemands dans leurs quartiers et leur enlevèrent quelques avant-postes, mais ils ne poursuivirent pas leurs avantages. A son tour, Lobkowitz ayant, dans la nuit du 10 août, fait le tour de Vellétri, surprit la porte de cette ville qui conduit à Naples, coupant ainsi aux alliés leur retraite naturelle. Il croyoit déjà tenir dans ses mains le roi, ses généraux, sa caisse militaire et sa correspondance. Son armée en trois divisions avoit déjà pénétré jusqu'au milieu de la ville. Le jeune roi, réveillé en sursaut, dut s'enfuir en chemise, aussi bien que le duc de Modène, malade de la goutte, pour aller joindre le général Gages qui occupoit avec ses Espagnols le Monte Artemisio. Mais pendant ce temps, le général napolitain, Castro Pignano, avoit rassemblé des soldats dans l'intérieur de la ville, et leur rendant le courage, il les avoit menés à l'attaque des Allemands, qui s'étoient dispersés pour piller. Ils se croyoient encore vainqueurs que déjà ils étoient cernés, poursuivis de poste en poste et mis en pièces. Vellétri fut repris par ceux mêmes qui l'avoient perdu. Les Autrichiens se retirèrent de nouveau à Genzano. L'une et l'autre armée fut plus affoiblie par cette nuit meurtrière que par une grande bataille. Elles se sentoient hors d'état d'attaquer de nouveau, mais elles ne vouloient point en reculant s'avouer vaincues. Les chaleurs excessives de l'été, les eaux corrompues de l'automne, répandoient la mortalité dans l'un et l'autre camp. Les habitans de Vellétri et des campagnes voisines périssoient plus rapidement encore que les soldats. Enfin, au commencement d'octobre, Lobkowitz, pour sauver les restes de son armée, commença sa retraite. Il passa sous les murailles de Rome, il gagna les montagnes d'Agobbio, la Romagne, et enfin le Modénois, où il se fortifia sur les bords de la Secchia. Dans cette longue retraite, il fut toujours poursuivi par Gages. Ses troupes légères, qui, sur leur route, avoient commis tant d'atrocités, avoient excité contre lui le plus violent ressentiment parmi les paysans et les soldats; aussi les malades, les prisonniers, les déserteurs, les traînards qu'il laissoit sur la route, étoient-ils traités avec toute la férocité espagnole : on ne voyoit de toutes parts que des soldats pendus aux arbres des grands chemins. (1)

Marie-Thérèse se croyoit moins encore obligée à observer les traités envers la république de Gênes qu'envers le roi des Deux-Siciles. Les paroles données à de si foibles États ne lient pas

---

(1) *Botta*, L. XLIII, p. 55. — *Colletta*, L. I, ch. 41, p. 115. — *Muratori*, p. 376-382.

les grands potentats. Son père Charles VI avoit vendu le marquisat de Finale à la république de Gênes, pour le prix de douze cent mille piastres qui lui avoient été comptées; toutefois, par le traité de Worms, fait à la persuasion de l'Angleterre, elle venoit de promettre ce même marquisat de Finale au roi de Sardaigne, auquel les Anglais faisoient l'avance de ces douze cent mille piastres, pour qu'il pût les rendre aux Génois, quand lui viendroit l'envie de s'acquitter; mais il étoit bien entendu qu'il devoit commencer par les employer à la guerre dans laquelle il s'engageoit. Le roi de Sardaigne avoit déjà fait connoître son désir de réunir à ses États tout le territoire de la république de Gênes; il mettoit en avant les prétentions les moins justifiables, tantôt sur un district de cet État, tantôt sur l'autre; et les Anglais, qui ne se donnent jamais la peine d'étudier les droits ou les intérêts des autres peuples, annonçoient qu'ils étoient prêts à soutenir à coups de canon les demandes de leurs alliés. Ainsi, la république de Gênes, qui désiroit ardemment demeurer neutre, étoit forcée, bien à contre-cœur, de se jeter entre les bras des Bourbons de France et d'Espagne. (1)

Cette bonne volonté des Génois, et l'expédition de Lobkowitz dans le royaume de Naples,

---

(1) *Botta*, L. XLIII, p. 27.

étoient deux circonstances favorables aux armées française et espagnole, qui se proposoient de forcer les passages des Alpes, malgré la résistance du roi de Sardaigne, et de conquérir en Italie une nouvelle principauté, pour en faire l'apanage du second fils d'Élisabeth Farnèse. Le commandement de cette armée des Alpes fut confié par le gouvernement français à Louis-François, prince de Conti, prince âgé de vingt-sept ans, en qui on prétendoit avoir découvert un vrai talent militaire. Il avoit sous ses ordres vingt mille Français, et il étoit associé à l'infant Don Philippe qui commandoit à vingt mille Espagnols. Le prince français étoit le vrai général de son armée; l'infant Don Philippe, qui avoit alors vingt-quatre ans, ne songeoit guère qu'à ses plaisirs, et c'étoit le marquis de Las Minas qui commandoit en réalité son armée. Les deux généraux et les deux peuples n'étoient point d'accord. Les Espagnols, appelés à combattre à côté des Français, laissoient sans cesse échapper des marques de leur prévention et de leur haine contre tous les étrangers. Las Minas, impatient d'arriver au milieu des pays dont la reine d'Espagne lui avoit ordonné de faire la conquête, vouloit entrer en Italie par Nice et la rivière de Gênes. Conti ne vouloit pas s'éloigner autant de la France, et il se proposoit de forcer quelqu'un des passages des Alpes, pour descendre dans le Piémont ; mais Charles-Emmanuel, le roi des Alpes, s'étoit étudié à en rendre tous les passages également difficiles. Il en avoit fait fortifier toutes les gorges avec le plus grand soin. Son peuple étoit belliqueux, et lui étoit entièrement dévoué; pendant toute l'année précédente, l'infant d'Espagne avoit vainement tenté de s'ouvrir un passage de Savoie en Piémont. Conti, auquel Las Minas faisoit valoir ces considérations, finit par céder. Il se dirigea vers le comté de Nice. Le 13 avril, après avoir passé le Var, il passa encore le Paglione, pour attaquer le marquis de Suse, fils naturel du précédent roi, qui s'étoit chargé de défendre Nice et Villafranca. Une effroyable tempête, telle qu'on n'en voit guère que dans les pays méridionaux, vint frapper l'armée, comme elle étoit partagée par la rivière; elle la fit déborder, entraîna, détruisit les équipages, noya beaucoup de soldats, et auroit exposé le reste au plus grand danger, si le marquis de Suse avoit su profiter de l'occasion. Dans la nuit du 19 au 20 avril, Conti ordonna une nouvelle attaque contre les retranchemens des Piémontais, qui s'étendoient de Villafranca jusqu'à la Turbie. Le marquis de Suse fut fait prisonnier à Villafranca, et envoyé en Espagne où il mourut. Une partie des troupes piémontaises, se réfugiant sous le canon des vaisseaux anglais, fut transportée par l'amiral

Matthews à Oneille : mais les autres avoient repoussé les Français avec avantage ; la mortalité avoit été grande des deux côtés, et les assaillans n'avoient rien accompli, car de nouvelles montagnes et de nouveaux défilés, également bien fortifiés, les arrêtoient, soit du côté de la Turbie, soit de celui du col de Tende. (1)

Retenus devant cette barrière, Conti et Las Minas renouvelèrent leur différend sur la route qu'ils devoient suivre. L'un vouloit marcher sur le Piémont, l'autre sur Gênes : il fallut attendre des ordres de Versailles ; ce fut Conti qui l'emporta. Il fit sans bruit filer son armée vers le Dauphiné par Barcelonnette et Guillestre. Il menaçoit partout à la fois, mais son projet étoit de pénétrer par la vallée de la Stura. Des combats acharnés furent livrés au Château-Dauphin, dont les Français s'emparèrent le 19 juillet ; puis aux Barricades, gorge étroite qui n'a que trois toises de large, et que Conti ne put forcer, mais qu'il réussit à tourner ; enfin, au fort de Demonte, qui opposa une vigoureuse résistance. Tous les montagnards, soulevés contre les agresseurs, rendoient leur position très dangereuse ; ils s'acharnoient avec tant d'obsti-

---

(1) *Botta*, L. XLIII, p, 64. — *Muratori, ad Ann.*, p. 384. — Siècle de Louis XV, ch. 9, p. 101. — Soulavie, T. VI, ch. 23, p. 319.

nation à mettre le feu aux logemens des Français, que les montagnards réussirent à brûler les quartiers de l'infanterie, et leurs femmes ceux de la cavalerie. Ce fut aussi par l'incendie que Demonte fut soumis à son tour : les boulets rouges des assiégeans mirent le feu, le 17 août, aux magasins de la place, et la garnison se rendit, se précipitant dans les lignes des Français, au moment où elle s'attendoit à l'explosion du grand magasin à poudre. (1)

Cette conquête ne suffisoit point; avant d'arriver à la plaine, il falloit encore que les Français se rendissent maîtres de la forteresse de Cunéo qui leur fermoit le passage. Ils ouvrirent la tranchée devant Cunéo le 13 septembre; mais le roi de Sardaigne occupoit les hauteurs voisines; il avoit grossi son armée, déjà redoutable, par des levées en masse dans ses provinces les plus belliqueuses. Les Vaudois, entre autres, s'y portoient avec fureur, encore impatiens de se venger des persécutions de Louis XIV. Chaque jour les paysans armés attaquoient les convois des alliés, sur la route de Cunéo à Demonte; mais les Espagnols, et les Français à leur exemple, se vengeoient avec férocité : Boves, Peveragno, la Chiusa, et d'autres villages du voisinage furent incendiés et tous leurs habitans

---

(1) *Botta,* L. XLIII, p. 67-72. — *Muratori,* p. 385.

massacrés. Le 30 septembre, Charles-Emmanuel vint, à une heure après midi, attaquer les alliés avec son armée régulière. Il avoit sous ses ordres vingt-cinq mille hommes; son infanterie égaloit en nombre celle des alliés; sa cavalerie étoit inférieure à celle des Français. Tout son effort se dirigeoit sur la Madonna del Olmo que défendoient les Espagnols; s'il avoit réussi à les enfoncer, les assiégeans se seroient trouvés coupés de Cunéo, et cette ville auroit été délivrée; mais le combat se prolongea jusqu'à la nuit, avec une perte immense des deux côtés, sans qu'il pût parvenir à faire une trouée. Le 8 octobre, le roi de Sardaigne vint attaquer de nouveau les lignes des alliés, et cette fois il réussit à les forcer, en sorte qu'il fit entrer dans la forteresse un millier de soldats, un convoi de vivres et de l'argent. Dès lors, les pluies continuelles, les inondations des torrens, qui souvent arrêtoient les convois, et l'excès de la fatigue, multiplièrent les maladies dans le camp des alliés. Déjà Conti n'avoit plus assez de monde pour garnir tous ses postes, et couper toute communication entre les assiégés et l'armée piémontaise. Enfin il dut se résoudre à mettre le feu à son camp, dans la nuit du 22 octobre, et à se retirer vers Demonte. Il laissa dans cette place six mille Espagnols qui s'y maintinrent jusqu'au milieu de novembre, tandis qu'avec le reste de l'armée il repassoit les montagnes; les Espagnols à leur tour prirent la route de Provence, après avoir fait sauter en partie les fortifications de Demonte; mais la neige couvroit déjà les Hautes-Alpes, les vivres manquoient dans ces pays sauvages, les Piémontais harceloient sans cesse l'armée en retraite, et cette armée, qui avoit fait trembler l'Italie, rentra en France humiliée, affoiblie, découragée, après avoir semé toute sa route de morts et de malades. (1)

Les Français, qui s'étoient sentis humiliés à la fin de la précédente campagne par des revers non interrompus, trouvoient quelque consolation, en récapitulant les événemens de celle-ci, dans la prise de quelques villes des Pays-Bas, dans celle de Fribourg en Brisgaw, dans le succès incertain de la bataille navale de Toulon, et dans la stérile victoire de Coni ou Cunéo. Toutefois, aucun avantage réel n'avoit été obtenu pour prix de tant de dépenses et de sang versé. L'armée d'Alsace et celle d'Italie étoient également ruinées par les maladies : le maréchal de Saxe, chargé, après le départ du roi, de défendre la frontière du nord avec des forces inférieures, avoit réussi seulement à ne pas se laisser entamer.

---

(1) *Botta, Storia d'Italia*, L. XLIII, p. 73-83. — Soulavie, T. VI, ch. 25, p. 324. — *Muratori, Annali*, p. 387. — Voltaire, Siècle de Louis XV, ch. 13, p. 129. — Lacretelle, T. II, L. VIII, p. 304.

On n'avoit point gagné de positions meilleures pour commencer la campagne l'année suivante en Italie, et les armées espagnole et napolitaine étoient excédées de fatigue; le duc de Modène, seul allié des Bourbons, étoit toujours expulsé de tous ses États. Le pape Benoît XIV avoit vu, malgré sa neutralité, dévaster et ruiner tous les États de l'Église, alternativement abandonnés au pillage des Pandours, des Espagnols et des Napolitains. Tous les Piémontais, glorieux de s'être si bien défendus, furieux du pillage et des cruautés qu'ils avoient éprouvés, étoient soulevés contre les Français; et l'Allemagne tout entière, appelée à nourrir, à payer toutes les troupes barbares qui la traversoient dans tous les sens, étoit dans un état de souffrance et d'exaspération qu'on ne sauroit exprimer.

Un général français venoit d'éprouver la violence de cette haine; le maréchal de Belle-Isle avoit été arrêté avec son frère à Elbingerode, dans l'électorat de Hanovre, le 13 novembre, et conduit prisonnier à Londres. Il prétendoit qu'on avoit ainsi violé en lui le caractère d'ambassadeur et de prince de l'Empire. George II répondoit qu'il ne voyoit en lui qu'un général français qui traversoit un pays en guerre avec la France Au vrai, le roi d'Angleterre ne pouvoit pardonner à Belle-Isle d'avoir allumé la guerre d'Allemagne, et de l'avoir contraint lui-même, en 1741, à s'obliger à la neutralité pour l'électorat de Hanovre, et à donner son suffrage à Charles VII (1). Le roi de Prusse se plaignoit d'être abandonné par la France, après s'être compromis pour elle. En quittant la Bohême il s'étoit retiré dans la Silésie, qu'il défendoit péniblement contre les troupes barbares de Marie-Thérèse. L'empereur, l'autre allié de la France, étoit plus malheureux encore. Il étoit, il est vrai, rentré en Bavière après la retraite du prince Charles, mais il avoit trouvé son pays dépeuplé, ruiné, accablé par les extorsions des Autrichiens. Sa santé, dès le moment de son couronnement, avoit toujours été déplorable; il souffroit de la goutte et de la pierre; ses poumons, son foie, son estomac étoient ulcérés; il ressentoit des douleurs intolérables. La nouvelle d'un échec éprouvé à Neueneck par les troupes françaises et bavaroises lui porta le dernier coup. Il falloit songer à quitter Munich une troisième fois, mais la mort lui épargna cette humiliation; il expira le 20 janvier 1745, à l'âge de quarante-sept ans et demi. Il fut enseveli avec toute la pompe impériale, mais elle faisoit un douloureux contraste avec la misère et l'humiliation de son règne de quatre ans, aussi bien

---

(1) Voltaire, Siècle de Louis XV, ch. 14, p. 138. — Frédéric II, Hist. de mon Temps, T. II, ch. 11, p, 150.

qu'avec le sentiment secret de joie que la nouvelle de cette mort répandit en Allemagne et en France. Le plus grand obstacle à la conclusion de la paix sembloit désormais écarté; on pouvoit s'entendre avec Marie-Thérèse, pour porter, comme elle le désiroit ardemment, son époux au trône impérial, et cette condescendance pouvoit valoir de sa part quelques concessions en retour. Un-espoir nouveau luisoit pour l'Europe. La guerre ne cessa point cependant, elle changea seulement de but et de caractère. (1)

(1) Voltaire, Siècle de Louis XV, ch. 14, p. 141. — Frédéric II, Hist. de mon Temps. T. II, ch. 11, p. 152. — Coxe, Hist. de la maison d'Autriche, ch. 106, p. 122. — Lacretellé, T. II, L. VIII, p. 317. — *Muratori, Annali*, p. 392. — Flassan, Diplomatie, T. V, p. 241.

CHAPITRE L.

Surnom de Bien-Aimé donné à Louis XV. — Madame de Pompadour. — Bataille de Fontenoy. — Les princes allemands se séparent de la France pour faire la paix. — Charles-Édouard en Écosse. — Succès de la première campagne des Français et des Espagnols en Italie; revers de la seconde; invasion de la Provence; Toulon sauvé par la révolution de Gênes — 1744-1747.

Depuis que la guerre de la succession d'Autriche étoit allumée, il n'y avoit eu, ni dans la conduite de cette guerre, ni dans la politique et les alliances, ni dans l'administration intérieure, rien dont la France eût occasion de s'enorgueillir. Cependant Louis XV n'avoit jamais joui d'une plus haute popularité. La nation ne sentoit en quelque sorte son unité que dans son attachement à son roi; la personne du prince représentoit alors pour tous les Français la grandeur et la gloire de la France. Le peuple voit toujours avec blâme, avec tristesse, avec dé-

1744.

goût les mauvaises mœurs des grands. Comme aucun vice ne trouble plus la paix des ménages et le bonheur domestique que le libertinage, chacun fait au roi l'application des règles de conduite qu'il s'impose à lui-même ; un sujet comprend mieux l'effet de ces désordres privés que celui des crimes publics, et il est moins disposé à lui pardonner ses torts envers sa femme qu'une guerre injuste, une loi tyrannique ou la violation des priviléges d'une province. Les grandes fautes des gouvernemens, dont les conséquences sont bien autrement désastreuses, sont toutefois regardées, dans les États monarchiques, par la plupart de ceux qui sont appelés seulement à obéir, comme des matières au-dessus de leur portée, et qu'ils ne prétendent pas juger. Aussi, la conduite privée de Louis XV, depuis qu'elle ne pouvoit plus être soustraite aux regards du public, avoit-elle causé, en dehors de la cour et dans la masse de la nation, une tristesse générale et un grand dégoût ; mais on s'étoit rattaché à lui quand on l'avoit vu partir pour l'armée, quand on avoit annoncé qu'il alloit combattre pour son peuple, et que les deux favorites n'avoient point eu la permission de le suivre. Au bout d'un mois, il est vrai, elles avoient couru après lui, mais c'étoit sans sa permission ; d'ailleurs, elles en avoient été sévèrement punies ; et leur humiliation, leur exil à cinquante lieues de la cour, et la confession publique qu'avoit faite Louis XV de son repentir, étoient peut-être les actes de son règne qui lui avoient le plus concilié l'affection de ses sujets. En même temps, sa majestueuse figure prévenoit en sa faveur tous ceux qui le voyoient ; il parloit si peu qu'à peine pouvoit-il se compromettre par ce qu'il disoit. On remarquoit cependant son extrême politesse envers ceux qui entretenoient avec lui une relation quelconque ; on répétoit aussi plusieurs mots de lui dont la tournure épigrammatique annonçoit de l'esprit, quoique la pensée qu'ils exprimoient, toujours sèche et dédaigneuse, fût bien d'accord avec son manque de cœur.

La maladie du roi avoit causé dans Paris une consternation, un excès de douleur qu'aucune autre calamité publique n'auroit pu exciter. « Le « danger du roi, dit Voltaire, se répand dans « Paris au milieu de la nuit : on se lève, tout le « monde court en tumulte, sans savoir où l'on « va. Les églises s'ouvrent en pleine nuit : on « ne connoît plus le temps ni du sommeil, ni de « la veille, ni des repas. Paris étoit hors de lui- « même ; toutes les maisons des hommes en « place étoient assiégées d'une foule continuelle : « on s'assembloit dans tous les carrefours. Le « peuple s'écrioit : — S'il meurt, c'est pour « avoir marché à notre secours. — Tout le

« monde s'abordoit, s'interrogeoit dans les égli-
« ses, sans se connoître. Il y eut plusieurs
« églises où le prêtre qui prononçoit la prière
« pour la santé du roi interrompit le chant par
« ses pleurs, et le peuple lui répondit par des
« sanglots et par des cris. Le courrier qui ap-
« porta le 19, à Paris, la nouvelle de sa conva-
« lescence, fut embrassé et presque étouffé par
« le peuple : on baisoit son cheval; on le menoit
« en triomphe. Toutes les rues retentissoient
« d'un cri de joie : — Le roi est guéri ! — Quand
« on rendit compte à ce monarque des trans-
« ports inouïs de joie qui avoient succédé à ceux
« de la désolation, il en fut attendri jusqu'aux
« larmes, et en se soulevant, par un mouve-
« ment de sensibilité qui lui rendoit des forces :
« — Ah ! s'écria-t-il, qu'il est doux d'être aimé
« ainsi ! et qu'ai-je fait pour le mériter ? » (1)

Les temps avoient bien changé, et l'adoration du peuple pour Louis XV s'étoit conver-
tie en mépris, lorsque Voltaire, dans les Mémoires rédigés par lui-même pour servir à sa

(1) Voltaire, Siècle de Louis XV, ch. 12, p. 125. *Voyez
aussi* Lacretelle, T. II, L. VIII, p. 298, et Mém. de Besenval, T. I, p. 205. Il faut pourtant dire que dans la correspondance de Voltaire, des mois d'août et septembre 1744, on
n'entrevoit rien de cet enthousiasme. Le poëte n'est occupé
que de la *Princesse de Navarre*, divertissement qu'il écrit
pour la cour, sur la demande de Richelieu. — Correspond.
générale, T. LXIV, p. 181-194.

Vie, écrivoit : — « C'est pour cette action et le « renvoi des deux favorites, que le peuple de « Paris, aussi sot que celui de Metz, donna à « Louis XV le surnom de *Bien-Aimé*. Un po- « lisson, nommé Vadé, imagina ce titre que les « almanachs prodiguèrent. Quand ce prince se « porta bien, il ne voulut être que le bien-aimé « de sa maîtresse. » (1)

Louis XV, en effet, n'avoit pas persisté long-temps à faire quelques efforts sur lui-même, pour mériter cette faveur populaire. La veille de son départ de Metz pour Strasbourg, la reine lui ayant demandé, avec son embarras accoutumé, la permission de le suivre, « Ce n'est pas la peine », lui répondit-il froidement, sans lui donner aucune autre explication. Il ne songeoit déjà qu'à rappeler Mme de Châteauroux, qui toutefois avoit été bien avertie par Richelieu de ne point revenir sans de grandes sûretés, et sans être vengée des ignominies qu'elle avoit endurées à Metz. Le 1er novembre il quitta le siége de Fribourg. La ville avoit capitulé ce jour-là, mais les châteaux se défendirent jusqu'au 28 novembre. Louis cependant arriva le 8 à Paris pour y faire son entrée triomphale. Toute la pompe royale fut offerte aux regards du peuple attendri, qui pleuroit de joie, ou qui s'exta-

---

(1) Mémoires pour servir à la Vie de Voltaire, T. I, p. 262.

sioit à le contempler. Mme de Châteauroux, mise de manière à n'être pas reconnue, vint se placer sur son passage. « Je l'ai vu, écrivoit-elle à « Richelieu, alors en Languedoc. Il avoit l'air « joyeux et attendri; il est donc capable d'un « sentiment tendre. J'ai cru qu'il avoit jeté les « yeux sur moi et qu'il cherchoit à me recon- « noître.... Entraînée par les éloges qu'on fai- « soit de lui, par les cris que l'ivresse arra- « choit à tous les spectateurs, je n'avois plus « la force de m'occuper de moi. Une seule « voix, sortie près de moi, me rappela à mes « malheurs, en me nommant d'une manière « bien injurieuse. » Six jours après, le roi sortant secrètement de nuit des Tuileries, avoit passé le pont Royal, et étoit entré très incognito chez la duchesse de Châteauroux, qui logeoit dans la rue du Bac, près les Jacobins. Il vouloit savoir de sa bouche même quelles conditions elle exigeoit avant de revenir à la cour. La duchesse demandoit l'exil de Maurepas, mais c'étoit le seul ministre avec lequel Louis eût du plaisir à travailler; l'humiliation des princes du sang, mais le roi ne vouloit pas faire de cette querelle de ménage une affaire d'État; l'exil enfin des ducs de Châtillon, de Bouillon, de La Rochefoucauld, de M. de Balleroy, du père Pérusseau et de Fitz-James, évêque de Soissons. Le roi promit d'éloigner les deux derniers sans éclat, et dès le lendemain il signa des lettres de cachet contre les quatre autres. (1)

1744.

Fitz-James fut exilé dans son diocèse, non par des lettres de cachet, mais verbalement. L'austère prélat ne plia point devant cette disgrâce; au contraire, toutes les fois que Louis XV venoit à Compiègne, diocèse de Soissons, dont il aimoit beaucoup le séjour, il trouvoit sur son bureau une lettre de l'évêque. Le plus souvent la maîtresse en titre ou le duc de Richelieu s'en emparoient et les déchiroient. Dans l'une d'elles cependant, que Richelieu avoit conservée, le prélat disoit : « Souvenez-vous, Sire, que près
« de rendre compte au grand juge des armées,
« de votre règne, vous vous humiliâtes devant
« l'Être suprême; vous lui fîtes, en présence des
« grands de l'État, l'aveu de vos fautes, et vous
« lui promîtes de mieux nous édifier. Vous nous
« prîtes à témoin de cette belle action de votre
« règne, et vous ne fûtes jamais, à nos yeux, ni
« plus grand, ni plus redoutable que lorsque
« nous vous vîmes réconcilié avec votre Dieu.
« Si donc vous m'avez appelé à témoin de votre
« confession publique, tant que je vivrai, je
« rappellerai à Votre Majesté cette journée de
« repentir, de pardon et de miséricorde. » (2)

(1) Soulavie, Mém. de Richelieu, T. VII, ch. 4 et 5, p. 45-56.
(2) *Apud* Soulavie, T. VII, ch. 7, p. 69. — Lacretelle, T. II, L. VIII, p. 308.

Le roi ne renvoya pas son confesseur, le père Pérusseau ; il se contenta de lui causer une longue et douloureuse inquiétude, en lui faisant éprouver long-temps l'attente d'être congédié, et refusant de s'expliquer. Après lui, le confessionnal fut donné à un pauvre curé de campagne, qui étoit comme aveugle et sourd, et qui n'exerça aucune influence. Maurepas dont la favorite avoit aussi demandé la punition fut celui que le roi chargea de lui annoncer son rappel. Il fut introduit auprès de son lit, car elle étoit alors malade. « Madame, lui dit-il, le roi m'en« voie vous dire qu'il n'a aucune connoissance « de ce qui s'est passé à votre égard, pendant sa « maladie à Metz. Il a toujours eu pour vous la « même estime, la même considération; il vous « prie de revenir à la cour reprendre votre « place et Mme de Lauraguais la sienne. » Mme de Châteauroux parut satisfaite ; elle donna même au ministre sa main à baiser; mais elle n'étoit pas destinée à se relever du lit sur lequel elle étoit alors couchée. Les agitations violentes par lesquelles elle avoit passé, depuis qu'elle avoit rejoint le roi à l'armée, avoient développé en elle une maladie violente contre laquelle elle lutta onze jours. Souvent, dans ses rêveries, elle se disoit empoisonnée par Maurepas, tandis que dans ses momens lucides elle édifioit son confesseur par ses sentimens de repentir. Ses sœurs, Mmes de Flavacourt et de

Mailly, la soignèrent dans ses derniers momens; le roi faisoit dire dans toutes les églises de Versailles des messes pour sa guérison. Elle expira le 8 décembre. (1)

1744.

Rien ne donne une idée plus rebutante de la dépravation de Louis XV, que la tentative qu'il fit faire par le duc de Richelieu, immédiatement après la mort de Mme de Châteauroux, auprès de Mme de Flavacourt, pour ranger aussi cette cinquième des sœurs de Mailly, au nombre de ses maîtresses. Richelieu fut chargé de lui offrir des richesses, du crédit, les empressemens des ministres, les grâces, les emplois qu'elle voudroit distribuer à sa famille. On assure qu'elle répondit: « Voilà donc tout, M. de Richelieu? « Eh bien, je préfère l'estime de mes contempo-« rains » (2). Au reste, la place de favorite ne demeura pas long-temps vacante. Une femme alors âgée de vingt-trois ans, remarquable par sa beauté, et qui avoit été élevée par sa mère dans l'espoir d'acquérir une grande position par sa galanterie, Mme Le Normand d'Étioles, femme d'un sous-fermier des finances, et fille d'un nommé Poisson, qui avoit été boucher des In-

---

(1) Soulavie, T. VII, ch. 8, p. 71-77. — Lacretelle, T. II, L. VIII, p. 310. — Frédéric II, Hist. de mon Temps, T. II, c. 11, p. 151. — Besenval, T. I, p. 205. — Biogr. univ. T. VIII, p. 273.

(2) Soulavie, ch. 9, p. 84. — Lacretelle, p. 312.

valides, et ensuite banqueroutier, s'efforçoit depuis deux années d'attirer les regards du roi, et de disputer son cœur à Mme de Châteauroux. L'oncle de son mari, qui étoit fermier-général, et qui avoit été l'amant de Mme Poisson, avoit donné la moitié de son bien à Jeanne Poisson, en la mariant à son neveu, et lui promettoit l'autre à sa mort. Elle étoit donc fort riche, et elle faisoit une grande dépense, en parures du meilleur goût et en équipages. Mme d'Étioles, dont le château étoit près de la forêt de Sénart, en profitoit pour se montrer souvent dans les chasses de la cour, tantôt vêtue d'une robe d'azur, dans un phaéton couleur de rose, tantôt vêtue en couleur de rose, dans un phaéton d'azur. Sa beauté étoit éclatante; elle affectoit de porter le costume de Diane, et elle réussit à attirer les regards du roi, qui lui envoya plusieurs fois des produits de sa chasse. Mme de Châteauroux, inquiète de ces tentatives, l'avoit enfin fait avertir de s'abstenir de paroître aux chasses du roi, qui deviendroient dangereuses pour elle, si elle s'obstinoit à s'y produire. (1)

Un double mariage avoit été conclu entre les maisons de France et d'Espagne, sans doute pour resserrer davantage l'union conclue par le traité de Fontainebleau; mais l'histoire diplomatique ne parle point de cette négociation. La

(1) Soulavie, Anecdotes de la Cour de France, ch. 1, p. 14.

fille aînée du roi, Louise-Élisabeth, née en 1727, avoit été promise à l'infant Don Philippe, pour lequel on vouloit conquérir une souveraineté en Italie, et Marie-Thérèse-Antoinette, fille de Philippe V, née le 11 juin 1726, avoit été promise au dauphin Louis, fils unique de Louis XV, et de trois années plus jeune qu'elle. Ce mariage fut célébré le 23 février 1745. Il fit moins époque par lui-même, la nouvelle dauphine n'ayant vécu qu'une année, que parce qu'il marqua le commencement du règne de la nouvelle favorite. Parmi les fêtes dont ce mariage fut l'occasion, il y eut un bal donné par la ville de Paris à l'Hôtel-de-ville. « Le roi, dit Lacre-
« telle, en butte aux séductions des femmes les
« plus habiles, paroissoit plongé dans une
« ivresse vague, lorsque Mme d'Étioles vint, sous
« le masque, lui rappeler quelques scènes de
« ses chasses où elle avoit entrevu son bonheur.
« Quand elle se fut trahie autant qu'elle désiroit
« l'être, elle eut soin de se rejeter dans la foule ;
« mais elle laissa tomber son mouchoir. Le roi
« le releva avec une galanterie passionnée, et
« déjà trop loin d'elle pour le lui présenter, il le
« jeta de l'air le plus respectueux. *Le mouchoir*
« *est jeté*, fut le cri de toute la salle. » Mais Mme d'Étioles désiroit un éclat qui fixât davantage encore sa position. Elle feignit de craindre

1744.

1745.

la jalousie de son mari, qui en effet l'aimoit passionnément; elle alla demander un asile à Versailles, et elle obtint du roi, d'abord un logement à la surintendance, puis un appartement beaucoup plus rapproché de celui du prince. Ainsi commença le règne d'une intrigante, qui ne vouloit pas seulement plaire à Louis XV, mais le gouverner, et qui y réussit, quoique son esprit fût médiocre, que son éducation se fût bornée à la culture et au goût des beaux-arts, et que sa naissance semblât l'éloigner de la cour. Pour déguiser l'obscurité de cette femme, le roi la créa, par lettres-patentes, marquise de Pompadour: quoiqu'elle n'eût rien de commun avec l'illustre maison de cenom, qui étoit du Limousin, et qui s'étoit éteinte en 1722, elle en prit néanmoins les armes. La princesse de Conti se chargea, le 15 septembre, de la présenter à la reine, qui lui fit un accueil gracieux, tout occupée qu'elle étoit de ne jamais rien faire qui pût mécontenter son mari. La reine consentit même à dîner avec elle, un jour qu'elle étoit allée à Choisy s'informer de la santé du roi qui étoit un peu malade. Dès lors, toutes les dames de la cour crurent ne plus déroger en recherchant l'amitié de celle qu'elles nommoient une petite grisette, et dont elles avoient fait ressortir le ton bourgeois. La duchesse de Modène, la princesse de Conti, et

Mlle de Sens se faisoient un mérite de paroître en public ses complaisantes. (1)

Tour à tour les Parisiens rioient de ce mépris pour les mœurs nationales, ou ils laissoient éclater leur indignation; mais leur mécontentement n'étoit jamais profond, parce qu'ils ne souffroient pas. La bourgeoisie jouissoit d'une grande prospérité, même d'une assez grande liberté. Le séjour des seigneurs, des gens riches, de la magistrature, le voisinage de la cour répandoient beaucoup d'argent dans la capitale; la police soignoit les approvisionnemens, et s'étudioit à prévenir tous les murmures du peuple; les plaisirs publics se renouveloient sans cesse, et Paris, aux yeux des étrangers, étoit la capitale de l'Europe la plus agréable à habiter. Les hommes au pouvoir avoient presque tous adopté des opinions en opposition avec les maximes du gouvernement et avec leur propre pratique; aussi, dans leurs salons mêmes, dans ceux de toute la bonne compagnie, on parloit avec une grande liberté. Le choc des opinions sur les questions les plus importantes de la religion et de la politique, avoit mêlé les discussions les plus sé-

---

(1) Lacretelle, T. II, L. VIII, p. 315. — Mém. de Voltaire pour servir à sa Vie, T. I, p. 263. — Soulavie, Mém. de Richelieu, T. VIII, ch. 7, p. 147-167. — Le même, Anecdotes de la Cour de France, ch. 3 et 4, p. 35-99. — Biogr. univ., T. XXXV, p. 284.

rieuses aux conversations légères ; et c'étoit se ranger parmi les pédans que de paroître croire qu'aucun sujet fût au-dessus de la portée des femmes. C'étoient elles, au contraire, qui donnoient le ton à l'opinion, qui lisoient tous les livres que l'école philosophique multiplioit avec une incroyable rapidité; car, quoique la censure s'exerçât avec la plus grande rigueur sur tout ce qui s'imprimoit en France, le pouvoir fermoit les yeux sur l'introduction des livres de Hollande, et les magistrats eux-mêmes en favorisoient souvent l'entrée. Les Parisiens se livroient avec abandon à la jouissance des plaisirs de l'esprit; ils étoient flattés de la gloire de leurs auteurs, de l'influence qu'ils exerçoient sur toute l'Europe. Voltaire, Montesquieu, Buffon leur paroissoient être des propriétés nationales dont ils étoient fiers, et les Parisiens croyoient être la France.

Mais dans ce temps-là même la condition des provinces étoit déplorable, au delà de toute imagination. Le marquis d'Argenson, qui fut nommé, le 18 novembre 1744, au ministère des affaires étrangères, écrivoit cinq ans auparavant, lorsque la paix duroit encore, et qu'en conséquence la souffrance étoit bien moindre : « Le mal véritable, celui qui mine le royaume, « et ne peut manquer d'entraîner sa ruine, est « que l'on s'aveugle trop ici sur le dépérisse-

« ment de nos provinces. Ce qui en circule est
« traité d'exagération, et personne, que je sa-
« che, ne s'est encore avisé d'en rechercher
« l'origine. J'ai vu, depuis que j'existe, la
« gradation décroissante de la richesse et de la
« population en France, et tous les observa-
« teurs de bonne foi conviennent avec moi que
« la dépréciation subite des monnoies opérée
« par M. le Duc en a produit les premiers
« symptômes. Mais il y a loin de ce qui étoit
« alors à ce que l'on voit aujourd'hui. On a pré-
« sentement la certitude que la misère est par-
« venue généralement à un degré inouï. Au
« moment où j'écris (février 1739), en pleine
« paix, avec les apparences d'une récolte sinon
« abondante, du moins passable, les hommes
« meurent tout autour de nous, comme des
« mouches, de pauvreté, et broutant l'herbe.
« Les provinces du Maine, Angoumois, Tou-
« raine, Haut-Poitou, Périgord, Orléanais,
« Berry, sont les plus maltraitées; cela gagne
« les environs de Versailles.... M. Orry (le mi-
« nistre des finances) n'a foi qu'aux rapports
« des financiers qui ont intérêt à lui cacher la
« vérité. Il regarde les intendans qui lui parlent
« avec le plus de franchise précisément comme
« des curés ou des dames de charité, qui exa-
« gèrent les tableaux de la misère par une com-
« passion mal placée; aussi a-t-il dégoûté tous

« ses intendans; aucune voix ne s'élève plus
« entre le trône et le peuple; le royaume est
« traité comme un pays ennemi frappé de con-
« tributions. On ne songe qu'à faire acquitter
« l'impôt de l'année courante, sans penser à ce
« que l'habitant pourra payer encore l'année
« d'après.... Le duc d'Orléans porta dernière-
« ment au conseil un morceau de pain de fou-
« gère que nous lui avions procuré. A l'ouver-
« ture de la séance, il le posa sur la table du
« roi, disant : *Sire, voilà de quoi vos sujets se
« nourrissent.* » (1)

Mais si telle étoit la condition de la majeure partie des Français habitans dans les provinces, et surtout de tous ceux qui étoient attachés à l'agriculture, combien étoit plus malheureuse encore la situation de ces deux ou trois millions de Français que les magistrats s'obstinoient à nommer les nouveaux convertis, quoique les mesures qu'ils prenoient contre eux témoignassent qu'ils ne les regardoient nullement comme convertis, qu'ils savoient au contraire que cette classe nombreuse de Français étoit toujours consciencieusement attachée à la réforme? Pendant que l'immoralité la plus scandaleuse triomphoit à la cour; pendant que l'inceste étoit avoué, affi-

---

(1) Mém. du marquis d'Argenson, publiés par René d'Argenson, p. 322-331.

ché par le roi tour à tour aux yeux de la capitale et de l'armée; pendant aussi que la nouvelle favorite, Mme de Pompadour, s'entouroit de tout ce qu'on nommoit les philosophes ou les incrédules, Voltaire, Fontenelle, Cahusac, Montesquieu, Maupertuis, et le jeune abbé de Bernis, la persécution continuoit contre les religionnaires, elle prenoit même quelquefois une nouvelle vigueur, soit parce qu'avec une noble constance les protestans faisoient des efforts pour réorganiser leurs églises, soit parce que des lois plus sévères étoient portées contre eux, soit enfin parce que le chancelier D'Aguesseau avoit réussi à limiter le pouvoir des intendans et à restituer dans les provinces une plus large part du pouvoir judiciaire aux parlemens. Quoique cette modification dans l'exercice du pouvoir fût en général plus conforme aux désirs de la France, elle fut défavorable aux protestans. « Au lieu de
« l'arbitraire administratif et expéditif des in-
« tendans excités par la cour, ils furent frappés
« de verges plus systématiques sous les arrêts de
« ces corps judiciaires qui mettoient au nombre
« de leurs traditions la conservation des maxi-
« mes catholiques, et la nécessité d'abattre les
« sectes ennemies de l'unité de la foi...... Si les
« magistrats leur donnoient quelques garanties
« de jurisprudence au lieu de la justice rapide
« autant que violente des intendans, dans un au-

« tre sens les parlemens étoient plus fortement
« liés par la lettre des édits. La justice est aveu-
« gle ou doit l'être; mais il est quelquefois plus
« loisible à une administration qui gouverne les
« hommes et qui les voit de près, de laisser dor-
« mir les lois. » (1)

Ces intendans auroient eu, en effet, un puissant motif pour les laisser dormir, lorsqu'ils reconnoissoient que les longues et cruelles persécutions dont ils avoient été les instrumens n'avoient servi qu'à retremper les consciences, et à donner aux fidèles des églises réformées une détermination plus ferme de braver tous les dangers plutôt que de renoncer au culte public qu'ils croyoient devoir à Dieu. Un synode national, composé pour la première fois, depuis la révocation de l'édit de Nantes, de députés de toutes les provinces protestantes de France, se réunit au désert, dans le Bas-Languedoc, le 18 août 1744. Le Haut et le Bas-Poitou, le pays d'Aunis, l'Angoumois, la Saintonge, le Périgord, le Haut et le Bas-Languedoc, la Basse-Guyenne, les Cévennes, le Vivarais, le Vélay, le Dauphiné et la Normandie, y furent représentés par des pasteurs et par des anciens. Ces députés savoient cependant que leur existence même étoit

---

(1) Coquerel, Histoire des Églises du Désert, T. I, L. II, ch. 1, p. 279-281.

proscrite, que leur réunion les signaloit à leurs persécuteurs; et en effet, dans les années suivantes, deux de ces hommes courageux, les pasteurs Majal et Roger, furent exécutés et moururent en héros. Dans ce synode, il fut résolu « que l'on célébreroit à la fin de l'année un jeûne « solennel dans toutes les églises réformées du « royaume pour la conservation de la personne « sacrée de Sa Majesté, pour le succès de ses « armes, pour la cessation de la guerre, et pour « la délivrance de l'Église..... Que les pasteurs « feroient au moins tous les ans un sermon sur « la nécessité de la soumission envers les puis- « sances légitimes..... Que les pasteurs et pré- « dicateurs s'abstiendroient de traiter expres- « sément dans leurs sermons aucun point de « controverse, et ne parleroient qu'avec beau- « coup de circonspection de ce que les Eglises « ont eu à souffrir. » (1)

Tandis que cette assemblée, qui représentoit tous les réformés de France, prenoit des résolutions si sages et si modérées, le ministère redoubloit de sévérité. Une ordonnance du 1er février 1745 portoit : « Sa Majesté étant informée que « nonobstant que tout exercice de la religion « réformée soit interdit dans le royaume, ce- « pendant il s'est tenu depuis quelque temps

---

(1) Coquerel, *ibid.*, p. 289.

« plusieurs assemblées,.... a ordonné que, con-
« formément à ses édits, le procès sera fait et
« parfait à tous prédicans qui auront convoqué
« ou convoqueront des assemblées..... ensem-
« ble à tous ceux lesquels s'y sont trouvés ou s'y
« trouveront, et qui y seront pris en flagrant
« délit. Et cependant à l'égard de ceux que l'on
« saura avoir assisté aux dites assemblées, mais
« qui n'auront pas été arrêtés sur-le-champ,
« veut et entend Sa Majesté que, par les ordres
« du sieur intendant et commissaire départi en
« ladite généralité, les hommes soient envoyés
« incontinent, et sans forme ni figure de procès,
« sur les galères de Sa Majesté pour y servir
« comme forçats pendant leur vie, et les fem-
« mes et filles recluses à perpétuité dans les lieux
« qui seront ordonnés. » Et le 16 février suivant une ordonnance plus inique encore, s'il est
possible, condamna à l'amende les nouveaux
convertis, qui, sans avoir assisté à ces assemblées, ne les dénonceroient pas. Voici le résumé
de cette législation inouïe de Louis XV contre
les assemblées des protestans : « Condamnation
« à mort contre tout ministre, et galères perpé-
« tuelles contre tous ceux qui lui donneroient
« asile; galères perpétuelles pour tout homme,
« et prison perpétuelle pour toute femme ou fille
« présens à une assemblée, avec confiscation
« des biens; le tout sans forme ni figure de pro-

« cès. Pour les absens des assemblées, amende
« arbitraire contre tous les réformés des lieux,
« avec recouvrement par voie de garnison mili-
« taire; amende de 3,000 livres contre chaque
« réformé habitant le lieu où un ministre auroit
« été arrêté, laquelle amende, en cas d'une dé-
« nonciation, bénéficieroit au dénonciateur.
« Hâtons-nous d'ajouter que des dispositions
« aussi tyranniques et aussi absurdes ne furent
« pas exécutées à la lettre; jamais elles n'au-
« roient pu l'être. Déporter aux galères des réu-
« nions de trois mille personnes, rançonner des
« districts entiers et nombreux à 3,000 livres
« d'amende par tête d'habitant réformé inscrit à la
« capitation, en cas de capture d'un ministre
« mettre des villages entiers à l'amende, c'étoient
« là des lois que ceux mêmes qui les rendoient
« ne purent avoir le projet d'appliquer sérieu-
« sement. Elles furent sur-le-champ adoucies en
« quelques lieux par la conduite des inten-
« dans » (1). Mais d'autres parts des châtimens
isolés, en exécution de ces ordonnances, frappoient fréquemment, à droite, à gauche, sur les
membres les plus considérés des Eglises; et cette
partie proscrite de la population française se
sentoit tout entière sous le couteau.

Tandis que les Français étoient exposés à tant

(1) Coquerel, Tome I, p. 301.

de souffrances, il falloit poursuivre la guerre qui devoit les aggraver toutes, et le roi se préparoit à entrer en campagne. Une assez vive jalousie avoit éclaté entre le marquis d'Argenson, nouveau ministre des affaires étrangères, et le maréchal de Noailles qui en avoit fait les fonctions durant la campagne précédente, sans en avoir le titre. Tous deux dans leurs Mémoires prétendent avoir donné des conseils pacifiques, et supposent que leur rival les fit rejeter. Ils représentoient qu'il seroit imprudent de vouloir porter au trône impérial le nouvel électeur de Bavière, fils de Charles VII, prince foible, ruiné par la précédente guerre, et qui n'annonçoit ni de grands talens ni un grand caractère; que le seul prétendant qu'on pût opposer au grand-duc, époux de Marie-Thérèse, étoit Auguste III, électeur de Saxe et roi de Pologne, qui, par sa manière de gouverner l'un et l'autre pays, n'inspiroit guère de confiance. Cependant son frère, le maréchal de Saxe, lui écrivit pour lui en faire la proposition. Noailles tout comme d'Argenson croyoient donc plus prudent que la France offrît elle-même à Marie-Thérèse de seconder la nomination du grand-duc, mais en faisant de cette concession une des conditions de la paix. Ce ne fut point, comme ils le crurent, l'un des deux qui fit repousser le projet de l'autre, mais la volonté du roi lui-même, secrètement excité

par Richelieu. Le roi commençoit à prendre goût à la gloire militaire qu'il croyoit avoir acquise; il se proposoit toujours pour modèle son aïeul Louis XIV auquel il ressembloit si peu. « Depuis que le roi gouvernoit, di-
« soit-on, par lui-même, Sa Majesté n'écoutoit
« avec plaisir que ceux qui avoient intérêt à
« s'avancer par la guerre. Louis XV est plus ha-
« sardeux qu'on ne croit. Il place son honneur
« à ne point démordre de ce qu'il a une fois en-
« trepris. Il répète souvent ce mot dans ses con-
« seils : *Qui ne hasarde rien n'a rien.* Il s'en-
« nuie des longues argumentations politiques,
« mais il écoute les sophismes courts et déguisés
« en propos de sagesse et d'honneur. » (1)

D'Argenson, en proposant à Louis d'organiser une vigoureuse défensive, lui faisoit sentir que l'objet principal de la guerre devoit être l'Allemagne, pour appuyer le roi de Prusse et pour influer sur l'élection du futur empereur. Il lui conseilloit donc de ne porter ses forces principales ni vers la Flandre, ni vers l'Italie, mais de les concentrer sur le Rhin; de prendre le commandement de la principale armée, d'en donner une autre sur le Mein à M. de Maillebois, et de donner ainsi la main au roi de Prusse, en menaçant à

(1) Mém. du marquis d'Argenson, p. 361. Comparé avec Noailles, T. III, L. VI, p. 392-399.

la fois la Bavière, la Westphalie et le Hanovre. « Il fut très-mal reçu, dit-il lui-même; Sa Ma- « jesté lui répondit qu'il n'entendoit rien à la « guerre, de quoi le ministre convint naturelle- « ment; qu'une défensive étoit ruineuse en ce « que l'on mange son propre pays, tandis que par « l'offensive on mange le pays ennemi; que nous « pouvions attaquer directement la reine de « Hongrie par les Pays-Bas, que cela effrayeroit « les puissances maritimes » (1). Louis XV écoutoit avec une patience admirable, mais froide, et qui rarement se changeoit en persuasion, quand les premières ouvertures étoient restées sans impression; et ce prince étoit en cela plus absolu que Louis XIV. Il commandoit plus en se taisant que les autres souverains en parlant haut. Son silence étoit une interdiction de continuer et une défense d'insister. (2)

Les ministres durent céder; ils préparèrent trois armées : la plus forte fut portée à quatre-vingt-dix mille hommes, le maréchal de Saxe en étoit le chef véritable, mais le roi s'y rendit avec le dauphin le 6 mai, et il permit à Mme de Pompadour de l'y suivre. Cette armée devoit agir dans les Pays-Bas; une seconde, sous le prince de Conti, devoit couvrir l'Alsace et menacer l'Al-

---

(1) Mém. d'Argenson, p. 364.
(2) Flassan, T. V, p. 246.

lemagne : elle étoit d'abord formidable, mais on l'affoiblit tous les jours pour grossir celle du roi, et on la réduisit à l'impuissance. La troisième armée, de vingt-cinq mille hommes, sous Maillebois, devoit seconder l'infant Don Philippe au débouché des Alpes.

Avant l'arrivée du roi, le maréchal de Saxe avoit fait des démonstrations qui avoient persuadé aux alliés qu'il vouloit attaquer Mons, puis il s'étoit porté rapidement sur Tournai qu'il avoit investi le 23 avril. Cette place, fortifiée par Vauban, avoit une bonne garnison de neuf mille hommes. L'armée des alliés, sous les ordres de Cumberland, second fils de George II, ne comptoit que cinquante-cinq mille hommes, Anglais, Hollandais, Hanovriens et autres Allemands à la solde de l'Angleterre. L'Autriche ne prenoit aucun souci de la défense des Pays-Bas; elle l'abandonnoit tout entière aux puissances maritimes; et, en effet, il n'y avoit pas plus de six mille Autrichiens dans cette armée. Ils étoient commandés par le vieux maréchal Konigseck, un de leurs plus habiles généraux.

L'armée française avoit la plus entière confiance dans le maréchal de Saxe. Il joignoit à une théorie profonde, la pratique, la vigilance, le secret, l'art de savoir différer à propos un projet et celui de l'exécuter rapidement. Le coup-d'œil, les ressources, la prévoyance étoient ses talens, de l'aveu de tous ses officiers. Mais cet homme, qui tiroit vanité d'être indomptable dans les plaisirs, expioit des excès nombreux par l'état de langueur et de foiblesse où il étoit tombé. Ses maux avoient dégénéré en hydropisie, et il s'étoit fait faire secrètement la ponction avant de partir pour l'armée. Pendant cette campagne, il se faisoit traîner dans une voiture d'osier qui lui servoit de lit, la quittant cependant pour monter à cheval au moment d'un combat. On s'attendoit à le voir succomber d'un jour à l'autre. Toutefois il vécut encore cinq ans, n'étant mort que le 30 novembre 1750. (1)

Le maréchal de Saxe n'attaqua Tournai que par un seul côté pour pouvoir plus rapidement faire face aux ennemis, si, comme il s'y attendoit, ils le cherchoient pour lui livrer bataille. En effet, lorsqu'il apprit qu'ils s'avançoient, il alla au-devant d'eux sur la droite de l'Escaut et au-dessus de Tournai. Un triangle, formé par le village de Fontenoy, par celui d'Antoing et par le bois de Barry, lui offroit un espace favorable pour placer trois redoutes dont les ennemis ne pourroient éviter les feux. Vingt mille hommes avoient été laissés en arrière pour observer la gar-

(1) Voltaire, Siècle de Louis XV, ch. 15, p. 148. — D'Espagnac, Histoire du maréchal de Saxe, L. VIII, p. 37-52. — Mar. de Noailles, T. III, L. VI, p. 399. — Soulavie, T. VII, ch. 13, p. 127. — Lacretelle, L. VIII, p. 321.

nison de Tournai. Le 10 mai, toutes ses dispositions étoient prises. Une partie de son infanterie étoit distribuée entre les trois points d'attaque qui s'offroient aux ennemis, le reste couvroit, sur deux lignes, toute la plaine. Derrière l'infanterie, sa cavalerie étoit formée sur deux lignes aussi. Il avoit assigné au roi et au dauphin un poste d'où ils pouvoient, avec beaucoup d'apparence de sécurité, contempler la bataille, non toutefois que quelques boulets perdus n'y arrivassent de temps en temps. Une retraite facile leur étoit ménagée dans tous les cas, par le pont de Calonne, fortifié et garni d'artillerie. Il leur étoit réservé exclusivement, car, en cas de malheur, l'armée devoit se retirer par d'autres ponts en aval de l'Escaut. C'étoit sur une éminence qui couvroit le village d'Antoing, à côté d'un moulin; aussi le roi de Prusse assure que dans l'armée on nommoit le roi Louis-du-Moulin. Le maréchal de Saxe ne tarda pas à éprouver que dans un jour de combat rien n'est moins commode que la présence d'un roi qui n'ordonne ni n'opère aucun mouvement.

Le 11 mai, dès l'aube du jour, les ennemis débouchèrent par l'une des pointes du bois de Barry. Les Hollandais, qui formoient la gauche, attaquèrent les premiers le village d'Antoing qui étoit en face d'eux, et celui de Fontenoy qui étoit au centre de la position des Français. Ils furent arrêtés par les batteries françaises, dont ils soutinrent bravement le feu, mais ils n'avancèrent pas. Les Anglais, les Hanovriens et les Autrichiens, attaquèrent un peu plus tard la redoute de la pointe du bois de Barry, à laquelle s'appuyoit l'extrême gauche des Français; ils furent repoussés; ils attaquèrent aussi par sa gauche le village de Fontenoy et n'eurent pas plus de succès. Alors le duc de Cumberland prit la résolution hasardeuse de passer entre cette redoute et ce village pour enfoncer le centre de l'armée française qui étoit derrière, en tournant le village de Fontenoy : il rangea son infanterie sur deux lignes très-épaisses, et, dans le cours du combat, il fit avancer entre ces deux lignes deux bataillons qu'il rangea en tête, fermant l'espace qui les séparoit, de sorte que cette puissante colonne formoit un carré fort long, dont trois côtés étoient pleins. Dès que les Anglais eurent dépassé les redoutes de Barry et de Fontenoy, ils furent à l'abri du feu de leurs batteries. Avançant toujours, ils percèrent les deux lignes de l'infanterie française qui leur étoit opposée, et se trouvèrent au milieu de la plaine. Le trouble étoit dans l'armée du roi qui se sentoit déjà coupée en deux. Toutefois les commandans de la cavalerie française, d'abord de la première ligne, puis de la seconde, venoient charger la colonne anglaise, tantôt à sa droite, tantôt à sa gauche;

mais ces attaques étoient faites sans ensemble et par des corps détachés, et quoique la première ligne renouvelât jusqu'à trois fois la sienne avec beaucoup de vaillance, toutes étoient également repoussées : les Anglais leur opposoient un feu roulant si bien nourri, que la plupart des officiers français qui conduisoient la charge furent blessés ou tués. Les Anglais, dans l'intervalle, faisoient quelques pas en avant, mais ils ne pouvoient avancer que très-lentement, en sorte qu'à deux heures après midi ils n'avoient guère dépassé que de trois cents pas le village de Fontenoy. En tête de leur colonne ils avoient plusieurs pièces de canon qui tiroient à cartouche et qui faisoient une grande exécution dans l'infanterie française qu'on s'efforçoit de reformer en face d'eux.

Le maréchal de Saxe étoit alors surtout préoccupé de la sûreté du roi et du dauphin qui pouvoit être compromise si la colonne anglaise tournoit Antoing. On la voyoit se fortifier sans cesse par de nouveaux corps qui franchissoient en courant l'étroit et dangereux passage par lequel elle étoit arrivée. Une puissante réserve, composée de presque toute la cavalerie et de la maison militaire du roi, offroit de grands moyens de repousser les Anglais ; mais le maréchal de Saxe n'osoit en disposer jusqu'à ce que Louis et son fils fussent en sûreté. Les plus vives alarmes régnoient autour d'eux. Le jeune prince brûloit de s'élancer à la tête des combattans; son père ne voulut pas le permettre; celui-ci ne montroit ni le feu du courage ni le trouble de la crainte. Toute l'artillerie française armoit les redoutes que les Anglais avoient depuis longtemps dépassées; il ne restoit plus que quatre pièces de canon destinées à protéger la retraite du roi. Un officier ayant témoigné à haute voix son étonnement de ce qu'on ne les employoit pas à percer la terrible colonne, Richelieu le rapporta au roi qui fit le sacrifice de cette précaution prise pour sa sûreté. Le duc de Chaulnes fit rouler les canons jusqu'à quarante pas du front de la colonne, le duc de Richelieu courut porter l'ordre à la maison du roi de charger toute ensemble et de venir toucher l'ennemi du poitrail de ses chevaux. En même temps, le maréchal de Saxe avoit cette fois donné des ordres assez précis pour que toute la cavalerie chargeât tout à la fois les deux flancs de la colonne. Les deux premières décharges des quatre pièces de canon firent, au front de la colonne, une brèche par laquelle la brigade de la maison du roi et les carabiniers se précipitèrent. Alors le terrible bataillon carré étant rompu, les Anglais, attaqués de toutes parts, tombèrent sans espoir sous le sabre de la cavalerie ou la baïonnette de l'infanterie. Ce qui put s'en échapper repassa le ravin qui lioit les deux redoutes, toujours en bon ordre, mais réduite des deux tiers, laissant son champ de bataille couvert de morts et de blessés. En vain les Hollandais essayèrent de faire une diversion en faveur de leurs alliés, en attaquant de nouveau Antoing, l'infanterie et les dragons, qui étoient sur la droite, les forcèrent à se retirer précipitamment en abandonnant vingt pièces de canon et leurs blessés. Ce dernier succès rendit la victoire complète vers trois heures après midi. Les relations françaises prétendent que les alliés perdirent quinze mille hommes tués, blessés ou prisonniers, et qu'ils en avoient cinquante-cinq mille au commencement de l'action; que les Français au contraire étoient entrés en ligne avec quarante mille hommes seulement à cause des détachemens qu'ils avoient laissés devant Tournai et le long de l'Escaut, et que leur perte ne se monta pas à cinq mille hommes, tant tués que blessés. (1)

1745.

(1) Nous avons quatre relations de la bataille dans les Lettres et Mémoires du maréchal de Saxe, T. I, p. 165, 167, 209 et 223. Outre une lettre du maréchal au comte d'Argenson, p. 230. — D'Espagnac entre aussi dans les plus grands détails techniques, T. II, L. VIII, p. 37-110.—Voyez encore Voltaire, Siècle de Louis XV, ch. 15, p. 145-167. — Lacretelle, L. VIII, p. 325. — Soulavie, T. VII, ch. 13, p. 127. — Frédéric II, Hist. de mon Temps, T. II, ch. 12, p. 180. — *Lord Mahon*, T. III, ch. 26, p. 322.—Smollett, T. XVI, ch. 8, § 22, p. 161. — On ne trouve aucun détail

Quoique les Français, épuisés par une si terrible bataille, ne poursuivissent pas les alliés dans leur retraite, leur victoire ne demeura pas sans fruit. Tournai se rendit le 23 mai, Gand, assiégé ensuite, ouvrit ses portes le 11 juillet. Deux jours auparavant, un corps de six mille Anglais avoit été défait à Mesle, sur la chaussée qui mène à Gand. Bruges et Oudenarde capitulèrent le 29 juillet, Ostende le 3 septembre. Louis, qui croyoit en avoir fait assez pour sa gloire, revint chercher les fêtes de sa capitale et les plaisirs de la cour; il y arriva le 7 septembre. Après son départ, le maréchal de Saxe, qui avoit subi une seconde fois l'opération de la ponction, prit encore Nieuport le 5 septembre, Ath le 8 octobre, et il investit Bruxelles qui se rendit seulement le 21 février de l'année suivante. On faisoit honneur à Louis XV de tous ces succès. C'étoit, disoit-on, l'effet de l'enthousiasme que sa présence avoit communiqué à ses troupes. Mais pour lui procurer cette vaine gloire, on avoit perdu de vue l'objet de la guerre, et l'on avoit sacrifié

---

dans les Mém. de Noailles, L. VI, p. 400, si ce n'est que ce vieux maréchal voulut bien servir de premier aide-de-camp à Maurice de Saxe qu'il avoit lui-même avancé au service. Voltaire, dans son poème de Fontenoy et dans les notes, nomme à peu près tous les officiers français qui se sont distingués. C'est presque la seule chose qu'on puisse y chercher. — Voltaire, T. XV, p. 155, édit. de Baudouin, 1827.

l'allié le plus précieux de la France. Frédéric II écrivoit à Louis XV que la victoire de Fontenoy ne signifioit pas plus pour sa délivrance que si elle eût été remportée aux bords du Scamandre. En effet, Marie-Thérèse ne mettoit aucun intérêt à la défense des Pays-Bas; c'étoit, à ses yeux, l'affaire des puissances maritimes; et tandis qu'elle recevoit des subsides énormes de l'Angleterre, elle envoyoit à peine quelques soldats pour garantir la Flandre. Deux objets seulement occupoient sa pensée, porter sur le trône impérial son mari, François de Lorraine, grand-duc de Toscane, et enlever au roi de Prusse la Silésie qu'elle lui avoit deux fois confirmée par des traités. Le prince de Conti, qui commandoit l'armée rassemblée sur les bords du Mein, auroit pu encourager et soutenir les électeurs, qui, jaloux depuis long-temps de la maison d'Autriche, ne vouloient pas que la maison de Lorraine, qui se portoit pour son héritière, pût s'élever à la même grandeur. Mais le prince de Conti avoit cessé d'être redoutable; on lui avoit ôté vingt mille hommes pour les faire passer à l'armée du roi. (1)

Le nouvel électeur de Bavière étoit un prince débile de corps et d'esprit, d'une éducation né-

---

(1) Hist. de mon Temps, T. II, ch. 13, p. 201.— Lacretelle, L. VIII, p. 334.

gligée, superstitieux et dissolu, enclin à la dépendance, haïssant la France, ami des ennemis de son père et ennemi de ses amis. Découragé, effrayé, pressé par le maréchal Seckendorff, général de son père, auquel on attribuoit ses revers, il recourut à l'Angleterre pour faire sa paix avec la maison d'Autriche. Marie-Thérèse, qui avoit voulu s'emparer de ses États, résista long-temps aux sollicitations de George II ; enfin elle voulut bien accorder au jeune électeur le traité de Fuessen du 22 avril 1745. Par ce traité, l'électeur de Bavière renonçoit à toute prétention sur la succession des États autrichiens, garantissoit la pragmatique sanction, renvoyoit les troupes auxiliaires qui se trouvoient dans ses États, et promettoit au grand-duc son suffrage électoral (1). La France avoit aussi songé à faire obtenir la couronne de l'empire à Auguste III, électeur de Saxe et roi de Pologne; mais les Allemands regardoient comme contraire au droit public de donner une seconde couronne élective à un prince qui déjà en portoit une. D'ailleurs, ils ne pouvoient guère être tentés de choisir pour chef de l'Empire un homme méprisable, qui, par son incapacité, précipitoit vers une anarchie toujours plus honteuse la républi-

---

(1) Flassan, Hist. de la diplomatie, T. V, p. 286. — Coxe, Maison d'Autriche, ch. 106, p. 129. — Frédéric II, Hist. de mon Temps, T. II, ch. 11, p. 168.

que qui lui avoit confié ses destinées. Enfin le comte de Bruhl, le favori vénal qui gouvernoit Auguste III, préféroit les subsides de l'Angleterre aux dignités de l'empire. Il avoit été personnellement offensé par les sarcasmes mordans du roi de Prusse, et pour s'en venger, il vouloit que son maître s'attachât à Marie-Thérèse. L'or des Anglais avoit également gagné l'électeur de Mayence et les autres électeurs ecclésiastiques qui réussirent à se faire payer en même temps par la France et par l'Angleterre. Sur ces entrefaites, le prince de Conti, de nouveau affoibli par des détachemens qu'on lui demandoit d'envoyer à l'armée de Flandre, se vit obligé de repasser le Rhin, quoiqu'il n'eût éprouvé aucun échec. Dès que les électeurs n'eurent plus rien à craindre ou à espérer de l'armée française, ils décernèrent, le 13 septembre, la couronne de l'empire au grand-duc de Toscane qui prit le nom de François Ier. Les ambassadeurs de l'Électeur palatin et de celui de Brandebourg protestèrent seuls contre cette élection et quittèrent Francfort avant qu'elle fût accomplie.(1)

La situation du roi de Prusse étoit devenue

---

(1) Coxe, Maison d'Autriche, ch. 106, p. 131. — Frédéric II, T. II, p. 229. — Flassan, Diplomatie française, T. V, p. 307. — Lacretelle, T. II, p. 333. — Siècle de Louis XV, ch. 17, p. 176. — Mém. de Valori, T. I, p. 223.

très-fâcheuse ; tandis que la France l'avoit complétement abandonné pour tourner tous ses efforts vers les Pays-Bas, que la mort de l'empereur Charles VII, l'élection de François Ier, la défection de l'électeur de Bavière qui acceptoit la paix, avoient détruit l'union de Francfort, l'impératrice-reine (c'étoit le nom que prenoit désormais Marie-Thérèse) s'acharnoit contre lui comme l'ennemi qu'elle détestoit le plus. Elle vouloit lui arracher la Silésie ; elle regardoit comme une honte de renoncer à une seule des provinces qui avoient appartenu à son père. Elle avoit signé un nouveau traité avec l'électeur de Saxe, et elle lui avoit promis de l'agrandir aux dépens du roi de Prusse. Elle lui avoit procuré un subside de cent cinquante mille livres sterling que payoit l'Angleterre, et trente mille Saxons devoient se joindre aux armées autrichiennes qui alloient attaquer Frédéric II. Celui-ci essaya vainement, et par lui-même, et par l'Angleterre intéressée à ne pas laisser écraser le parti protestant en Allemagne, de ramener Marie-Thérèse à plus de modération et de l'engager à traiter avec lui d'une paix séparée. Il dut bientôt reconnoître qu'il lui falloit battre les Autrichiens pour les forcer à consentir à la paix. Mais son courage, ses rares talens militaires, et la discipline de sa brave armée, lui firent trouver en lui-même des ressources que Louis XV ne songeoit point à lui procurer. Par une retraite précipitée, il inspira au prince Charles de Lorraide une dangereuse confiance. L'ayant attiré en Silésie, il remporta sur lui, à Friedberg, le 4 juin 1745, une grande victoire où il lui tua quatre mille hommes et lui fit sept mille prisonniers. Ce fut sur ces entrefaites qu'il apprit que l'armée du prince de Conti, affoiblie de vingt mille hommes, avoit repassé le Rhin ; que les deux armées autrichiennes du grand-duc et du duc d'Aremberg avoient fait sur les bords de la Lahn leur jonction qu'on regardoit comme impossible, qu'enfin l'Allemagne étoit abandonnée par les Français. Il s'adressa alors à George II, qui se trouvoit à Hanovre, offrant une paix séparée aux conditions de celle qu'il avoit faite à Breslaw. Le monarque anglais se hâta d'accepter ces termes ; ce fut ce qu'on nomma la convention de Hanovre : mais dès qu'elle fut portée à la connoissance de Marie-Thérèse, elle la rejeta. (1)

Il fallut recommencer à combattre, et la situation du roi de Prusse abandonné par la France, et écrasé par les armées de l'Autriche, qui, de toutes parts, pouvoient revenir sur lui, devenoit toujours plus critique. Mais le 30 septembre, il remporta à Sohr une nouvelle vic-

(1) Frédéric II, Hist. de mon Temps, ch. 13, p. 184.—Mém. de Valori, p. 227.—Coxe, Maison d'Autriche, ch. 106, p. 143.

toire sur les Autrichiens, quoiqu'il n'eût pas plus de dix-huit mille hommes à opposer à quarante mille; et son vieux général, le prince d'Anhalt, en remporta une troisième, le 15 décembre, à Nesseldorff, par laquelle il détruisit l'armée saxonne, et contraignit Auguste III à s'enfuir en Pologne. Ce fut alors seulement que Marie-Thérèse, ébranlée par les instances de l'Angleterre, par les lamentations des Saxons, par les désastres de ses propres armées, consentit à signer à Dresde, le 25 décembre, un traité par lequel elle confirmoit la possession de la Silésie à Frédéric II, qui en même temps lui rendoit toutes ses autres conquêtes. Mais l'obligation même où elle s'étoit vue de céder, augmentoit la rancune de Marie-Thérèse, et, dans le secret de son cœur, elle se promettoit bien de saisir la première occasion de reprendre la Silésie au roi de Prusse. (1)

Dans l'année même où la France perdoit le plus puissant et le plus vaillant de ses alliés, pour avoir négligé d'entrer dans ses vues et de diriger ses armées de telle sorte qu'elles pussent le tirer de ses difficultés, elle négligeoit, elle humilioit davantage encore un autre allié

---

(1) Frédéric II, ch. 13, p. 240, et ch. 14, p. 268. — Mém. de Valori, 1re partie, p. 240-261. — Coxe, ch. 106, p. 139. — Lacretelle, T. II, L. VIII, p. 337. — Voltaire, Siècle de Louis XV, ch. 17, p. 176-183.

bien plus foible, et qui réussit cependant, par son nom seul et son audace, à faire en sa faveur la plus importante diversion. Nous avons vu qu'au commencement de l'année 1744, Charles-Édouard Stuart, fils du Prétendant, avoit été appelé de Rome en France, pour tenter une descente en Angleterre, mais que n'ayant point réussi, il avoit été traité par la cour de France avec le dédain le plus affecté, par la crainte de donner aucun sujet de plainte aux princes protestans de l'union de Francfort. Louis XV ne trouvoit dans son cœur aucun sentiment généreux qui contrariât la politique de ses ministres; il outra donc la négligence qu'on lui avoit conseillée envers le prince fugitif, il l'écarta de Paris et de la cour, et le laissa au château de Navarre, près d'Évreux, sans argent, sans conseil, sans encouragement d'aucun genre. Charles-Édouard s'y trouvoit cependant plus à portée qu'il n'avoit été à Rome de renouer des correspondances avec l'Angleterre et l'Écosse. Ses partisans ne l'encourageoient point; ils lui déclaroient qu'il ne falloit pas songer à une invasion, à moins qu'il ne fût accompagné d'au moins six mille hommes de bonnes troupes, et qu'il n'eût dix mille fusils à distribuer aux insurgens. Loin d'espérer du gouvernement français de telles ressources, il devoit se défier de lui, et lui cacher son secret presque aussi soigneusement qu'au gouvernement anglais : toutefois, il ne perdit point courage, et il résolut de tenter l'aventure avec ses seules forces. (1)

Jamais les Anglais, depuis leur révolution, n'avoient joué un rôle plus brillant en Europe et n'y avoient déployé plus de puissance; toutefois, ils ne s'étoient point attachés à la maison de Hanovre; ils la trouvoient avide, brutale, ignorante de leurs mœurs, tout occupée d'intérêts allemands, toute dévouée à l'Autriche, et toujours désireuse de les entraîner dans des guerres continentales, où ils étoient appelés à répandre plus encore leur argent que leur sang. A ces causes de mécontentement se joignoient, en faveur des Stuarts, l'intérêt que le malheur inspire, l'enthousiasme chevaleresque de la fidélité à une ancienne race royale, l'illusion qui cache les vices et qui grandit les vertus d'une victime éloignée; enfin, et plus récemment, l'irritation des Écossais qui, depuis l'union de leur patrie à l'Angleterre, croyoient avoir perdu leur indépendance, et se flattoient, en replaçant sur le trône l'héritier de leurs anciens rois, de rendre à leur patrie son ancienne gloire, et de la reconstituer de nouveau comme une nation.

---

(1) *Lord Mahon, Hist. of England,* ch. 27, T. III, p. 334.

Charles-Édouard, instruit de ces dispositions, essaya ce que ses amis, dans une position privée, pourroient faire. Le jeune duc de Bouillon, chez lequel il logeoit à Navarre, avoit conçu une tendre amitié pour lui; le cardinal de Tencin se faisoit un mérite d'être toujours dévoué aux Stuarts ; un riche armateur de Nantes, Walsh, Irlandais d'origine, avoit obtenu du gouvernement un vaisseau de ligne de soixante-sept canons, et un brick de dix-huit, qu'il avoit armés en course contre le commerce anglais, avec commission de croiser sur la côte d'Écosse. Enfin, le prince, sans faire connoître à son père son projet, l'avoit engagé à mettre ses joyaux en gage. Avec ces divers secours, Charles-Édouard avoit préparé un armement bien inférieur à celui que le roi Théodore prétendoit avoir fait à ses frais, neuf ans auparavant, pour délivrer la Corse. Il n'avoit que quinze cents fusils, dix-huit cents épées à deux mains, vingt petites pièces de campagne, de la poudre, des balles, et une caisse militaire de quatre mille louis d'or. Il se déroba de Navarre, et vint s'embarquer, le 2 juillet, à Saint-Nazaire, à l'embouchure de la Loire, sur le brick *la Dentelle :* il attendit jusqu'au 13, à Belle-Isle, le vaisseau de ligne *l'Élisabeth* qui portoit la plus grande partie de ses munitions.

A quatre jours de là ils rencontrèrent un

vaisseau de ligne anglais, qui engagea une action avec l'*Élisabeth;* après cinq ou six heures de combat, les deux navires également maltraités, rentrèrent dans les ports l'un de France, l'autre d'Angleterre. Pendant ce combat, le brick qui portoit le prince poursuivoit sa course et gagna les Hébrides; mais lorsque les Écossais le virent débarquer parmi eux, à la fin d'août, avec une poignée de compagnons, sans argent, sans armes, sans secours étrangers, ses anciens correspondans hésitèrent à s'engager dans une entreprise si hasardeuse. Il n'en fut pas de même des sauvages montagnards de la langue gaélique, auxquels il demanda l'hospitalité, et bientôt le secours de leurs bras. Leur dévouement aux affections héréditaires, leur courage, leur ignorance même les entraînèrent à se précipiter avec héroïsme dans cette entreprise. A peine le prince avoit-il rassemblé douze cents hommes, qu'il descendit des montagnes; Édimbourg lui ouvrit ses portes le 27 septembre, et le 2 octobre, avec trois mille montagnards seulement, il défit à Preston Pans quatre mille Anglais commandés par le général Cope. C'étoit à peu près la seule force régulière qu'il y eût alors dans le nord de la Grande-Bretagne. (1)

(1) *Lord Mahon,* T. III, ch. 27, p. 340-397.

Charles-Édouard, maître par cette victoire de toute l'Écosse, entra sans hésiter en Angleterre; il marcha vers Londres, par Newcastle, Carlisle, Lancaster, Manchester et Derby. Il n'étoit plus guère qu'à cent milles de la capitale; mais il voyoit avec autant de douleur que d'étonnement qu'il n'arrivoit pas un seul jacobite anglais, un seul tory, un seul mécontent pour se ranger sous ses étendards. Tandis qu'à son appel ces braves montagnards qui n'avoient jamais reçu aucun bienfait de sa famille, aucune offense du nouveau gouvernement, qui n'avoient aucune chance d'approcher jamais d'un prince du sang, qui n'entendoient pas même sa langue, avoient embrassé sa défense avec enthousiasme, les Anglais qui se disoient opprimés, qui avoient parlé ou écrit avec violence contre la maison de Hanovre, qui avoient correspondu avec lui, qui ne terminoient jamais leur repas sans boire à sa prospérité, s'enfermoient soigneusement chez eux; et ne lui offroient pas plus le secours de leur bourse que celui de leurs bras. Il est vrai que le parti whig, que les amis de la liberté, de la succession protestante, de la maison de Hanovre, montroient la même apathie; nulle part ils ne prenoient les armes, nulle part il ne se rassembloit de corps de milice pour lui résister. C'est en raison de cette étrange absence d'organisation militaire que l'opinion s'est établie en Europe, mais surtout en France, que l'Angleterre est impuissante pour se défendre, dès que l'ennemi a franchi les mers qui seules lui servent de garantie.

Les Anglais paroissoient résolus à laisser les soldats seuls décider de leur sort, sans les assister, sans leur opposer de résistance; mais les soldats commençoient à arriver de toutes parts. Le gouvernement avoit rappelé en toute hâte le duc de Cumberland, avec l'armée qui avoit combattu en Flandre. La maison de Hanovre se trouvoit alors avoir environ trente mille hommes sous ses ordres, en trois corps d'armée; l'un, sous les ordres de George II, protégeoit Londres; les deux autres, sous le duc de Cumberland et le général Wade, avoient été laissés en arrière par une marche habile du fils du Prétendant. Ce prince se croyoit assuré de recevoir incessamment des secours de France ou d'Espagne, quoique son entreprise n'eût point été concertée avec Louis XV ou Philippe V; la diversion qu'il avoit faite étoit si avantageuse aux Bourbons qu'il ne pouvoit croire qu'ils le laissassent périr. Toutefois, il fut rejoint seulement, et même fort tard, par lord Drummond, avec trois compagnies françaises. Ce secours, tout dérisoire qu'il dût paraître, lui fut utile, parce qu'il décida à se retirer six mille Hollandais de l'armée de Cumberland, qui, ayant fait partie de la garnison de Courtrai, prisonnière de guerre, étoient obligés, par leur capitulation, à ne pas porter les armes contre la France.

Le prince n'avoit pas alors plus de cinq mille hommes sous ses étendards. C'étoit avec beaucoup de répugnance que les montagnards écossais s'étoient autant éloignés de leurs foyers, et lorsqu'Édouard leur avoit fait passer la frontière, un grand nombre avoit déserté. A Derby, lord Georges Murray, le plus habile entre les compagnons du prince, et tous les chefs de bataillon de son armée, entrèrent dans sa chambre, le lendemain matin de son arrivée dans cette ville, et lui représentèrent qu'il devoit, sans perdre de temps, se replier vers l'Écosse, avant que la route lui en fût coupée. Édouard fut désespéré de cette demande; il insista, il pressa; il supplia ses braves compagnons de le suivre encore quelques jours; mais il ne les avoit déjà que trop compromis par une entreprise désespérée. Le 4 décembre (vieux style), il commença donc sa marche rétrograde. Pendant ce temps, Cumberland avoit fait un détour pour se rapprocher de Londres, en sorte qu'il donna occasion aux Écossais de gagner deux marches sur lui. Avec son avant-garde, il les atteignit enfin, dans sa poursuite, le 18 décembre, à Penrith; mais là il fut si vigoureusement repoussé, qu'il ne les inquiéta pas davantage dans leur retraite. Le 26, l'armée écossaise rentra dans Glascow, ayant accompli en cinquante-six jours une marche de cinq cent quatre-vingts milles en pays ennemi.

Les Écossais n'avoient point perdu courage; ils vinrent en grand nombre rejoindre les étendards du prince Édouard; au mois de janvier 1746, il avoit neuf mille hommes sous ses ordres, devant le château de Stirling; c'étoit plus qu'il n'en eût encore compté dans son armée. Cumberland avoit marché vers les côtes d'Angleterre pour empêcher un débarquement français qu'on avoit annoncé. Le général Hawley, qui commandoit à sa place environ huit à neuf mille Anglais, se laissa battre, le 17 janvier, à Falkirk; mais ce succès fut le dernier pour la cause du Prétendant. A son occasion même, la discorde commença à éclater entre ses partisans; en même temps, des forces accablantes se rassembloient contre lui; Cumberland étoit arrivé en poste, le 30 janvier, à Édimbourg. Bientôt il fut rejoint par le prince Frédéric de Hesse-Cassel avec cinq mille Hessois. Charles-Édouard s'étoit retiré dans le territoire gaëlique des Highlands. La guerre ne put pas se poursuivre avec beaucoup d'activité au cœur de l'hiver, dans ces montagnes du Nord; mais elle fut terminée le 16-27 avril à Culloden, dans une bataille où les Écossais, réduits à cinq mille combattans, affoiblis par les privations et une marche de nuit, furent détruits par le duc de Cumberland. Dans ce dernier combat, ils déployèrent encore la plus admirable vaillance, mais il n'y avoit plus d'espoir pour leur cause. Cumberland, que ses compatriotes eux-mêmes ont surnommé le Boucher, usa de la victoire avec la plus effroyable férocité. Non seulement ses soldats ne firent quartier pendant la bataille qu'aux hommes de marque qu'il réservoit pour la main du bourreau, mais le lendemain ils achevèrent de sang-froid la plupart des blessés qu'ils trouvèrent sur le champ de bataille. Les bourreaux travaillèrent ensuite, sous les ordres de Cumberland, à détruire le parti jacobite, avec plus de rage encore que n'avoient fait les soldats anglais. Pendant ce temps, le prince erra cinq mois, de cachette en cachette, dans le royaume qu'il avoit été sur point de conquérir. Enfin, le 10-21 octobre 1746, il s'estima heureux de trouver à s'embarquer seul et de regagner la France. (1)

Les succès obtenus en Écosse et en Angleterre par le prince Édouard, dans l'année 1745,

(1) Nous renvoyons uniquement à l'admirable récit de cette expédition dans l'histoire de lord Mahon, T. III, ch. 27, 28 et 29, p. 335 à 510; toutes les relations y sont comparées et jugées avec une saine critique, et le récit présente le vif intérêt d'un roman.

avoient été suivis l'année d'après par les plus cruels revers. Il en fut de même en Italie, où la France se présentoit bien moins pour son propre compte que comme auxiliaire de l'Espagne, pour satisfaire la reine Élisabeth Farnèse, qui désiroit ardemment procurer un établissement dans cette contrée à son second fils Don Philippe. Le maréchal de Maillebois commandoit l'armée française, qui accompagnoit cet infant; le comte de Gages, l'armée espagnole et napolitaine qui devoit le seconder, en venant du Midi. Ce comte de Gages étoit un homme d'un grand talent militaire; lorsqu'il fut assuré que la république de Gênes, poussée à bout par l'injustice criante de Marie-Thérèse envers elle et par l'ambition du roi de Sardaigne, étoit résolue de s'allier aux Bourbons (1), il forma un hardi projet, qui ne pouvoit s'effectuer que par la coopération des Génois. Il s'agissoit de réunir l'armée des Deux-Siciles qu'il commandoit à celle de Provence, en les faisant avancer en même temps par les deux rivières de la Ligurie, de s'aider alors des ressources et des arsenaux de Gênes pour frapper au centre de la Lombardie les Autrichiens et les Piémontais, les séparer, les refouler les uns vers l'Allemagne, les autres vers les forteresses

---

(1) Son traité d'alliance ne fut signé à Aranjuez que le 1er mai 1745, mais auparavant ses dispositions étoient connues.

du pied des Alpes, et après avoir isolé le roi de
Sardaigne, le contraindre à faire la paix. C'étoit
le plan de la première glorieuse campagne de
Bonaparte en Italie, avec la difficulté d'y faire
concourir une armée qui se trouvoit alors sur
les confins de l'État de l'Église.

Le comte de Gages étoit arrivé le 5 avril à
Bologne; il avoit reçu de Naples de nombreux
renforts; le prince de Lobkowitz, qui lui étoit
opposé, commandoit au contraire des troupes
épuisées par les combats, les longues marches
et la misère. Il s'étoit retiré derrière le Tanaro,
et les habitans de Modène s'attendoient à ce
qu'il y fût bientôt attaqué, d'autant plus qu'ils
apprenoient que leur duc venoit de rejoindre
l'armée espagnole. En effet, cette armée passa le
Tanaro sans éprouver de résistance; mais tout
à coup, dans la nuit du 22 avril, elle se dirigea
vers les hautes montagnes de San Pelegrino.
Lobkowitz qui n'avoit aucun soupçon des desseins de Gages, n'avoit pris aucune précaution
pour lui fermer ces gorges sauvages, les plus
élevées de la chaîne des Apennins, par lesquelles
le général espagnol comptoit passer du bassin
du Pô à celui de la Méditerranée. Mais la nature
seule lui opposoit une résistance difficile à
vaincre. Un effroyable tourbillon de neige surprit les Espagnols au milieu de ces montagnes, et
leur fit perdre plus de cinq cents chevaux ou

mulets. Ni sur cette chaîne, ni dans la vallée de la Garfagnana, où ils descendirent, ni dans les défilés de l'État lucquois qu'ils trouvèrent au delà, les Espagnols ne pouvoient obtenir, en quantité suffisante, du fourrage pour les chevaux, du pain ou quelque autre nourriture pour eux-mêmes; aussi ce ne fut qu'avec des souffrances infinies qu'ils arrivèrent le 9 mai jusqu'aux bords de la Magra, et ensuite, par la rivière de Levant, jusqu'aux portes de Gênes. Dans cette dernière partie de la route, les Espagnols furent nourris principalement des vivres que leur apportoient les Génois, sur leurs légers bâtimens, malgré toute la vigilance des Anglais.

Pendant le même temps, le maréchal de Maillebois et l'infant Don Philippe, qui, de leur côté, avoient reçu de nombreux renforts de France et d'Espagne, s'avançoient de Nice par la rivière de Ponent, et ils étoient arrivés jusqu'à Finale. De là, prenant la route des montagnes, ils s'étoient approchés des sources du Tanaro et de la Bormida, et ils menaçoient le haut Montferrat. Ce fut le moment que prit la république de Gênes pour déclarer son alliance avec les Bourbons, et mettre à leur service dix mille hommes de troupes, et un bon parc d'artillerie. Maillebois et Gages se mirent en communication, dans le haut Montferrat, au district d'Aqui. En réunissant leurs forces, ils avoient alors sous leurs ordres soixante et dix mille guerriers.

Le roi Charles-Emmanuel, et Schulembourg, qui avoit remplacé Lobkowitz dans le commandement de l'armée autrichienne, n'avoient pas des troupes aussi nombreuses; mais leur position entre le Tanaro et le Pô, étoit bonne, les recrues accouroient à l'armée du roi de Sardaigne, et l'argent ne lui manquoit pas, grâce à l'ordre qu'il avoit établi dans ses finances, et aux subsides des Anglais. Le grand point pour l'armée des Bourbons étoit d'engager les Autrichiens et les Piémontais à se séparer. Dans ce but, Maillebois s'établissoit dans le Monferrat, et il attaquoit Tortone, qui se rendit le 3 septembre, après un siége obstiné. En même temps, Gages avoit poussé à son extrême droite le duc de la Vieuville avec un corps espagnol, sur la gauche des Autrichiens. La Vieuville se rendit maître de Plaisance et de Parme, et il y fut reçu avec enthousiasme par le peuple, qui voyoit avec joie le fils de la dernière des Farnèse recouvrer la souveraineté de ses pères. La Vieuville surprit encore Pavie le 20 septembre, et cependant Schulembourg ne quittoit point son camp de Bassignana, et ne se séparoit point du roi de Sardaigne. Enfin la Vieuville marcha sur Milan, et déjà les magistrats lui avoient envoyé les clefs de leur ville : Schulembourg ne voulut point s'exposer à laisser occuper cette capitale, et couper sa propre communication avec le Tyrol; il repassa le Pô, et jeta des renforts dans le château de Milan. Mais les Espagnols qui veilloient sur ses mouvemens, rappelèrent à l'instant la Vieuville, et le 28 septembre, toute l'armée des deux couronnes se trouva réunie contre le roi de Sardaigne seul; elle s'étoit saisie des ponts sur le Pô, de manière à fermer le passage à Schulembourg, qui revenoit en toute hâte au secours de son allié. Le 27, deux heures avant le jour, les Français et les Espagnols attaquèrent Charles-Emmanuel à Bassignana; ils chassèrent les Piémontais de tous leurs postes, et les forcèrent à se retirer précipitamment sur Valenza. La bataille ne fut pas meurtrière; les vaincus n'y perdirent que cinq cents tués, et quinze cents prisonniers; mais les vainqueurs demeurèrent maîtres de tout le terrain entre le Tanaro et la Bormida; ils avoient séparé leurs adversaires, et ils pouvoient, à leur choix, tomber sur l'un ou sur l'autre. Bientôt Charles-Emmanuel évacua Valenza et se retira à Casal. Alexandrie ouvrit ses portes aux Français le 11 octobre, et Valenza le 30; mais la citadelle d'Alexandrie avoit une bonne garnison, l'attaque en étoit difficile; les Français se contentèrent de la bloquer, et mirent leurs troupes en quartiers d'hiver. (1)

Le roi de Sardaigne sembloit sur le point de succomber. Casal de Montferrat se rendit le 29 septembre; Asti le 8 octobre. Charles-Emmanuel avoit perdu la Savoie, le Montferrat, le comté de Nice, et une partie des provinces de Verceil, Alexandrie et Asti. Pendant ce temps, il est vrai, les vaisseaux anglais venoient tour à tour bombarder Savonne, Gênes, Finale, et enfin San Remo, sans autre motif de ressentiment contre la République que le mal qu'ils lui avoient déjà fait, et sans pouvoir attendre de ces incendies aucun avantage quelconque pour eux-mêmes ou pour leurs alliés. Les Anglais ne savent point assez qu'ils sont les seuls au monde à faire la guerre de cette manière barbare. Les autres puissances contraignent, il est vrai, une ville ennemie à se rendre en cherchant à l'incendier avec des bombes et des boulets rouges, et c'est, à leurs yeux mêmes, de tous les droits de la guerre le plus rigoureux. Mais il n'y a que les Anglais qui incendient des villes ouvertes, des villes qu'ils n'ont au-

(1) *Botta, Storia d'Italia*, T. IX, L. XLV, p. 85 à 103. — *Muratori, Annali*, p. 400 à 406. — Coxe, L'Espagne sous les Bourbons, T. III, ch. 46, p. 476-485. — Soulavie, T. VI, ch. 26, p. 330. — Lacretelle, L. VIII, p. 332. — Voltaire, Siècle de Louis XV, ch. 19, p. 191.

cune intention de prendre, et auxquelles ils n'offrent point le choix de capituler pour se dérober à ces horreurs. L'indignation qu'excita cette barbarie vit encore dans le ressentiment des peuples. (1)

Maillebois avoit pris ses quartiers d'hiver dans le Piémont, et il invitoit Gages à prendre aussi les siens. Mais cet habile général, au lieu de se conduire d'après la raison militaire, étoit obligé de consulter les passions impétueuses d'Élisabeth Farnèse, qui exigeoit de lui qu'il prît possession du Milanais. En effet, Milan lui ouvrit ses portes le 19 décembre, et l'infant Don Philippe y fit le lendemain son entrée triomphale, comme souverain. Le duc de Modène avoit repris possession de ses États, évacués par les Autrichiens. Mais l'armée espagnole étoit trop fatiguée par la campagne qu'elle venoit de terminer pour entreprendre le siége du château de Milan, ou de la ville de Mantoue, et s'assurer ainsi dans ses quartiers.

Chacune des puissances belligérantes en Italie étoit mécontente de ses alliés. Les Français et les Espagnols s'accusoient réciproquement; M. d'Argenson représentoit à Louis XV que le moment étoit venu de détacher le roi de Sar-

_____
(1) *Botta*, L. XLIV, p. 108. — *Muratori*, p. 408.

daigne de l'Autriche, et que sans lui il étoit impossible de donner aucune garantie aux conquêtes qu'on feroit en Italie; mais que ce roi, quoiqu'il se plaignît d'être compromis ou abandonné par l'Autriche, ne donneroit jamais son consentement à ce que le Milanais passât à un prince de la maison d'Espagne, en sorte qu'il se trouvât lui-même comme captif entre deux souverains de la maison de Bourbon. Que la politique de la France devoit être, non de conquérir l'Italie, mais de la rendre indépendante; que puisque Louis XV s'étoit engagé à faire un établissement à Don Philippe, il falloit non seulement le réduire dans de justes proportions, mais encore tenir pour principe qu'on ne pouvoit, pour ainsi dire, donner *un* à Don Philippe, qu'on ne donnât *trois* au roi de Sardaigne. La reine d'Espagne, au contraire, enflée de présomption, se crut conquérante sans les Français : en même temps qu'elle faisoit prendre possession, au nom de son fils, de Parme, Plaisance et Milan, elle vouloit garder aussi pour lui la Savoie et le comté de Nice. D'Argenson finit par faire sentir au roi la nécessité de servir l'Espagne malgré elle, en traitant pour elle, à son plus grand avantage, mais sans sa participation. « Il faut vivre avec elle, disoit-il, comme « avec un parent d'humeur différente de « la nôtre. Défendons-le quand on l'opprime,

« mais gardons-nous d'épouser aveuglément
« toutes ses querelles. » (1)

D'Argenson apportoit un sentiment vertueux de modération et d'équité dans les affaires publiques. Il vouloit que la France ne demandât rien pour elle-même, mais qu'en pacifiant l'Italie, elle pourvût à l'équilibre et à l'indépendance de cette contrée. Il vouloit que les princes étrangers qui auroient des possessions en Italie devinssent complétement Italiens, qu'ils fondassent une république, ou association italienne, avec une diète continuellement assemblée, à l'instar de l'association germanique. Il fit les premières ouvertures de ce projet à Charles-Emmanuel, par l'entremise de la princesse de Carignan établie à Paris ; elles furent suivies de l'envoi à Turin de M. de Champeaux, résident de France à Genève, qui ne passa que quatre jours à Turin, pendant lesquels il obtint la signature du roi le 26 décembre 1745. Après quelques discussions et plusieurs conférences secrètes tenues à Rivoli, les bases de cette association furent arrêtées entre M. de Maillebois, fils du maréchal, et le comte Bogino, ministre de la guerre du roi de Sardaigne ; puis de nouveaux préliminaires furent signés à Paris, le 17 février 1746. Par eux, Louis XV garantissoit à Charles-Emmanuel

(1) Mém. du marquis d'Argenson, p. 372.

tout le Milanais au nord du Pô jusqu'aux confins de la république de Venise. Le Milanais au midi du Pô, depuis la Scrivia à la Trebbia, devoit être réuni au grand-duché de Parme, Finale étoit rendu aux Génois, aussi bien que quelques enclaves du Piémont; la Toscane devoit passer au frère de l'empereur, le prince Charles de Lorraine, Mantoue être cédé aux Vénitiens; l'Italie enfin étoit rendue réellement indépendante; mais il falloit obtenir l'assentiment de la reine d'Espagne, il fut demandé long-temps avant la signature des préliminaires. Dès qu'elle fut instruite, elle éclata avec fureur contre les Français. L'évêque de Rennes, ambassadeur de Louis XV, ne fut point, malgré son caractère sacerdotal, à l'abri des gros mots dont Élisabeth étoit prodigue dans sa colère, et pendant deux mois et demi on ne put en obtenir aucune autre réponse.

Cependant, soit que la reine se ravisât, soit qu'elle conçût quelque inquiétude sur son armée d'Italie, elle fit, au commencement de mars, rappeler l'évêque de Rennes. « Nous n'avons « pas dormi de toute la nuit, le roi et moi, lui « dit-elle, nous n'avons fait que raisonner du « traité que le roi très chrétien a conclu sans « nous avec le roi de Sardaigne, et de la fer- « meté qu'il a apportée pour le soutenir. Nous « cédons enfin, nous voulons bien l'exécuter. »

Il étoit trop tard. Justement à cette époque, le 5 mars, le roi de Sardaigne avoit renouvelé les hostilités. Le roi de Prusse, comme nous avons vu, avoit fait sa paix à la fin de l'année. Dèslors les armées autrichiennes, n'étant plus occupées par ce redoutable ennemi, avoient pu se diriger tout entières vers l'Italie, car elles abandonnoient la défense des Pays-Bas aux puissances maritimes, et les bords du Rhin étoient garantis par la neutralité de l'Empire. En effet, les bataillons autrichiens, marchant avec une rapidité sans exemple, commençoient à arriver sur le Mincio; le maréchal Schulembourg, qui s'étoit brouillé avec le roi de Sardaigne, avoit été rappelé pour lui donner satisfaction ; le prince de Lichtenstein l'avoit remplacé, et, de concert avec le ministre d'Angleterre Villette, qui offroit de nouveaux subsides, il promettoit au roi de Sardaigne satisfaction sur tous les points. « Ce prince, écrit d'Argenson, nous fai-
« soit dire chaque jour qu'il étoit entraîné, qu'il
« ne pourroit bientôt plus résister, si la France
« n'obligeoit l'Espagne à acquiescer au traité.
« Enfin il entra en défiance, non de la bonne foi
« du roi de France, mais du crédit de la cour
« d'Espagne sur la nôtre. La citadelle d'Alexan-
« drie se trouvoit à toute extrémité; et n'ayant
« plus que quelques jours à tenir, elle tomboit
« au pouvoir des Espagnols ; on lui indiquoit les

« moyens de la délivrer; il sut que M. de Mon-
« tal étoit mal sur ses gardes dans Asti. » (1)

Le 5 mars, Maillebois s'aperçut que les Piémontais avoient combiné, avec les Autrichiens, un mouvement pour l'attaquer dans ses quartiers, et délivrer la citadelle d'Alexandrie. Il demanda du secours aux Espagnols, qui, jaloux des négociations dont ils s'étoient aperçus entre les Français et les Piémontais à Rivoli, et dont on ne leur avoit point rendu compte, le refusèrent. Le 6, le baron de Leutron, général piémontais, se présenta devant Asti, que devoit défendre le marquis de Montal avec un bon corps de Français; en même temps deux corps autrichiens, dirigés l'un sur Moncalvo, l'autre sur la Lomelline, coupoient ses communications. Montal se troubla, et tandis qu'il pouvoit déjà entendre le canon de Maillebois, qui s'approchoit pour le délivrer, il capitula honteusement avec cinq officiers généraux, trois cent soixante officiers, et cinq mille soldats, qui demeurèrent prisonniers de guerre. Le 11 mars, Leutron parut devant Alexandrie; dix bataillons français, en

---

(1) Mém. du marquis d'Argenson, p. 376. — Flassan, Diplomatie, T. V, p. 316-334. — *Botta*, L. XLIV, p. 117. — Il est remarquable que les deux Français justifient le roi de Sardaigne, tandis que le Piémontais Botta l'accuse de duplicité. — Mém. de Noailles, L. VI, p. 414, mais il est tout espagnol.

garnison dans la ville, se retirèrent précipitamment, et le marquis de Caraglio, qui avoit défendu la citadelle avec une constance admirable, fut délivré, quand il ne lui restoit plus que pour trois jours de vivres, à cinq onces de pain par jour.

Aucun succès ne pouvoit en apparence être plus glorieux pour le roi de Sardaigne. Il avoit délivré ses forteresses, et mis en danger l'armée qui lui avoit fait le plus de mal; mais à cet avantage éphémère il sacrifia l'espoir le plus fondé qui se fût encore présenté pour l'Italie de recouvrer son indépendance, les meilleures chances de prospérité et de paix pour ses peuples, et l'honneur de son caractère, puisqu'il n'avoit réussi qu'en endormant les Français par des négociations trompeuses, pour donner aux Autrichiens le temps d'arriver en forces.

Les Espagnols, à la nouvelle de ces revers, se figurèrent que c'étoit un jeu convenu, entre les Piémontais et les Français, pour les contraindre d'accepter les préliminaires de Rivoli. L'infant Don Philippe étoit à Milan, mais il ne pressoit point avec activité le siége du château; dans cette grande ville, il ne sembloit occupé que de ses plaisirs; le duc de Modène étoit retourné à Venise auprès de sa famille; le marquis de Castellar, courtisan favorisé de la reine d'Espagne, prenoit à tâche de contrarier en toute occasion le comte de Gages, et ce général, qui avoit donné tant de preuves de son activité et de son habileté à la guerre, n'avoit point la même adresse dans les intrigues des cours. Don Philippe paroissoit résolu à ne plus combiner ses opérations avec les Français. Maillebois avoit concentré ses forces entre Tortone et Novi; chaque jour on apprenoit que de nouveaux bataillons autrichiens arrivoient dans le Mantouan et sur les bords de l'Adda; bientôt Lichtenstein poussa le général Reventlau par Pizzighittone et Codogno vers Lodi; Gages avertit alors Don Philippe que le moment qu'il lui avoit toujours annoncé étoit arrivé, que pour avoir voulu trop étendre ses quartiers il n'étoit nulle part en état de les défendre, et qu'il ne lui restoit plus d'autre parti à prendre que de se retirer précipitamment. Le 19 mars, à l'aube du jour, les Espagnols abandonnèrent Milan, et deux heures après les hussards autrichiens y entrèrent. Gages réussit avec assez d'habileté à réunir ses corps épars dans toute la Lombardie, et à les faire tous arriver à Plaisance; mais il n'étoit pas sans inquiétude d'avoir bientôt à y souffrir de la faim. (1)

(1) *Botta, Storia d'Italia,* L. XLIV, p. 127. — *Muratori, Annali,* p. 415. — Coxe, Bourbons d'Espagne, ch. 46, p. 491. — Lettres de la Chétardie du 4 mai 1746 dans les Mémoires du maréchal de Saxe, T. II, p. 177, du 9 mai, *ibid.*, p. 192;

Une nouvelle armée autrichienne, sous les ordres du général Brown, ne tarda pas à passer le Pô, et coupa le général Castellar qui occupoit Parme avec huit mille hommes. Gages marcha de ce côté pour le dégager; Castellar profita de son approche pour forcer les postes qui l'entouroient, mais il fut obligé de se diriger par Pontremoli vers la rivière de Gênes, sans pouvoir rejoindre le corps d'armée principal, où sa division faisoit faute. L'infant Don Philippe appela alors Maillebois à son aide, et celui-ci vint aussitôt le rejoindre avec toutes ses troupes; mais le roi de Sardaigne, auquel jusqu'alors il avoit tenu tête, se hâta de le suivre. Il n'étoit plus qu'à deux jours de distance; Gages et Maillebois résolurent de livrer bataille avant son arrivée. Dans la nuit du 15 au 16 juin, l'armée combinée des Français, Espagnols, Napolitains et Génois sortit de ses retranchemens pour attaquer les Allemands qui les entouroient. Dans cette attaque, la droite composée de Français, qui devoit tourner les ennemis, s'égara dans un terrain marécageux, coupé de haies et de bosquets; et quand elle regagna son poste, elle le trouva déjà occupé par les Espagnols, qui, après avoir remporté l'avantage au centre, s'étoient étendus

---

du 21 mai, p. 201; du 25 juin, p. 229; du 27 juin, p. 249; du 19 juillet, p. 329. L'ensemble de ces lettres équivaut à un journal des opérations de l'armée d'Italie.

sur une autre ligne d'opération. La rencontre de ces deux corps, sur un terrain trop resserré pour les contenir tous deux, les mit en confusion, au moment où ils étoient foudroyés par les batteries autrichiennes. Le général Nadasti profita de leur désordre pour les charger et les mettre en fuite. Maillebois accourut pour tâcher de les rallier, mais il eut peine à les arrêter. Il sentoit vivement le besoin de sa cavalerie, qu'il avoit été obligé de laisser en arrière pour retarder la marche des Piémontais. A l'aile gauche, le comte de Gages avoit combattu jusqu'alors avec plus de succès; mais les alliés ayant été repoussés à la droite et au centre, Lichtenstein put diriger contre Gages de nouveaux bataillons qui le contraignirent enfin à rentrer dans ses retranchemens. La victoire étoit demeurée aux Autrichiens, mais elle étoit sanglante. Les alliés avoient perdu six mille hommes, les Autrichiens cinq mille, et les champs étoient tellement couverts de morts et de mourans, que l'on convint de suspendre les combats pendant vingt-quatre heures pour les relever. (1)

Malgré les pertes essuyées à la bataille de Plaisance, l'armée des alliés étoit encore redoutable. Mais les Piémontais, qui s'étoient avancés jus-

---

(1) *Botta*, L. XLIV, p. 130. — *Muratori, Annali*, p. 425. — Coxe, L. XLVI, p. 495.

qu'à Novi, lui coupoient la communication avec Gênes. Plutôt que de se laisser enfermer dans une ville où les vivres lui auroient bientôt manqué, Maillebois prit courageusement le parti de passer le Pô au pont qu'il avoit jeté à Plaisance, et de mettre à contribution toute la partie du Milanais qui s'étend du Lambro jusqu'à l'Adda. Il attira ainsi à sa suite l'armée piémontaise; puis, avec beaucoup d'habileté, il évita le combat que Charles-Emmanuel lui offroit, repassa le Pô, vint prendre position à Castel San Giovanni sur la route de Gênes, y réunit toutes ses divisions éparses, puis franchit les montagnes Liguriennes, abandonnant, il est vrai, aux Autrichiens l'immense parc d'artillerie qu'il avoit rassemblé à Plaisance. Mais dans ce moment, pour ajouter aux embarras de Maillebois, on lui annonça que le marquis de Las Minas venoit prendre le commandement de l'armée espagnole, en remplacement du comte de Gages dont il n'avoit point les talens militaires, tandis qu'il apportoit à l'armée cette jalousie et cette défiance dont la cour de Madrid étoit animée contre la France. En même temps une nouvelle inattendue ajouta encore à la confusion : Philippe V étoit mort d'apoplexie le 9 juillet à l'âge de soixante-deux ans et demi. Quoique depuis long-temps ce prince, affecté d'une sombre manie, ne prît aucune part au gouvernement, qu'il assistât aux conseils sans parler, sans comprendre, et qu'on dût presque toujours user de quelque supercherie pour lui faire mettre sa signature, *Yo el Rey*, au bas des décrets, sa mort pouvoit tout changer dans le gouvernement. Il étoit remplacé par son fils Ferdinand VI, alors âgé de trente-trois ans, le seul des quatre fils du premier lit qui lui survécût. On savoit que ce prince n'aimoit point la reine et n'en étoit point aimé; on pouvoit s'attendre non seulement à ce qu'il l'écartât du gouvernement, mais même à ce qu'il se montrât contraire à ce qui avoit été le but constant de sa politique, l'établissement de l'infant Don Philippe en Italie. Pour ajouter encore à de si fâcheuses circonstances qui relâchoient les liens entre les Français et les Espagnols, au moment où ils avoient le plus besoin d'être unis, la fille de Philippe V, épouse du dauphin, mourut d'une suite de couches, quinze jours après son père, le 23 juillet 1746. (1)

Las Minas, en effet, arrivé à l'armée avec l'autorité du nouveau roi, ordonna, malgré toutes les représentations de Maillebois, qu'elle se mît immédiatement en retraite. Le 14 août,

(1) Botta, *Storia d'Italia*, L. XLIV, p. 133. — Muratori, *Annali*, p. 434. — Voltaire, Siècle de Louis XV, ch. 19, p. 201. — Coxe, L'Espagne sous les Bourbons, T. III, ch. 47, p. 503. — Soulavie, T. VI, ch. 29, p. 345.

elle évacua les retranchemens de la Bocchetta et ces montagnes si âpres et si bien fortifiées, où elle pouvoit faire encore une longue résistance, et sauver la république de Gênes. Maillebois, l'infant Don Philippe, le duc de Modène laissoient éclater leur désespoir, de ce qu'on abandonnoit si lâchement l'Italie ; mais rien ne faisoit impression sur Las Minas : il pressoit l'embarquement des canons, des munitions, des équipages de l'armée espagnole, tandis qu'il la faisoit cheminer par la rivière de Ponent, et il ne lui donna point de repos qu'elle ne fût arrivée à Nice. Les Français, délaissés par les Espagnols, ne pouvoient seuls tenir tête à une armée qui les avoit battus lorsqu'ils étoient réunis ; ils furent donc réduits à suivre la même route ; et le 6 septembre, les Autrichiens, conduits par le fils d'un transfuge génois, le marquis Botta-Adorno, se présentèrent devant Gênes, résolus à faire souffrir à cette malheureuse république toutes les plus dures conséquences de leur victoire. Gênes ouvrit ses portes ; le commissaire impérial Choteck demanda une contribution de 3 millions de génovines d'or, ou 22 millions de francs ; l'amiral anglais se saisit en même temps de tous les vaisseaux qui entroient dans le port, au risque d'affamer non seulement la ville, mais l'armée autrichienne qui l'occupoit, et le roi de Sardaigne s'empara de Savonne, de Finale, et de toutes les forteresses de la rivière de Ponent.

Les Génois étoient réduits au dernier désespoir : les Autrichiens étoient résolus à profiter de leur victoire pour entreprendre la conquête du royaume de Naples ; mais les Anglais, qui commençoient secrètement à traiter avec l'Espagne, ne voulurent pas le leur permettre. Ils exigèrent de nouveau, comme ils l'avoient fait dans de précédentes guerres, que toutes les forces de leurs alliés fussent dirigées vers la Provence, pour anéantir la marine française de la Méditerranée, dans le port de Toulon ; et comme c'étoient leurs subsides qui nourrissoient et payoient les armées, les Piémontais, rentrés à Nice, et les Autrichiens, se préparèrent à l'invasion de la Provence pour terminer ainsi la campagne. (1)

Tandis que les affaires de la guerre prenoient en Italie une tournure si désastreuse, Louis XV poursuivoit ses inutiles conquêtes dans les Pays-Bas. C'étoit un spectacle de parade, que son ministère avoit cru devoir arranger pour sa plus grande gloire, quoiqu'il sût très-bien que les villes qu'il prenoit ne lui resteroient pas ; que Marie-Thérèse étoit absolument insensible à leur

1746.

---

(1) *Botta*, L. XLV, p. 169. — *Muratori*, p. 452. — Coxe, Maison d'Autriche, T. V, ch. 107, p. 155.

perte, et que George II, qui y mettoit peut-être un peu plus d'amour-propre, n'en étoit du moins nullement affoibli. A l'ouverture de la campagne, le roi marcha sur Anvers avec cent vingt bataillons, et cent quatre-vingt-dix escadrons. Anvers capitula le 30 mars, et Louis XV revint à Versailles, auprès de Mme de Pompadour, annonçant qu'il vouloit s'y trouver pour les couches de la dauphine. Il laissa son armée sous les ordres du maréchal de Saxe, mais il appela aussi dans les Pays-Bas le prince de Conti, qui, étant secondé par l'ingénieur Brulart, prit, dans les mois de juillet, d'août et de septembre, les villes de Mons, de Namur et de Charleroi. (1)

Louis XV devoit tous les succès de son armée de Flandre au génie militaire du maréchal de Saxe : c'étoit lui qui étoit vraiment l'âme de l'armée : quelques autres étrangers commençoient aussi à se distinguer sous ses ordres, entre autres Lowendahl et Bercheny, qui furent tous deux plus tard maréchaux de France. Lowendahl, petit-fils d'un fils naturel de Frédéric III, roi de Danemarck, étoit né avec le siècle ; il avoit appris le métier des armes dans toutes les guerres de l'Europe, depuis la Suède jusqu'à la Sicile : il étoit au nombre de ces aven-

(1) Lacretelle, L. VIII, p. 348.—Voltaire, ch. 18, p. 136. — D'Espagnac, Hist. du maréchal de Saxe, L. IX, p. 203-221-236-244-2.

turiers, hommes de génie, que la czarine Anne avoit élevés si haut en Russie, et qui furent dispersés à sa mort. Ce fut alors que le maréchal de Saxe, ami de Lowendahl, le fixa au service de France; bientôt il s'y signala par les plus rares talens, et dès l'an 1747 il fut fait maréchal de France. Bercheny, de onze ans plus âgé que Lowendahl, quoique parvenu plus tard à la même dignité de maréchal de France, ne pouvoit en aucune manière lui être comparé. Il devoit à son père, Nicolas Bercheny, général des insurgés transylvains et hongrois, et associé à Tékély, sa plus haute illustration; et son nom est surtout célèbre pour avoir introduit le premier des hussards dans les armées françaises. Les courtisans ne voyoient pas sans jalousie trois étrangers, trois protestans élevés aux premières dignités militaires, et ce fut sans doute la raison pour laquelle Louis XV, en quittant son armée, confia le soin de poursuivre ses conquêtes au prince de Conti, plutôt qu'au maréchal de Saxe. (1)

La guerre n'avoit point encore été déclarée par la France aux États-Généraux, au contraire, il y avoit alors même des négociations assez ac-

(1) Le comte d'Estrées répondit avec insolence à Lowendahl, son général, que lui du moins il étoit Français. — Soulavie, T. VII, p. 193. Sur la préférence donnée à Conti, *ibid.*, p. 203.

tives des Hollandais pour rétablir la paix de l'Europe; leur ambassadeur, M. de Wassenear, étoit venu à Paris, où il avoit cherché à faire accepter ses maîtres comme médiateurs; il avoit ensuite accompagné le roi à l'armée, puis de retour avec lui à Versailles, il avoit obtenu que des conférences pour la paix fussent ouvertes à Breda (1). Cependant les troupes hollandaises faisoient toujours le noyau de l'armée destinée à la défense des Pays-Bas autrichiens. Les Anglais et les Hanovriens en avoient été retirés en grande partie pour être employés contre le prince Édouard, et même depuis ses désastres le gouvernement de George II ne sembloit occupé que d'exercer contre les Écossais ses persécutions et ses vengeances. Dans cet abandon, Marie-Thérèse crut convenable de faire un effort en faveur de ses provinces des Pays-Bas, et elle y envoya son beau-frère le prince Charles de Lorraine. L'armée des alliés fut portée non sans peine jusqu'à quatre-vingt mille combattans; celle des Français étoit forte de cent vingt mille hommes, mais tous n'étoient pas également disponibles, une partie étant occupée au siége de Namur. On admira les manœuvres par lesquelles le maréchal de Saxe força le prince

---

(1) Flassan, Diplomatie, T. V, p. 358-372. — Kerroux, Abrégé de l'histoire de la Hollande, T. IV, ch. 19, p. 1201.

Charles à abandonner les bords de la Méhaigne, sur lesquels il occupoit une forte position. Namur ayant capitulé le 19 septembre, et les alliés ayant pris position en deçà de la Meuse, Maestricht se trouvant à leur droite, et Liége à leur gauche, le maréchal de Saxe résolut de les y attaquer pour les rejeter au delà de cette rivière. Il marcha donc aux ennemis le 11 octobre à la pointe du jour, sur dix colonnes. Il les trouva couverts par les villages retranchés d'Ance, de Varoux et de Raucoux, dont le dernier donna son nom à la bataille. Ces villages furent successivement emportés, mais une journée d'octobre ne laissoit pas assez de temps aux vainqueurs pour qu'ils pussent profiter de leurs avantages, ou empêcher les alliés de repasser la Meuse qu'ils avoient derrière eux. Les Français assurent que les alliés eurent sept mille hommes tant tués que blessés, et qu'ils n'en perdirent eux-mêmes que trois mille. Les ennemis affirment que la perte fut égale des deux côtés. Tout au moins est-il sûr que la bataille de Raucoux n'eut aucun résultat. Le prince de Lorraine perdit seulement le terrain sur lequel elle s'étoit livrée, et bientôt après les armées entrèrent en quartiers d'hiver. (1)

(1) D'Espagnac, Hist. du maréchal de Saxe, L. IX, p. 255-309. — Lettres et Mémoires du maréchal de Saxe, T. III, p. 249 et suiv. — Voltaire, ch. 18, p. 189. — Lacretelle,

Les événemens du Midi avoient une bien autre importance. Le 28 octobre, le maréchal de Maillebois étoit sur le Var, qui sépare la France du comté de Nice. Il n'avoit pas onze mille hommes. Le marquis de Las Minas n'en ramenoit pas neuf mille de l'armée espagnole, avec lesquels il se sépara des Français, et tourna vers la Savoie par le Dauphiné; car Don Philippe étoit toujours maître de ce duché, et il vouloit le conserver pour son apanage, s'il étoit forcé d'abandonner l'Italie. Les vainqueurs passèrent le Var au nombre de près de quarante mille hommes. Les débris de l'armée française se retirèrent au travers de la Provence, manquant de tout, la moitié des officiers à pied; les approvisionnemens, les outils pour rompre les ponts, les vivres, tout leur manquoit. Le clergé, les notables, les peuples, couroient au-devant des détachemens autrichiens, pour leur offrir des contributions par lesquelles ils espéroient se racheter du pillage. Ces partisans, ces féroces Pandours, ces Croates, qui avoient si long-temps désolé l'Allemagne, et qui, trois ans auparavant, avoient fait trembler l'Alsace et la Lorraine, ravageoient maintenant la Provence et le Dauphiné. L'infant Don Philippe et le duc de Modène,

T. II, L. VIII, p. 354. — Coxe, Maison d'Autriche, T. V, ch. 107, p. 153. — *Lord Mahon*, ch. 30, p. 511. — Smollett, ch. 9, § 9, p. 201.

chassés de leurs États, le vieux maréchal de Maillebois, étourdi de ses disgrâces, fuyoient de ville en ville. La cour, pour sauver la Provence, crut devoir faire choix du maréchal de Belle-Isle, celui qui avoit allumé cette guerre désastreuse. Habile discoureur, il séduisoit aisément l'imagination des femmes, et il avoit rempli Mme de Pompadour de l'idée de sa haute capacité, comme auparavant Mmes de Mailly et de Chateauroux. Cependant quelques renforts qu'il amenoit, des soins paternels, et l'esprit d'ordre et d'activité qu'il rétablit dans l'administration, rendirent quelque confiance à l'armée française, et empêchèrent les progrès ultérieurs des Autrichiens en Provence, dont ils occupoient déjà le tiers. (1)

Tout à coup une diversion puissante fut opérée en faveur de la Provence, par l'énergique résolution de ce peuple de Gênes, qui sembloit écrasé sous l'opression des Autrichiens. C'étoit sans doute le côté d'où la France attendoit le moins de secours. L'impératrice-reine, Marie-Thérèse, étoit sans pitié : aucun souverain peut-être n'a répandu à un plus haut point la désolation, n'a traité les peuples conquis, ou même les peuples neutres, envahis par ses armées, avec plus de bar-

1746.

(1) Voltaire, Siècle de Louis XV, ch. 19, p. 205. — Lacretelle, T. II, L. VIII, p. 395.

barie, ou n'a opposé une plus froide indifférence à leurs lamentations ou à leurs prières. C'étoit elle qui avoit forcé les Génois à se ranger parmi ses ennemis, en leur reprenant Finale, que son père leur avoit vendu, et en menaçant de les vendre eux-mêmes au roi de Sardaigne. Lorsque ses troupes entrèrent, le 6 septembre, par capitulation, dans leur ville, elle ne les traita point comme des ennemis vaincus, mais comme des êtres malfaisans, étrangers à la race humaine, qu'on veut extirper. Le marquis Botta leur avoit déclaré qu'*il ne leur laisseroit que les yeux pour pleurer*. La contribution de trois millions de pièces d'or ou *génovines*, qu'il exigeoit d'eux étoit tellement exorbitante, que les nobles génois ne pouvoient l'acquitter qu'en vendant tout ce qu'ils possédoient dans les fonds publics des diverses nations de l'Europe ; mais Choteck exigeoit de l'or et refusoit les lettres de change. Déjà, pour accomplir le paiement du premier million, il fallut violer la foi de l'État, et se saisir du numéraire déposé dans la banque de Saint-Georges, qui appartenoit aux particuliers. On réussit encore toutefois à payer le second million. Le pape Benoît XIV ayant adressé à Vienne des supplications en faveur de cette ville malheureuse, la cour impériale répondit qu'elle lui feroit grâce du troisième million ; tandis que le commissaire Choteck annonça qu'outre le troisième million il étoit résolu à s'en faire payer encore un quatrième pour les quartiers d'hiver, et de plus deux cent cinquante mille florins pour les magasins de vivres. Chaque fois Botta-Aderno, en annonçant ces demandes, répétoit que la conséquence d'un refus seroit le pillage, puis l'incendie de la ville et le massacre de tous les habitans; « mais, ajoutoit-il, j'ai le cœur trop « sensible pour demeurer témoin de cette der- « nière scène, et si je suis réduit à donner l'ordre « de tout égorger, je me retirerai en même temps « à la campagne avec tous mes officiers; les sol- « dats sauront bien l'exécuter sans nous » (1).

Le marquis Botta avoit exigé que toute hostilité cessât de la part des Génois, contre les alliés de l'impératrice; mais il n'engagea point ces alliés à suspendre de leur côté les hostilités. Aussi un vaisseau de guerre et un chebeck anglais, passant, sans être molestés, sous les batteries génoises, vinrent jeter l'ancre à l'entrée du port, et à mesure qu'il arrivoit des vaisseaux, ils appeloient le capitaine à leur bord, et lui déclaroient que son chargement étoit de bonne prise. En même temps les Anglais, unis aux Piémontais, avoient entrepris le siége de Savonne; tant qu'ils furent occupés à creuser leurs tranchées et à se couvrir de gabions, ils

(1) *Botta, Storia d'Italia*, L. XLV, p. 169-172.

prétendirent que le vaillant commandant du château de Savonne n'avoit pas le droit de tirer sur eux; mais dès qu'ils se furent mis à couvert derrière leurs ouvrages, ils commencèrent à faire pleuvoir sur lui les bombes et les boulets rouges. (1)

L'armée autrichienne et piémontaise avoit passé le Var; les Anglais, impatiens de détruire Toulon, la pressoient d'avancer; ils s'étoient emparés des îles de Saint-Honorat et de Sainte-Marguerite, sur la côte de Provence; mais Antibes n'ouvroit point ses portes; et pour réduire cette ville, pour attaquer Toulon, il falloit de la grosse artillerie, des munitions, des bombes, qui ne pouvoient venir que de Gênes. Les Autrichiens disposoient des arsenaux de cette république comme s'ils étoient à eux; ils prenoient, ils ordonnoient, et, la canne levée, ils exigeoient des citoyens les travaux les plus serviles. Les mêmes violences s'exerçoient dans les deux rivières; il n'y avoit pas de petit officier autrichien, piémontais ou anglais, qui, à titre de logement et de composition pour bien vivre, ne se fît donner tout ce qu'il désiroit. Le plus souvent ces officiers disoient : « Donnez-nous l'argent, et nous nous pourvoirons nous-mêmes. » Mais ils n'avoient pas plutôt touché

---

(1) *Botta, Storia d'Italia*, L. XLV, p. 175.

l'argent qu'ils demandoient en nature le service même dont on s'étoit racheté. La population tout entière, à la ville, à la campagne, étoit au désespoir; mais brave, sobre, active, accoutumée à affronter la mer et les fatigues, elle étoit indignée et non avilie. Lorsqu'elle voyoit enlever des remparts ou des arsenaux ses canons, elle étoit blessée au cœur; aux yeux de tous les habitans ces armes faisoient l'honneur et la sauvegarde de la patrie, et ils les voyoient destinées à lui enlever son dernier espoir; car l'expédition de Provence ne pouvoit réussir que par elles, et la Provence, une fois subjuguée, la marine française détruite à Toulon, il n'y avoit plus de salut pour Gênes.

Comme les Autrichiens faisoient travailler, le 5 décembre, peu après le coucher du soleil, à transporter un mortier qu'ils vouloient embarquer, une voûte creva sous son poids, dans le quartier de Portoria; il s'enfonça, et les Autrichiens voulurent contraindre, à coups de bâton, les passans à l'en retirer à force de bras. L'indignation éclata dans la foule assemblée, un enfant lança la première pierre; à l'instant, comme à un signal, une pluie de pierres et de tuiles partit des deux bouts de la rue et du haut des maisons, sur les Allemands, et les contraignit à s'enfuir. Aucune ville n'est mieux bâtie que Gênes pour favoriser un soulèvement populaire;

ces rues étroites, tortueuses, dans le labyrinthe desquelles l'étranger s'égare sans cesse, entourées de palais massifs qui semblent autant de forteresses, ne permettent de faire manœuvrer aucune force imposante; à peine deux chevaux y peuvent-ils passer de front, et, montant et descendant sans cesse, ils ne sauroient faire une charge sur ce pavé glissant sans s'abattre; la moindre barricade suffit pour couper toute communication, le bruit d'une rue ne sauroit parvenir à l'autre, et les ordres d'un chef ne sauroient être entendus. Botta étoit logé en dehors de la ville, à San-Pier-d'Arena. Il ne reconnut point tout de suite la gravité du soulèvement; il essaya de faire enlever le lendemain le malencontreux mortier, à l'aide de deux compagnies, l'une de grenadiers, l'autre de sapeurs. A leur approche la sédition éclata avec une nouvelle violence, et cette fois le peuple se pourvut d'armes dans les boutiques des armuriers. Il assiégeoit les portes de la seigneurie pour en obtenir aussi de l'arsenal, mais la noblesse n'espéroit rien encore de cet essai de résistance, et en se joignant aux insurgés elle craignoit de compromettre l'existence même de la république. Le jour suivant seulement les insurgés se donnèrent des chefs par acclamation : tous étoient artisans et hommes du peuple.

Cependant le combat se prolongeoit de jour en

jour; la campagne s'étoit soulevée à l'imitation de la ville, et là aussi des sentiers étroits entourés de murs, montant et descendant des côtes rapides, avec des pavés glissans, laissoient tout l'avantage aux gens du pays. Ce fut seulement le 10 décembre, avant midi, que les insurgés se rendirent maîtres des portes de Gênes du côté de Bisagno, et qu'ils firent prisonniers les Allemands qui les défendoient. Ils se portèrent aussitôt avec fureur du côté opposé, et malgré la résistance du marquis Botta, ils reprirent également la porte de Saint-Thomas et celle de la Lanterne, ainsi que tout le pourtour des murs. Les Allemands eurent mille hommes de tués, et on leur fit quatre mille prisonniers dans cette suite de combats. A la fin de cette mémorable journée du 10 décembre, Botta, avec ses troupes éperdues, prit précipitamment la route de la Lombardie par la Bocchetta, et il ne s'arrêta que lorsqu'il fut arrivé à Gavi.

Les Autrichiens, les Piémontais, les Anglais, ne respiroient que vengeance contre Gênes, mais elle ne pouvoit être immédiate. Le marquis Botta étoit rejeté au delà des Apennins, du côté de la Lombardie; les détachemens qu'il avoit laissés dans les petites villes des deux rivières étoient assaillis par les paysans et faits prisonniers. Le gros de l'armée piémontaise et autrichienne étoit en Provence, mais déjà ses chefs perdoient l'espérance de réussir. Les arsenaux et la place d'armes sur lesquels ils avoient compté leur manquoient tout à coup. Il étoit impossible de faire arriver du Piémont par le col de Tende les lourds équipages d'un parc d'artillerie; les vaisseaux Anglais pouvoient à peine suffire à transporter de Livourne, de Villa-Franca, de Sardaigne, les vivres et les fourrages dont l'armée de leurs alliés avoit besoin en Provence; mais au mois de janvier la mer n'est pas toujours praticable, et pendant quinze jours, au commencement de l'année 1747, les chevaux et les mulets manquèrent de foin et de paille. Il fallut les nourrir avec du pain et du blé, dont on craignoit déjà d'être privé pour les hommes. Bientôt la mortalité des chevaux, la désertion des soldats annoncèrent le danger qu'on éprouveroit à rester plus long-temps en pays ennemi; mais les Anglais s'obstinoient; tantôt ils faisoient des descentes, pour piller les réfugiés des îles de Sainte-Marguerite et de Saint-Honorat, tantôt ils tentoient d'incendier avec leurs bombes ou Antibes ou les villages des bords de la mer, et ils redoubloient seulement par là l'irritation des Provençaux.

Cependant, des détachemens de l'armée de Flandre, qu'on avoit fait partir sur la nouvelle des désastres de l'armée d'Italie, arrivoient à Lyon les uns après les autres, et descendoient par le Rhône pour rejoindre le maréchal de Belle-Isle. Ce général pouvoit à peine en tirer parti, parce qu'il manquoit de vivres et de fourrages, et qu'une cruelle épizootie qui avoit désolé les campagnes n'avoit presque laissé dans le pays ni bœufs, ni bêtes de somme; toutefois il surprit à Castellane le général autrichien, comte de Neuhaus, qui y commandoit, et il y mit en déroute douze ou quatorze bataillons. Cette attaque fut bientôt suivie de quelques autres qui eurent un égal succès, et, dès le commencement de février, les Autrichiens et les Piémontais commencèrent à repasser le Var. En peu de semaines leur armée, que les Français n'essayèrent pas de suivre, eut entièrement évacué la Provence. (1)

Il est bien rare qu'un petit peuple puisse rendre à une grande nation un service aussi important que celui que Gênes rendit à la France dans cette occasion; rien n'étoit prêt en Provence pour résister à une invasion, et il falloit que le royaume fût bien épuisé de troupes pour qu'on fît venir de Flandre les secours dont on avoit besoin à Antibes. Sans la révolution de Gênes, le midi de la

---

(1) Nous nous sommes principalement attaché à Botta pour le récit de toute la révolution de Gênes. *Storia d'Italia*, L. XLV, p. 169-234. — Voyez encore *Muratori, Annali ad Ann.*, p. 438-487. — Soulavie, Mém. de Richelieu, T. VI, ch. 31 et 32, p. 367. — Voltaire, Siècle de Louis XV, ch. 20, p. 208.

France, et surtout le grand arsenal de Toulon, couroient le plus grand danger. Non seulement Louis XV sentit cette obligation, mais il exprima noblement à la république sa reconnoissance. Dès le 2 février, quelques habiles ingénieurs français entrèrent dans le port de Gênes, promettant au nom du roi de prompts secours, et apportant une première avance de huit mille louis en or. Vers la fin de mars et le commencement d'avril, de nouveaux secours français et espagnols arrivèrent. Enfin, le dernier avril le duc de Boufflers, pair de France, gouverneur général de Flandre, opéra son débarquement à Gênes avec quatre mille cinq cents Français, qui venoient seconder et défendre la république contre le siége dont la menaçoient les Autrichiens, les Piémontais et les Anglais, pour le commencement de la prochaine campagne. (1)

(1) *Carlo Botta, Storia d'Italia*, L. XLV, p. 236-240.

CHAPITRE LI.

Efforts de Louis XV pour obtenir la paix. — Bataille de Lawfeld. — Sac de Bergopzoom. — Défaite de Belle-Isle dans les Alpes. — Siége de Maestricht. — Paix d'Aix-la-Chapelle. — Gouvernement de Mme de Pompadour. — Honteux désordres du roi. — Émeute à Paris. — 1747-1750.

La guerre pour la succession d'Autriche avoit tour à tour porté ses ravages dans toutes les parties de l'Europe. Les États de cette maison, en Allemagne, en Bohême, en Italie, avoient été les premiers envahis, les premiers ruinés; mais bientôt la reine de Hongrie s'étoit vengée en versant des flots de Barbares tirés des provinces limitrophes de la Turquie sur l'Europe civilisée. La Silésie, la Bohême, la Saxe, la Bavière et la Souabe, qui avoient été ouvertes aux Pandours, avoient plus souffert que les Pays-Bas, la Franconie et la Westphalie, où les principaux combattans avoient été des Anglais et des Français. En Italie, le Milanais, le Pié-

1747.

mont, Parme, Plaisance, Modène et l'État de Gênes avoient été dévorés par des armées qui se croyoient tout permis dans un pays qui paroissoit si riche. Mais les neutres eux-mêmes n'avoient pas été épargnés, et l'État de l'Église, qui n'avoit aucun intérêt dans la guerre, avoit été ravagé avec une cupidité barbare. La France avoit vu les armées ennemies pénétrer en Alsace, en Lorraine, en Provence et en Bretagne. Les Anglais avoient fait un débarquement dans cette dernière province, avec l'intention de brûler Lorient à la fin de septembre 1746, mais ils furent bientôt obligés de se rembarquer sans avoir remporté aucun avantage (1). L'Angleterre, de son côté, qui depuis long-temps ne connoissoit des calamités de la guerre que les relations de ses guerriers, avoit été menacée et mise à contribution par une armée de montagnards demi-sauvages qui l'avoit traversée depuis l'extrémité de l'Écosse jusqu'à quarante lieues de Londres; l'Espagne, à son tour, avoit été troublée par les descentes que les Anglais avoient faites tantôt sur ses côtes, tantôt dans ses colonies; son commerce du Nouveau-Monde avoit été la proie de leurs armateurs, et l'administration brutale et désordonnée à laquelle elle étoit soumise la rui-

---

(1) Soulavie, Mém. de Richelieu, T. VII, ch. 14, p. 168.
— *Smollett, Hist. of England*, T. XVI, ch. 9, § 15, p. 208.

noit presque autant qu'une invasion des ennemis. Les couronnes du Nord, la Suède, la Russie, la Pologne, avoient eu leur part aux calamités de l'Europe, et tandis qu'on vantoit sans cesse les progrès de la civilisation au XVIIIe siècle, on ne pouvoit guère reconnoître, au milieu de tant de maux, d'autres perfectionnemens que dans l'art de détruire les hommes, dans celui d'exploiter jusqu'aux dernières ressources des peuples par des contributions militaires, et dans celui de fermer aux malheureux opprimés tout abord jusqu'au trône, tout recours pour faire entendre leurs plaintes.

La France se préparoit à commencer une septième campagne, et cependant il lui auroit été impossible de dire dans quel but elle alloit désormais combattre. Elle ne se souvenoit plus du premier objet de la guerre : elle ne songeoit plus à empêcher la prépondérance en Allemagne de la nouvelle maison de Lorraine-Autriche, ou la perpétuité de la dignité impériale dans une même famille. La Bavière et la Prusse avoient fait la paix sans la France, la Sardaigne s'étoit déclarée contre elle, en sorte que Louis XV n'avoit plus d'intérêt à agrandir ces trois États pour les opposer à la puissance autrichienne. Le roi avoit bien fait quelques conquêtes dans les Pays-Bas, mais il n'avoit ni le désir ni l'espoir de les garder. S'il avoit eu, en y conduisant ses armées, quelque autre but que celui de se faire la réputation de prince guerrier, c'étoit tout au plus celui de donner ainsi de l'inquiétude à la Hollande et à l'Angleterre et de leur inspirer des désirs de paix. Il n'avoit point encouragé le Prétendant à son expédition, il ne l'avoit point connue d'avance, et quoiqu'il eût profité de la diversion qu'avoit faite ce prince, il ne se croyoit point obligé à faire de nouveaux efforts pour l'asseoir sur le trône de ses pères. Il s'étoit engagé envers l'Espagne à l'aider à procurer un établissement à l'infant Don Philippe en Italie, mais cet objet lui importoit assez peu, et il étoit tout prêt à y renoncer, si, comme il pouvoit s'y attendre, le nouveau roi d'Espagne ne vouloit plus faire aucun sacrifice pour un frère du second lit qui lui inspiroit peu d'intérêt.

Si aucune grande vue politique n'appeloit la France à continuer ses combats ou ses efforts, les dispositions personnelles de Louis XV l'y appeloient moins encore. Il s'abandonnoit tous les jours davantage à l'attrait des voluptés; indolent par caractère, incapable d'attention et de travail, se renfermant en lui-même, n'ayant d'affection pour personne, ne se confiant point, et ne parlant le plus souvent que par monosyllabes, il n'essayoit de secouer cet état de torpeur que par l'intempérance ou le libertinage. Mme de Pompadour, qui se soucioit peu de ses affections, mais qui vouloit le dominer, ne conservoit son empire qu'en lui procurant une succession de plaisirs. Elle avoit la passion du luxe, que ses flatteurs déguisoient en l'appelant le goût des beaux-arts, et elle avoit réussi à subjuguer à cet égard la volonté de Louis XV qui avoit pour l'économie un penchant qu'on auroit pu taxer d'avarice. Ses premières maîtresses ne lui avoient rien coûté; Mme de Mailly surtout avoit montré un désintéressement extraordinaire. Mais Mme de Pompadour, qui faisoit une dépense extravagante, arrachoit chaque jour au roi de nouveaux présens. Six mois après la déclaration des amours du roi pour elle, elle avoit déjà de ses dons 180,000 livres de rente, un logement à la cour, un autre dans toutes les maisons royales, et le marquisat de Pompadour. En 1746, elle acheta la terre de la Selle pour 155,000 livres, et en dépensa 60,000 au château; la même année, le roi lui donna 750,000 livres pour acquérir le château et la terre de Crécy, et le roi lui délivra 500,000 mille livres de l'augmentation de la charge de trésorier des écuries, et en créa une seconde de 500,000 livres à son profit. Au premier janvier suivant, le roi lui donna pour étrennes de belles tablettes garnies de diamans, dans lesquelles elle trouva un billet de 150,000 livres payables au porteur. Son frère, qui se fit appeler d'abord le marquis de Vandières, nom que les rieurs changèrent en celui de marquis d'*avant-hier*, ce qui lui fit prendre celui de marquis de Marigny, eut la direction générale des bâtimens et la capitainerie de Grenelle; et dès lors, jusqu'à la fin de sa vie, de semblables libéralités furent prodiguées à la favorite. (1)

Les heureux fruits de la longue économie du cardinal de Fleury étoient dissipés. « Le contrô-
« leur-général Orry avoit déclaré qu'il ne savoit
« plus où trouver de l'argent; les intendans des
« provinces avoient fait savoir au bureau de la
« guerre qu'il étoit impossible de lever une nou-
« velle milice, et celui de Guyenne avoit écrit
« que sa province étoit à la veille de mourir de
« faim » (2). Mme de Pompadour ne pardonna point à Orry l'obstacle qu'elle trouvoit en lui, et elle n'eut pas de repos qu'elle ne l'eût fait renvoyer; mais elle avoit eu de la peine à y réussir, car le roi sentoit le besoin qu'il avoit de lui tant que duroit la guerre; aussi témoignoit-elle la plus vive impatience de voir conclure la paix, et demandoit-elle avec instance au roi d'en pres-

---

(1) Soulavie, Mém. de Richelieu, T. VIII, ch. 7, p. 172. — Lacretelle, T. III, L. X, p. 154.

(2) Mém. de M. de Saint-Séverin, dans Flassan, Diplomatie française, T. V, p. 428.

ser la négociation. Louis, dans son indolence, trouvoit plus commode de céder contre sa persuasion que de disputer. Ses ministres lui faisoient souvent faire des choses contraires à son opinion; et il se contentoit alors de dire qu'il s'en lavoit les mains : sa maîtresse l'avoit fait renoncer à une régularité dans ses dépenses qui étoit pour lui un goût et une habitude plus encore qu'un principe ; dès lors il fermoit les yeux sur les embarras du trésor royal pour ne plus s'occuper que de son pécule particulier. Il continuoit à jouer un jeu ruineux, jusqu'à perdre ou gagner quatre mille louis dans une soirée; mais il soldoit ses pertes par des acquits du comptant sur le trésor royal, tandis qu'il mettoit ses profits dans son épargne privée.

Au reste, ce n'étoit pas seulement par indolence ou par désir d'épargner son argent que Louis XV désiroit la paix. Il étoit susceptible de compassion; la vue d'un champ de bataille couvert de morts et de blessés lui causoit un sentiment de douleur et d'horreur; et cependant, non seulement il vouloit l'observer lui-même, mais il avoit soin de le montrer à son fils comme une leçon utile pour lui faire bien connoître toutes les calamités de la guerre et l'en détourner. Il y avoit chez ce roi une bonté réelle, mais cette bonté des âmes foibles, qui ne sont frappées des maux qu'autant qu'ils rencontrent leurs regards, et qui ne savent les prévenir ni par des efforts sur elles-mêmes, ni par des sacrifices. (1)

Il faut dire aussi que l'école philosophique s'efforçoit alors de faire sentir aux hommes que la prospérité, la paix, la justice, la sûreté sont préférables à la gloire des combats, que les classes les plus obscures de la nation ont droit au bonheur comme les autres, que les gouvernemens ont des devoirs envers les peuples qui leur sont soumis, et que l'humanité étoit offensée par la manière folle et barbare dont les rois précipitoient leurs sujets dans les chances de la guerre. Or, cette école commençoit à diriger l'opinion publique. Plusieurs des ministres de Louis XV étoient d'honnêtes gens, des hommes bienfaisans et sensibles qui s'étoient formés, qui s'étoient éclairés par la philosophie du xviiie siècle, et qui avoient pitié des souffrances qu'ils devoient infliger aux provinces pour recruter et nourrir l'armée. Ils énonçoient dans le conseil ces sentimens d'humanité qui se retrouvoient dans les écrits du jour comme dans les conversations de tous les salons, et ils avoient ainsi fait impression sur l'âme de Louis XV, qui, lorsqu'il se réveilloit de l'ivresse des voluptés, cherchoit à apaiser sa conscience en se rendant le témoignage qu'il vouloit le bien de ses sujets, qu'il évitoit,

---

(1) Soulavie, Mém. de Richelieu, T. VII, ch. 17, p. 232.

selon son pouvoir, de leur faire éprouver les calamités de la guerre. En ce point surtout il différoit de Philippe V, de sa femme et de Marie-Thérèse. Ceux-ci, dont on vantoit sans cesse le zèle religieux, confioient sans partage leur âme à leur confesseur, et ne sentoient jamais que les remords qu'on leur commandoit d'avoir ; aussi leur conscience étoit-elle toujours tranquille, soit qu'ils exposassent leurs sujets ou leurs ennemis à toutes les horreurs des combats, ou au massacre et au pillage qui en sont les conséquences.

On auroit pu s'attendre à ce que la mort de Philippe V écartât les obstacles que l'Espagne avoit jusqu'alors apportés à la pacification de l'Europe, et à ce que Ferdinand VI entrât mieux que son père dans les vues de Louis XV, qui, dans les négociations entamées dès cette époque, avoit pour but unique le rétablissement de la paix sans rien prétendre pour lui-même ; mais tout étoit difficile quand on vouloit agir de concert avec l'Espagne. L'arrogance de ce cabinet, l'apathie avec laquelle il considéroit la détresse du pays, et le désordre incurable de l'administration qui lui sembloit une garantie qu'il ne pourroit pas tomber plus bas, sa politique de promettre sans songer à tenir, son habitude de demander tout aux autres au lieu d'agir lui-même, en faisoient le plus incommode et le plus dangereux des alliés. D'ailleurs la mort du roi n'avoit réellement rien changé encore à la cour d'Espagne. Dans les dernières années de Philippe V, la reine n'avoit point trouvé de meilleur moyen d'assujettir son mari à ses volontés que d'employer sur lui le charme de la musique, auquel il étoit fort sensible. Un chanteur napolitain, Farinelli, doué de la plus admirable voix de *soprano* dont on ait gardé le souvenir, avoit été appelé du théâtre de Londres par Élisabeth Farnèse. Son unique tâche fut, pendant plusieurs années, de chanter tous les soirs quatre ariettes, constamment les mêmes, d'après les ordres et l'uniformité du goût du roi. C'étoit au moyen de ce charme qu'on obtenoit de Philippe qu'il voulût bien se lever de son lit, se soumettre à quelques soins de propreté et signer les décrets qui lui étoient présentés. Mais Philippe V fut à peine mort qu'il fallut bien avouer que Ferdinand VI, son fils, étoit tombé dans la même mélancolie. Déjà depuis un mois il se refusoit à changer de linge et à se laisser raser. La reine sa femme, Marie-Madeleine-Barbe de Portugal, à qui Farinelli donnoit des leçons de musique, et qui avoit une grande amitié pour lui, eut recours à son tour au talent du *soprano* pour charmer le nouveau roi, et il réussit mieux encore qu'avec son père. Dès cette époque, Ferdinand VI se conduisit au dehors à peu près comme un être raisonnable, et Farinelli obtint auprès de la reine un crédit si prodigieux, que dès lors il devint presque le seul canal de toutes les grâces. Il n'en fit jamais qu'un noble et judicieux usage, ce qui n'empêcha point que l'amitié de la reine pour le chanteur, âgé de près de quarante-cinq ans, ne fût calomniée. (1)

1747.

Un roi plongé dans une telle mélancolie, et si incapable d'agir et de penser, ne pouvoit pas changer la politique du cabinet de Madrid et lui donner une impulsion nouvelle. Il n'aimoit pas sa belle-mère, Élisabeth Farnèse, mais il ne lui fit point éprouver son ressentiment. Il confirma toutes les donations que son père lui avoit faites; lui permettant de résider à son choix à Saint-Ildephonse ou à Madrid. Il laissa Villarias à la tête des affaires étrangères, et confia les autres départemens au marquis de la Enseñada; il écrivit à son frère Don Philippe dans les termes les plus affectueux, lui promettant son aide pour lui assurer une souveraineté, mais pourtant lui retirant toute part au commandement de l'armée (2), et il donna ordre, ou plutôt son ministre pour lui, au marquis de Las Minas, de ménager excessivement ses troupes et de ne les exposer jajamais. Il ne restoit, disoit le ministre, qu'une

(1) Soulavie, Mém. de Richelieu, T. VI, ch. 29, p. 345. — Biogr. univ., art. *Farinelli*, T. XIV, p. 161.

(2) W. Coxe, L'Espagne sous les Bourbons, T. IV, ch. 48, p. 1.

vingtaine de mille hommes de toutes les forces de la monarchie de Castille; les provinces sont dépeuplées et dans l'impossibilité de les recruter. Conservons bien ce précieux débris, gardons-nous de l'aventurer, voyons ce que produiront les promesses des Français pour l'établissement de Don Philippe, mais ne commettons plus rien au hasard. Et les Français de l'armée des Alpes disoient que l'armée espagnole n'étoit pas plus utile à la cause commune *que si elle eût été de carton.* (1)

Bientôt les Anglais se firent un mérite auprès du cabinet de Madrid d'avoir détourné l'armée autrichienne qui étoit destinée à reconquérir Naples, pour la porter sur la Provence. Une correspondance secrète fut entamée entre M. Keene, résidant anglais à Lisbonne, et l'ambassadeur espagnol Sotomayor. Il s'agissoit d'accepter la médiation du Portugal entre l'Espagne et l'Angleterre; mais la cour de Madrid persistoit à soutenir que l'honneur national et les affections particulières du souverain demandoient également l'établissement de Don Philippe; et l'un de ses agens écrivoit le 25 juin 1747 : « La guerre contre
« nous n'a point d'objet, parce que la Provi-
« dence nous a mis dans la position où nous
« sommes, et parce que nous voilà tellement

---

(1) Mém. d'Argenson, p. 402.

« habitués à la misère et aux souffrances, que
« nous ne pouvons pas tomber plus bas. La
« guerre, dût-elle durer encore vingt ans, vous
« nous trouveriez toujours résignés et cal-
« mes. » (1)

Cette sécurité que l'Espagne trouvoit dans sa détresse même, s'accordoit bien avec le jugement qu'en portoit le marquis d'Argenson et la résolution qu'il vouloit inspirer à Louis XV, de la servir, mais sans la consulter. Réduit à chercher des alliés plus secourables, et à remplacer le roi de Prusse et l'électeur de Bavière, que la France avoit perdus, il s'adressa à l'électeur de Saxe, quoiqu'il le sût tout dévoué à la maison d'Autriche. Le maréchal de Saxe fut l'intermédiaire de cette négociation, et ce fut à la part qu'il voulut bien y prendre, plus qu'à son génie militaire qu'il dut le commandement en chef de l'armée et le rappel du prince de Conti, peu avant la bataille de Rocoux. La France crut avoir remporté un succès en faisant accepter à Auguste III un subside de deux millions de francs, auquel l'Espagne promettoit d'ajouter encore huit cent mille francs par année. Ce n'étoit pas tout, la fille d'Auguste, Marie-Joséphine, étoit choisie pour remplacer la fille de Philippe V, morte le 22 juillet précé-

(1) Coxe, L'Espagne sous les Bourbons, ch. 48, p. 10.

dent ; elle épousa le dauphin le 9 février 1747. La nouvelle dauphine étoit plus agréable de figure que la précédente ; elle avoit de la grâce, beaucoup de désir de plaire, une instruction soignée, une imagination vive et douce. On remarqua ses manières agréables avec la reine, dont son père avoit détrôné le père. La reine voyant à son bras un portrait, le troisième jour de son mariage, ne douta point que ce ne fût celui d'Auguste III, et lui demanda à le voir. — « Voyez, ma mère, comme il est ressemblant ! » C'étoit celui de Stanislas qu'elle lui avoit substitué (1). Le choix de la dauphine étoit heureux, mais l'alliance avec son père étoit peu désirable. C'étoit un prince sans caractère, sans talens, sans vertus, dominé uniquement par son indigne favori, le comte de Bruhl, qui étoit toujours fort disposé à se vendre, mais qui, en retour du subside qu'il avoit obtenu pour son maître, et d'une si brillante alliance, ne promettoit qu'une stérile neutralité, qu'on auroit pu payer moins cher. (2)

Au reste, dans ce moment où la France éprouvoit si cruellement l'embarras de ses finances, il sembloit qu'elle ne connoissoit d'autres moyens de se procurer des alliances, que de les acheter au

---

(1) Soulavie, Mém. de Richelieu, T. VIII, ch. 6, p. 135.
(2) Flassan, Hist. de la Diplomatie, T. V, p. 300.

poids de l'or; c'étoit l'Angleterre, qui, en multipliant ses subsides aux puissances du continent, l'avoit mise dans cette nécessité. L'alliance défensive avec le Danemarck, qui devoit expirer en 1748, fut renouvelée deux ans avant d'être arrivée à son terme, par la prolongation d'un subside annuel de quatre cent mille écus. L'Électeur palatin et l'électeur de Cologne acceptèrent aussi des subsides de la France; ce qu'il y eut d'étrange à l'égard du dernier, c'est que le ministère français consentit à cacher soigneusement son traité, pour ne pas lui faire perdre le subside qu'il tiroit en même temps de l'Angleterre. Il étoit difficile de prendre confiance dans un prince pour lequel il falloit se prêter à de si honteux ménagemens. Toutefois les négociations avec les princes d'Allemagne eurent le succès qu'en avoit attendu le ministère; ces princes travaillèrent à maintenir la neutralité de l'Allemagne, et ils empêchèrent l'empire d'embrasser la querelle du nouvel empereur. (1)

Le marquis d'Argenson, celui des ministres de Louis XV qui étoit le plus intimement lié avec la secte philosophique, et qui portoit avec le plus de bonne foi ses principes dans le gouvernement, n'eut point la satisfaction de mener à leur terme les négociations pour la paix aux-

(1) Flassan, Hist. de la Diplomatie, T. V, p. 301-307.

quelles il avoit apporté tout son zèle. Sa politique avoit été jusqu'alors d'abaisser les grandes puissances et d'agrandir les petites, sans chercher à conquérir de nouveaux États pour la maison de France, qu'il regardoit comme en possédant déjà bien assez. Il vouloit de bonne foi la prospérité de l'État et le perfectionnement de son organisation sociale. Mais, se fiant à sa propre loyauté, il négligeoit trop souvent les moyens de plaire ; il brusquoit ceux qu'il n'estimoit pas, il dénigroit ses adversaires, et ne cédoit jamais qu'à regret. Il étoit brouillé avec sa femme, avec son fils le marquis de Paulmy, avec son gendre M. de Maillebois, avec son frère le comte d'Argenson, avec tous les courtisans enfin et tous les ministres ; chez lui, le caractère ne secondoit pas l'esprit, et il ne sut point se rendre influent par les procédés et les manières. Il déplaisoit surtout à Mme de Pompadour, qui engagea le roi à le renvoyer, au mois de janvier 1747, et à nommer pour le remplacer Brûlart de Sillery, marquis de Puysieux. (1)

Ce nouveau ministre assistoit alors, et depuis le mois de septembre précédent, à des conférences qui avoient été ouvertes à Breda entre la France et l'Angleterre, pour traiter de la paix générale,

---

(1) Flassan, Diplomatie, T. V, p. 349-352. — Soulavie, Mém. de Richelieu, T. VII, ch. 15, p. 207.

par la médiation de la Hollande. Les états-généraux qui en avoient fait la proposition, prétendoient être toujours neutres, et n'avoir jusqu'alors pris part à la guerre que comme auxiliaires, en accomplissement de leurs traités avec l'Angleterre. Leurs ministres, MM. de Wassenaër et de Gélis, avoient déjà échangé avec M. d'Argenson des projets et des contre-projets qui avoient resserré la négociation dans des termes assez rapprochés, lorsqu'ils engagèrent le roi à nommer un plénipotentiaire qui se rencontreroit avec le plénipotentiaire anglais dans une place neutre ; de cette manière on évitoit les lenteurs de la correspondance, et cependant on avoit de meilleures chances pour s'entendre que dans un congrès général, où chaque puissance auroit élevé ses prétentions, où la France se seroit trouvée gênée à chaque pas par l'Espagne qui demandoit tout à l'Angleterre, et par l'Autriche qui ne vouloit rien céder. M. d'Argenson faisoit observer que comme la France et l'Angleterre avoient seules de l'argent pour payer la guerre, si elles se trouvoient une fois d'accord, il leur seroit aisé d'engager leurs alliés à se ranger aux termes dont elles seroient convenues. Lord Sandwich fut nommé par l'Angleterre pour assister aux conférences ; mais dès la première entrevue il protesta qu'il n'entameroit aucune affaire avant que l'on eût admis au congrès des ministres autrichiens et piémontais, que l'Angleterre, disoit-il, y avoit déjà invités. Cette prétention n'avoit point été annoncée d'avance à la cour de France; les ministres autrichiens et piémontais n'étoient point arrivés, et n'étoient pas même choisis. La demande de lord Sandwich sembloit de nature à ne pouvoir que retarder la négociation, à y jeter même de l'aigreur; et en effet, le cabinet français déclara qu'il suspendoit des conférences où l'on étoit si peu d'accord sur l'entrée même en négociation; qu'il consentoit à assembler à Aix-la-Chapelle un congrès général; mais que la saison étoit arrivée où il lui convenoit de commencer les opérations militaires; que de plus il ne pouvoit pas admettre plus longtemps la prétention des Provinces-Unies de combattre contre lui sans se reconnoître pour ennemies, et en conséquence il leur déclara la guerre le 17 avril 1747. (1)

Le roi croyoit toujours en effet qu'il lui convenoit de paroître à ses armées, et comme celle de Flandre étoit la plus rapprochée, celle où il étoit le plus sûr d'obtenir des succès, il se proposoit de pousser les avantages qu'il y avoit obtenus les années précédentes, et les Pays-Bas autrichiens étant conquis presque en entier, à

---

(1) Flassan, Diplomatie, T. V, p. 373.

la réserve de Luxembourg, de tenter aussi des conquêtes dans les Provinces-Unies. Toutefois, la première conséquence de cette déclaration de guerre fut de faire prévaloir en Hollande le parti anglais, celui du prince d'Orange, sur la magistrature des villes, qui avoit toujours montré de la prédilection pour la France. Guillaume IV de Nassau-Dietz, qui portoit le titre de prince d'Orange en vertu du testament de Guillaume III, dont il étoit petit-neveu par les femmes, étoit âgé de trente-six ans; il étoit stathouder héréditaire de Frise, et il avoit plus tard été élu par les provinces de Groningue, de Gueldre et de Zutphen. Cependant la vigueur de la république, la richesse et le talent se trouvoient concentrés dans les provinces de Hollande et de Zélande qui étoient franchement attachées aux institutions républicaines, et qui avoient jusqu'alors repoussé les prétentions du prince d'Orange à être nommé chef de l'État. Malheureusement il existe dans les classes inférieures du peuple, une impatience de l'ordre existant, quel qu'il soit, un désir aveugle de changement qu'on prend souvent pour amour de la liberté, tandis que dans les républiques cette même inquiétude se change en amour du despotisme. Dans les villes opulentes de la Hollande et de la Zélande, c'étoit toujours la populace qui vouloit déférer le pouvoir absolu au prince d'Orange, tout comme à Florence c'étoit la populace qui avoit appelé les Médicis au pouvoir absolu. La déclaration de guerre de la France donna occasion à cette populace de s'écrier qu'il lui falloit un maître pour la défendre. Le cri funeste de *Orange boven* (Orange par-dessus) commença à se faire entendre dans les carrefours. Guillaume IV avoit épousé, en 1734, une fille de George II, et l'argent du monarque anglais fut prodigué afin d'accroître la popularité de son gendre. Au moment où les Français entrèrent dans la Flandre hollandaise et le pays de Catsand la masse des fugitifs qui se précipitèrent dans la Zélande augmenta la fermentation populaire. Le 25 avril 1747, la multitude soulevée à Veere, à Flessingue, à Middelbourg, força la magistrature à proclamer Guillaume IV stathouder, capitaine et amiral-général. Le 28, les états de la province de Zélande ratifièrent par un décret public l'élection des villes. Bientôt les villes de la Hollande suivirent cet exemple, puis la populace de La Haye contraignit les députés aux états-généraux à faire de lui le chef de toute la confédération. Le 3 mai il fut reconnu par les provinces de Hollande et d'Utrecht, le 11 par celle d'Overyssel, et le 23 octobre le stathoudérat, de même que les charges de capitaine et d'amiral-général furent déclarés héréditaires dans la ligne féminine comme masculine; l'héritier présomptif étant alors une princesse âgée de quatre ans. Ce fut ainsi que l'ancienne république des Provinces-Unies fut virtuellement changée en monarchie, par la frénésie du peuple, en faveur d'un homme qui n'étoit distingué ni par son caractère, ni par ses talens, ni par ses services. (1)

Les Hollandais ne s'étoient point préparés à la guerre, et les villes de la Flandre hollandaise qui avoient résisté à Louis XIV et à Vauban, et dont plusieurs passoient pour imprenables, furent soumises en un mois de temps, par le maréchal de Saxe et le maréchal de Lowendahl, avec la plus étonnante rapidité ; Helvotslues, Issendick, le Sas de Gand, Hulst, La Perle, Liefkenshoeck, Axel et Sandberg tinrent à peine quelques jours (2). Le maréchal de Saxe se proposoit d'assiéger Maestricht, mais il jugeoit qu'avant d'attaquer une aussi grande ville il falloit gagner une bataille. Le roi partit de Tongres à la fin de juin, pour s'y trouver. L'armée des alliés, à ce qu'on assuroit en France, étoit de dix mille hommes plus forte que l'armée française. Le duc de Cumberland la commandoit ; sous lui le prince

---

(1) Kerroux, Abrégé de l'histoire de la Hollande, T. IV, ch. 19, p. 1288. — Soulavie, Mém. de Richelieu, T. VII, ch. 15, p. 207. — Art de vérifier les dates, T. XIV, p. 487. — Voltaire, Siècle de Louis XV, ch. 23, p. 227.

(2) D'Espagnac, Maréchal de Saxe, T. II, L. X, p. 319.

de Waldeck étoit à la tête des Hollandais; le nouveau stathouder avoit bien essayé de se montrer à l'armée, mais on l'y avoit trouvé fort ignorant dans l'art militaire, et fort jaloux de son beau-frère, le duc de Cumberland; il n'y resta pas. Le maréchal de Berthiany étoit à la tête des Autrichiens. Les alliés occupoient une position formidable en avant de Lawfeldt; des revêtemens terrassés, garnis de batteries dont les feux se croisoient, formoient une citadelle de chaque verger de ce village. Cependant le maréchal de Saxe résolut de forcer cette position; il fit, dans la nuit du 1er au 2 juillet toutes ses dispositions, et il prit la précaution de tenir le roi sur les hauteurs de Heerderen, à une distance telle que la crise de Fontenoy ne put point se renouveler. Au point du jour une pluie d'orage présentoit partout de nouveaux obstacles à l'ardeur des soldats; le terrain étoit glissant, la poudre étoit mouillée; trois fois le village de Lawfeldt fut attaqué par les Français, trois fois ils furent repoussés. Le maréchal de Saxe manœuvra pour tourner cette position, et tandis qu'il attiroit sur lui l'attention et les forces du duc de Cumberland, une quatrième attaque de front rendit enfin les Français maîtres de Lawfeldt; mais ils s'y trouvèrent sous le feu d'autres redoutes qui dominoient ce village. Bientôt ils y furent chargés et rompus par le vicomte

Ligonier, fils d'un réfugié français qui commandoit la cavalerie anglaise. Le maréchal, rassemblant toutes ses forces, enveloppa Ligonier et le contraignit à mettre bas les armes, avec le corps qu'il commandoit ; mais pendant ce temps le duc de Cumberland se retiroit en bon ordre par le chemin de Maestricht. La bataille étoit gagnée, il est vrai, mais pas de manière à la rendre décisive. Les Français épuisés de fatigue n'essayèrent pas de poursuivre leurs ennemis. La perte, de part et d'autre, fut évaluée, à peu près à six mille hommes, tués ou blessés ; la prise de vingt-neuf pièces de canons et de neuf drapeaux étoit presque le seul avantage dont pût se vanter le maréchal de Saxe et féliciter Louis XV, lorsque, le soir du même jour, il arriva sur le champ de bataille. (1)

Après un succès si incomplet, on ne pouvoit songer à assiéger Maestricht. Pour avoir toutefois un trophée de sa dernière victoire, le maréchal de Saxe envoya Lowendahl, dès le 4 juillet, investir Berg-op-Zoom. Cette place, chef-d'œuvre de Cohorn, étoit réputée imprenable. La tranchée fut ouverte seulement dans la nuit du 14 au 15 août. Le prince de Waldeck,

(1) D'Espagnac, T. II, L. X, p. 352-383. — Mém. du maréchal de Saxe, T. IV, p. 291. — Lacretelle, T. II, p. 388. — Voltaire, ch. 26, p. 277. — *Smollett*, T. XVI, ch. 9, § 21, p. 218. — *Lord Mahon*, T. III, ch. 30, p. 527.

qui s'avança pour secourir la ville, fut repoussé. Mais le baron de Cronstrom qui commandoit dans la place avoit douze mille hommes sous ses ordres : malheureusement, c'étoit un vieillard de quatre-vingts ans, qui, voyant que ses fortifications étoient à peine entamées par le canon, se croyoit à l'abri de tout danger. Cependant un assaut fut donné le 16 septembre, à quatre heures du matin, avec un succès que n'attendoient point les assiégeans eux-mêmes. Ils pénétrèrent de toutes parts dans la ville ; et comme les soldats s'y défendoient encore, on les poursuivit dans les rues et dans les maisons : le massacre fut épouvantable ; les habitans paisibles partagèrent le sort des guerriers ; un grand nombre d'entre eux fut égorgé ; aucun outrage ne fut épargné aux autres, et le sac de Berg-op-Zoom fut un de ces événemens funestes que, dans notre jeunesse, nous avons encore entendu les vieillards raconter avec terreur. (1)

La guerre continuoit en même temps en Italie ; mais le ministère français, tout occupé de procurer des succès à l'armée où se trouvoit le roi, avoit réuni dans les Pays-Bas toutes les forces, toutes les ressources militaires dont il disposoit, tandis que l'armée des Alpes étoit négligée, et

---

(1) D'Espagnac, T. II, p. 421-433. — Lacretelle, T. II, p. 393. — Voltaire, ch. 26, p. 279.

que les Espagnols, pour lesquels elle combattoit, s'y refusoient à toute action vigoureuse. Les Autrichiens et les Piémontais vouloient à tout prix se venger de la république de Gênes, qui avoit arrêté leurs succès de l'année précédente; et le roi George II, toujours prodigue de l'argent des Anglais, avoit fait accorder un subside de 150,000 livres sterling au roi de Sardaigne, et autant à l'impératrice pour le siége de Gênes. Mais les alliés ne purent faire aucun progrès considérable dans cette attaque; les habitans des campagnes, presque autant que ceux de la ville, trouvoient pour leur résister des ressources inépuisables dans leur patriotisme. Le duc de Boufflers qui leur avoit amené des troupes françaises, et qui les aidoit de sa valeur et de son expérience, s'y fit universellement respecter. Il y mourut le 2 juillet 1747 de la petite vérole; il fut remplacé par le duc de Richelieu, qui l'égaloit en bravoure, mais non point en intégrité. Richelieu cependant leur amenoit de nouvelles troupes et de l'argent, et il obtint également l'affection des Génois. Les Espagnols leur envoyèrent de leur côté trois mille soldats, et promirent de leur payer chaque mois 250,000 fr.; mais les subsides que promettoient les Espagnols n'arrivoient jamais ni à leur échéance, ni même long-temps après. (1)

(1) Soulavie, Mém. de Richelieu, T. VII, ch. 16, p. 222.

L'armée réelle du Midi, cependant, étoit celle que commandoit Belle-Isle. Il s'agissoit de la faire rentrer en Italie, car elle étoit toujours au pied des Alpes du côté de la France, mais chacun des chemins qui y conduisent avoit déjà été signalé par quelque désastre. Las Minas insistoit pour qu'on suivît de nouveau la route de Nice, tandis que les Français proposoient tour à tour le passage par la vallée de la Stura, que fermoient Demonte et Coni, et le passage du Mont-Cenis que fermoit la Brunette; mais plus on étudioit ces routes, et plus on jugeoit difficile de se rendre maître des forteresses qui les défendoient. Enfin, le frère du maréchal, le chevalier, devenu comte de Belle-Isle, crut avoir découvert un chemin par lequel il traverseroit toutes les montagnes les plus âpres, en évitant toutes les forteresses du roi de Sardaigne. En partant de Briançon, il comptoit franchir la chaîne qui sépare la vallée de la Dora de celle du Chiusone, de manière à éviter les deux forteresses d'Exiles et de Fénestrelles, déboucher dans le Val de Sangone, et descendre enfin de Giaveno, de manière à éviter aussi la Brunette. Il fut convenu qu'avec son corps d'armée, le chevalier de Belle-Isle, en suivant cette route,

— *Muratori, Annali*, p. 484.— *Botta, Storia d'Italia*, T. IX, L. XLV, p. 252-260. — Voltaire, ch. 21, p. 219.

formeroit la gauche de l'armée d'invasion, que son frère le maréchal, avec l'autre aile, descendroit par la vallée de la Stura pour menacer Cunéo, et fixer l'attention du roi de Sardaigne qui avoit rassemblé son armée dans la province de Saluces; qu'enfin Las Minas, pendant le même temps, pénétreroit par la rivière de Gênes, et que les trois divisions se réuniroient dans les plaines du Piémont.

Le chevalier de Belle-Isle partit en effet de Briançon, et passa le mont Genèvre le 14 et le 15 juillet. Le comte de Bricherasco, chargé de défendre ce passage, n'avoit sous ses ordres que quatorze bataillons, dix piémontais, quatre autrichiens, et quelques compagnies de Vaudois. Il se retira en combattant, d'abord au col de Sestrière, puis à Pragelas. Mais lorsqu'il vit que le chevalier de Belle-Isle, avec quarante bataillons et neuf canons de campagne, au lieu de suivre les vallées, s'engageoit dans les hautes montagnes qui séparent la Dora du Chiusone, il vint prendre position derrière des retranchemens en murailles sèches qu'il avoit fait préparer d'avance au travers du col de l'Assiette (c'est ainsi qu'on nomme le sommet de cette montagne, qui, au centre de la chaîne, présente une sorte de plaine). C'étoit le 19 juillet que les Français s'avancèrent à l'attaque de cette fortification grossièrement construite qui n'avoit ni fossés, ni palissades, ni artillerie d'aucune espèce. Bricherasco sentant toutefois que le sort du Piémont dépendoit de sa résistance, ne se laissa point décourager par l'immense supériorité de nombre des Français. En effet, au moment où ils approchoient, ils furent assaillis par un feu de mousqueterie dont tous les coups portoient, tandis qu'ils ne pouvoient pas même voir leurs ennemis. Des trois divisions que le chevalier de Belle-Isle avoit fait de sa petite armée, une seule, en suivant le col de l'Assiette, avoit pu arriver jusqu'au pied du rempart; les deux autres qui devoient s'avancer de droite et de gauche, furent arrêtées par des précipices. La colonne du milieu cependant, composée de vingt-deux compagnies de grenadiers, s'acharnoit contre la muraille sèche qui couvroit les Piémontais, et en arrachoit les pierres l'une après l'autre. Le chevalier de Belle-Isle, désespéré de ne pouvoir vaincre la résistance qu'il rencontroit, saisit un drapeau, et s'élançant sur les Piémontais, parvint à le planter au sommet de leur retranchement; mais dans ce moment même il fut frappé d'un coup de baïonnette dans le bras, et de deux coups de mousquet dans la tête et dans la poitrine. Il tomba mort, et ses soldats découragés prirent la fuite. Ils revinrent à Briançon, et les Français renoncèrent, pour cette année, à passer les Alpes (1). Tant en morts que blessés et prisonniers, ils avoient perdu plus de cinq mille hommes, parmi lesquels on comptoit trois cents officiers.

Pendant ces mêmes campagnes où Louis XV s'enorgueillissoit des victoires de Fontenoy, de Raucoux et de Lawfeldt, qui ne procuroient ni à la France ni à ses alliés aucun avantage durable, la marine française étoit détruite par les désastres qui la frappoient coup sur coup. En 1745, les Anglais s'étoient emparés de la forteresse de Louisbourg destinée à protéger leurs pêcheries dans l'île du cap Breton, ce qui causa la perte d'un grand nombre de vaisseaux français, qui entrèrent successivement dans ce port, sans savoir qu'il avoit changé de maître. Pour le recouvrer, un armement considérable fut préparé en 1746 sur les côtes de Bretagne; mais de fréquentes tempêtes, puis la mort du duc d'Anville, qui devoit le commander, l'empêchèrent de mettre à la mer. L'année suivante, deux nouvelles escadres durent sortir ensemble du port de Brest; l'une, sous les ordres du chef d'escadre de la Jonquière, devoit se diriger vers le cap Breton et l'Amérique; l'autre, sous

---

(1) *Botta, Storia d'Italia,* L. XLV, p. 270. — *Muratori, Ann.,* p. 500. — Voltaire, ch. 22, p. 220. — Lacretelle, L. VIII, p. 398. — Biogr. univ., T. IV, p. 107.

M. de Saint-Georges, devoit se rendre aux Indes-Orientales. Des transports et des vaisseaux de commerce en grand nombre devoient faire route sous leur protection; mais la force de la marine royale consistoit seulement en six vaisseaux de guerre et quatre frégates. Avant que les deux amiraux se fussent séparés à la hauteur du cap Finistère, ils furent rencontrés le 3 mai par les deux amiraux Anson et Warren, qui avoient ensemble dix-sept vaisseaux sous leurs ordres. Malgré l'immense disproportion des forces, les Français ne refusèrent point le combat, les vaisseaux de ligne se dévouant pour arrêter les Anglais, tandis que leur convoi faisoit force de voiles pour se mettre en sûreté, sous la protection des seules frégates. Les Anglais rendirent hommage à la valeur et à l'habileté que montrèrent les marins français dans ce combat inégal, où ils furent enfin accablés par le nombre, et les six vaisseaux furent pris. Dans l'automne de la même année, une autre escadre de neuf vaisseaux de ligne et quelques frégates sortit encore de Brest, sous les ordres du chef d'escadre de l'Étendeur, avec un nombreux convoi de vaisseaux marchands; elle fut rencontrée le 14 octobre, près de l'île d'Aix, par l'amiral Hawks, qui avoit sous ses ordres quatorze vaisseaux de ligne. L'amiral français montra le même dévouement, ses marins la même bravoure, et le résultat fut également funeste. Des neuf vaisseaux, sept furent pris, les deux autres réussirent à rentrer à Brest à la faveur de la nuit. (1)

Dans l'Inde, il est vrai, deux hommes de génie qui s'étoient élevés par leurs seuls talens, sembloient sur le point d'opérer une révolution et de fonder pour les Français le vaste empire que les Anglais y ont élevé plus tard. L'un étoit La Bourdonnais, d'abord armateur, puis gouverneur-général des îles de France et de Bourbon, auquel ces îles durent le rétablissement de l'ordre et de la prospérité, à l'époque même que Bernardin de Saint-Pierre a rendue si poétique pour les lecteurs français par le roman de *Paul et Virginie*; l'autre, Dupleix, fondateur de Chandernagor, s'étoit fait nommer gouverneur-général des établissemens français dans l'Inde. Il vivoit à Pondichéry avec le luxe d'un roi, il avoit eu des succès contre les Anglais, et il étendoit ses conquêtes dans le Bengale : mais le génie de cet homme, qui cherchoit bien plus à élever sa fortune par la guerre qu'à servir son pays, a plus d'analogie à celui d'un aventurier audacieux et cruel qu'à celui d'un honorable guerrier; on reculeroit d'effroi, si l'on représentoit avec détail

---

(1) *Smollett, Hist. of England*, T. XVI, ch. 9, § 25, p. 225. — Lacretelle, L. VIII, p. 406. — Voltaire, ch. 28, p. 303.

les actes de cruauté au moyen desquels il remplissoit son trésor ; il étoit de plus animé contre La Bourdonnais d'une jalousie féroce ; il l'avoit cependant appelé à son aide des mers de l'Afrique. La Bourdonnais, avec une flotte de neuf vaisseaux et trois mille hommes de débarquement, se rendit maître de Madras le 21 septembre 1746, et il permit à cette ville de se racheter du pillage par une contribution de 9 millions de livres. Dupleix cassa cette capitulation, pilla et brûla la ville, et accusant son rival de trahir la France par son humanité, le contraignit de s'en retourner à l'île de France. Peu de temps après, La Bourdonnais rentra dans sa patrie ; mais le ministère n'écoutant que les dénonciations de Dupleix, qui annonçoit chaque jour à la Compagnie des Indes de nouvelles victoires, fit arrêter La Bourdonnais, le jeta dans les cachots de la Bastille sans vouloir l'entendre, sans lui permettre aucun moyen de se justifier, et l'y retint trois ans et demi. Lorsque La Bourdonnais fut enfin remis en liberté, il trouva sa fortune pillée et dispersée, sa femme et ses enfans dans l'indigence ; atteint lui-même d'une douloureuse maladie, gagnée dans les prisons, il ne traîna plus qu'une existence misérable jusqu'à sa mort survenue en 1755. (1)

(1) Lally-Tollendal, art. *Dupleix*, dans la Biogr. univ.,

Nous avons dit que parmi les prisonniers anglais, faits à la bataille de Lawfeldt, il se trouvoit un Français de naissance, le général Ligonier. Cet officier ayant été amené à Louis XV le jour même du combat, le roi avoit bien voulu le renvoyer sur parole, en l'assurant que la victoire qu'il venoit de remporter ne diminuoit en rien son désir de rendre la paix à l'Europe. Le maréchal de Saxe, de son côté, lui remit un Mémoire de M. de Puysieux, en date du 5 août, dans lequel ce ministre des affaires étrangères annonçoit que la France étoit prête à restituer toutes ses conquêtes, et faisoit voir en même temps que les prétentions annoncées par les parties belligérantes n'étoient point si opposées qu'il ne fût facile de s'entendre (1). Le roi proposoit des communications personnelles avec le duc de Cumberland, pendant que les deux armées seroient dans leurs quartiers d'hiver. George II auroit volontiers confié l'honneur de la négociation à son fils favori, mais ses ministres se défioient de lui ; ils commençoient à désirer sincèrement la paix, ils s'inquiétoient des dépenses toujours croissantes de campagnes toujours malheureuses, et des subsides que le roi vouloit offrir à de nouvelles

T. XII, p. 279-291. — Langlès, art. *Mahé de la Bourdonnais*, ibid., T. XXVI, p. 157. — Voltaire, ch. 29, p. 307. — Lacretelle, L. VIII, p. 408.

(1) Flassan, Diplomatie, T. V, p. 385.

puissances pour les engager dans la guerre; ils répugnoient à soudoyer trente mille Russes que l'impératrice Élisabeth avoit rassemblés en Livonie, pour être prêts à entrer en Allemagne l'année suivante, et ils croyoient imprudent de charger d'une négociation de paix un prince connu pour la violence de son caractère et sa complète ignorance de la diplomatie. Ils finirent par lui dépêcher en toute hâte le comte de Sandwich, le même qui avoit été envoyé à Breda, pour assister Cumberland de ses conseils. Cet ambassadeur passa bientôt à Aix-la-Chapelle où devoit s'assembler un congrès, et où le comte de Saint-Severin se rendit aussi pour représenter la France. (1)

Mais on ne tarda pas à reconnaître que les alliés n'étoient pas sincères dans ce désir de la paix, qu'ils avoient manifesté en retour des premières ouvertures de la France. L'impératrice-reine n'avoit point pardonné à la France son agression, et elle désiroit toujours en tirer vengeance : le duc de Cumberland et le prince d'Orange, opposés en toute autre chose, vouloient tous deux la guerre, l'un pour conserver sa réputation militaire, l'autre pour acquérir celle qu'il sentoit lui manquer. George II pour plaire à l'empereur, ou pour satisfaire

(1) *Lord Mahon, Hist. of England,* ch. 38, p. 531. — Voltaire, ch. 26, p. 275.

quelque autre de ses passions qui se rapportoient toutes à l'Allemagne, mettoit en avant les prétentions les plus déraisonnables. Les uns et les autres s'accordèrent à user de tant de lenteur dans les opérations préliminaires que le congrès d'Aix-la-Chapelle ne put pas s'ouvrir avant le commencement de 1748. Aussi entendit-on plusieurs fois les deux maréchaux de Saxe et de Lowendahl, répéter : *La paix est dans Maestricht,* persuadés qu'ils étoient qu'il ne falloit rien moins que cette importante conquête pour triompher de l'obstination des alliés.

1747.

1748.

Cependant les préparatifs pour l'attaque de Maestricht furent faits dans le plus grand secret. Crémilles et Pâris Duverney furent les seuls admis par le maréchal de Saxe à connoître ses plans, pour les arrangemens des marches et des subsistances (1). Deux armées françaises devoient se réunir sous les murs de Maestricht; l'une sous les ordres de Lowendahl devoit arriver par la droite de la Meuse en traversant le Luxembourg ; l'autre sous le maréchal de Saxe devoit opérer sur la gauche de ce fleuve, pour y retenir les alliés en menaçant Breda. Dès le 20 mars, Saxe se rendit à Bruxelles, et Lowendahl commença son mouvement le 1er avril.

(1) D'Espagnac, T. II, L. XI, p. 457.—Mém. de Noailles, T. LXXIV, de la coll., p. 23. L'auteur attribue à un mémoire du duc de Noailles le plan de cette campagne.

1748. Le 13 du même mois les deux armées arrivèrent l'une vis-à-vis de l'autre, des deux côtés de la Meuse, et la grande place de Maestricht fut investie. Le duc de Cumberland avoit de son côté réuni les troupes autrichiennes et anglaises à Ruremonde; on prétendoit qu'il avoit quatre-vingt mille hommes sous ses ordres, et qu'il attendoit en outre un corps que lui amenoit le prince de Wolfenbuttel, pour attaquer les Français; mais le maréchal avoit établi sa ligne de défense derrière le ruisseau de Lonaken, qu'il avoit garni de vingt-trois redoutes, et il ne craignoit point l'agression des alliés, qu'il savoit, au reste, être bien moins forts qu'on ne le publioit. On paroissoit reconnoître que Cumberland ne pourroit plus éviter de voir prendre Maestricht sous ses yeux. (1)

Ce fut pour sauver cette dernière catastrophe que les comtes de Saint-Severin et de Sandwich, ainsi que les plénipotentiaires hollandais signèrent le 30 avril 1748 les préliminaires de paix qui furent plus tard convertis en un traité définitif. Pour l'honneur des armes de la France, il fut convenu que la ville de Maestricht leur seroit livrée, et que la marche des Russes, qui étoient déjà entrés en Franconie, au nombre

---

(1) D'Espagnac, L. XI, p. 460-506. — Voltaire, ch. 26, p. 282.

de trente-cinq mille hommes, seroit arrêtée. Les négociations continuèrent cependant tout l'été, et ce fut seulement le 18 octobre que fut signé à Aix-la-Chapelle le traité de paix définitif, entre les rois de France et d'Angleterre, l'empereur et l'impératrice-reine, les rois d'Espagne et de Sardaigne, les Provinces-Unies, le duc de Modène et la république de Gênes. Par ce traité, l'impératrice-reine étoit rétablie dans la pleine et paisible possession de tout ce qui lui appartenoit avant la guerre, sauf les cessions stipulées ci-après. Les Provinces-Unies, le roi de Sardaigne, le duc de Modène et la république de Gênes devoient également être rétablis dans l'état antérieur à la guerre. Les duchés de Parme, de Plaisance, et de Guastalla devoient appartenir à l'infant Don Philippe, et à ses héritiers mâles et légitimes, de la même manière qu'ils avoient été possédés par les précédens souverains de ces États. Un court délai, mais proportionné aux distances étoit fixé pour les restitutions réciproques aux Pays-Bas, en Amérique, et aux Indes. Toutes choses devoient y être remises sur le pied où elles étoient ou devoient être avant la guerre. Dunkerque devoit demeurer fortifié du côté de terre en l'état où il étoit alors; du côté de la mer, au contraire, les fortifications devoient rester abattues, selon la teneur des anciens traités.

Toutes les puissances intervenantes au traité garantissoient de nouveau la pragmatique sanction, tout comme l'exécution du présent traité. Un article de plus avoit été convenu à la signature des préliminaires, mais ce n'avoit été qu'après de longues discussions ; on ne le répéta point dans le traité d'Aix-la-Chapelle, encore qu'il demeurât convenu qu'il seroit exécuté à la rigueur : c'étoit que le prince Édouard, fils du Prétendant, ne pourroit continuer à résider en France, ni même être admis à séjourner à Avignon, ou en Suisse, au cas qu'il voulût s'y retirer (1). Dès le 7 mai, le baron d'Aylva, gouverneur de Maestricht, ouvrit cette place aux deux maréchaux de France qui l'assiégeoient, et tous les pays qui avoient été ravagés par la guerre apprirent avec des transports de joie qu'ils étoient enfin arrivés au terme de leurs longues calamités. (2)

Mais si les peuples se réjouissoient, les souverains étoient loin de se résigner si facilement à renoncer à leurs projets ambitieux ; l'impératrice-reine étoit indignée de ce que l'Angleterre l'avoit contrainte à céder à la fortune. Promettant beaucoup, et ne tenant jamais ses promesses, déjà elle avoit montré une grande irritation de

---

(1) Flassan, T. V, p. 429.
(2) Flassan, Diplomatie, T. V, p. 385-429.

ce que le ministère anglais avoit voulu retenir la moitié du subside qui lui étoit promis, jusqu'à ce que les deux armées de soixante mille hommes chacune qu'elle devoit maintenir, l'une aux Pays-Bas, l'autre en Italie, fussent réellement sur pied, et elle lui gardoit rancune de s'être enfin rabattu à en retenir le quart, ou 400 000 liv. sterl., en compensation de ce qu'elles étoient si inférieures en nombre à ce qu'elles devoient être. Le comte de Kaunitz, ministre de l'impératrice à Aix-la-Chapelle, qui depuis devint si puissant, insistoit sur l'exécution du traité de Worms en son entier, et menaçoit de réclamer la restitution des concessions précédemment faites par l'Autriche au roi de Prusse et au roi de Sardaigne, si on y changeoit quelque chose. Lorsqu'enfin l'impératrice se fut soumise au traité, et que l'ambassadeur anglais, M. Keith, lui demanda une audience pour la féliciter à cette occasion, elle lui fit répondre que des complimens de condoléance seroient moins déplacés, et qu'il l'obligeroit de lui épargner un entretien qui ne pourroit être que très désagréable pour elle et pour lui (1). Ainsi se préparoit la rupture entre l'Angleterre et l'Autriche, et le changement complet dans le système des alliances qui devoit éclater sous peu d'années.

(1) Coxe, Hist. de la maison d'Autriche, ch. 108, T. V, p. 170-178.

Les Provinces-Unies qui sentoient l'imminence de leur danger, qui craignoient de voir l'armée française au milieu de la Hollande, ou seulement un ordre donné aux généraux français de raser les forteresses qu'ils devoient ensuite rendre à la paix, secondoient le ministère anglais de tout leur pouvoir dans ses intentions pacifiques, et le comte de Bentink, ambassadeur hollandais, avoit été des premiers à signer les préliminaires; mais le prince d'Orange, aussi présomptueux qu'incapable, s'opposoit à la pacification. C'étoit lui déjà qui avoit causé la prise de Maestricht, car au lieu de cinquante mille hommes qu'il devoit conduire au duc de Cumberland, il n'en amena pas dix mille. Le roi de Sardaigne se refusoit obstinément à la restitution de Finale et à l'abandon de ses prétentions sur Plaisance qui lui avoit été promise. La cour de Madrid, si récalcitrante pendant le règne précédent, ne demandoit plus que le repos. Ferdinand VI, accablé de mélancolie, foible de corps, incapable d'esprit, et se jugeant lui-même inhabile à toute autre occupation que la chasse ou la musique, ne se mêloit de rien, et la reine Barbe qui le gouvernoit n'avoit ni énergie ni capacité; elle ne songeoit qu'à grossir son pecule particulier en vendant son influence, même aux ministres et ambassadeurs étrangers, et pendant tout son règne sa politique se borna à conserver la paix à tout prix. Mais le roi Charles III de Naples retarda long-temps la paix définitive. Dans les préliminaires, on étoit convenu que si Ferdinand mouroit et si Charles montoit sur le trône d'Espagne, les Deux-Siciles passeroient à son frère Don Philippe; il exigea et obtint enfin que dans ce cas son second fils lui succédât. Le peuple anglais lui-même, qui ne voyant jamais la guerre dans ses foyers n'en connoît pas toutes les horreurs, étoit beaucoup moins disposé à la paix que les ministres qui le représentoient : il s'indignoit surtout de ce qu'ils avoient consenti à donner à la France deux otages pour la restitution du cap Breton, condition bien naturelle cependant, puisque les Français n'attendoient point que cette restitution fût effectuée pour rendre toutes les places qu'ils avoient conquises dans les Pays-Bas. (1)

1748.

(1) Coxe, Maison d'Autriche, ch. 108, p. 170-178. — Coxe, L'Espagne sous les Bourbons, T. IV, ch. 49, p. 45. — *Lord Mahon*, T. III, ch. 30, p. 545. — *Smollett*, ch. 9, § 30-33, p. 233. — Kerroux, Hist. de Hollande, T. IV, ch. 19, p. 1241. — *Botta, Storia d'Italia*, T. IX, L. XLV, p. 273-279.—*Muratori, Annali*, T. XVI, p. 511-526, et c'est ici que nous prenons à regret un congé définitif de ce consciencieux et érudit annaliste.—Lacretelle, T. II, L. VIII, p. 412. — Voltaire, ch. 30, p. 321. Nous ne pourrons plus désormais non plus faire usage de lord Mahon; mais quoique les brillans travaux de cet historien s'arrêtent aujourd'hui à la paix d'Aix-la-Chapelle, nous espérons que d'autres que nous les verront atteindre les temps modernes.

Il restoit pour la France à exécuter la partie la plus désagréable des préliminaires d'Aix-la-Chapelle, à renvoyer le prince Charles-Édouard. A son retour d'Écosse il avoit été bien reçu par Louis XV, de bruyans applaudissemens avoient accueilli sa première apparition à l'Opéra, des pensions avoient été accordées à quelques uns des pauvres Écossais qui l'avoient suivi; mais le roi s'étoit décidément refusé à tenter une expédition en sa faveur. Au commencement de l'année 1747, il se rendit secrètement à Madrid pour solliciter dans le même but le roi d'Espagne; mais ce roi qui ne vouloit que la paix le fit repartir au bout de quelques heures. Il s'adressa ensuite au roi de Prusse, lui demandant en mariage une princesse de sa famille, déterminé qu'il étoit à épouser une protestante pour calmer les appréhensions de ses partisans. Mais tandis qu'il leur faisoit des avances, et que Frédéric II paroissoit vouloir embrasser ses intérêts, il apprit inopinément que son frère avoit été nommé cardinal le 3 juillet 1747, ce qui ne pouvoit qu'augmenter la défiance des protestans anglais à son égard. Cette résolution qu'on lui avoit cachée le brouilla avec son père, son frère et sa famille, et lui inspira de la répugnance pour le séjour de Rome. Il comptoit donc vivre à Paris, et il avoit obtenu la parole de Louis XV qu'il n'en seroit pas renvoyé. Mais il s'y montroit trop pour conserver la faveur du public : le courage par lequel il avoit brillé dans son expédition prenoit le caractère de l'arrogance et de l'insensibilité : plus il avoit été abaissé par la fortune, plus il étoit résolu à ne pas plier, à ne reconnoître aucune autorité au-dessus de lui, à ne permettre à ses amis ou ses partisans de lui donner aucun conseil. Quand les nouvelles des massacres de ses partisans en Écosse, du jugement et de l'exécution de tous ses amis, de tous ses correspondans à Londres, vinrent glacer d'effroi les Parisiens, on continua à le voir paroître à tous les spectacles, à toutes les fêtes, à tous les bals, comme s'il y eût été insensible. Bientôt on remarqua aussi qu'il cherchoit dans l'intempérance un remède contre l'adversité; il n'y trouva que l'avilissement.

La promesse que Louis XV avoit faite au prince Édouard de ne pas le renvoyer étoit fort imprudente, car il devoit connoître toute l'importance que l'Angleterre attacheroit à son éloignement. D'ailleurs il est contraire au droit des gens de laisser stationner un prétendant dans un pays limitrophe et qui se dit neutre; c'est faire de sa demeure un foyer d'intrigues et de correspondances coupables, qui, lors même qu'elles ne causeroient pas un danger réel au gouvernement voisin, exposent toujours la liberté ou la vie d'êtres généreux et trompés qui se dévouent sans chances de succès pour la famille exilée; c'est enfin soumettre une nation entière à des lois rigoureuses, à un système d'espionnage et de police secrète pour la mettre en garde contre les menées d'un seul individu. En effet, l'Angleterre déclara que dans aucun cas elle ne consentiroit à la paix si le Prétendant n'étoit pas éloigné de ses frontières, et Louis XV dut redemander à Charles-Edouard la parole qu'il lui avoit donnée. Le prince refusa de la rendre avec cette arrogance royale de gens qui croient que toute une nation doit se sacrifier pour les convenances ou les caprices mêmes de l'un d'entre eux. Il n'étoit pas fait, dit-il, pour obéir aux ordres de Hanovre. Il menaça de brûler la cervelle à quiconque se présenteroit pour l'arrêter, il ne marcha qu'armé, et fit de sa maison un arsenal. Il repoussa avec hauteur la proposition de Louis XV, de l'établir à Fribourg en Suisse avec le titre de prince de Galles, une compagnie de gardes et une pension considérable ; il ne céda pas davantage à une lettre que lui écrivit son père. Le ministère français, poussé à bout, fit enfin ce que la paix de l'Europe exigeoit de lui. Le 10 décembre 1748, au moment où le prince Édouard descendoit de carrosse pour entrer à l'Opéra, il fut arrêté par un sergent aux gardes déguisé, qui le prit par derrière et lui tint les deux bras pour l'empêcher de tirer son épée. Le prince fut en même temps enlevé par quatre sergens aux gardes également déguisés, et conduit au Palais-Royal, où on lui ôta son épée et où il fut fouillé par ordre du roi. On lui trouva un poignard et deux pistolets. Il fut garrotté avec des cordons de soie; il étoit blême de colère et d'étonnement. Mis dans un carrosse escorté de soldats ayant la baïonnette au bout du fusil, il fut d'abord conduit à Vincennes, et plus tard amené sur la frontière du pont de Beauvoisin où on le laissa libre. Bientôt il revint à Avignon, puis il visita Venise et l'Allemagne, prenant partout un grand soin de se cacher et ne datant point les lettres qu'il écrivoit à son père. Sa demeure la plus habituelle fut le duché de Bouillon, dans la forêt des Ardennes. Il ne retourna point à Rome avant la mort de son père en 1766. Il mourut de paralysie le 30 janvier 1788 (1).

(1) *Lord Mahon, Hist. of Engl.*, T. III, ch. 30, p. 552-560. — Lacretelle, T. III, L. X, p. 171. — Flassan, T. V, p. 430. — Soulavie, Mém. de Richelieu, T. VII, ch. 14, p. 173. — Biogr. univ., T. XLIV, p. 102.

L'arrestation du Prétendant donna lieu à un de ces actes de tyrannie, si fréquens alors, qu'ils n'excitoient ni surprise ni clameurs, si odieux cependant qu'une nation qui y est exposée ne sauroit éviter de prendre en haine son gouvernement. « Un auteur moins célèbre par ses opuscules que par « ses malheurs, le sieur Desforges, étoit à l'Opéra en 1749 « lorsque le Prétendant fut arrêté. Il fut indigné de cet acte « de violence; il crut que l'honneur de la nation étoit com-

1748.

Presque tous les écrivains français ont parlé avec indignation de cette offense faite par leur gouvernement au dernier des Stuarts. Auroient-ils voulu que l'Europe entière fût exposée, pour complaire à ses caprices, aux calamités de la guerre pendant une année de plus ?

« La période qui succéda à la paix d'Aix-la-
« Chapelle peut être considérée, dit Lacretelle,
« comme une régence exercée par la marquise de
« Pompadour. On croiroit le monarque absent
« si l'on n'étoit obligé de s'occuper quelquefois
« de ses débauches, de ses loisirs puérils et de
« ses combinaisons craintives. Le gouvernement

« promis, et exhala ses plaintes dans une pièce de vers fort
« courue alors, qui commence ainsi :

Peuple, jadis si fier, aujourd'hui si servile,
Des princes malheureux vous n'êtes plus l'asile.....

« Il ne put prendre sur son amour-propre de garder l'*inco-*
« *gnito ;* il se confia à un ami prétendu qui le trahit. Il fut
« arrêté et conduit au Mont Saint-Michel, où il resta trois
« ans dans la *cage,* qui n'est point une fable comme bien des
« gens le prétendent. C'est un caveau creusé dans le roc, de
« huit pieds en carré, où le prisonnier ne reçoit le jour que
« par les crevasses des marches de l'église. M. de Broglie,
« abbé de Saint-Michel, eut pitié de ce malheureux. Il obtint
« enfin qu'il eût l'abbaye pour prison. Ce ne fut qu'avec des
« précautions extrêmes qu'on put le faire passer à la lumière,
« de cette longue et profonde obscurité..... Mme la marquise
« de Pompadour étant morte, il fut fait commissaire des guer-
« res par le maréchal de Broglie. »—Bachaumont, Mém. secrets, année 1768, T. II; p. 315.

« est devenu si foible que ce n'est plus lui qui
« imprime un mouvement à la nation. Elle
« s'agite, se divise, s'amuse de cabales, étudie
« des systèmes, cherche à se former une desti-
« née nouvelle, obéit mal, et n'est point encore
« révoltée..... La dévote Mme de Maintenon,
« douée de toutes les grâces de l'esprit, ne savoit
« comment amuser un roi dévot; il falloit moins
« d'efforts pour amuser un roi libertin, pour va-
« rier ses plaisirs et lui créer de futiles occupa-
« tions. Dès que la favorite s'aperçut que sa puis-
« sance pouvoit survivre à l'amour qu'elle avoit
« inspiré à Louis XV, elle servit et dirigea son in-
« constance. Elle lui donna ou le laissa se former
« un infâme sérail afin d'écarter des rivales dan-
« gereuses. Elle devint premier ministre par le
« même moyen que le cardinal Dubois. Les lois
« de l'opinion sont si arbitraires que Mme de
« Pompadour réussit assez bien à échapper au
« mépris qui avoit poursuivi ce scandaleux
« ecclésiastique. La cour avoit d'abord affecté
« de dédaigner la fille de l'ignoble Poisson. Une
« vivacité inconsidérée, une coquetterie trop fa-
« milière, et surtout des expressions qu'on ap-
« peloit bourgeoises, trahissoient l'obscurité de
« sa naissance ; mais le pouvoir, en l'élevant à
« ses propres yeux, mêla bientôt à ses agrémens
« un peu de dignité. Persuadée qu'elle régne-
« roit long-temps, elle sut le persuader à tout le

« monde. Mobile dans ses affections et dans ses « goûts, elle écoutoit avec enthousiasme les « plans nouveaux, secondoit les réputations « nouvelles; tous les ambitieux devinrent ses « partisans; les hommes cupides en grossirent « le nombre parce qu'elle se garda bien d'imiter « le désintéressement de Mme de Mailly et de la « duchesse de Châteauroux.... Elle faisoit, il est « vrai, un usage splendide et même bienfaisant « de son opulence : elle marioit de pauvres filles, « soulageoit des vieillards, réparoit des villages « dévastés par quelque fléau, en affectant, sur ce « point, de suivre l'impulsion de la philosophie « nouvelle. La cour bénissoit la marquise, et « des acquits du comptant payoient les suffrages « de la cour. » (1)

Avec les mœurs qu'il affichoit effrontément, on auroit pu croire que Louis XV avoit adopté les principes irréligieux de la Régence et de son siècle. Il n'en étoit rien cependant : par principes il étoit dévot, il se piquoit d'une foi qu'il ne lui coûtoit point de garder, mais il regardoit la religion comme singulièrement indulgente pour les rois, et il trouvoit en effet des confesseurs prêts à le dispenser des devoirs et des privations qui lui coûtoient trop à observer. D'ailleurs devenu incapable de tout effort, il n'avoit plus même de vo-

(1) Lacretelle, T. III, L. X, p. 153.

lonté; lorsqu'il donnoit son avis sur les affaires les plus importantes, il le proposoit comme un particulier timide, judicieux, mais indifférent. Il cédoit à un avis contraire, sans conviction et par fatigue, et n'étoit pas fâché quelquefois que l'événement vînt justifier ses prédictions. En même temps il craignoit les regards du peuple, il s'ennuyoit de la contrainte des cérémonies, de la discussion des conseils, et il soupiroit après ses petits appartemens. Dans son oisiveté il s'y essayoit tour à tour à divers arts mécaniques; beaucoup de temps étoit aussi donné aux spectacles de ses petits cabinets, où Mme de Pompadour se plaisoit à prendre un rôle. Elle ne partageoit point la dévotion du roi; elle regardoit les ministres de la religion tout au moins comme ses ennemis personnels, et montroit de la prédilection pour ceux qu'on nommoit les philosophes, pour Voltaire surtout, qui composa de petites pièces destinées à son théâtre; pour Quesnay, premier médecin ordinaire du roi et fondateur de l'école des économistes, dont quelques écrits furent imprimés par les mains de Louis XV lui-même; pour l'abbé, depuis cardinal de Bernis, et pour le comte de Stainville, depuis duc de Choiseul, qui tous deux brilloient à la cour par leur esprit et leur galanterie. (1)

(1) Soulavie, Mém. de Richelieu, T. VIII, ch. 7; p. 156.

Dans le même temps, il est vrai, se formoit une cour animée de tout autres principes, qui laissoit entrevoir une opposition gênante pour le roi. Son fils, le Dauphin, né le 4 septembre 1729, étoit arrivé à sa vingtième année. Il avoit été élevé dans les principes d'une dévotion sévère par le duc de Châtillon son gouverneur, et par Boyer, évêque de Mirepoix, son précepteur. Formé dans l'ordre des théatins, Boyer avoit acquis quelque réputation comme prédicateur. Il avoit du savoir, il étoit membre des trois académies, française, des sciences, et des inscriptions et belles-lettres; depuis la mort du cardinal de Fleury il avoit la feuille des bénéfices, et comme il étoit tout dévoué aux jésuites, il remplissoit de leurs disciples tous les rangs supérieurs du clergé. De même il avoit inspiré à son élève une grande affection pour les jésuites et une grande confiance dans leurs enseignemens. Le dauphin Louis auroit peut-être apporté sur le trône un esprit étroit et intolérant, mais il étoit très-sincère dans sa piété, très-consciencieusement attaché à ses devoirs, et vis-à-vis de sa mère fils très-soumis et très-tendre. La favo-

— Le même, Anecdotes de la cour de France, partie II, ch. 2, p. 213. — Mém. de Mme Duhausset, femme de chambre de Mme de Pompadour, p. 103-112. — Spectacles des petits cabinets de Louis XV, à la suite de Mme Du Hausset, p. 229.

rité déplaisoit à toute la famille royale sans que cette défaveur lui causât beaucoup de souci. La reine, toujours patiente et résignée, ne laissoit point percer au-dehors son éloignement; elle ne paroissoit occupée que des pauvres; les princesses, filles du roi, ne le voyoient qu'avec contrainte quelques momens chaque jour; le Dauphin qui avoit été instruit de bonne heure de la conduite de son père, et qui la blâmoit sévèrement dans le fond de son cœur, lui avoit inspiré une jalousie secrète, et il vivoit dans une gêne habituelle. Mais il témoignoit à Mme de Pompadour un froid mépris, et celle-ci, qui se sentoit intimidée en sa présence, le peignoit au roi comme un prince ambitieux qui s'appuyoit sur les jésuites et le clergé pour se faire un parti dans l'État. (1)

Tout concouroit donc à former à Versailles un parti dans la cour du jeune prince. Pendant les orgies, ou les perpétuelles récréations du roi avec ses maîtresses, le dauphin, relégué dans les appartemens de la reine, y gémissoit en secret avec elle, avec des jésuites, et surtout avec le duc et la duchesse de Luynes, des égaremens du roi; et le jeune prince promettoit à sa mère qu'il n'aimeroit jamais que son épouse. Le dau-

(1) Soulavie, T. VIII, ch. 4, p. 81; ch. 6, p. 122. — Biogr. univ. art. *Louis, dauphin,* T. XXV, p. 240, et T. V, p. 425, art. *Boyer.*

phin et Mesdames se retiroient le soir avec la reine dans la ruelle de son lit, et tandis que dans les appartemens de Louis XV on ne tenoit que le langage du libertinage et qu'on ne racontoit que les anecdotes scandaleuses de la cour et de la ville, on parloit dans cette ruelle le langage de la vertu et de la religion. (1)

Stanislas Leczinski, beau-père de Louis XV, vivoit habituellement en Lorraine, où il avoit reçu le surnom de *Roi bienfaisant*. Né en 1677, ses habitudes étoient déjà celles d'un vieillard; on observoit en lui le mélange de la galanterie et de la dévotion; tantôt il écrivoit comme un prince dévot, tantôt avec les principes hardis d'un philosophe, et il prenoit assez publiquement avec les femmes des libertés qu'il appeloit des peccadilles. La cour de Lunéville étoit le séjour des plaisirs; les seigneurs et les dames de la reine y vivoient fort librement, et si Stanislas répandit des bienfaits autour de lui, il contribua d'autre part à corrompre les mœurs de la province, en général meilleures que celles de la capitale. Le comte de Tressan, Voltaire, le président Hénault, étoient au nombre des courtisans de Stanislas, qui contribuoient à donner à cette société, composée en grande partie de seigneurs lorrains et polonais, le goût et le ton

---

(1) Soulavie, T. VIII, ch. 6, p. 129.

français. Stanislas avoit le goût du beau, il ai- 1749-1750. moit passionnément les lettres et les arts ; il travailla toute sa vie à l'embellissement de la capitale de sa province ; il fonda des académies, il éleva une statue au roi son beau-fils et son successeur. Il composa plusieurs ouvrages de littérature où règne un ton de bonté et de probité, et un ouvrage philosophique assez hardi pour que l'évêque de Verdun en empêchât long-temps la publication (1). On prétend qu'au jeu on eut plus d'une fois à lui reprocher de légères friponneries. Quand il venoit à Versailles, ce qui étoit rare, il y paroissoit respectueux envers le roi, simple et tout uni avec la reine. Dans l'intérieur des appartemens il étoit avec elle comme un bon père, il la tutoyoit, et lui demandoit les services les plus communs, ceux qu'une fille rend à un simple bourgeois. La reine de Pologne, femme de Stanislas, n'avoit jamais pu se naturaliser entièrement en France ; elle s'occupoit sans cesse de l'idée de retourner un jour en Pologne. A l'âge de soixante ans, elle étoit toujours jalouse de son mari. Ils regardoient leur revenu de deux millions

(1) Lémontey, qui avoit entre ses mains plusieurs lettres de Stanislas, avertit « qu'il ne peut douter que les ouvrages qui ont paru sous son nom n'aient été retouchés par d'autres mains, car ses propres manuscrits attestent qu'il étoit hors d'état de se servir correctement de notre langue. » — Hist. de la Régence, ch. 17, p. 202, note.

quatre cent mille livres, qu'ils administroient avec beaucoup d'ordre et de prudence, comme un bienfait du roi, et cette condition dépendante contribua sans doute à rendre leur fille plus patiente et plus soumise envers son époux. (1)

La cour s'étoit presque entièrement renouvelée depuis que Louis XV étoit sur le trône; le duc du Maine étoit mort en 1736, et son frère, le comte de Toulouse, en 1737. Au premier avoient succédé le prince de Dombes et le comte d'Eu, qui moururent, l'un en 1755, l'autre en 1775, sans postérité; le duc de Penthièvre, fils du comte de Toulouse, né en 1725, mourut seulement en 1793, et il survécut à tous ses enfans, excepté la duchesse d'Orléans, mère du roi des Français. Il avoit combattu avec distinction dans la guerre qui venoit de se terminer, mais dès lors il s'étoit retiré de la vie publique, et tandis qu'il n'étoit plus occupé que d'œuvres de bienfaisance, il se livroit à une sombre mélancolie, et à des pensées ascétiques. Ainsi s'éteignoit cette ligne des princes légitimés qui avoit excité tant de jalousie sous le règne précédent, et qui avoit partagé la cour au commencement de celui de Louis XV (2). A la mort du duc du Maine, et au mariage du duc de Penthièvre,

(1) Soulavie, Mém. de Richelieu, T. VIII, ch. 1, p. 1-38.
(2) Soulavie, T. VIII, ch. 2, p. 39. — Biogr. universelle, T. XXXIII, p. 321.

en 1740, le duc d'Orléans, le comte de Charolais et les princesses avoient recommencé leurs clameurs contre les bâtards, ne voulant point qu'on assimilât avec eux les enfans nés de cette souche. Le roi voulut assigner au prince de Lamballe, fils de Penthièvre, né en 1747, un rang intermédiaire entre les princes du sang et les ducs et pairs, et ceux-ci renouvelèrent les protestations que Saint-Simon avoit soutenues avec tant de passion; mais les esprits s'étoient calmés, et cette querelle s'éteignit en silence.

Le nombre des princes du sang avoit aussi diminué. Le duc d'Orléans, fils du Régent, avoit fui le monde et tout abandonné à son fils, se réservant toutefois un million par an qu'il distribuoit aux pauvres, tandis qu'il s'étoit mis en pension avec un seul laquais, pour un louis par jour, à l'abbaye de Sainte-Geneviève; il étudioit le grec, le syriaque, l'hébreu, le chaldéen pour comprendre mieux la Sainte-Écriture, sur laquelle il a écrit des volumes énormes de commentaires. En mourant, en 1752, il déclara qu'il étoit attaché aux opinions de saint Thomas d'Aquin, ou plutôt des jansénistes. Son fils, né en 1725, épousa en 1743 la fille du prince de Conti, ce qui amena une réconciliation entre ces deux branches de la maison de Bourbon, qui avoient cessé de se voir. Le duc de Bourbon, qui avoit été premier ministre, étoit mort en 1740; son fils, né en 1736, et qui a vécu jusqu'à nos jours, étoit encore sous la tutelle du comte de Charolais son oncle. Ce prince, qui avoit à se faire pardonner sa conduite odieuse durant sa jeunesse, montroit alors de l'ordre et de la fierté, tandis que le comte de Clermont et le prince de Conti étoient accablés de dettes, et vivoient dans le libertinage, et que la conduite de la princesse de Conti l'exposoit à la médisance publique, même dans ce siècle où l'on étoit bien peu scrupuleux. (1)

Ainsi Louis XV, s'il laissoit dépérir l'autorité royale entre ses mains, n'avoit point lieu de craindre que les princes du sang s'en emparassent; ils n'avoient aucune consistance, et leur considération n'étoit pas moins ébranlée que la sienne. Le pouvoir demeuroit sans partage au ministère, qui recevoit les ordres de la favorite. Elle avoit forcé Philibert Orry à se démettre du contrôle général, et elle l'avoit fait remplacer, le 4 décembre 1745, par Jean-Baptiste de Machault d'Arnonville, qui, lui ayant montré beaucoup de déférence, lui dut son avancement. « Madame, comme s'exprime Mᵐᵉ Du Hausset, lui avoit obligation d'avoir fait régler son traitement et payer ses dettes. » Aussi le fit-elle nommer ministre d'État en 1749, garde

(1) Soulavie, T. VIII, ch. 2, p. 51.

des sceaux en 1750, et ministre de la marine en 1754 (1). Le marquis de Puysieux aux affaires étrangères, et le comte de Saint-Florentin, chargé des affaires du clergé, se soumettoient sans résistance aux inspirations de la marquise. Le comte d'Argenson, au ministère de la guerre, étoit beaucoup moins souple. M. de Maurepas, qui rioit de tout, qui amusoit le roi, mais qui détestoit toutes les maîtresses, avoit provoqué son ressentiment; elle ne l'appeloit que M. Faquinet. Une épigramme blessante pour elle, qu'il fit circuler, et qui lui fut attribuée, décida enfin sa disgrace; il fut renvoyé et exilé au mois d'avril 1749, et Antoine-Louis Rouillé lui fut donné pour successeur au département de la marine. Le chancelier D'Aguesseau se maintenoit par la dignité de son nom, mais il avoit soin de se renfermer dans les travaux de législation. Richelieu conservoit aussi la faveur dont il jouissoit auprès du roi, sans briguer beaucoup celle de la marquise. (2)

Mais, au milieu des frivolités qui occupoient la cour, une question grave, et qui devoit remuer la nation tout entière, celle des finances, devoit nécessairement se représenter. M. de Machault, en arrivant au contrôle général, y

(1) Mém. de Mme Du Hausset, p. 60.—Soulavie, T. VIII, ch. 7, p. 168.
(2) Biogr. univ., T. XXVII, p. 546.

avoit trouvé un grand désordre, suite nécessaire des dépenses de la guerre, de la destruction de la marine par les Anglais, et plus encore, suite du laisser-aller du roi, de ses dépenses scandaleuses, des libéralités qu'on lui arrachoit, et de la résolution qu'il sembloit avoir prise de ne plus songer à mettre l'équilibre entre les dépenses et les recettes. Avec un tel prince, avec un tel caractère, la réforme des abus étoit impossible; tout ce que Machault pouvoit entreprendre, c'étoit d'augmenter les revenus. Il l'entreprit par son édit du vingtième, du mois de mai 1749, et en général les Français lui surent gré d'avoir osé heurter de front les difficultés au lieu de se laisser entraîner d'expédiens en expédiens pour faire face aux besoins du jour; ils l'applaudirent surtout d'avoir attaqué le privilége, en cherchant à faire porter également l'impôt sur tous les Français. (1)

Si l'on jugeoit du caractère de Louis XV par le préambule de l'édit du vingtième, on croiroit trouver en lui le monarque le plus compatissant, le plus prudent, le plus constamment occupé du bonheur de ses sujets, le plus soucieux de l'avenir. « Depuis la paix, dit-il, que la divine Providence « a accordée à nos vœux, et que nous désirions « principalement pour le bonheur de nos fidèles

(1) Anciennes lois françaises, T. XXII, p. 223. — Soulavie, T. VIII, ch. 8, p. 186.

« sujets, nous n'avons pensé qu'aux moyens de
« leur donner des marques de la satisfaction que
« nous avons du zèle qu'ils nous ont témoigné
« pour soutenir la gloire de notre couronne et
« celle de nos armes ; nous n'avons pas attendu
« que la paix fût publiée, ni que les dépenses
« de la guerre fussent totalement cessées, pour
« ordonner la suppression de l'ustensile (1), et
« celle de quelques autres droits qui nous ont paru
« leur être le plus à charge. Nous nous sommes
« occupé depuis de la réforme de nos troupes,
« dans la vue de pouvoir porter plus loin les té-
« moignages de notre attention pour le soulage-
« ment de nos sujets, et nous nous sommes fait
« rendre compte de la situation actuelle de nos
« revenus, et des charges auxquelles ils sont af-
« fectés. Nous avons reconnu qu'indépendam-
« ment de l'obligation dans laquelle nous nous
« trouvons de payer encore aujourd'hui les ar-
« rérages des dettes que la nécessité des circon-
« stances a accumulées pendant les guerres dont
« le règne du feu roi, notre très-honoré seigneur
« et bisaïeul a été presque continuellement agité,
« ces dettes se sont très-considérablement ac-
« crues pendant les deux dernières guerres que
« nous avons eu à soutenir depuis l'année 1733,
« et qu'elles sont d'autant plus augmentées, que

(1) On désignoit sous ce nom le lit garni de draps, verre, écuelle, feu et chandelle que l'hôte devoit fournir au soldat.

« pour satisfaire aux différens besoins qui se
« sont succédé, nous avons préféré la voie des
« emprunts, à d'autres qui auroient pu être plus
« onéreuses à nos peuples. »

En effet, les dettes n'avoient cessé de s'accroître, et dans le moment même où Machault publioit l'édit du vingtième, il ouvrit un nouvel emprunt de trente-six millions. Le 29 août 1741, un édit du roi avoit déjà ordonné la levée d'un impôt du dixième de tous les revenus, qui devoit cesser avec la guerre : le contrôleur général supprimoit cet impôt, mais celui du vingtième de ces mêmes revenus, qu'il lui substituoit, devoit, selon son estimation, rendre davantage encore, car il comptoit l'étendre sur tous les privilégiés, sur tous les grands et les nobles, sur le clergé tout entier, sur les parlemens et la magistrature, qui, de même que tous les gens en place et tous leurs subordonnés, jusqu'aux degrés les plus inférieurs, étoient, par une disposition bizarre des lois françaises, exempts de toute contribution; en sorte que dans ce royaume accablé de tant de charges, c'étoit aux pauvres seuls qu'on demandoit de l'argent, tandis que les riches étoient dispensés de payer. Ce n'étoit pas tout, l'impôt du vingtième devoit être perçu dans les pays d'État qui avoient le privilége de se taxer et de percevoir leurs impôts eux-mêmes, comme dans les provinces qui n'étoient point représentées. Il attaquoit à la fois tous les privilèges, tout ce que les provinces et les corporations étoient accoutumées à considérer comme leurs libertés. Aussi excita-t-il une résistance de la part des parlemens, des pays d'État et du clergé, qui se renouvela pendant toute la période suivante, et qui maintint une fermentation sourde, mais toujours croissante, pendant le reste du règne de Louis XV. (1)

Dans la lutte qui alloit s'engager, Louis XV avoit malheureusement donné un chef redoutable à ceux qui devoient être ses adversaires, en élevant à l'archevêché de Paris Christophe de Beaumont, homme remarquable par la pureté de ses mœurs, et par son caractère inflexible. Élevé chez les Sulpiciens, dans la dépendance des jésuites, et dans la haine pour les opinions jansénistes; avec une figure noble, des grâces et de l'amabilité, il avoit été connu de la duchesse douairière d'Uzès, comme il étoit grand-vicaire de Blois, et c'étoit elle qui lui avoit fait obtenir l'évêché de Bayonne, en 1741. Il fut le premier prélat qui fit les honneurs de la France à la première dauphine, lorsqu'elle arriva d'Espagne; et par reconnoissance, cette princesse lui fit obtenir, en 1745, l'archevêché de Vienne. C'est de là que Boyer l'appela pour

---

(1) Soulavie, T. VIII, ch. 8, p. 190.

le porter au siége de Paris, comme le meilleur champion qu'il pût donner au parti jésuitique : il y arriva le 28 octobre 1746. On remarqua que le lendemain, lorsqu'il fut présenté au roi, la maréchale de Duras voulut lui faire baiser Mesdames, selon le cérémonial usité, comme duc de Saint-Cloud, mais qu'il recula avec une sorte d'effroi, lorsqu'elles lui présentèrent leur joli visage. (1)

La lutte entre le ministère et tous les corps privilégiés ne s'annonçoit encore que par une sourde fermentation. L'opinion publique étoit bien plus occupée de la lutte entre les divers systèmes de philosophie et de politique. Soit dans les écrits qui inondoient la capitale, soit dans les conversations des salons, les jansénistes attaquoient l'influence de la cour de Rome, les molinistes soumettoient la religion à la politique; les philosophes attaquoient les uns comme les autres, et étoient à leur tour dénoncés par tous deux; eux-mêmes étoient partagés entre ceux qui suivoient la morale relâchée de Voltaire, de Diderot, de Duclos, ceux qui s'attachoient à la haute politique de Montesquieu, et ceux qui admiroient la vertu sévère, objet des hommages tout au moins de J.-J. Rousseau; une école nouvelle, celle des économistes, s'occu-

---

(1) Soulavie, T. VIII, ch. 9, p. 206.

poit de l'étude de la distribution des richesses; Quesnay, le marquis de Mirabeau, l'abbé de la Rivière, abordoient ainsi la politique, par le côté des intérêts matériels; ils révéloient les abus effroyables sous lesquels le peuple étoit écrasé; mais, en général, plus ennemis des corps privilégiés que de l'autorité royale, ils sembloient, par leurs principes, favoriser surtout le despotisme.

Le comte d'Argenson, ministre de la guerre, qui avoit conservé l'oreille du roi malgré la défaveur de la favorite, se plaisoit à opposer le clergé au parlement qu'il n'aimoit pas, tandis qu'en secret il protégeoit les philosophes. La monarchie paroissoit aller en décadence, et l'on éprouvoit cependant, sur plusieurs points, des améliorations notables. Si le gouvernement étoit foible et peu vigilant, la nation étoit active, elle profitoit de la paix pour se livrer à un vaste commerce qui, n'étant point, comme aujourd'hui, supérieur à ses besoins, ne lui offrant point des objets de consommation qu'elle n'a pas demandés, qu'elle ne peut acheter, ne s'étouffoit pas par sa propre concurrence, et ne l'accabloit pas sous les richesses qu'il multiplioit. (1)

Paris s'embellissoit chaque jour; ce fut alors que les faubourgs Saint-Honoré et Saint-Ger-

---

(1) Lacretelle, T. III, L. X, p. 209.

main se couvrirent de beaux hôtels, que les boulevards, plantés d'arbres, s'animèrent par une multitude de jeux, de spectacles et de réunions destinées au plaisir; qu'on commença à bâtir des quais le long de la Seine. La fontaine de Grenelle fut élevée en 1739; l'École militaire fut fondée en 1751, et en même temps, de l'autre côté de la rivière, les Champs-Élysées furent plantés d'arbres; des grandes routes furent ouvertes par l'intendant des finances Trudaine, avec intelligence et magnificence; seulement il leur donna trop de largeur pour qu'elles pussent être bien entretenues. Les grandes villes à leur tour, surtout celles où florissoit le commerce, bâtirent des hôpitaux, des théâtres, des bourses, des halles au blé; les campagnes elles-mêmes commencèrent à s'orner de châteaux somptueux, bâtis tantôt par les représentans de l'ancienne aristocratie, tantôt par des financiers récemment enrichis. Les manufactures s'étoient relevées au point où Colbert les avoit portées avant la révocation de l'édit de Nantes; celles des soieries et des draps fins l'emportoient sur leurs rivales dans tout le reste de l'Europe. L'agriculture à son tour s'efforçoit de lutter contre l'opression d'un mauvais régime fiscal; mais dans les provinces comprises sous le bail des cinq grosses fermes, aucune amélioration n'étoit praticable; mille vexations journalières, se combinant avec les préjugés qu'entretient la misère, en arrêtoient absolument l'essor. Il régnoit plus d'activité dans les pays d'État; le Languedoc jouissoit d'une administration habile et patriotique. La Bourgogne se trouvoit trop près de la cour pour que ses habitans y conservassent au même degré le sentiment national, et pour que les grands propriétaires y fixassent leur résidence. La Bretagne demeuroit plus indépendante, plus fière, plus attachée à ses priviléges; mais elle étoit ignorante; sa langue inconnue au reste de la France, la maintenoit à demi-barbare, et elle ne manifestoit pas moins de zèle pour défendre tous les abus dont elle étoit victime, que toutes ses libertés. C'étoit seulement dans la Flandre et dans l'Alsace qu'on voyoit les progrès de la science mis à profit pour éclairer l'agriculture. Les colonies, enfin, s'étoient enrichies au delà de toute attente. Ni la Louisiane, il est vrai, ni le Canada, ne pouvoient encore se relever du mal que leur avoient fait les imprudentes spéculations du système; mais Saint-Domingue, la Martinique, la Guadeloupe, les îles de France et de Bourbon, tous les lieux enfin où l'on cultivoit le sucre, le café, le coton, l'indigo et le cacao, avoient vu s'élever dans leur sein des fortunes rapides, en dépit de beaucoup de lois oppressives, et du funeste système de l'esclavage, parce que le goût pour les denrées coloniales s'étoit rapidement étendu, tandis que leur production étoit limitée, et que l'activité d'une demande croissante donnoit aux colons tous les profits d'un monopole. (1)

« L'Europe entière, dit Voltaire, ne vit guère
« luire de plus beaux jours que depuis la paix
« d'Aix-la-Chapelle, en 1748, jusque vers l'an
« 1755. Le commerce florissoit de Pétersbourg
« jusqu'à Cadix; les beaux-arts étoient partout en
« honneur; on voyoit entre toutes les nations une
« correspondance mutuelle : l'Europe ressem-
« bloit à une grande famille réunie après des
« différends (2). » Mais la prospérité matérielle ne sauroit suffire à un peuple, lorsqu'il méprise son gouvernement, et dans aucun temps peut-être les chefs des États ne s'étoient montrés plus méprisables. Comme aucune nation n'étoit alors plus intelligente que la nation française, aucune aussi ne ressentoit plus de dégoût pour son monarque. Parmi les vices des souverains, il y en a qui affectent plus directement le bonheur des nations que l'intempérance et le libertinage, mais il n'y en a aucun qui les dégrade davantage. Louis XV, que la nature avoit doué de tous les avantages, de tous les dons extérieurs qui commandent le respect et l'amour; lui qui, si récemment encore, dans sa maladie, avoit inspiré au

(1) Lacretelle, T. III, L. X, p. 213-221.
(2) Siècle de Louis XV, T. II, ch. 31, p. 325.

peuple la tendresse la plus enthousiaste, étoit déjà soupçonné par ce même peuple d'être capable de tous les forfaits, parce que, dans la capitale, on entendoit sourdement murmurer les plaintes d'un grand nombre de familles à qui leurs filles avoient été enlevées pour les destiner aux plaisirs du monarque, du moment qu'elles attiroient l'attention sur elles par leur beauté.

La police s'étoit fait une habitude de purger de temps en temps la capitale de la population misérable qui y étoit attirée par l'espérance de s'y faire un gagne-pain, ou par le travail, ou même par le vice; pour cela elle faisoit refluer sur les petites villes et les campagnes les gens sans aveu qui les avoient quittées pour venir à Paris. Nicolas Berryer, fils d'un procureur-général du grand-conseil, et lui-même conseiller au parlement et maître des requêtes, étoit, depuis 1747, lieutenant de police; il avoit gagné les bonnes grâces de Mme de Pompadour, par la délation et l'espionnage; il mit beaucoup de zèle et d'habileté à déjouer les manœuvres employées contre la favorite, à découvrir et à punir les auteurs des libelles qu'on faisoit contre elle. La Bastille fut, par ses soins, peuplée des nombreux ennemis de Mme de Pompadour, et Berryer réussit auprès d'elle autant par les choses qu'il lui cachoit sur elle-même, que par celles qu'il lui confioit sur tout le monde. Au mois de mai 1750 (d'autres disent 1755), Berryer faisoit procéder à un de ces enlèvemens périodiques des vagabonds; ses agens y mettoient plus de violence que de coutume, et quelques-uns d'entre eux enlevèrent des enfans qui tenoient à des familles un peu aisées, comptant d'amener ainsi leurs parens à les racheter, ou des jeunes filles qui avoient attiré l'attention par leur jolie figure. Les mères remplissoient les places publiques des cris du désespoir; les unes rapportoient que les agens de la police leur avoient demandé de l'or pour leur rendre leurs enfans, d'autres répétoient une fable absurde, mais qui se lioit à l'idée qu'on s'étoit formée des mœurs du roi. Les médecins, disoit-on, lui avoient conseillé de prendre des bains du sang le plus pur qu'on pourroit trouver pour réparer le sien, qui avoit été altéré par la débauche. La fureur s'empara de la multitude; elle attaqua les exempts de police, l'un d'eux fut tué, beaucoup d'autres furent maltraités et poursuivis. Un attroupement furieux se forma devant l'hôtel de la police, situé alors rue Saint-Honoré, près de Saint-Roch. Toutes les vitres furent cassées par une grêle de pierres; Berryer s'évada par une porte de derrière. Sa femme, qui étoit fort belle et fort spirituelle, et qui lui avoit apporté une grande fortune, fit ouvrir les grandes portes de l'hôtel, et parut en peignoir sur son balcon. Sa figure et son courage imposèrent aux séditieux qui se retirèrent pour aller de même menacer le premier président du parlement de Paris, Maupeou, dans son hôtel. La fureur étoit au comble, on parloit d'escalader les murs. Maupeou fit ouvrir les portes, et parla aux séditieux, comme un magistrat intrépide. « Je connois vos chefs, leur dit-il, ils vont être arrêtés. » A ces mots tous s'enfuirent, et la révolte fut dissipée. Quelques mutins furent pendus les jours suivans. Les enlèvemens continuèrent, mais les agens de police eurent ordre d'y procéder avec plus de ménagemens. Quant à Berryer, quoiqu'il se fût montré inhabile, dur et lâche, il ne perdit point la protection de la marquise, qui le réservoit à des emplois plus importans. (1)

Depuis ce tumulte, Louis XV évita plus qu'il n'avoit encore fait, de se montrer aux regards des Parisiens. Tandis que des opinions démocratiques commençoient à se répandre dans la nation, et qu'elles étoient accréditées par l'éloquence de ses meilleurs écrivains, une barrière infranchissable étoit élevée par la cour entre le roi et tout ce qui n'étoit pas noble de race. Sous Louis XIV, il y avoit encore eu des rapports fréquens entre le roi et ses sujets des di-

---

(1) Lacretelle, T. III, L. X, p. 177. — Biogr. univ., T. IV, p. 343, art. *Berryer*.

verses classes. On l'avoit vu, à la naissance de son premier fils, inviter des bourgeois à sa table. Quelquefois les magistrats alloient lui faire la cour, et il leur permettoit de s'adresser à lui-même pour les affaires de leur ressort, ou les grâces qu'ils croyoient mériter. Mais pendant le règne de Louis XV et celui de Louis XVI, on ne peut citer une circonstance où un magistrat du parlement, s'il n'étoit pas dans le ministère, ait parlé au roi, excepté pour le haranguer. Jamais les magistrats ne paroissoient à la cour comme courtisans : le peuple étoit tenu à une bien plus grande distance encore. Cependant il se pressoit toujours avec une avide curiosité sur son passage, lorsque le monarque se rendoit de Versailles à Compiègne, seule circonstance où il fût appelé à traverser Paris. Pour éviter à Louis XV cette occasion unique de se montrer aux regards de son peuple, on construisit à la hâte un chemin de Versailles à Saint-Denis, qui fut appelé le Chemin de la révolte, et qui porte encore ce nom aujourd'hui, comme un souvenir de cette aliénation du peuple d'avec son roi, qui signala le milieu du dix-huitième siècle. (1)

(1) Mém. de Mme Du Hausset. Introd. de Lacretelle, L. X. p. 178.

FIN DU TOME VINGT-HUITIÈME.

TABLE CHRONOLOGIQUE

ET ANALYTIQUE

DU TOME VINGT-HUITIÈME.

SUITE DE LA HUITIÈME PARTIE.

ou

LA FRANCE SOUS LES BOURBONS.

Chapitre XLVI. *Sept ans d'un gouvernement pacifique sous le cardinal de Fleury. — Il recommence à persécuter les jansénistes. — Miracles au tombeau du diacre Paris. — Union avec l'Angleterre. — Négociations sur le sort de l'Italie. — Stanislas rappelé au trône de Pologne,* 1726—1733.

1726. Stérilité de l'histoire de France au XVIIIe siècle ; presque plus d'historiens ni de mémoires. *Page* 1

Les documens secrets déposés aux archives ne sont point de l'histoire ; Voltaire éloigné de la France.................................. 3

Louis XV très-enfant à seize ans ; Fleury à 73, ignorant les affaires et peu actif ; il repousse le pouvoir................................. 4

Louis déclare qu'il régnera par lui-même ; confiance de Fleury dans Horace Walpole..... 7

1726. État de l'Europe à l'avènement de Fleury; brillante et courte carrière de Riperda en Espagne.................... *Page* 9

Sa tête est tournée par les grandeurs; sa présomption, son imprudence, ses revers...... 10

Riperda se brouille avec la reine, avec l'Autriche; il est disgracié le 14 mai........... 12

Il se réfugie chez l'ambassadeur d'Angleterre; il y est enlevé; suite de ses aventures à Maroc.. 13

La disgrâce de Riperda et de Bourbon ne calme point la fougue de la reine d'Espagne; folies et vices sur le trône.................. 15

Gouvernement, violences, débauches et superstitions de Jean V en Portugal........... 17

Corruption des cours d'Italie et d'Allemagne; libertinage effréné d'Auguste II, roi de Pologne........................... 18

Despotisme et brutalité de Frédéric-Guillaume, roi de Prusse; dureté de George Ier de Hanovre, roi d'Angleterre................. 19

Règne de Catherine Ire en Russie; crimes qui s'y succèdent chaque année; calme de la France. 21

11 septembre. Fleury nommé cardinal; exemptions du clergé confirmées; le duc du Maine.......................... 22

1727. Cour du comte de Toulouse à Rambouillet; retour des princes légitimés et de Villeroi.... 25

Suite de l'exil du duc de Bourbon; sa famille; retour des autres exilés................ 26

Augmentation du bail des fermes; économie; manque de foi aux créanciers de l'État..... 28

Fleury veut la paix; l'Espagne veut la guerre; intrigues dans le nord; massacres de Thorn. 30

1727. L'Espagne commence les hostilités; négociations de l'abbé de Montgon en France.... Page 31

Philippe V se flatte de la mort de Louis XV et veut lui succéder; négociations de Fleury... 32

Ses menaces à l'empereur; 31 mai, préliminaires signés à Paris...................... 34

Efforts de Fleury pour apaiser la reine d'Espagne. Septembre; ambassade du comte de Rothembourg........................ 36

La reine lui reproche l'asservissement de la France aux Anglais; condescendance de Fleury....................... 38

L'Autriche presse à son tour la reine de céder; accès de démence de Philippe V.......... 39

1728. 5 mars. Acte du Pardo; les préliminaires acceptés; congrès de Soissons; léthargie politique. 41

Rome demande le triomphe de la bulle *Unigenitus;* concile provincial d'Embrun........ 43

1728-1732. Mort du cardinal de Noailles; le parlement condamne la légende de Grégoire VII; lit de justice...................... 45

L'abbé Pucelle; l'opinion janséniste devient populaire; 1731, les affaires ecclésiastiques interdites au parlement.................. 46

Le parlement en corps à Marly; il menace de cesser ses fonctions; 1732, le roi lui impose silence........................ 48

Plusieurs parlementaires exilés; miracles des jansénistes au tombeau du diacre Pâris..... 9

Les convulsionnaires; leur état analogue au somnambulisme; que doit-on penser des récits de miracles........................ 5t

La prière suppose l'attente des miracles; nous

1728-32. y demandons à Dieu de violer ses lois, mais seulement celles qui nous sont inconnues. *Pag.* 52

La plupart des hommes s'attendent aux miracles et y croient d'avance; miracles aux XVIIe et XVIIIe siècles.................................. 54

Les miracles du diacre Pâris, les mieux attestés de tous; il ne faut ni calomnier les témoins ni les croire................................ 56

Prélats qui poussent Fleury à persécuter les jansénistes; grand nombre d'exils et d'emprisonnemens.. 58

Les huguenots oubliés par Fleury, mais persécutés par les autorités locales; quelques supplices................................... 59

Les parlemens montrent plus d'égards aux propriétés qu'aux personnes des huguenots..... 61

Conjuration des Marmouzets; 1730, le roi leur manque de parole; suite des affaires étrangères................................... 62

1729. Activité turbulente de la reine d'Espagne; la naissance du dauphin, 4 septembre, la fait renoncer au trône de France............. 64

Ses projets sur l'Italie; protestations des Italiens; elle s'aperçoit qu'elle est jouée par l'empereur Charles VI..................... 66

9 novembre. Traité de Séville qui la réconcilie à la France; état du Piémont sous Victor-Amédée II................................. 67

1730. 3 septembre. Abdication de ce roi; ses motifs; il continue à se faire rendre compte par les ministres............................. 69

1731. Maladie de Victor-Amédée; brouillerie entre les

1731.   deux rois; le premier rentre subitement en Piémont...................... Page   71
1732.   28 septembre. Il est arrêté avec la dernière brutalité; sa captivité, sa mort, 31 octobre 1732.   72
Le culte de la royauté décrié par les actions mêmes des rois; scandales de la cour de Pétersbourg...................................   74
1730-1740. L'impératrice Anne de Russie; mort du roi Auguste II de Pologne...................   76
1733.   Parti en France qui veut la guerre n'importe pourquoi; il veut placer Stanislas sur le trône de Pologne............................   77
12 septembre. Stanislas Leckzinski élu roi de Pologne avec l'appui de la France........   79

CHAPITRE XLVII. *Guerre de l'élection de Pologne. — Stanislas abandonné par la France est expulsé de ce royaume. — Alliance entre la France, l'Espagne et la Sardaigne. — Batailles de Bitonto, de Parme et de Guastalla. — Conquêtes du Milanais et des Deux-Siciles. — Préliminaires de paix signés à Vienne. — Échange de la Lorraine contre la Toscane, 1733—1735.*

1733.   Langueur et foiblesse des races régnantes, au XVIIIe siècle, elles s'abandonnent au plaisirs des sens................................   81
Débauches suivies de symptômes de folie dans presque toutes les maisons souveraines.....   82
Extinction simultanée de familles souveraines; pragmatique sanction de Charles VI d'Autriche..............................   85
12 septembre. Stanislas arrive inattendu au champ électoral de Varsovie; liberté de cette élection............................   86

1733. Auguste III de Saxe soutenu par trois armées étrangères; la Pologne abandonnée par ses alliés.................................... Page 87

Élection illégale et scandaleuse d'Auguste III; Stanislas retiré à Dantzig y est assiégé..... 89

Secours inutile conduit par le comte de Plélo; capitulation de Dantzig; fuite de Stanislas... 90

Fleury porte tout l'effort de la guerre en Italie pour y établir une branche cadette des Bourbons.................................... 92

Premier établissement de Don Carlos à Parme, Plaisance et en Toscane (1731-1732)....... 94

26 septembre. Traité de Turin entre la France, l'Espagne et la Sardaigne; œuvre de M. de Chauvelin.................................... 95

Politique de Chauvelin; indépendance de l'Italie; monarchie belliqueuse en Piémont........ 96

L'Autriche isolée de ses alliés; neutralité de la Belgique couverte par le traité de barrière.. 99

L'Autriche ne s'attend point à la guerre; elle est déclarée le 10 octobre; siége de Kehl...... 100

29 octobre. Kehl se rend au maréchal de Berwick; siége de Philisbourg remis au printemps suivant.................................... 102

1734. Berwick traversé par Belle-Isle; 12 juin, Berwick tué devant Philisbourg............. 103

18 juillet. Prise de Philisbourg; les Français ne font plus rien en Allemagne; Villars envoyé en Italie.................................... 104

1733. Sa présomption; les alliés attaquent le Milanais; 27 octobre, prise de Vigevano............ 105

3 novembre. Le roi de Sardaigne à Milan; il ménage les Autrichiens; siége de Pizzighittone.................................... 108

ET ANALYTIQUE. 497

1734. Soumission de toutes les forteresses du Milanais; arrivée des Espagnols en Toscane; politique d'Élisabeth..................... *Page* 110

Les généraux à Parme auprès de don Carlos; cruauté des Espagnols; ils s'avancent jusqu'à Sienne................................. 112

Ils traversent l'État de l'Église; manifeste de Don Carlos aux habitans des Deux-Siciles....... 113

Fautes nombreuses des Impériaux à Naples; 9 avril, soumission de Naples; tous les châteaux capitulent........................ 115

15 mai. Charles IV, roi des Deux-Siciles; 25 mai, bataille de Bitonto, gagnée par Montemar.. 116

23 août. Montemar passe en Sicile; conquête de cette île; capitulation de Messine, 25 mars 1735............................... 119

Dernier fait d'armes de Villars; 27 mai, il quitte l'armée; sa mort à Turin le 17 juin....... 120

Le roi de Sardaigne quitte l'armée; Mercy avec les Autrichiens passe le Pô à San Benedetto. 122

29 juin. Bataille de Parme; Mercy tué, les Allemands se retirent......................... 123

Négligence des alliés après leur victoire; 14 septembre, ils se laissent surprendre sur la Secchia............................... 125

Ils perdent leurs bagages et beaucoup de prisonniers, et se retirent à Guastalla........ 126

19 septembre. Les Autrichiens les attaquent à Guastalla; ils sont repoussés avec une grande perte................................... 127

La bataille de Guastalla fut une boucherie sans résultat; maladies dans les deux armées..... 130

1735. Arrivée de Noailles à l'armée d'Italie; démoralisation et voleries des chefs; souffrances des soldats.................................. Page 131

Montemar, avec l'armée espagnole, arrive sur le Pô; sa présomption blesse Noailles et le roi de Sardaigne.................................. 133

Foiblesse et retraite de l'armée autrichienne; Charles VI invoque en vain les puissances maritimes.................................. 134

Le maréchal de Coigny ne fait rien en Allemagne; Montemar prend la Mirandole.......... 135

Les Autrichiens rentrent en Italie; préliminaires de Vienne publiés le 16 novembre......... 138

Les Anglais avoient tenté une médiation; Charles VI et Fleury désirent vivement la paix.. 139

Ils sont mécontens des propositions des Anglais et préfèrent traiter directement........... 141

Échange de la Toscane contre la Lorraine qui est cédée à Stanislas; avantage pour les peuples.................................. 142

Résistance des deux ducs; bonheur de la Lorraine sous le règne de Stanislas, 1737-1766. 144

Déclin de la Toscane sous les ducs de Médicis; elle se rétablit sous les princes lorrains.... 146

1735-1738. Mécontentement du roi de Sardaigne; indignation de Montemar; longue durée des négociations.................................. 147

L'échange de la Lorraine avec la Toscane s'accomplit en 1737; le traité signé à Vienne le 8 novembre 1738.................................. 148

Garantie formelle donnée par la France à la pragmatique sanction.................................. 149

CHAPITRE XLVIII. *Gouvernement sans énergie du cardinal de Fleury. — Premières maîtresses de Louis XV. — Mépris dans lequel tombe le gouvernement, soit civil, soit religieux. — Mort de Charles VI. — Guerre de la succession d'Autriche. — Mort du cardinal de Fleury, 1735—1742.*

1735. Après dix ans de gouvernement Louis XV n'est encore rien dans son royaume....... *Page* 152
Fleury à l'âge de 82 ans; son portrait d'après Lacretelle; sa modération................ 153
Sa crainte d'un ministère historique; son axiome de prédilection : *Ama nesciri*............ 155
Caractère des écrits de Soulavie auxquels nous sommes obligés d'avoir recours. (Note)..... 156
Timidité du roi; ses petits soupers; sa gaieté dans le vin; réserve et nullité de la reine... 157
Les princes du sang se croient au-dessus des lois; leurs vices; le duc d'Orléans le dévot..... 159
Il désire le ministère, mais il se montre incapable; le duc de Bourbon et le comte de Charolais................................ 160
Le prince de Conti, les sœurs du duc de Bourbon, les courtisans veulent donner des passions au roi........................ 161
1735-1741. Le roi dépourvu de sensibilité n'accepte que la partie grossière des vices; torts de la reine.............................. 163
Rupture du roi avec la reine; la comtesse de Mailly déclarée favorite après trois ans de mystère............................ 165
Fleury fermoit volontairement les yeux; Mlle de Nesle veut partager la faveur de sa sœur... 167

1735-1741. Le roi amant des trois sœurs, de Mailly, de Vintimille et Lauraguais à la fois; remontrances de Fleury.................. *Page* 169

Avancement du duc de Fleury son neveu; couches de Mme de Vintimille; sa mort, 9 septembre 1741.............................. 170

Soupçons de poison abandonnés; désolation et terreur du roi pour lui-même; retour de dévotion................................ 171

Ces scandales préparent la chute du trône; dégoût universel pour les affaires d'État...... 173

Le sentiment religieux toujours plus étranger au gouvernement, tandis que la tyrannie de l'église continue........................ 174

Persécution des jansénistes et des huguenots; l'opinion s'aigrit contre la religion et la monarchie............................... 175

On rit des abus et des vices pour s'épargner l'indignation; les nouveaux philosophes; Voltaire................................. 177

Il attaque tout par pétulance; Montesquieu se propose de réformer; leur étude de l'Angleterre................................. 178

Lettres anglaises de Voltaire; écrits politiques de Montesquieu; attaque de Voltaire contre les mœurs............................. 180

Les nouveaux censeurs n'attaquent plus le vice, mais l'hypocrisie; cynisme dans la haute littérature............................... 181

Voltaire compatissant; sa fortune, ses largesses, ses haines, son manque de vérité.......... 182

Quel crédit il mérite comme historien; écrits mensongers des gouvernemens............ 184

1735-1741. Aucun historien du temps n'ose juger les événemens d'après les lois de la morale. *Page* 186

Influence des littérateurs sur les ministres ; club de l'entresol ; les ministres de Fleury....... 187

Le chancelier D'Aguesseau ; on l'accuse de foiblir dans son opposition à la cour de Rome.. 188

Ses vertus, son influence bornée à la législation ; Chauvelin aux sceaux et aux affaires étrangères.. 190

Disgrâce et exil de Chauvelin ; caractère d'Amelot qui le remplace..................... 191

D'Angevilliers à la guerre ; Philibert Orry aux finances ; Maurepas à la marine.......... 193

Légèreté, gaieté et esprit de Maurepas, le plus séduisant et le plus dangereux des ministres. 194

Sa haine pour les favorites ; Saint-Florentin ; ses lettres de cachet ; rigueurs héréditaires contre les huguenots............................... 197

Fleury étend sur l'Europe son esprit de conciliation ; sa médiation à Genève et en Russie. 198

Médiation armée de Fleury entre la Corse et les Génois ; oppression de la Corse sous les Génois.. 200

Intérêt qu'excitent les Corses par leur héroïsme ; puissances désireuses de dominer dans cette île... 202

1734. 12 mars 1736. Arrivée en Corse de Théodore qui se fait proclamer roi ; ses aventures..... 203

Il donne aux Corses de puissans secours, mais il les repaît de mensonges................. 205

Honneurs et titres qu'il distribue ; il se décrédite ; il repart le 11 novembre................... 206

1738. Traité de la France avec Gènes ; premier envoi de troupes françaises en Corse............ 208

1738. 13 septembre. Retour en Corse du roi Théodore ; riches approvisionnemens qu'il apporte.................................. *Page* 209

1739. Mort de Boissieux ; Maillebois lui succède ; guerre meurtrière en Corse ; soumission de l'île.................................. 210

1740. Fin du roi Théodore ; il meurt en prison à Londres, le 20 octobre ; mort de l'empereur Charles VI, le 11 décembre 1755.............. 212

Indépendance des nobles de l'Europe orientale ; leurs libertés supprimées par l'Autriche.... 213

L'exclusion des femmes dans la succession, dernier reste de leur droit public ; Charles VI l'abolit.................................. 214

Charles VI compte sur les Anglais ; querelle de ceux-ci avec l'Espagne pour la contrebande. 216

Cruauté des Espagnols ; insolence des Anglais ; ceux-ci forcent Walpole à la guerre....... 217

6 février. Mort de Clément XII ; 16 août, succession de Benoît XIV ; 31 mai, mort du roi de Prusse.................................. 219

Succession du grand Frédéric et ses talens ; décembre, il envahit la Silésie................ 220

Ses droits sur cette province ; caractère de Marie-Thérèse ; sa fermeté.................... 221

1741. Première victoire du roi de Prusse à Molwitz ; 10 avril, la France s'unit à lui ; foiblesse de Fleury.................................. 223

Les frères Belle-Isle tout-puissans ; leur politique ; 18 mai, alliance avec l'électeur de Bavière. 225

Négociations du comte de Belle-Isle pour donner l'empire à l'électeur de Bavière ; 5 juillet, traité de Breslaw........................ 226

1741. Les Anglais veulent réconcilier la Prusse à Marie-Thérèse; leurs subsides; neutralité de Hanôvre............................... Page 228

Les Français avec l'électeur de Bavière menacent Vienne; Marie-Thérèse en Hongrie.... 229

Les Hongrois reconnaissent Marie-Thérèse pour roi; enthousiasme qu'elle excite........... 231

Invasion des peuplades barbares de l'Europe orientale; les Français s'écartent de Vienne pour attaquer Prague..................... 233

1742. 25 novembre. Prague prise par Maurice de Saxe; Charles VII couronné à Lintz, à Prague et à Francfort............................. 234

Souffrances des Français en Bohême; les alliés se défient les uns des autres; convention secrète du roi de Prusse................... 236

La guerre entre l'Autriche et la Prusse continuée *pro forma;* la convention annulée......... 238

La Bavière menacée; les Français mal commandés; l'électeur de Saxe trahi par son ministre............................... 240

Frédéric II veut faire la paix avec les Autrichiens, mais il les bat auparavant à Czaslaw, 17 mai................................ 242

Échec de Lobkowitz à Salcé; il repousse Broglie jusque dans Prague; Belle-Isle auprès de Frédéric II............................ 243

Paix séparée du roi de Prusse; 11 juin et 28 juillet, Fleury désire ardemment la paix...... 244

Lettre de Fleury à Konigseck publiée à Vienne; Fleury, dans la décrépitude, jaloux de son pouvoir............................. 246

Ses flatteurs; son désir d'arriver à cent ans; sa mort le 29 janvier 1743................. 248

Chapitre XLIX. *Louis XV essaie de gouverner par lui-même.* — *Perte de la Bohême et de la Bavière.* — *Défection du roi de Sardaigne.* — *Les Français battus à Dettingen.* — *Alliance de Worms.* — *Union de Francfort.* — *Campagne de Louis XV en Flandre.* — *Sa maladie.* — *Diversion du roi de Prusse.* — *Campagne du prince de Conti.* — *Mort de l'empereur Charles VII,* 1742—1745.

1742. Louis XV seul en France ne pouvoit se passer de Fleury et le regrette............ *Page* 250
Foiblesse de Fleury à la fin de sa vie; Louis XV déclare qu'il n'aura plus de premier ministre. 251
Louis change de maîtresse; Mme de la Tournelle introduite à la cour; elle supplante sa sœur Mme de Mailly........................ 253
Mme de la Tournelle déclarée favorite et duchesse de Châteauroux; ivresse de la première année........................... 255
Dangereuse situation des armées; Broglie et Belle-Isle assiégés à Prague; leurs souffrances. 256
Maillebois envoyé à la délivrance de Prague; quolibets contre lui; il arrive à Egra.......... 258
17-26 décembre. Retraite de Prague; horrible souffrance des soldats par la faim et le froid. 259
La Bavière envahie par les Autrichiens; souffrances des Bavarois; Charles VII se retire à Francfort............................. 261
La France renouvelle son alliance avec la Suède; défaites des Suédois; révolutions de Russie. 263
Régence de Biren, puis d'Anne de Mecklembourg; 6 décembre 1741, Élisabeth s'empare de la couronne........................ 264

1742. Elle se déclare contre la France; expéditions de lord Anson et de l'amiral Vernon; retraite de Walpole.................... *Page* 266

La France se lie avec l'Espagne qui réclame l'héritage de la maison d'Autriche............ 268

18 mai 1741. La Sardaigne attirée à cette alliance; elle change de parti; 1er février 1742, passage des Espagnols................. 270

Montemar à la tête des Espagnols et des Napolitains se retire devant les Austro-Sardes.... 272

Don Philippe entre en Savoie par la Provence; la France menacée par les Alpes, la Flandre et le Rhin.............................. 273

1743. Mai. Les Bavarois défaits à Braunau; Marie-Thérèse refuse la paix par esprit de vengeance............................... 275

Elle compte sur les subsides des Anglais; ardeur des Anglais et de leur roi pour la guerre.... 277

L'armée anglaise des Pays-Bas s'avance sur le Mein; sa situation critique à Aschaffembourg. 278

Noailles commande les Français; 27 juin, les alliés dans la plaine de Dettingen; leur danger................................ 280

L'attaque intempestive de Gramont fait perdre aux Français la bataille de Dettingen...... 281

Noailles, Maurice de Saxe et Coigny gardent la frontière; menaces féroces de Mentzel..... 283

En Italie les Espagnols ont ordre d'attaquer; 10 août 1742, sommation de l'amiral Martin à Naples............................... 284

8 février. Bataille indécise sur le Panaro; désertions dans l'armée espagnole............. 286

Marie-Thérèse mécontente le roi de Sardaigne; elle cède enfin; 2 septembre, traité de Worms. 288

1743. La France s'unit plus intimement à l'Espagne par le traité de Fontainebleau du 25 octobre. *P.* 290

Inconvéniens d'une alliance avec l'Espagne; défauts de la reine; déclarations de guerre.... 291

1744. Mme de Châteauroux décide Louis XV à remplir enfin son rôle de roi; le cardinal de Tencin.. 293

Il croyoit devenir premier ministre; il est écarté; crédit du maréchal de Noailles............ 294

Il exhorte Louis à n'avoir point de premier ministre; ses négociations en Allemagne...... 295

Charles VII, ébranlé par l'Angleterre, se rattache à la France; offres des princes allemands protestans.. 296

Ils se refroidissent en apprenant l'arrivée de Charles-Édouard qui se prépare à envahir l'Angleterre... 299

Haine contre les Hanovriens en Angleterre; qualités brillantes de Charles-Édouard; il s'embarque.. 300

Il est repoussé par une tempête; la négociation renouée avec les protestans d'Allemagne.... 302

22 mai. Union confédérale de l'Allemagne à Francfort; conditions de Frédéric II........ 304

26 avril. Amelot destitué à la demande de la Prusse; Louis XV veut se rendre à l'armée... 306

3 mai. Départ du roi pour l'armée; enthousiasme qu'il excite; il attaque les Pays-Bas.. 307

Armée du roi; ses aides-de-camp; sa maîtresse ne le suit qu'un mois plus tard............. 309

Couvert par le maréchal de Saxe il prend plusieurs villes; le prince Charles force les lignes de Lauterbourg.................................. 310

1744. Les Hongrois pénètrent en Lorraine; leurs menaces farouches; 5 août, le roi arrive à Metz. P. 311
Diversion du roi de Prusse; il marche sur Prague; 4-12 août, le roi malade à Metz...... 313
Richelieu veut éloigner les prêtres; les princes et les grands veulent les introduire........ 315
14 août. Les deux favorites chassées par l'évêque de Soissons; il publie le repentir du roi. 316
Le roi sauvé par l'émétique; la reine et ses enfans; le prince Charles n'est pas troublé dans sa retraite.. 318
14 septembre. Prague se rend au roi de Prusse; dangers et retraite de ce prince; Coigny prend Fribourg.. 320
22 février. Bataille de Toulon indécise entre la flotte alliée et les Anglais................ 322
Mars. Retraite de Gages jusqu'aux frontières de Naples où Marie-Thérèse veut exciter une révolution...................................... 324
Proclamations du prince Lobkowitz; armée de Barbares en Italie; Charles IV reprend les armes.. 325
Lobkowitz et le roi à Genzano et Vellétri; bataille du 10 août; mortalité dans les deux armées.. 326
Octobre. Retraite désastreuse de Lobkowitz; injustice de Marie-Thérèse et des Anglais envers Gênes...................................... 328
Le prince de Conti et l'infant Don Philippe avec une puissante armée en Provence......... 330
13 avril. Ils entrent dans le comté de Nice; forcés de s'arrêter; ils reviennent à la vallée de la Stura.. 331

1744. 17 août. Prise de Demonte; 13 septembre, siége de Cuneo; le roi de Sardaigne repoussé le 30 septembre.................... *Page* 332

22 octobre. Conti lève le siége de Cunéo; retraite désastreuse; résultats stériles de la campagne................................ 334

Exaspération universelle contre les Français; 13 novembre, arrestation des frères Belle-Isle dans le Hanovre..................... 336

État déplorable de l'empereur Charles VII; sa mort le 20 janvier 1745................. 337

CHAPITRE L. *Surnom de Bien-Aimé donné à Louis XV. — Madame de Pompadour. — Bataille de Fontenoy. — Les princes allemands se séparent de la France pour faire la paix. — Charles-Édouard en Écosse. — Succès de la première campagne des Français et Espagnols en Italie. — Revers de la seconde. — Invasion de la Provence. — Toulon sauvé par la révolution de Gênes,* 1744—1747.

1744. Grande popularité du roi après la campagne de 1744; horreur du peuple pour le libertinage............................... 339

La disgrâce des favorites avoit charmé la nation; consternation à Paris pendant la maladie du roi........................... 341

Comment le titre de Bien-Aimé est donné à Louis XV; il ne s'attache pas long-temps à le mériter............................. 342

8 novembre. Entrée triomphale du roi à Paris; 14 novembre, il voit Mme de Châteauroux et promet de la venger.................. 343

L'évêque de Soissons continue ses remontrances au roi; Maurepas chargé de rappeler la favorite............................... 345

1744. 8 décembre. Mort de Mme de de Châteauroux;
tentative pour séduire Mme de Flavacourt;
Mme Lenormand d'Étioles.............. *Page* 346
1745. Elle se montre aux chasses du roi; 23 février,
mariage du dauphin à une princesse d'Espagne... 347
Mme d'Étioles obtient un logement à Versailles;
créée marquise de Pompadour; bassesse des
dames de la cour................................. 349
Prospérité des Parisiens; liberté de la haute société; progrès de l'esprit philosophique.... 351
Souffrance et misère croissante des provinces;
mortalité causée par la faim................. 352
Souffrance bien plus grande des protestans; renouvellement des persécutions contre eux... 354
Ils sont plus vexés par les parlemens que par les
intendans; leur synode national; 18 août
1744.. 355
Ordonnances atroces contre les protestans, de
février 1745; résumé de la législation à leur
égard.. 357
Elle n'est point observée à la lettre; la souffrance
aggravée par la guerre qui continue....... 359
Projets divers de d'Argenson et de Noailles; le roi
les repousse; il ne veut pas de défensive.... 360
Le roi veut commander à l'attaque des Pays-
Bas; distribution des trois armées......... 362
25 avril. Le maréchal de Saxe investit Tournai;
son hydropisie; 10 mai, il marche à la rencontre des ennemis............................. 363
10 mai. Disposition de l'armée française à Fontenoy; 11 mai, attaque des alliés.......... 364
Une colonne anglaise passe entre deux redoutes
et perce le centre des Français............. 366

1745. Les canons réservés pour la sûreté du roi rompent cette colonne; elle est refoulée.. *Page* 368

Gain de la bataille de Fontenoy; prise de plusieurs villes des Pays-Bas................. 370

Inutilité de cette victoire; l'Allemagne abandonnée; l'électeur de Bavière fait sa paix... 371

Les électeurs gagnés par l'or de l'Angleterre; 13 septembre, le grand-duc élu empereur... 373

Acharnement de Marie-Thérèse contre le roi de Prusse; 4 juin, victoire de celui-ci à Friedberg.. 374

Il demande la paix; il remporte encore deux victoires; 25 décembre, il signe à Dresde une paix séparée..................................... 375

Le fils du Prétendant négligé par Louis XV, projette une nouvelle invasion en Angleterre... 376

Les Anglais mécontens des Hanovriens; petit armement d'Édouard aux frais de ses amis et aux siens....................................... 378

Il débarque aux Hébrides; 27 septembre, son entrée à Édimbourg; il marche sur Londres. 380

Les Anglais ne prennent les armes ni pour ni contre lui; le duc de Cumberland rappelé de Flandre... 381

Arrivé à Derby, le prince Édouard retourne en arrière et regagne l'Écosse................ 383

Sa dernière victoire à Falkirk; sa défaite à Culloden; férocité de Cumberland; fuite du prince.. 384

Campagne d'Italie; Don Philippe et Maillebois; beau plan de campagne du général Gages.. 386

L'armée de Gages arrive à Gênes par la rivière de Levant; Don Philippe entre en Monferrat par Finale..................................... 388

1745. Succès des Français dans le Montferrat; des Espagnols à Parme, Plaisance et Pavie.. *Page* 389

27 septembre. Défaite des Piémontais à Bassignana; les Anglais incendient les villes de la rivière de Gênes.................... 390

Les troupes en quartiers d'hiver; d'Argenson veut réduire les prétentions de l'Espagne et gagner la Sardaigne..................... 392

1746. Projet de d'Argenson pour l'indépendance de l'Italie; conférences de Rivoli; 17 février, préliminaires........................ 393

La reine d'Espagne fait rompre ce traité; défiance du roi de Sardaigne; 5 mars, il recommence les hostilités................... 395

Revers des Français à Asti et Alexandrie; l'indépendance de l'Italie sacrifiée; soupçons des Espagnols.......................... 397

19 mars. Les Espagnols évacuent Milan; les Français s'unissent à eux; 16 juin, bataille de Plaisance............................ 399

Les Autrichiens achètent chèrement la victoire; habile manœuvre de Maillebois qui se retire vers Gênes........................... 400

Gages rappelé; 9 juillet, mort de Philippe V; l'armée espagnole se retire en hâte vers Nice. 402

6 septembre. Les Autrichiens entrent dans Gênes; leur rapacité; conquêtes des Français aux Pays-Bas............................ 404

Campagne de Louis XV en Flandre; Lowendahl et Bercheny, négociations pour la paix..... 405

Charles de Lorraine aux Pays-Bas; 11 octobre, victoire du maréchal de Saxe à Raucoux... 408

1746. 28 octobre. Invasion de la Provence par les Autrichiens et les Piémontais; Belle-Isle envoyé en Provence.................... *Page* 410

La Provence sauvée par les Génois; leur oppression sous Botta-Adorno; menaces effroyables.. 411

Il interdit aux Génois de se défendre contre les Anglais qui les attaquent; les canons de Gênes envoyés en Provence.................... 413

8 décembre. Soulèvement de Gênes pour un mortier enlevé; les Autrichiens accablés dans les rues................................... 415

Soulèvement de la campagne; 10 décembre, les Autrichiens chassés jusqu'à Gavi; ils perdent leur dépôt d'armes..................... 417

1747. Janvier. Détresse de l'armée alliée en Provence; février. Belle-Isle la force à évacuer la Provence................................. 418

Louis XV témoigne sa reconnaissance aux Génois; secours qu'il leur envoie............ 420

CHAPITRE LI. *Efforts de Louis XV pour obtenir la paix. — Bataille de Lawfeld. — Sac de Bergopzoom. — Défaite de Belle-Isle dans les Alpes. — Siége de Maëstricht. — Paix d'Aix-la-Chapelle. — Gouvernement de madame de Pompadour. — Honteux désordres du roi. — Émeutes à Paris,* 1748—1750.

1747. Toutes les parties de l'Europe successivement ravagées par la guerre...................... 421

La France se prépare à une septième campagne sans se proposer un but par la guerre...... 423

Le roi d'ailleurs par indolence et par amour des plaisirs désiroit la paix.................. 424

1747. Avidité de M⁽ᵐᵉ⁾ de Pompadour; dons qu'elle obtient du roi; détresse des finances.... *Page* 425
Le roi naturellement avare; sa compassion sur un champ de bataille; désir de paix chez les ministres.................................. 427
Le roi entre dans leurs vues; difficultés pour faire concourir l'Espagne à la paix........... 428
Philippe V et ensuite Ferdinand VI sous l'influence du chanteur Farinelli................ 430
Ferdinand VI ordonne de n'exposer jamais son armée; sa négociation secrète avec l'Angleterre.................................... 431
La France cherche des alliés en Allemagne; 9 février, mariage du dauphin avec une princesse de Saxe............................... 432
Subsides payés aux princes allemands; la neutralité de l'Empire confirmée............... 434
Janvier. Le marquis d'Argenson renvoyé; négociations de Breda entamées et rompues... 435
17 avril. La France déclare la guerre à la Hollande; Louis XV veut la conquérir........ 438
La populace de Hollande favorable au pouvoir absolu; Guillaume IV d'Orange nommé stathouder.................................. 439
25 avril—23 octobre. Le stathoudérat rendu héréditaire; la Flandre hollandaise conquise. 440
2 juillet. Bataille de Lawfeld gagnée par les Français sans avantage ultérieur........... 442
16 septembre. Prise et sac de Bergopzoom par Lowendahl; l'armée des Alpes négligée..... 443
Les Génois, assistés par Boufflers, puis par Richelieu, repoussent les Autrichiens; projet du chevalier de Belle-Isle.................... 444

Tome XXVIII.   33

1747. Il veut tourner toutes les forteresses piémontaises ; 19 juillet, combat du col de l'Assiette. P. 446

Belle-Isle tué ; déroute de sa troupe. Perte du cap Breton ; deux escadres battues par les Anglais.................................... 447

3 mai. Perte de six vaisseaux au cap Finistère ; 14 octobre, sept vaisseaux pris à l'île d'Aix ; succès dans l'Inde........................ 449

Dupleix et La Bourdonnais ; cupidité et talens de l'un, injuste punition de l'autre............ 451

Négociations ouvertes par le général Ligonier ; congrès d'Aix-la-Chapelle ; les alliés repoussent la paix............................ 453

1748. 1er avril. Saxe et Lowendahl marchent sur Maëstricht des deux côtés de la Meuse......... 455

30 avril. Préliminaires de paix signés à Aix-la-Chapelle ; 18 octobre, traité de paix ; ses conditions................................. 456

Extrême mécontentement de l'impératrice ; son aigreur avec les Anglais................. 458

Opposition à la paix du prince d'Orange, du roi de Sardaigne et du roi de Naples......... 460

La France s'oblige à renvoyer le prince Charles-Édouard ; sa conduite à Paris............. 462

Le prince refuse de partir, et déclare qu'il ne cédera qu'à la force....................... 464

10 décembre. Il est arrêté et conduit à la frontière ; blâme non mérité du ministère français. 465

1749-1750. La marquise de Pompadour exerce un pouvoir absolu ; elle favorise les vices du roi. 466

Dévotion du roi ; sa vie dans ses petits cabinets ; caractère sévère du dauphin............. 468

Boyer, son précepteur ; aversion de toute la famille royale pour la favorite.............. 470

1749-1750. Caractère de Stanislas, père de la reine, et
de la cour de Lunéville............ *Page* 472
Son état de dépendance influe sur le caractère
de la reine; extinction des princes légitimés
issus de Louis XIV.................... 473
Condition des princes du sang; leur nombre et
leur considération diminuent............ 475
Changemens dans le ministère dépendant de la
favorite; édit du vingtième de Machault.... 476
Préambule plein d'humanité de l'édit du
vingtième; déficit dans les finances expliqué. 478
Le vingtième devoit être levé sur les revenus de
tous les privilégiés; fermentation qu'il excite. 480
Christophe de Beaumont nommé archevêque de
Paris (1746); lutte universelle dans les opinions............................. 481
Activité de l'industrie et du commerce; embel-
lissemens de Paris, des grandes villes, des
châteaux............................ 482
Agriculture; progrès dans les pays d'États; colonies; prospérité de l'Europe durant la courte
paix............................. 484
Mépris du peuple pour son roi; enlèvement de
jeunes filles; le lieutenant de police Berryer. 486
1750. Mai. Enlèvement des vagabonds; accusation absurde contre le roi; soulèvement du peuple. 487
Les magistrats et le tiers-état ne voient plus jamais le roi; chemin de la Révolte......... 489

FIN DE LA TABLE DU TOME XXVIIIe.

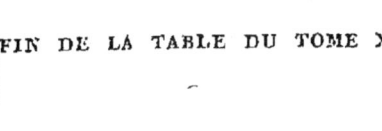

www.ingramcontent.com/pod-product-compliance
Lightning Source LLC
Chambersburg PA
CBHW071614230426
43669CB00012B/1935